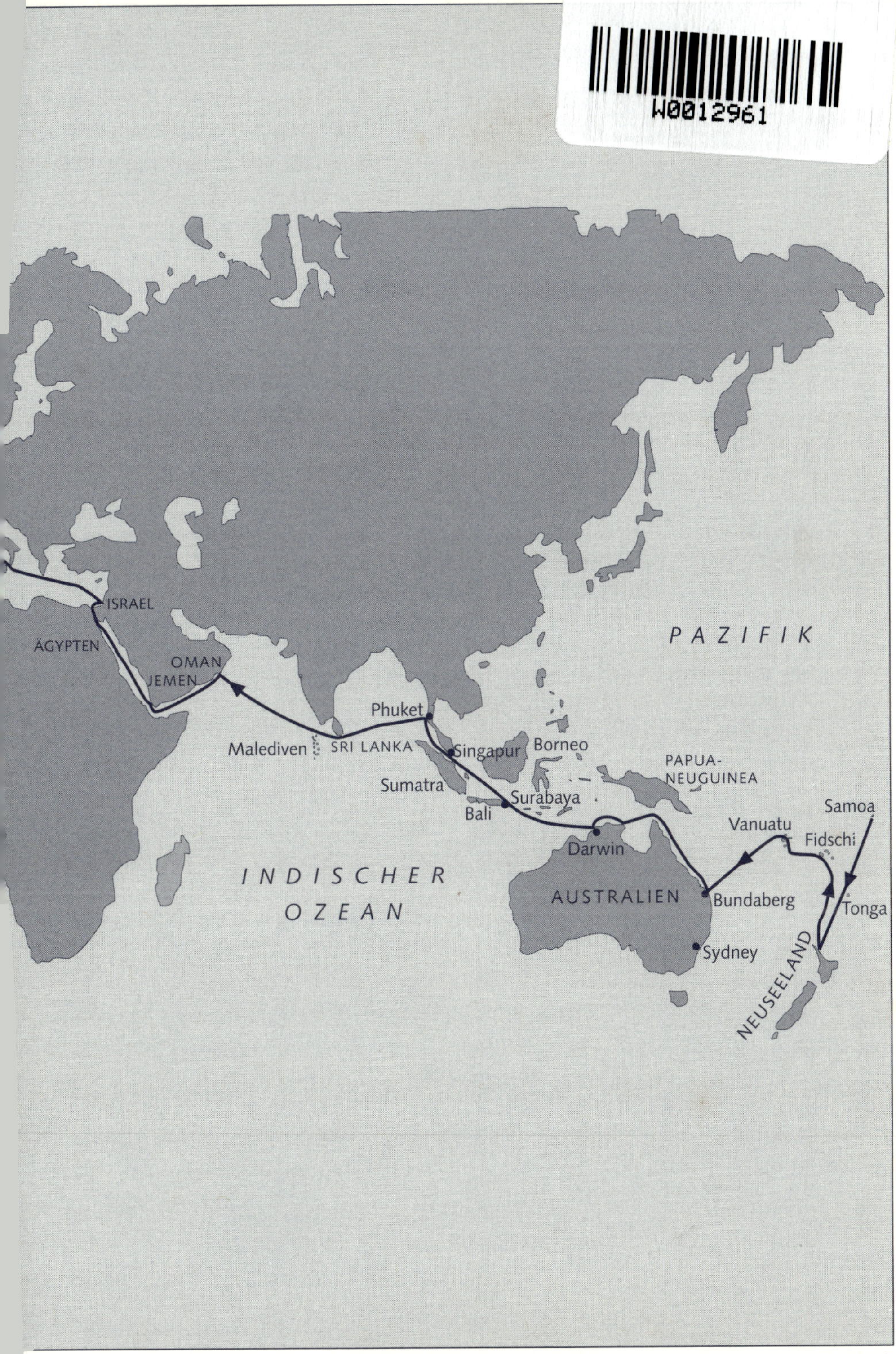

PAZIFIK

ISRAEL

ÄGYPTEN

OMAN
JEMEN

Phuket

Malediven SRI LANKA Singapur Borneo

Sumatra

Bali Surabaya

PAPUA-
NEUGUINEA

Darwin

Vanuatu

Samoa

Fidschi

INDISCHER
OZEAN

AUSTRALIEN

Bundaberg

Tonga

Sydney

NEUSEELAND

DK

DELIUS KLASING

Rüdiger Hirche / Gaby Kinsberger

Vom Alltag
in die Südsee

Delius Klasing Verlag

Die Deutsche Bibliothek – CIP-Einheitsaufnahme

Hirche, Rüdiger:
Vom Alltag in die Südsee / Rüdiger Hirche / Gaby Kinsberger.
– 1. Aufl. – Bielefeld: Delius Klasing, 2001
ISBN 3-7688-1308-8

1. Auflage
ISBN 3-7688-1308-8
© by Delius, Klasing & Co. KG, Bielefeld

Schutzumschlaggestaltung: Gabriele Engel
Gesamtherstellung: Clausen & Bosse, Leck
Printed in Germany 2001

Delius Klasing Verlag, Siekerwall 21, D - 33602 Bielefeld
Tel.: 0521/559-0, Fax: 0521/559-113
e-mail: info@delius-klasing.de
www.delius-klasing.de

Inhalt

5

Erste Versuche
und die große Entscheidung

Chartertörn mit Hindernissen – Eine Jolle zum Üben –
Wir kaufen eine Yacht – Es wird ernst!

Es gibt Tage, die man nicht vergisst. Unser erster gemeinsamer Segeltag gehört dazu.

An diesem strahlenden Sommertag im Juli 1987 gehen wir im Hafen von Palma de Mallorca an Bord »unserer« gecharterten VELA II. Die Yacht, 32 Fuß GFK, hat schon bessere Tage gesehen. Aber für Details haben wir noch keinen Blick. Viel wichtiger ist es jetzt, mit Anstand vom Steg wegzukommen und den kritischen Blicken des Vermieters zu entschwinden. Ob der ahnt, dass er es hier mit blutigen Anfängern zu tun hat?

Eindringlich hatte er uns gewarnt: »Gleich neben dem Steg wird es flach, haltet euch von dem Bagger frei!« Maschine an, Leinen los. Die ersten Meter schaffen wir, dann gibt die Maschine röchelnd auf. Mit leichter Brise treiben wir langsam aber sicher auf den Bagger zu. Auf dem Steg gestikuliert aufgeregt unser Vermieter, flankiert von einer größer werdenden Schar von Zuschauern. Stress!! Was tun?! Beim BR-Schein kam sowas jedenfalls nicht vor.

Zum Glück dauert es nur Sekunden, bis wir die Ursache des Malheurs ausgemacht haben: Eines der vielen Seile spannt sich wie eine Gitarrensaite vom vorderen Segel zum Heck unter Wasser. »Leine im Propeller« lautet die Diagnose. Und so beginnt Rüdigers Seglerkarriere mit einem Bad in der verdächtig braunen Hafenbrühe von Palma de Mallorca. Unter Wasser ist kaum etwas zu sehen, aber so viel ist klar: Das Seil hat sich zu einem dicken Knäuel

7

um die Propellerwelle gewickelt. Tauchen, Zerren, Luft holen, Husten, Tauchen, verdammt, da sind Muscheln, das Seil MUSS weg! Nur noch wenige Meter bis zum Bagger, da taucht Rüdiger triumphierend wieder auf. »Alles klar! Schnell, schmeiß die Maschine an!« Gerade noch geschafft, Gaby tuckert extrem lässig an unserem Publikum vorbei, während Rüdiger seine stark blutende Hand – da waren wirklich Muscheln! – über den Kopf hält und signalisiert: Wir haben alles total im Griff...

Wie kommen nun zwei Landratten dazu, sich ganz allein mit einer Yacht aufs Meer zu wagen?

Angefangen hat es mit Gabys Sehnsucht nach fernen Inseln und so schönen Buchtiteln wie »Und immer wieder liegt Land im Wege« oder »Tausend Tage Robinson«. Die Stadtbücherei ist gut bestückt, und so liegt jede Woche ein neues Segelbuch zwischen den Wälzern für das bevorstehende Lehrerexamen. Schließlich belegt Gaby einen BR-Theorie-Kurs und besteht auf Anhieb die Prüfung – da sie neben Kunst auch Mathematik studiert hat, löst sie die Navigationsaufgaben so souverän, dass der Prüfer zum Glück nicht nachfragt, ob sie ein Fall von einer Schot unterscheiden kann... Es folgt ein Ausbildungstörn auf der Ostsee, bei kaltem, stürmischem Aprilwetter. Dreihundert Seemeilen, zweihundert davon seekrank in der Koje, endlose Boje-über-Bord-Manöver, ein paar Anleger unter Motor. Mit gut eingespielter Sechs-Mann-Crew und dem Segellehrer als Souffleur (»Gas weg – hart Backbordruder – zuurüüüück!«) bestehen alle die praktische Prüfung.

In dieser Phase lernen wir uns kennen. Rüdiger übt zwar den eher bodenständigen Beruf eines Oberstudienrates für Mathematik und Physik aus, aber auch ihn zieht es in die Ferne. Kaum sind die Ferien angebrochen, schwingt er sich in den Sattel seiner BMW und erkundet fremde Länder. Nur fürs Segeln begeistert er sich leider nicht. Als Gaby stolz ihren neu erworbenen BR-Schein präsentiert, kommt ihm nur ein müdes »na, schön« über die Lippen. Und ihr Vorschlag, doch einmal gemeinsam auf Törn zu gehen, wird kategorisch abgelehnt. Mit wildfremden Menschen auf so engem Raum zusammengepfercht? Niemals! Wie grenzenlos ist dagegen doch die Freiheit des Motorradfahrers.

Im ersten gemeinsamen Urlaub durchstreifen wir daher per Motorrad die wilden Berge von Marokko. Nun, im zweiten Jahr, hat Gaby das Reiseziel unauffällig in Richtung See gelenkt. Als wir auf einem Hügel in Mallorca die Helme abnehmen und auf die Bahia de Palma mit ihren vielen Booten herunterblicken, meint Gaby beiläufig: »Wir könnten uns doch mal eine Yacht mieten…« – »Erstens haben wir keine Ahnung, wie man so einen Kahn bedient, und zweitens braucht man dazu bestimmt einen Segelschein.« – »Den habe ich dabei«, meint Gaby noch beiläufiger. Spätestens hier hätte Rüdiger merken müssen, dass sie etwas im Schilde führt. Aber spontane Entscheidungen haben nun mal ihren Reiz, und so verschwindet das Motorrad für eine Woche in einem Schuppen des Real Club Nautico, während wir uns in unser erstes Segelabenteuer stürzen.

Draußen hat es Wind, Zeit, das Segel hochzuziehen. »Das hier ist das Groß, das müssen wir mit dem Fall hochwinschen, und dann wird die Dirk gefiert«, erklärt Gaby fachmännisch. »Kannst du nicht mal deutsch reden?«, mault Rüdiger, heftig kurbelnd, während das Segel den Mast hochklettert. Selbst ein Laie ahnt, dass so ein imposantes Stück Tuch bei entsprechendem Wind mächtige Kräfte entfalten kann, und so fragt Rüdiger etwas skeptisch, den Blick auf den sich überneigenden Mast gerichtet: »Meinst du, das geht so?« Gaby ist sich da gar nicht so sicher, hofft insgeheim, dass der Wind nicht weiter zunimmt, verkündet aber optimistisch: »Ja klar, das ist ganz normal!« Wir stellen die Maschine ab und VELA II gleitet bei leichtem achterlichen Wind über die Bucht von Palma. »Richtig schön«, muss auch Rüdiger zugeben.

Die Sonne steht nun schon etwas tiefer; uns wird klar, dass es höchste Zeit ist, zu überlegen, wo wir heute eigentlich hin wollen. Die Ankerbucht Cala Pi oder die Marina La Rapita sind die beiden Ziele, die wir vor Sonnenuntergang noch erreichen könnten. Ankern oder am Steg anlegen, das ist hier die Frage. Ankern wird auf der Ostsee nicht geübt, und wie legt man an ohne Souffleur und fünf Mann mit Fendern? Den Anker irgendwo in einer weiten Bucht fallen zu lassen kann doch eigentlich nicht so schwer sein… Auf zur Cala Pi!

Aber da müssen wir erst mal hinkommen. Die Sonne nähert sich nun immer schneller dem Horizont, romantisch schön und doch bedrohlich. Im letzten Büchsenlicht laufen wir ein. Was auf der Karte wie eine geräumige Bucht aussieht, erweist sich als enger Felsenschlund, pickepacke voll mit Yachten. Mit einem kleinlauten »Nimm du mal« übergibt Gaby die Pinne, in der Annahme, dass ein Motorradfahrer auch einen nagelnden Bootsmotor beherrscht. Entsprechend fällt dann auch die Geschwindigkeit aus, mit der Rüdiger zwischen den Bug- und Hecklinien der bedauernswerten Ankerlieger hindurchprescht. Aber immerhin, nach mehreren Runden fällt der Anker, das Boot liegt fest und sicher. Kein Wind mehr. Stille. Nur das Plätschern des Wassers an den Felswänden, türkisgrünes klares Wasser unter tiefblauem Abendhimmel. Der Stress fällt hörbar von uns ab. Kopfsprung über Bord, das Bad ist traumhaft. Musik von Dire Straits und kühles Bier. Segeln ist ja super! Rüdiger hat es erwischt… Und zwar so nachhaltig, dass von nun an in jedem Urlaub gesegelt wird.

Eine Jolle muss her, schließlich haben die meisten »richtigen« Segler so angefangen. Weil wir von der Jolle nur wissen, wie sie buchstabiert wird, fahren wir zur Hanseboot '88, um uns schlau zu machen. Es kommt, wie es kommen musste: Statt wie beabsichtigt mit frisch erworbenen Detailkenntnissen den Gebrauchtbootmarkt zu studieren, erstehen wir gleich hier auf der Messe einen nagelneuen »Lis Jollenkreuzer«, fünf Meter lang, 220 Kilogramm schwer, mit Ballastschwert und einer relativ geräumigen Schlafkajüte.

Nun üben wir »Fahrtensegeln« mit der Jolle, leben wochenlang auf engstem Raum und unter sehr unkomfortablen Bedingungen. Wir segeln von Menorca nach Mallorca, die Adria entlang von Krk bis Zadar und schließlich von Warnemünde nach Rügen und Hiddensee. Und machen beide den A-Schein.

Zu dieser Zeit beginnen wir, die Möglichkeit einer »großen Reise« anzudiskutieren. Inzwischen hat auch Rüdiger die einschlägige Segelliteratur gelesen und wir waren in den Vorträgen aller »Promis«, die sich zu uns ins Rhein-Main-Gebiet verirrt haben. Bei

Schenk oder Pieske hört man dann: »Glauben Sie bloß nicht, Sie könnten so einfach aussteigen«, oder: »Unter 2000 DM monatlich brauchen Sie gar nicht erst anzufangen.« Kapiert, wir sollen zu Hause bleiben und lieber die Bücher kaufen.

Aber Gaby ist hartnäckig. »Der Erdmann kam mit viel weniger Geld aus, und Ahnung hatte der auch keine.« Die Finanzen sind das vordergründige Problem, die Frage, ob die Überquerung eines Ozeans uns, die wir nachts noch nie auf See waren, nicht doch etwas überfordert, vertagen wir erst einmal...

Aber die Weichen sind richtig gestellt. Im Urlaub auf der Jolle geben wir weniger Geld aus als zu Hause, statt der Kasse eines Vercharterers füllen wir die Bordkasse. Und wir stellen fest, dass wir uns auch unter widrigsten Umständen vertragen.

Noch erscheint Rüdiger die »große Reise« – das Wort »Weltumseglung« wird vorerst nicht in den Mund genommen – als unrealistisches Hirngespinst. Aber man kann ja mal so tun als ob, und dazu gehört natürlich, sich über »das Boot« Gedanken zu machen.

Das Vorhaben, ein »Waarship« aus Sperrholz selbst zu bauen, geben wir nach dem Besuch einer Selbstbauer-Kolonie in Büchen schnell wieder auf, wir würden wohl nie loskommen. Also spielen wir, wann immer wir in die Nähe einer Marina kommen, das Spiel »Schiffchen gucken«: Welches Boot käme in Frage, was ist gebraucht zu haben? Aber ähnlich wie es beim Gebrauchtwagenkauf für einen Laien fast unmöglich ist, nicht mit einer Rostlaube übers Ohr gehauen zu werden, fühlen wir uns überfordert, die 100 000-DM-Entscheidung zu treffen.

Unsere Bibel in diesem Zusammenhang wird das Buch »Segeln mit Wilfried Erdmann«. Seine Aluminium-KATHENA überzeugt uns, nur leider können wir uns Dübbel & Jesse nicht leisten. Auf der Bootsmesse in Friedrichshafen stoßen wir zufällig auf die französische Ovni. Solides Aluminium, heller Innenausbau, viel Platz. Ein Traum. Und sie kostet nicht mehr als ein vergleichbares deutsches Boot in GFK.

Der Vertreter auf dem Messestand versteht sein Geschäft. Er verchartert den gleichen Bootstyp in Jugoslawien und macht uns ein günstiges Angebot. Ostern '91 segeln wir mit seiner Ovni 30 durch die Kornaten. Die Würfel sind gefallen: Eine Ovni 30 muss es sein!

Sie kostet zwar weit mehr, als wir ursprünglich investieren wollten, aber das Risiko ist gering: Die Gebrauchtpreise für dieses Boot liegen nur knapp unter dem Neupreis, und die Nachfrage ist weit größer als das Angebot. Man würde es uns aus den Händen reißen, wenn wir aus irgendeinem Grund doch kalte Füße bekämen. Und ein Boot, das seit zwanzig Jahren gebaut wird und so gefragt ist, kann eigentlich nicht schlecht sein.

Im Juni '92 ist es soweit. Wir fahren nach Rostock, um dort unsere Yacht in Empfang zu nehmen. Unterwegs ein Abstecher zur Firma Schwenckner in Hamburg. Das ohnehin überladene Auto ächzt unter der Zuladung von Ankern, Ankerketten, Festmachern, Rettungsmitteln, Windmesser, Echolot, Funkgerät... Unser Kaufrausch macht auch vor dem letzten Schrei nicht halt: einem GPS. Etwas nachdenklich stimmt uns dann allerdings, dass uns Familie Schwenckner samt Dackel noch lange nachwinkt...

Als wir im ehemaligen Fischkombinat Rostock-Marienehe um die Ecke biegen, steht dort schon der Tieflader mit unserer funkelnagelneuen Ovni. Sie wird auf einem schrottplatzähnlichen Gelände zwischen verrottenden Fabrikanlagen abgestellt. Im Salon riecht es intensiv nach frischem Holz, überall liegen Ausrüstungsteile herum.

Eigentlich sollten wir glücklich sein, beginnt doch unser Traum nun Gestalt anzunehmen. Aber in dieser ersten Nacht an Bord wälzen wir uns schlaflos im Vorschiff hin und her. Wir fühlen uns von der Situation völlig überfordert. Sind wir eigentlich noch bei Trost? Schon das Abladen mit dem Kran hat 300 DM gekostet, das Aufriggen des Mastes soll weitere 1000 DM kosten, Wassern, Liegeplatz und und und... Wir haben das Gefühl, dass wir wegen unserer Ahnungslosigkeit nun völlig erpressbar sind.

In dieser Situation lernen wir Charly kennen. Charly, der ehemalige Hafenkapitän von Rostock-Marienehe, war zu DDR-Zeiten Regattasegler. Er macht uns Mut, steht mit Rat und Tat zur Seite und lässt sich Löcher in den Bauch fragen. Spannend erzählt er, wie in der DDR Unmögliches doch möglich wurde. Zum Beispiel das

Entstehen einer Rollfock: Nur nach dem Anzeigenfoto in einem durch viele Hände gegangenen »Yacht«-Heft wurde die Anlage nachgebaut, die Einzelteile in den verschiedensten Betrieben »nebenher« gefertigt.

Zwei Tage später schwimmt unser Boot dann mit stolz aufgerichtetem Mast und angeschlagenen Segeln, in der Sonne blitzend. Es wird feierlich auf den Namen KAYA getauft, nach einem Lied von Bob Marley: »I got to have Kaya now, when the rain is falling…«

Und wir lernen: Beim Aufstellen des Mastes werden eben nicht, wie in Büchern verkündet, die Wanten mit Spezial-Kraftmessgeräten auf das Milli-Newton genau eingestellt. Charlies ausgestreckter Daumen genügt. Das können wir ab jetzt auch!

Wir hatten uns vorgestellt, dass das Boot in Rostock ein paar Jahre in Charter laufen könnte, gewartet von der neu gegründeten Charterbasis, und so einen Teil der Unkosten einspielen würde. Aber wir merken sehr schnell, dass in dieser Branche Gangstermethoden üblich sind. Charly verspricht, ein Auge auf KAYA zu haben, trotzdem machen wir uns am Ende der Sommerferien nur widerstrebend auf den 750 Kilometer langen Heimweg.

In die Sorge um unser Boot mischt sich auch Ungeduld. Wir wollen nicht noch Jahre warten, wir wollen los… Beim Silvesterspaziergang meint Gaby unvermittelt: »Und wenn wir einfach jetzt schon losfahren?« – »Du spinnst!«, lautet Rüdigers Antwort. Aber die Idee lässt uns nicht mehr los, wir rechnen hin und her, verkaufen im Geiste unsere Bausparverträge, Autos, Möbel und alles, was sonst irgendeinen Wert hat. Es ist knapp, sehr knapp, aber es könnte gehen…

Noch im Januar reichen wir unsere Beurlaubungsanträge ein, sehr zum Erstaunen unserer Familie, Freunde und Kollegen, die unsere Segelträume bisher für bloße Spinnerei gehalten hatten. Wir spüren Zustimmung, Skepsis, aber auch eine ganze Menge Neid. Natürlich wissen wir, dass wir unerhörtes Glück haben. Wegen der hohen Lehrerarbeitslosigkeit wurde ein Gesetz erlassen, das es uns ermöglicht, ein paar Jahre unbezahlt auszusetzen, um Arbeitsplätze zu schaffen. Aber wir verzichten im Gegenzug auch auf vieles, was für andere von zentraler Bedeutung ist: Karriere, Gehalt, einen Teil der Pensionsansprüche, Eigenheim, materiellen Besitz jeder Art (sofern er nicht seetüchtig ist…). Eben dieser Verzicht ist es, den unser soziales Umfeld offensichtlich nicht so leicht verkraftet, weil er Fragen aufwirft. Wenn wir am Ende der Reise nach Hause kommen, werden wir nicht viel mehr besitzen als ein Boot, ein paar Bücherkisten auf Mutters Dachboden – und einen Schatz an Erinnerungen…

Im April '93 wird KAYA per Tieflader an den Altrhein gebracht. Hier in Lampertheim, dreißig Kilometer von unserem Wohnort entfernt, liegt das einzige Bootsgelände im Umkreis, wo man sein Schiff aufbocken und daran arbeiten kann. Eine kleine, bunt gemischte Laubenpieper-Kolonie verbringt hier die Wochenenden: Altgediente Rheinschipper, die die tollsten Geschichten erzählen; Familienväter, die ihren Segeltraum geparkt haben und nun mit den Kindern am Angelkahn werkeln; Träumer, die schon jahrelang versuchen, einen Rostkahn seetüchtig zu machen – »Nächstes Jahr geht es nach Südamerika…« Hier sind wir gut aufgehoben. »So so, über den Atlantik wollt ihr«, brummelt der Chef skeptisch, während er ein paar rostige Fässer unter KAYAs Bauch schiebt.

Die folgenden Monate sind stressig wie nie. Der Dienst muss gerade jetzt, wo alle kritisch auf uns blicken, mit über hundert Prozent versehen werden. Aber jede freie Minute verbringen wir beim Boot. Das Unterwasserschiff, mit kupferfreiem Antifouling gestrichen, ähnelte nach der kurzen Ostsee-Saison schon fast einem Riff – ein kleiner Vorgeschmack auf ein Problem, das uns rund um den Globus begleiten wird. Tagelang kratzen wir Muscheln und alte Farbe ab. Anschließend nutzen wir die seltenen Schönwetterphasen, um mehrere Schichten Epoxy-Primer und neues Antifouling aufzubringen. Aber auch bei Regen haben wir unendlich viel zu tun, kriechen in jedem Winkel der Kajüte herum. Stauräume werden vermessen, Kabel neu verlegt, Polsterbezüge und Vorhänge genäht. Nach und nach richten wir unser neues Zuhause wohnlich ein.

Ende Juli werden wir in die Freiheit entlassen, aber an den Start ist noch lange nicht zu denken. Rüdiger, der langjährige Amateurfunker, lernt für das UKW-Sprechfunkzeugnis, wie man ein

Mikrofon hält. Und Gaby, trainiert von Rüdiger, absolviert in Rekordzeit die Amateurfunklizenz-Prüfung einschließlich Morsen. Auf den Schreibtischen türmen sich keine Schülerarbeiten mehr, aber die Papierberge sind eher noch größer geworden: Neben Seekartenkatalogen, Medikamenten- und Proviantlisten liegen Mieterlexikon und stapelweise Unterlagen über Abonnements, Mitgliedschaften, Versicherungen. Unglaublich, was man alles kündigen muss, wenn man sich für eine Weile aus dem bürgerlichen Leben verabschiedet! Wir tun beides mit Genuss...

Zuletzt stürzen wir uns ins Einkaufsgetümmel der Großmärkte und hamstern all die Dinge, ohne die wir uns das Leben in der weiten Welt nicht vorstellen können. Der junge Kassierer tippt mit unbewegter Miene, die Finger fliegen über die Tasten. Fünfzig Packungen »Miracoli«, fünfundsiebzig Tafeln »Ritter Sport«... Bei den fünfzig Zahnbürsten mit »Multituft«-Borsten hält er plötzlich inne: »Wollen Sie mich verarschen?« Als wir kurz erklären, dass wir eine größere Reise vorhaben, will er das ganz genau wissen. Plötzlich hat er Zeit, während die samstägliche Schlange hinter der Kasse immer länger wird...

Mitte Oktober wird KAYA ins schmuddelige Altrheinwasser gesetzt. Ungläubiges Staunen auf dem Gelände: Die meinen es ernst! Die wollen wirklich los! Mit dem Verkauf der Autos ist der Schnitt perfekt, wir übersiedeln endgültig an Bord. Am Abschiedswochenende herrscht ein reges Kommen und Gehen, zwei Tage lang ist die kleine Kajüte bis auf den letzten Platz besetzt. Bekannte und Kollegen überzeugen sich, dass für sie so ein Boot zu klein wäre. Freunde bringen Geschenke, wünschen uns Glück. Abschied für voraussichtlich sechs Jahre...

Vier Flüsse, ein Kanal und
158 Schleusen

Rhein − Mosel − Canal de l'Est − Saône − Rhône

Ende Oktober '93, an einem kalten, verregneten Donnerstag, heißt
es endlich »Leinen los«. Hier in Lampertheim weiß niemand, was
dieser Moment für uns bedeutet. Wir freuen uns riesig auf unser
neues, freies Leben, gleichzeitig lauert im Hintergrund ein banges
Gefühl: Werden wir den vor uns liegenden Abenteuern gewachsen
sein, werden wir Glück haben?

Aber für lange Überlegungen ist jetzt keine Zeit. Bei strömendem
Regen fahren wir durch den schmalen, sich windenden Altrhein in
Richtung Rhein. Zwanzig Minuten Zeit, sich wieder an die Bedie-
nung von KAYAs Ruder zu gewöhnen, es ist immerhin ein Jahr her,
seit wir zuletzt auf der Ostsee unterwegs waren. Die schmale Mün-
dung spuckt uns auf den großen Fluss, wo wir sofort von der starken
Strömung erfasst werden. Wind und Regenböen kommen genau
von vorn, aus dem bleigrauen Dunst tauchen riesige Schubverbände
auf. Die unheimlich wirkenden Reaktorblöcke des Kernkraftwerks
Biblis ziehen an Steuerbord vorbei.

Unser Amateurfunkgerät ist auf die heimische Quasselfrequenz
eingestellt. Einige unserer Bekannten haben wohl Probleme damit,
dass wir allen Unkenrufen zum Trotz so spät im Jahr tatsächlich
noch gestartet sind: »Ich mecht des ja net, bei däm Wedder, aber die
Leit misse ja wisse, was se mache«, tönt es in breitestem Hessisch
aus dem Lautsprecher. Die wissen in der Tat, was sie machen, und
sind trotz Sauwetter in Hochstimmung.

Jetzt heißt es erst mal, einen Platz zum Übernachten zu finden, es
ist schon Nachmittag, und auf dem Rhein kann man nicht einfach

16

irgendwo ankern. Da bietet sich das »Eicher Loch« bei Gernsheim an, eine kleine Seitenbucht des Rheins, die wir von ersten Segelversuchen mit unserer Jolle kennen. Am herbstlich verwaisten Steg des Segelklubs Guntersblum hat bestimmt noch keine Dreißig-Fuß-Yacht gelegen. »Haben Sie einen Notfall?«, tönt es uns vom Balkon eines Wochenendhäuschens am Ufer entgegen.

Unsere fröhliche Verneinung kam wohl etwas verfrüht, denn unter Deck stellen wir fest, dass wir jede Menge Wasser in der Bilge haben. »Wo ist das Leck?«, lautet dann auch das Motto des ersten Abends unserer großen Reise. Eine fieberhafte Suche beginnt, zwischen all den Kisten, Kasten, Bündeln, Papieren und Taschen, die wirklich überall herumstehen. Hätten wir doch die Kajüte wenigstens provisorisch aufgeräumt. Aber die chaotischen letzten Tage vor der Abreise ließen das einfach nicht zu. Unterwegs würden wir ja Zeit haben, alles zu ordnen… Haben wir auch, aber wer rechnet mit Wasser im Schiff? Irgendwann meldet sich in Rüdigers Hinterkopf eine leise Stimme: »Hast du den Schlauch verschlossen, als du den Süßwasserhahn in der Toilette abgeklemmt hast?« Ein Hechtsprung zu eben dem Schlauch bringt Gewissheit: Ein kleiner Bach plätschert aus dem Trinkwassertank fröhlich in die Bilge. Ein Knebel in den Schlauch, wir sinken in die Kojen, trockengelegt wird morgen.

Kein Wasser mehr im Schiff, und im Salon kann man sich sogar schon bewegen. Auf der Heckplattform stapeln sich bereits einige leere Kartons. »Kisten vernichten« nennen wir das, wenn wieder der Inhalt eines Kartons seinen Platz in einem der unendlich vielen Winkel des Schiffs gefunden hat.

Nach einem Abschiedsbesuch bei Freunden in Mainz laufen wir morgens wieder aus. Mitten auf dem hier mehrere hundert Meter breiten Rhein ertönt plötzlich das gefürchtete Pfeifen – unser 18-PS-Yanmar streikt. Von oben kommt ein riesiger Tanker, von unten ein Schubverband. Rüdigers frisch erworbenes UKW-Sprechfunkzeugnis kommt erstmalig zum Einsatz: Auf Kanal 10 meldet er vorschriftsmäßig: »Segelyacht KAYA treibt manövrierunfähig.« Vielleicht wäre es hilfreich gewesen, auch die Position zu nennen… Aber schon naht Schlepphilfe. Ein kleineres Motorschiff, das einzige zwischen all den großen Pötten an diesem regnerischen Sonntagmorgen, nimmt uns auf den Haken und schleppt uns in die nahe Mainmündung, wo wir an einer rostigen Spundwand festmachen. Nun hat Rüdiger Zeit, sich von Motorradmotor auf Schiffsdiesel umzustellen. Die Ursache ist bald gefunden: Dreck hat bereits vor dem Diesel-Vorfilter in einem Rohrkrümmer einen Pfropfen gebildet. Die Fehlkonstruktion wird beseitigt, der Diesel zum ersten Mal entlüftet. Das scheint geklappt zu haben, denn von nun an schnurrt die Maschine brav.

Der Rhein zeigt sich von seiner schönsten Seite. Die Weinberge, oft gekrönt von stolzen Burgen, strahlen in der Oktobersonne. Eine Landschaft wie aus dem Bilderbuch. Und hier wollen wir weg? Aber das ist nicht der geeignete Moment für Sentimentalitäten, vor uns liegt das berüchtigte »Binger Loch«. Die Strömung an der Loreley ist beachtlich, das Fahrwasser sehr eng. Genau hier müssen sich natürlich jede Menge Schuber begegnen, wir mittendrin. Während wir noch überlegen, was man wohl macht, wenn jetzt die Maschine streikt, weitet sich das Fahrwasser, wir sind durch.

Wir gehen in den Hafen von St. Goar, bekommen einen malerischen Liegeplatz direkt unterhalb der Burg. Beim Rundgang durch den Ort finden wir uns plötzlich inmitten einer Horde von Amerikanern wieder, die sich, schrille Schreie des Entzückens ausstoßend, vor einem Schaufenster versammelt haben. Was gibt's denn da? Schwarzwalduhren!!

Am nächsten Tag hat die Strömung ihren Schrecken verloren, wie alte Rheinschiffer stehen wir am Ruder. Wir halten uns ganz rechts, wie uns die Wasserschutzpolizei in Rüdesheim empfohlen hatte. Aber was ist das?! Mit schäumender Bugwelle kommt uns ein mächtiger Pott genau entgegen. Empfehlung hin, Empfehlung her, das wird eindeutig zu knapp, Rüdiger steuert raus auf die Fahrwassermitte und lässt das Schiff an Steuerbord passieren. Dessen Steuermann fuchtelt aufgeregt in Richtung einer blauen Tafel, die er auf seiner Steuerbordseite hängen hat, und grüßt nach Art der Autofahrer. Da war doch was – richtig: Die Schupos hatten eine blaue Tafel erwähnt, die aber für Sportboote keine Bedeutung habe. Ab sofort ziehen wir ohne Zögern auf die linke Fahrwasserseite, wenn uns ein Schiff die »blaue Karte« zeigt.

Bei strahlendem Sonnenschein umfahren wir das Deutsche Eck und biegen in die Mosel ein. Für das Foto »KAYA mit Kaiser Wilhelm« drehen wir eine Ehrenrunde.

Die Schleuse Koblenz, unsere allererste Schleuse, versetzt uns noch in Aufregung. Ganz eifrig melden wir uns über UKW-Kanal 20 an und fragen den Schleusenwärter, wo in der Kammer wir festmachen sollen. »Is mir doch ejal, wo ihr festmacht«, lautet die muffelige Begrüßung.

Die Mauer am Schleusenausgang lädt mit leuchtend gelb lackierten Pollern zum Anlegen ein. Lastkähne, die die Schleuse verlassen, sind hier noch langsam und verursachen kaum Wellenschlag. Wir sitzen gemütlich beim Abendessen unter Deck, als es ziemlich ungehalten am Schiff klopft. Zum Glück ist es Gaby, die den Kopf aus dem Luk steckt, das Gewitter, das jetzt über KAYA niedergeht, fällt gegenüber einer Dame etwas moderater aus: »Ihr müsst hier sofort verschwinden, seit Stunden versuche ich euch über UKW und über Lautsprecher zu erreichen. Wenn hier ein großer Schubverband kommt, macht der euch platt!« Der mufflige Schleusenwärter ist außer sich, immerhin hat er sich zu Fuß zu uns auf den Weg gemacht. Wir sind ganz kleinlaut und beschließen, die Binnenschifffahrtsstraßenordnung noch einmal etwas genauer zu studieren... Im Dunkeln verlegen wir uns ein Stück weiter, an den Steg eines Koblenzer Segelklubs.

Um diese Jahreszeit sind alle Yachtklubs geschlossen. Der Weg vom Klubgelände in die Stadt führt über eine hohe Mauer, die wir am nächsten Tag mehrmals kletternd überwinden, schwer beladen mit Kanistern, Gasflaschen und Einkaufstaschen. Das scheint aber keinen der Anwohner zu stören.

Bei herrlichem Wetter geht es weiter, strahlender Sonnenschein, wenig Wind. Die Mosel schlängelt sich mit ruhigem, nur leicht strömendem Wasser durch die goldenen Weinberge. Es gibt weniger Schiffe als auf dem Rhein, der Rudergänger hat es einfach. Wir genießen die Beschaulichkeit dieser Flussfahrt. Das abendliche Festmachen vor malerischen Orten wie Cochem, Beilstein oder Traben-Trabach gefällt uns sehr, ebenso wie das anschließende Gläschen in einer gemütlichen Weinstube.

Unser Funkfreund Tilo lacht über unsere Tagesetappen von etwa dreißig Flusskilometern: »Ihr seid ja kaum vorangekommen!« Autofahrerperspektive… Aber auch uns geht es eigentlich zu langsam voran. Nachts wird es nun schon sehr kalt, morgens ist das Boot vereist. Die Heizung schluckt Unmengen Gas, wir müssen dringend nach Süden.

Am 1. November beschließen wir: Schluss mit der gemütlichen Trödelei! Um Strecke zu machen, stellen wir den Wecker so, dass wir in der Morgendämmerung starten können, denn die Tage werden merklich kürzer. So schaffen wir sechzig Kilometer und drei bis vier Schleusen am Tag. Wir haben reichlich Gelegenheit, das Manövrieren auf engem Raum zu üben. Das Schiff wird nicht mit Vor- und Achterleine, sondern nur mit einer Leine an der Mittschiffsklampe gesichert. So kann man beim Schleusen die Leine an einer dafür vorgesehenen senkrechten Stange mitführen.

Kurz vor der Luxemburger Grenze trinken wir etwas wehmütig das letzte deutsche Bier. Ganz unbemerkt von der Obrigkeit passieren wir auch die nächste Grenze, nach Frankreich. Hinter Thionville wird die Gegend zusehends hässlicher, hier beginnt der Erzkanal. Kräne, Förderanlagen, Schrott, Dreck. Rohrleitungen überqueren den Kanal, verziert mit Totenkopfschildern.

Es wird bald dunkel, wo soll man in dieser unwirtlichen Gegend bloß übernachten? Ein netter Schleusenwärter gibt uns den Tipp: Einige Kilometer weiter, bei Corny, liegt ein kleiner Yachthafen mitten im Wald. Im letzten Büchsenlicht finden wir die schmale, unauffällige Einfahrt, machen an einem schönen neuen Steg fest, umgeben von hohen Bäumen. Wir sind ganz allein, es ist stockdunkle Nacht, nur aus der Kajüte leuchtet gemütliche Wärme.

In einem großen Wendebecken am Ende des Erzkanals warten wir auf die Einfahrt in den Canal de l'Est. Das Schleusentor ist winzig. Passen wir da überhaupt durch? Lange tut sich nichts, obwohl wir uns telefonisch bei der Kanalverwaltung für heute angekündigt hatten. Dann endlich kommt eine dicke Madame mit Lockenwicklern und Gummistiefeln angeschlurft, dreht ohne Eile an einer großen, schmiedeeisernen Kurbel. Die Tore öffnen sich, wir tauchen ein in eine andere Welt. Unser Schleusenwärter kommt auf dem Moped angefahren, er wird uns den ganzen Tag begleiten.

Im stillen Wasser des schmalen Kanals spiegeln sich die großen Bäume der herbstlichen Vogesen. Alle ein bis zwei Kilometer taucht im Dunst voraus eine Schleuse auf. Sie ist schon von weitem an dem typischen Schleusenhäuschen erkennbar. Einige sind noch bewohnt. Dann schmücken Blumen das Haus, bunte Wäsche hängt auf der Leine, Hühner gackern, der Hund blafft das einfahrende Schiff an – Frankreich total idyllisch.

Unser Begleiter braust auf seinem Moped neben dem Kanal voraus, KAYA findet immer geöffnete Schleusentore vor. Beim Schließen der Tore hilft Rüdiger kräftig kurbelnd mit, so kommen wir zügig voran. Nur pünktlich um zwölf Uhr mittags geht nichts mehr: Monsieur nimmt das Mittagessen ein, und das kann dauern – na gut. Wir beginnen, uns von der heimischen Hektik zu lösen.

Ab und zu kommt uns eine Péniche, ein französischer Flusskahn, entgegen. Wir bleiben möglichst lange in der Kanalmitte, damit Monsieur le Capitain sich auch genötigt sieht, etwas an die Seite zu fahren. Sonst kann es nämlich ziemlich knapp werden, besonders wenn der Schraubensog der Péniche den Wasserspiegel senkt.

Es wird nun auch tagsüber immer kälter, der Winter sitzt uns dicht auf den Fersen. In puncto Hygiene hat diese Etappe Expeditionscharakter. Wir kommen tagelang nicht aus den warmen Sachen, keine Dusche weit und breit… Wir freuen uns sehr, als die erste Schleuse wieder abwärts führt.

In der Abenddämmerung nähern wir uns der letzten Schleuse des Tages, die entgegenkommende Péniche scheint uns mal wieder keinen Platz zu lassen, als zum zweiten Mal das gefürchtete, hässliche Pfeifen ertönt: Kühlwasser zu heiß! Maschine aus, Heckanker geworfen, Fehlersuche. Offenbar hat das Herbstlaub den Kühlwassereinlass verstopft. Der Trick mit dem von innen pustenden Blasebalg hilft leider nicht, und Tauchen bei Winterkälte ist nicht unsere Sache. Wir helfen uns, indem wir den Kühlwasserschlauch mit dem Seeventil des stillgelegten Waschbeckens in der Toilette verbinden. Das wird bis zu den wärmeren Gefilden des Mittelmeers halten.

Der 11. November ist in Frankreich ein Feiertag, es wird nicht geschleust. Wir liegen in Chantenoy-le-Château, einem wunderhübschen Örtchen, eingebettet in eine sanfte Hügellandschaft. Die Bäume am Ufer leuchten rot-golden in der Herbstsonne. Im Sommer müssen sich hier die Charterboote drängeln, jetzt haben wir die Kaimauer vor einer gepflegten Grünanlage ganz für uns allein. Ein Luxus-Liegeplatz mit Wasser und Strom, sogar gratis, denn es ist niemand da zum Kassieren. Wir stellen die feuchten Polster hoch und bullern das Boot mit dem elektrischen Heizlüfter so warm, dass wir im T-Shirt statt mit drei Pullovern am Tisch sitzen. Ein Hoch auf den Atomstrom...

Die Schleusen vor Corre, wo der Canal de l'Est in die Saône mündet, lassen bereits ahnen, dass wir wohl zu den Letzten gehören, die den Kanal in seiner nostalgischen Beschaulichkeit erleben. Dort sind bereits moderne elektrische Schaltkästen montiert, die demnächst die Schleusen automatisch bedienen sollen. Keine kurbelnde Madame mehr, kein Monsieur auf dem Moped – schade.

Die Saône weitet sich. Grüne Wiesen, weidende Kühe, verträumte Dörfer, Baguette und Landwein – Frankreich wie im Bilderbuch.

Wenn es nur nicht so kalt wäre! Immer öfter ist KAYA morgens von einer dünnen Eisschicht überzogen. Bei diesen Temperaturen weigern sich unsere Gasflaschen, ihren Inhalt an die Heizung rauszurücken. Da hilft nur eine Methode, die jedem deutschen TÜV-Beamten die Haare zu Berge stehen lassen würde: Rüdiger erwärmt die Gasflasche mit einem kleinen Camping-Kocher...

Wir haben das Gefühl, schon ewig unterwegs zu sein, weit weg von zu Hause. Aber ein Blick auf die Karte zeigt: Luftlinie sind es gerade dreihundert Kilometer, also drei Autostunden.

Bisher haben wir kaum Yachten getroffen, nur ganz wenige kamen uns entgegen, die wir neugierig und bewundernd beäugten: »Ob die wohl von einer Weltreise zurückkommen?« Nun liegt vor uns in einem breiteren Kanalbecken eine deutsche Yacht, deren Bug nach Süden zeigt – offenbar mit einem Problem, die ANARCHENOAH hat was in der Schraube. Skipper Jörg leiht sich unseren Neoprenanzug und taucht aus den eisigen Fluten mit einer Plastiktüte auf. Ab jetzt fahren wir im Konvoi, abends gibt es viel zu erzählen. Auch Jörg ist Lehrer, hat aber nur ein Jahr Urlaub genommen. Wie bei uns hat der Aufbruch etwas länger gedauert, eigentlich wollte er jetzt schon in Griechenland sein. Und im Sommer beginnt schon wieder die Schule.

In Chalon liegen wir ausnahmsweise in einer Marina, heiße Duschen und unbegrenzter Strom für den Heizlüfter lassen uns auftauen. Chalon ist ein hübsches Städtchen mit alten Häuserfassaden in einer malerischen Altstadt, die sich ihre Atmosphäre bewahrt hat. Sehr gemütlich, etwas vergammelt, noch nicht so überrestauriert, wie wir das von zu Hause gewöhnt sind.

Hier gesellt sich ein weiteres Boot zu uns: John und Graham, Vater und Sohn, überführen ihr kleines hölzernes Folkeboot OTHONA von England nach Spanien. Die beiden könnten einem Cartoon des englischen Zeichners Mike Peyton entsprungen sein, so typisch britisch-skurril wie sie aussehen. Sie sind ganz hartgesottene Segler, neben denen wir uns mit unserem brandneuen, komplett ausgerüsteten Boot etwas deplaziert vorkommen. Kälte und Regen macht den beiden nichts, sie haben in Frankreich nur ein Problem: die Franzosen. John und Graham sind fest überzeugt, dass diese nur Französisch sprechen, um die Engländer zu ärgern…

In Lyon mündet die inzwischen breite Saône in die noch mächtigere Rhône. Die Fahrt mit KAYA mitten durch die Stadt ist beeindruckend, aber die Kaimauern direkt neben der Stadtautobahn laden nicht unbedingt zum Festmachen ein.

Die Etappen auf der Rhône sind anstrengend, die Häfen liegen weit auseinander. Auch die Schleusen haben ein einschüchterndes Format, die größte überwindet 23 Meter Höhenunterschied.

Eisiger Mistral fegt durchs Rhônetal und schiebt uns zusammen mit der starken Strömung manchmal beängstigend schnell voran. In Tournon haben wir Mühe, in dem kleinen Hafen festzumachen. Wir gehen längsseits an einer großen Yacht, ganz aus blankem, rostfreiem Edelstahl. Skipper Björn aus Schweden begrüßt uns freundlich, wir dürfen unser Landstromkabel bei ihm anschließen. Zum

Dank laden wir ihn auf einen Drink ein. Wir sitzen bis spät in die Nacht und lauschen gebannt Björns Berichten über die Karibik, die er wie seine Westentasche kennt. Er erzählt, dass er dort jahrelang Chartertörns gefahren hat und nun wegen umfangreicher Reparaturen zurück nach Europa musste. »See you in the islands«, sagt er zum Abschied. Erst viel später, auf den Kanaren, werden wir erfahren, wer unser freundlicher Nachbar war…

Weiter geht es, vorbei an Industrieanlagen und Atomkraftwerken – eine hässliche, unwirtliche Gegend. Da weit und breit kein Hafen in Sicht ist, verbringen wir eine Nacht am Industriekai von Montélimar. Sand fegt über die Kante der endlos hohen Spundwand aufs Deck, Eisregen macht daraus einen glitschigen Brei. An diesem Abend versagt sogar Johns und Grahams unerschütterlicher englischer Humor. Aber vor uns liegt Avignon. Schon im Morgengrauen brechen wir auf. 85 Kilometer und vier Schleusen, das ist eigentlich nicht zu schaffen. Wir haben Glück, die starke Strömung der Rhône und kurze Wartezeiten vor den Schleusen machen es möglich, dass wir noch im Hellen am Steg der Marina hinter der berühmten Pont d'Avignon festmachen können.

Beim abendlichen Bummel durch das verregnete Avignon stellen wir fest, dass es doch schon lange her ist, seit wir hier als Rucksackreisende auf dem großen Platz am Brunnen gesessen haben. Der Brunnen ist einer modernen Fußgängerzone mit Tiefgarage gewichen. Die urigen Kneipen, die den Platz säumten, sind von feinen Kreditkarten-Restaurants verdrängt worden.

Am nächsten Morgen trauen wir unseren Augen nicht, als wir den Kopf aus dem Luk stecken: Sowas von einem Strahlewetter haben wir lange nicht erlebt. Hoch über uns hebt sich der Papstpalast im Sonnenschein gegen einen stahlblauen, wolkenlosen Himmel ab. Rüdiger zieht los, um frisches Baguette zu holen, wir frühstücken first class im Cockpit. Dann steigen wir die steile Treppe zum Palast hoch und genießen den weiten Blick über die Stadt und die Rhône. Tief unten liegen klein wie Spielzeuge KAYA, OTHONA und ANARCHENOAH.

Wir verabschieden uns von John und Graham, die gleich weiterziehen. Sie haben versprochen, zu Weihnachten bei Mutter Betty in

Spanien zu sein. »Don't worry about the Mistral«, sagt Graham zuversichtlich. Aber wir machen uns Sorgen um die beiden, in ihrem winzigen Boot, ohne Französischkenntnisse, um die örtlichen Wetterberichte abzuhören.

Unsere nächste Station ist Arles. Der Anlegesteg hinter der Flussbiegung ist hoffnungslos überfüllt mit Päckchenliegern. Bald wissen wir warum: Die gastfreundliche Stadt hat ihn als Gästesteg für durchreisende Boote angelegt, Liegen, Wasser und Strom sind frei. Hier hat sich eine kleine Kolonie von Überwinterern gebildet, die ihr Revier nun gegen durchreisende Eindringlinge abschirmen. Einer von ihnen, ein Holländer, soll sogar schon zum Gewehr gegriffen haben, um seine Bordwand zu verteidigen... Nach einigem Zögern machen wir an einem vergammelten englischen Motorboot fest, dessen Skipper uns als Einziger halbwegs freundlich entgegenblickt.

Nach und nach fangen wir an, uns hier trotzdem wohl zu fühlen. Das Wetter ist herrlich, mit strahlend blauem Himmel jeden Tag. Dem Winter scheinen wir nun endgültig entronnen zu sein. Wir genießen das südfranzösische Leben und Treiben in den engen Gassen und auf der Uferpromenade. Arles ist so, wie wir es von früher kennen, sogar den bunten, quirligen Wochenmarkt gibt es noch. So könnte man leicht Wurzeln schlagen...

Aber wir wollen den Jahreswechsel auf Ibiza feiern, dort lebt Gabys Mutter. Also reißen wir uns los und fahren zusammen mit ANARCHENOAH in die Petit Rhône ein. Die Schleuse bei St. Gilles hat ganze dreißig Zentimeter Höhenunterschied, ist aber trotzdem bemerkenswert: »Die letzte Schleuse vor Panama«, verkündet Gaby...

Der Kanal nach Le Grau-du-Roi führt durch die Camargue, am Ufer grasen tatsächlich die berühmten weißen Pferde.

Am Abend kommt dann der große Moment, von dem wir so lange geträumt haben: Wir sind am Meer! Ruhig und friedvoll liegt es vor uns, die Luft ist lau und samtig, der rot schimmernde Abendhimmel voller Sterne − fast schon kitschig-schön. Über 1400 Kilometer und 158 Schleusen haben wir ohne Kratzer hinter uns gebracht. Wir sind glücklich.

Im westlichen Mittelmeer

Mistral und Marinaleben –
Inselhüpfen in den Balearen – Kurs Gibraltar

In Le Grau-du-Roi soll sich KAYA nun endlich vom Flusskahn in eine stolze Segelyacht verwandeln. Die kleine Werft am Fischerhafen hat einen Baustellenkran, mit dem unser Mast gestellt werden kann. Die Leute von der Werft sind sehr freundlich und hilfsbereit, was uns gut tut, sind wir doch reichlich nervös angesichts der bevorstehenden Aktion. Wir verbringen den ganzen Vormittag damit, den Wirrwarr der Fallen, Wanten und Stagen zu sortieren. Als Monsieur schließlich in seinen Kran klettert, klappt alles reibungslos. Rüdiger hilft dem Mast mit ein paar Fußtritten in die richtige Position, schnell werden alle Spanner angezogen – geschafft! Wir feiern das Ereignis mit Sekt und träumen von den Häfen und Inseln, die jetzt vor uns liegen.

Zu früh gefreut! Beim Anschlagen der Segel merken wir zu unserem Schrecken, dass der Lümmelbeschlag fehlt. Das kleine, aber wichtige Spezialteil, das Großbaum und Mast verbindet, muss beim Maststellen über Bord gegangen sein. Das »plopp«, das Gaby neben der Bordwand gehört hat, war wohl doch kein springender Fisch...

Das Teil muss bestellt werden, das kann zwei Wochen dauern. Also verabschieden wir uns von dem Gedanken, dieses Jahr noch in Ibiza zu sein. Plötzlich haben wir Zeit...

Wir verholen uns in die benachbarte Marina Port Camargue, einen riesigen, aber fast menschenleeren Yachthafen mit 4000 Liegeplätzen. Hier ist es zwar nicht so malerisch, aber sehr komfortabel mit Wasser, Strom und heißen Duschen. Mit unseren Mini-Klappfahrrädern radeln wir jeden Tag die Strandpromenade entlang in den Ort, wo uns die Marktfrauen und der nette Monsieur im Weinladen bald wie alte Bekannte begrüßen. Wenigstens haben wir uns einen schönen Platz für unser Missgeschick ausgesucht. Le Grau-du-Roi ist ein stimmungsvoller kleiner Ort, das abendliche Einlaufen der Fischerboote, von Möwenschwärmen umkreist, immer wieder ein Erlebnis.

Als unser Ersatzteil schließlich eintrifft, haben wir eine wichtige Lektion gelernt: Mit dem Winter-Mistral ist nicht zu spaßen! Bei strahlend blauem Himmel setzt er ohne Vorwarnung ein und erreicht in kürzester Zeit acht bis neun Beaufort. Uns ist nun klar, dass Anfänger wie wir nicht einfach im Winter über den Golfe du Lion segeln sollten. Wir hatten uns das völlig anders vorgestellt, kannten wir das Mittelmeer doch nur aus den Sommerurlauben.

Also richten wir uns auf weitere Wochen in der Marina ein, werden zu »Überwinterern«. Nur eine Handvoll Yachties bevölkert die riesige Marina. Auf der finnischen LAURINA, einem Acht-Meter-Boot mit Kanuheck, neben dem KAYA uns vorkommt wie ein schwimmender Palast, wartet eine Familie mit Kleinkind sehnsüchtig auf den Absprung in wärmere Breiten. Nicht so die deutsche THERA — das Paar aus Bingen legt jedes Jahr die lange Kanalstrecke zurück, nur um hier in Port Camargue den Winter zu verbringen. Im Frühjahr geht es dann zurück in den heimischen Yachtklub am Rhein. Und weil außer dem Wetter zu Hause alles viel besser ist, ist die Bilge des großen Motorseglers bis obenhin mit heimischen Weinflaschen und Delikatessen gefüllt.

Nur an den Wochenenden beleben sich die Stege. Aus Montpellier und Nîmes kommen die einheimischen Segler angereist und packen im Cockpit ihre Picknickkörbe aus. Bei schönem Wetter werden überall Segel hochgezogen, für ein paar Stunden ist die Bucht vor der Hafeneinfahrt voller weißer Dreiecke und bunter Ballons.

So weit sind wir leider noch nicht, auf KAYA wird fleißig gearbeitet. Stabile Halterungen für Windgenerator, Windsteueranlage und Außenborder entstehen, das zweite Vorstag für Sturmfock und Passatsegel wird montiert. Endlich bekommt die Sprayhood ihren Platz über dem Niedergang und blockiert nicht mehr als sperriges

Gerippe die Achterkajüte. In das Achterstag werden Isolatoren eingebaut, sodass es als Antenne für den nun ebenfalls installierten SSB-Sender dienen kann.

Von nun an gehört es zum Morgenritual, dem Seglertreff auf 14313 kHz zuzuhören bzw. sich dort zu melden. Das ist eine wirklich sehr bunt gemischte Runde. Da gibt es zunächst die Wetterfrösche, die zu Hause in Deutschland mit hochmodernen Anlagen Wetterkarten und Satellitenbilder empfangen und ihre Wetterprognosen über starke Kurzwellensender an die Segler weitergeben. Es gibt die Segler auf mehr oder weniger großer Fahrt, die diese Wetterberichte interessiert verfolgen. Es gibt die Hafenlieger, die vom Wetter in ihrem Hafen berichten und erzählen, warum sie immer noch nicht auslaufen... Es gibt die nicht oder nicht mehr segelnden Funkamateure zu Hause, die oft sehr hilfsbereit sind, z.B. bei Verwandten oder bei einer Firma anrufen oder einfach die Postleitzahl von Buxtehude raussuchen. Es gibt die Wichtigtuer, die zu allem etwas zu sagen haben und alles ganz genau wissen. Und es gibt die »Frequenzpolizisten«, denen das Seglerlatein der oft illegal unter selbst erfundenem Rufzeichen sendenden »Funkpiraten« ein Dorn im Auge ist und die dann ihrerseits illegal stören. Auch wenn also beim Zuhören die Geduld manchmal arg strapaziert wird, bietet dieses sogenannte »Netz« die hervorragende Möglichkeit, Freunde und Bekannte zu treffen, und ist gleichzeitig eine ergiebige Nachrichtenbörse.

Am Heiligabend werden Weihnachtsgrüße über unseren Funkfreund in Darmstadt an unsere Mütter gesendet. Wir sind froh, dass wir dem alljährlichen Weihnachtsstress entkommen sind und machen es uns in unserem warmen Boot gemütlich.

Eines Tages entdeckt Gaby in einer Packung Honigkuchen ein Loch und verdächtige Köttel. Daher also das Gekraspel am Abend vorher — wir haben eine Maus an Bord! Argwöhnisch untersuchen wir unsere Vorräte. Aha — eine Packung Haselnusskekse scheint geschmeckt zu haben. Unsere Hauptsorge gilt nun der wertvollsten Ladung an Bord, fünfzig Tafeln »Ritter Sport« im Achterschiff. Tafel für Tafel wird ins Seenotfass gerettet. Da — eine »Olympia« ist angeknabbert! Augenblicklich hat Rüdiger Mord im Blick. Trotz

Kälte wird das Fahrrad klargemacht, Rüdiger radelt in den Ort und kauft im Supermarkt das Sortiment Mausefallen auf. Die werden mit feinstem Käse gespickt in den Schapps verteilt. Am nächsten Morgen sind wir wieder allein an Bord...

Silvester spazieren wir abends am Strand entlang nach Le Grau, in der Hoffnung, ein sprühendes südfranzösisches Fest mit Feuerwerk zu erleben. Fehlanzeige, Frankreich sitzt dröge hinter Restaurantfenstern und speist, die Straßen sind menschenleer.

Draußen auf der Mole, unterm Leuchtturm, entkorken wir unsere Flasche Sekt. Das Meer ist spiegelglatt, Totenflaute. Als wir wenig später wieder an Bord sind, heulen die ersten Böen, kurz danach zeigt der Windmesser fünfzig Knoten. Von null auf zehn Beaufort in 15 Minuten! KAYA legt sich so auf die Seite, dass wir fast Angst haben, am Steg zu kentern.

An der Pier in Le Grau liegt jetzt eine weitere deutsche Yacht. Im Gespräch wird uns klar, dass wir mit unserem späten Aufbruch gerade noch Glück hatten – die LASQUETI, die den Canal de l'Est nur eine Woche nach uns passierte, blieb bei zwölf Grad unter Null tagelang im Eis stecken. Das Pärchen aus Hessen, wie wir ohne viel Segelerfahrung, will jetzt quer über den Golfe du Lion direkt nach Mallorca gehen. »Beim nächsten schönen Wetter laufen wir aus, der Wind kommt ja von hinten.« Wir schätzen inzwischen die Wetterlage im winterlichen Mittelmeer realistischer ein und ahnen, dass die beiden wohl etwas zu flott sind mit ihren Ankündigungen.

In den nächsten Wochen meldet Radio Marseille einen Mistral nach dem anderen. Rüdiger bildet sich in Wetterkunde weiter, indem er die für den Mistral typische Wetterlage, ein Hoch über Nordfrankreich und ein Tief über Norditalien, per Wetterfax auf dem Bordcomputer verfolgt. Gaby erträgt notgedrungen das nervtötende Gepiepse aus dem Kurzwellenempfänger, denn Rüdigers Prognosen werden immer besser und das könnte uns schließlich noch einmal nützen.

Inzwischen sind alle Sachen und Geräte wie durch ein Wunder in all die vielen Schapps und Winkel versickert, KAYA hat sich nach und nach in ein segelfertiges Boot verwandelt. Allerdings sind aus den zwei Wochen schon zwei Monate geworden, es ist Anfang

Februar. Wir werden langsam ungeduldig, wollen wir doch wenigstens zu Ostern auf den Balearen sein. Aber das Wetter wird noch einmal richtig eklig, Regenböen und acht Beaufort lassen uns tagelang unter Deck verschwinden.

Am 21. Februar, Marseille Radio meldet für den Nachmittag »vent variable et mer belle«, ist endlich unser großer Tag: »Heute laufen wir aus!« Zwanzig Meilen bis Sète, ein Katzensprung, für uns aber der erste Schlag raus aus dem gewohnten, schützenden Hafen auf die »feindliche« See. Die ist heute aber überhaupt nicht feindlich, sondern empfängt uns mit einer leichten Segelbrise. Die neuen Segel scheinen zu passen, das selbst getrimmte Rigg kommt nicht runter. Wir kuppeln zum ersten Mal die »Windpilot«-Selbststeueranlage ein und − oh Wunder: KAYA segelt schnurgeradeaus, ohne dass wir eine Hand am Ruder haben. Wir genießen das ruhige Gleiten des Bootes und lassen unser Hafentrauma hinter uns.

Bei untergehender Sonne nähern wir uns dem Hafen von Sète. Ein Motorboot rast mit imposanter Bugwelle auf uns zu. Wir kennen das von den Törns mit unserer Jolle, wenn wir vor den Balearenhäfen das Ziel der PS-starken Motoryachten waren, die uns mit ihrem Schwell oft fast versenkten. Einfach nicht hinsehen, hieß die Devise. So machen wir das jetzt auch, aber das Boot kommt immer näher. Zwei Männer fuchteln mit einem Käscher zu uns herüber. Wollen die etwa Eintrittsgeld? Aber dann sehen wir auf den Jacken den kleinen Schriftzug »Douane«. Der französische Zoll hofft wohl, ein Boot zu erwischen, das noch keine Mehrwertsteuer bezahlt hat. Schiffspapiere und Original-Rechnung, beschwert mit einem Badeschuh, wandern im Käscher auf das Zollboot. Lange Gesichter, die Papiere sind korrekt.

Eine Ansichtskarte in einem Postkartenständer hat es uns angetan: malerische Altstadt auf kleiner Halbinsel. Gruissan heißt das Örtchen, das wir als nächstes Etappenziel wählen. Wir kreuzen um das Cap d'Agde, später raumt der Wind, mit achterlichem Seegang düsen wir auf die enge Einfahrt von Gruissan zu. Das Groß ist bereits geborgen, aber − oh Schreck! − die Genua lässt sich nicht einrollen. Rüdiger hechtet aufs Vorschiff, die Einfahrt ist noch hundert Meter entfernt. »Kraaaft aus dem Seeeegel!!« Gaby dreht das

Boot in den Wind, nun lässt sich die Roll-Leine klarieren. Dabei geht die Ursache des Malheurs über Bord: Ein Bügel hatte sich gelöst und in der Leine verklemmt. Von nun an werden wir dem Rollfock-Mechanismus, wie überhaupt allen segeltechnischen Details, vor jedem Auslaufen mehr Beachtung schenken... Eine letzte große Welle schiebt uns durch die enge Einfahrt, dann herrscht angenehme Ruhe.

Schon wieder so eine typisch französische Kunst-Marina. Hier sollte es doch die Halbinsel mit der lauschigen Altstadt geben? Die gibt es auch, aber die Halbinsel ragt nicht ins Meer, sondern in einen kleinen Binnensee, einen sogenannten »étang«. In seinem flachen Wasser stelzen rosarote Flamingos auf ihren langen Beinen. Der Ort ist typisch französisch gemütlich, von der Burg hat man einen herrlichen Blick über Land und Meer.

In der Marina gibt es einen Ausrüster, der unseren über Bord gegangenen Bügel am Lager hat. In einem seiner Kataloge entdecken wir unseren Mast und kommen durch diesen Zufall dahinter, warum unsere Saling so wenig Vertrauen erweckend wackelt: Zwei wichtige Teflonhülsen hatte man bei unserem fabrikneuen Schiff wohl vergessen, niemandem war das im ersten Jahr auf der Ostsee aufgefallen. Ob uns noch weitere Zufälle dieser Art helfen werden, bis zum Start über den Atlantik alle Macken zu beseitigen?

Neben uns am Steg liegt ein großes belgisches Boot, ausgerüstet mit allem, was eine Fahrtenyacht ausmacht, nur die Fernsehantenne im Mast irritiert etwas. Das darauf lebende Paar entspricht nicht ganz unserer Vorstellung von Fahrtenseglern: Er lässt seine Rolex blinken, sie küsst den schon eher einem Rollmops ähnelnden Hund ab, wenn sie ihm nicht gerade mit der Zahnbürste die Zähne putzt. Während die ersten Strahlen der Frühlingssonne uns zum Frühstück ins Cockpit locken, werden wir mit Klängen von Mireille Mathieu berieselt. Wir revanchieren uns mit UB 40, Szenen wie aus einer Reihenhaussiedlung...

Wir radeln mit unseren Klappfahrrädern durch herrlichste Frühlingslandschaft nach Narbonne. Und noch immer genießen wir das Gefühl, endlich frei zu sein, bei solch wunderschönem Wetter draußen sein zu können, nicht in einem muffigen Gebäude eingesperrt. Dabei ist dieses Leben nicht nur frei, sondern durchaus auch beschwerlich. Während es früher keine Frage war, Einkaufstouren ganz bequem mit dem Auto zu erledigen, radeln wir jetzt vierzig Kilometer hin und zurück, mit schweren Rucksäcken bepackt. Ein Taxi ist eben zu teuer im »freien Leben«, der Supermarkt am Ort unerschwinglich.

Überhaupt, mit wenig Geld ist alles umständlicher, unbequemer, zeitaufwendiger. Aber Zeit haben wir jetzt, auch wenn die Liste der Arbeiten am Boot noch immer endlos ist. Zum Beispiel ist Rüdiger gerade mit dem Zerlegen der Rollfockanlage beschäftigt, Drohungen und Beschwörungen zum Himmel schickend, wenn wieder eine der Niroschrauben so fest ins Alu korrodiert ist, dass nur noch Tricks aus der Motorradzeit helfen. Peter von der SHALIMAR bleibt zu einem ersten Plausch stehen. Mit den Worten »Hast du Lust auf einen Kaffee?« kann Rüdiger seine Arbeit unterbrechen, ohne auf die Uhr zu sehen, und eine neue Freundschaft beginnen.

Von hier bis Venezuela werden sich die Kurse von SHALIMAR und KAYA noch oft kreuzen, wir Blauwasserneulinge werden gemeinsam unsere ersten Erfahrungen machen. Peter hat sein Schiff, einen wuchtigen Colin Archer aus Stahl, in zehnjähriger Arbeit von der Kielplanke bis zum Masttop selbst gebaut. Monika, die perfekte Hausfrau, hatte Bedingungen gestellt, wie das Boot innen auszusehen habe, damit sie mit auf die Reise geht. So erinnert das Innere des Schiffes eher an einen Neubau im Grünen als an den Salon eines Fahrtenschiffes. Zwanzig Tonnen Stahl erfordern gewaltige Segelflächen, noch motort Peter lieber, wie bisher auf dem Rhein, allenfalls die Genua wird bei leichteren raumen Winden gesetzt. Wir werden noch Gelegenheit haben, gemeinsam zu üben…

Zwei Dreißig-Meilen-Schläge waren es bis hierher nach Gruissan, wo wir nun schon wieder Wurzeln geschlagen haben. Wir möchten gern weiter, aber der Mistral bläst mit sechzig Knoten, also elf Windstärken. Wir machen eine Wanderung in die umliegenden Berge, von oben sehen wir das sturmgepeitschte, weiße Meer toben. Eine Woche dauert es, bis endlich Ruhe einkehrt.

Mitte März verlassen wir Gruissan, bei Strahlesonne und tiefstem Frieden. In der Ferne leuchten die schneebedeckten Gipfel der

Pyrenäen. Wir erreichen Canet-Plage, auf den ersten Blick ein abschreckendes Touristengetto. Aber in der Marina wird gerade eine Regatta vorbereitet, das wollen wir uns ansehen. Am Regatta-sonntag bläst es beachtlich. Die von den Pyrenäen kommenden Fallwinde heißen Tramontana und sind ebenso heftig wie der Mistral. Die Menge auf der Mole bestaunt die Mutigen, die draußen bei sieben bis acht Windstärken in der gischtenden See kämpfen. Beim Einlaufen der Flotte sehen wir stolze Sieger, aber auch zerfetzte Segel und einen gebrochenem Mast. Für uns ist es noch unvorstellbar, bei solchen Windstärken »draußen« zu sein.

Bei leichtem Wind hüpfen wir weiter nach Port Vendres am Fuß der Pyrenäen. Ein Ort mit dem Flair einer südlichen Hafenstadt, ganz anders als die Retorten-Marinas bisher. Rings um das Hafenbecken Palmen, Geschäfte, Fischernetze. Viele Fischerboote und Yachten, die hier schon »fahrtenmäßiger« aussehen. Auf der gegenüberliegenden Seite die Ladepier, die riesigen Kräne heben gerade tonnenweise Heineken-Bier an Land. Faszinierend, wie geschickt ein riesiger verrosteter marokkanischer Frachter in dem engen Hafenbecken an den Kai manövriert wird: Die Schlepper schieben ihn mit ihren gummibeschlagenen Bugspitzen an seinen Platz.

Wir verlassen Frankreich, umrunden bei spiegelglatter See das uns aus den Wetterberichten als so stürmisch bekannte Kap Béar. Spanien begrüßt uns mit einem Schock: Weil wir keine Lust haben, bei fünf Beaufort genau gegen Wind und Welle anzukreuzen, gehen wir in die völlig leere Marina Playa d'Aro. Kein Wunder, dass die leer ist, 45 DM soll die Nacht für unser kleines Boot kosten! Wir drehen auf dem Teller, kämpfen uns noch ein paar Meilen weiter nach San Feliu de Guixols. Dort liegen wir an der Kaimauer, zahlen nur das amtliche Hafengeld von ca. 5 DM. In der Hafenkneipe gibt es lang entbehrtes Bier vom Fass. Der kleine dicke Portugiese neben uns am Tresen, Koch auf dem großen Kiesdampfer am Kai, klagt uns sein Seemannsleid:»Six months no fuck, only telephone…«

Nächster Stop in Blanes, ein steifer Südwest schiebt uns ins Hafenbecken. Wir sind vorsichtig geworden, machen erst mal an der Tankstelle fest und fragen in der Marina nach dem Preis – wieder 43 DM. Die spinnen! Gaby spricht bei den örtlichen Fischern vor, Kenntnisse der Landessprache und weiblicher Charme wirken immer Wunder. Sie verraten uns einen freien Platz ganz außen an der Hafenmole, wo wir gratis liegen können. Nachmittags kommt dann ein großer Fischkutter nach dem anderen, der Hafen wird pickepacke voll, wir liegen tatsächlich an der einzigen freien Stelle. Es ist Freitag, in der großen Fischhalle am Hafen herrscht Hochbetrieb. Wir sehen zu, wie Kiste um Kiste hereingekarrt, abgewogen und mit lautem Marktgeschrei versteigert wird.

Für den 27. März meldet die deutsche Welle Nordwind um vier Beaufort. Endlich können wir Richtung Mallorca starten. Wir sind ziemlich aufgeregt. Unsere erste Nachtfahrt erwartet uns, 110 Meilen über die offene See. Der Wind kommt natürlich nicht aus Norden, sondern fächelt genau aus Süden, wohin wir wollen – Dieselwind.

Spät in der Nacht können wir schließlich segeln, der hell leuchtende Planet Jupiter ist unser Wegweiser, wunderschön. Irgendwann verblassen die Sterne, die Sonne geht auf und im Dunstschleier taucht Mallorca auf. Der Wind ist eingeschlafen, die See ölig-glatt. Unsere Dieseltankanzeige steht schon auf Reserve, wir trauen uns nicht, die Maschine anzuwerfen. Wir geloben, von nun an immer mit vollem Tank auszulaufen. Fieberhaft rechnen wir: Für die letzten zehn Meilen müsste es auf jeden Fall reichen.

Vorerst versuchen wir alles, um näher an die Küste heranzukommen. Die Segel schlagen, selbst der Blister hängt nutzlos vom Masttop herunter. Schließlich ist es unser winziger 2-PS-Außenborder, der KAYA in die Zehn-Meilen-Zone schiebt…

Puerto de Sóller ist ein Touristenort, fest in deutscher Hand. An unserem Liegeplatz am Kai, wo auch die Ausflugsdampfer abfahren, werden wir in allen deutschen Dialekten angesprochen. Woher, wohin, wie lange schon und wie lange noch? Auch das Schiff ist Gegenstand vieler mehr oder weniger sachkundiger Fragen. »Der Propeller da, ist der zum Wind machen?« Nach ein paar Tagen ist unser Kontaktbedürfnis erst mal gestillt.

Den Hafen von Andraitx haben wir von unserem denkwürdigen ersten Chartertörn in sehr romantischer Erinnerung. Damals hatten wir davon geträumt, irgendwann eine große Reise zu machen. Und nun, fünf Jahre später, laufen wir tatsächlich mit der eigenen Yacht wieder hier ein!

Erste Enttäuschung: Man darf nicht mehr in dem inneren, geschützten Teil der großen Hafenbucht ankern, die Marina liegt weit ab vom Schuss und kostet die üblichen 40 DM pro Nacht. Aber wir haben Glück und finden noch eine Lücke zwischen den Yachten am öffentlichen Kai direkt vor dem Ort. Hier liegt man »römisch-katholisch« mit eigenem Buganker und dem Heck zur Pier. Auch im Ort hat sich vieles verändert. Am Ende des Hafenbeckens steht ein riesiger Neubau mit Parkhaus. Dicke Jeeps kurven in den engen Gassen herum, aufgetakelte Blondinen stöckeln am Rolex-behängten Arm ihrer solariengebräunten Begleiter. Die Schickeria hat Puerto de Andraitx entdeckt, und das deutschsprachige »Mallorca-Magazin« kennt nur ein Thema: Kommt Claudia Schiffer zu Ostern oder kommt sie nicht?

Gegen Abend ziehen von Westen her dunkle Wolken auf. Es ist fast windstill, ein schwaches Lüftchen fächelt aus Südwest. Ganz plötzlich dreht sich unser Windgenerator in die entgegengesetzte Richtung – Nordwind. Minuten später fauchen die ersten schweren Böen übers Hafenbecken. Der volle Zug liegt jetzt auf den Buganker, und gleich hinterm Heck die steinerne Mole. Wenn da der Anker rutscht…

Geschäftigkeit auf allen Yachten, mit den Dingis werden Zweitanker ausgebracht. Auch wir pullen unseren Bügelanker nach Luv, mit vierzig Metern Trosse und Reitgewicht. Windstärke neun, inzwischen ist es stockdunkel. Die Anker scheinen zu halten. Doch was ist das? Eine Luxus-Motoryacht, groß wie eine Fähre, tanzt wild am Anker und driftet langsam auf uns zu. Zu sehen ist niemand, offenbar sitzt die Crew gemütlich in einem Restaurant. KATHARINA/ Münster lesen wir am Heck. Aber das nützt uns ebenso wenig wie die Tatsache, dass sie gegen das Verbot im Hafenbecken ankert und ihre Versicherung wohl für einen eventuellen Schaden aufkommen muss. Wenn uns die KATHARINA platt macht, ist unsere Reise zu Ende, bevor sie richtig begonnen hat. Wir sind hilflos und wütend, starren immer wieder auf den tanzenden Koloss. Endlich – ein

Schlauchboot kommt, Bewegung an Deck. Die KATHARINA legt sich längsseits an einen Fischkutter, wir können schlafen gehen.

Aber wir finden keine Ruhe, werden in kurzen Abständen immer wieder wach. Gegen Morgen legt eine Hammerbö KAYA auf die Seite, es tut einen Schlag. Augenblicklich sind wir draußen – unsere schwere hölzerne Gangway ist hochgewirbelt worden und in den Windgenerator geschlagen, der jetzt einen Flügel weniger hat und Furcht erregend schlingert. Als es hell wird, sehen wir, dass unser Schlauchboot gekentert ist. Zum Glück war der Außenborder nicht dran!

Der Tanz geht noch tagelang weiter. Böen Stärke sieben bis acht, mal aus Südwest, mal aus Nordwest. Zwischendurch scheint sich die Lage zu beruhigen. Aber ein Blick auf die Wetterkarte belehrt uns eines Besseren, ein Sturmtief liegt ganz in unserer Nähe. Wir trauen uns kaum von Bord, denn immer wieder kommen »Neue« in den Hafen, deren Anlegemanöver für Spannung sorgen. Wir bewundern unsere englischen Nachbarn, die mit absolut britischer Gelassenheit zusehen, wie zum wiederholten Mal ein Charterboot einen Angriff auf ihren Anker fährt. Jim von der SANUK schüttelt nur den Kopf und gibt Kette, damit die gestresste Chartercrew ihren Anker wieder frei bekommt.

Wir selbst bemühen uns auch, weniger nervös zu reagieren, aber das gelingt nicht immer. Zum Beispiel, als eine deutsche Yacht ihre am Vortag zurückgelassenen Anker abbergen will. Fahrtrichtung 90 Grad zu uns, natürlich in Luv, Abstand eine Schiffslänge. Rüdiger, in panischer Sorge um unser Schiff, brüllt: »VOORWÄÄÄRTS!!« Der Skipper duckt sich erschrocken und gibt tatsächlich Fahrt voraus. Für den zweiten Anker traut er sich dann nicht mehr in unsere Nähe und treibt mit wehendem Adenauer breitseits in die Ankerleinen der benachbarten Yachten. Unser Berliner Nachbar kann es auf seiner Charteryacht eher mit Humor nehmen: »Pass auf, gleich schießt der Rot...«

Als nächstes läuft eine Ketsch ein, übergroße deutsche Flagge, sämtliche Vereinswimpel gesetzt, und nimmt Kurs auf die Lücke direkt neben uns. Der Skipper vom Typ »BR-Schein-Prüfer«, ganz in Kapitänsblau, bringt seinen Anker nicht in gerader Linie, sondern weit in Luv aus. Tja, an der Ostsee ankert man eben nicht römisch-katholisch, und so versucht Rüdiger, ihm mit wieder so gar nicht britischem Gestikulieren klar zu machen, dass er dabei ist, unseren Anker abzuräumen. Er bestreitet das heftig, unterstützt von der Herrencrew, aber fair ist er: Er holt den Anker wieder hoch und hat nicht unsere, sondern sogar die Kette vom nächsten Boot am Haken… Das zweite Manöver gelingt, aber für unseren neuen Nachbarn sind wir Luft.

Der Frühling beginnt sich durchzusetzen, die Sonne lacht. Für den 10. April ist Nordwest bis zu sieben Beaufort vorausgesagt, für uns noch immer zu viel, um Richtung Ibiza auszulaufen. Gabys Mutter, die noch kein Segelboot aus der Nähe gesehen hat, liegt uns am Telefon in den Ohren: »Wo bleibt ihr denn? Hier ist herrlichstes Segelwetter!« Kein Wunder, sie wohnt an der geschützten Leeküste von Ibiza.

Eine Yacht nach der anderen läuft aus, natürlich nicht ohne das übliche Spektakel: hängen bleiben, quer treiben, schwere Bö… Jim von der SANUK, der davon träumt, eine Reise zu machen, wie wir sie vorhaben, dessen Freundin Leslie aber nicht mitzieht, meint trocken: »They come back!« Tatsächlich, eine Stunde später läuft die gleiche Szene ab wie ein rückwärts abgespielter Film. Trotzdem nagt in uns die Frage, wie wir eigentlich über den Atlantik kommen wollen, wenn wir uns jetzt nicht raustrauen. Jim macht uns Mut: »You've got a strong boat, you won't get killed out there!« So moralisch aufgerüstet laufen wir am nächsten Morgen aus. Der Wind nimmt draußen schnell zu auf sechs bis sieben Beaufort. Wir haben Jims Worte im Ohr, probieren einige Segelstellungen aus, reffen zweifach und freuen uns, dass wir uns trotz heftiger Böen und Schräglage der Situation gewachsen fühlen. Aber für den Fünfzig-Meilen-Törn ist uns das doch zu heftig. Wir kehren zurück an unseren Platz an der Pier, äußerlich geschlagen, aber wir merken, dass wir unser Selbstvertrauen zurückgewonnen haben. Thanks, Jim!

Zwei Tage später begrüßt uns vor Ibiza eine Schule Delfine, in der Abendsonne spielen sie rund um KAYA , tauchen immer wieder unter dem Bug durch.

Die neu gebaute Marina von Santa Eulalia ist für uns viel zu teuer. Für die Einheimischen offenbar auch, deren Holzboote liegen nicht wie früher im Hafenbecken, sondern an Murings draußen in der Bucht. Ein kleiner Sektor liegt hier noch im Schutz des Wellenbrechers. Wir manövrieren uns vorsichtig dazwischen, Buganker am Rand des Fahrwassers zur Marina, Heckleine an Land. Am nächsten Morgen trauen wir unseren Augen nicht: Wir sind im Begriff, auf den Wellenbrecher zu treiben, die Heckleine schwimmt im Wasser. Wie sich herausstellt, hat der Chef der Marina eigenhändig unsere Leine losgeworfen. Und er hat sogar die Guardia Civil auf den Plan gerufen, die uns mit dem barschen Hinweis vertreibt, in Spanien sei Ankern generell verboten. Das Wort der Staatsgewalt ist Gesetz, zähneknirschend laufen wir in die Marina ein.

Gabys Mutter begrüßt uns hocherfreut und verwöhnt uns gleich mit allen Vorzügen der Zivilisation: Badewanne, Waschmaschine, Farbglotze, Filterkaffee... Aber diesmal schlagen wir keine Wurzeln, wir wollen so viel wie möglich Segeln üben, bis es dann im August endgültig Richtung Gibraltar geht.

Wir segeln nach Formentera. Wo im Sommer Hunderte Yachten liegen, herrscht jetzt im April noch friedliche Einsamkeit. Das erste Bad der Saison am Traumstrand von Espalmador, bei nur 17 Grad Wassertemperatur. Zur Belohnung haben wir die Bucht ganz für uns allein, Sternenhimmel und Vollmond inbegriffen.

Anfang Mai starten wir wieder Richtung Mallorca, eine eindrucksvolle Nachtfahrt mit vielen Sternen. Über die Hauptstadt Palma, wo wir die billigen Einkaufsmöglichkeiten nutzen, geht es weiter die Küste entlang.

Die vorgelagerte Inselgruppe der Cabreras ist seit einiger Zeit Nationalpark. Vor einigen Jahren, als wir mit unserer Jolle hier waren, ankerten in der großen Hauptbucht viele Yachten. Inzwischen ist Ankern verboten, nur etwa dreißig Yachten können zeitlich befristet an Murings liegen. Jetzt im Mai sind die meisten Murings frei, wir verbringen paradiesische Tage an diesem wunderschönen Platz. Sehnsüchtig betrachten wir die neuseeländische Flagge der HEARTBEAT. Ob wir tatsächlich bis an das andere Ende der Welt kommen?

Gerade, als wir durch die Ausfahrt des Naturhafens motoren, kommt eine riesige, schneeweiße, mit allen modernen Kommunikations- und Navigationsgeräten gespickte Motoryacht herein, die Radarantenne rotiert. »Ist das hier Menorca?«, tönt es bayerisch vom dritten Oberdeck herunter. Wir verneinen, nur mühsam das Lachen unterdrückend. »Wo geht es denn nach Menorca?« – »Wenden, draußen rechts und dann später links abbiegen«, lautet Rüdigers Antwort…

Auf Menorca bleiben wir eine Weile hängen. An der Südküste reiht sich eine idyllische Ankerbucht an die andere. Die schönste von allen ist die Cala Coves, eine romantische Felsenbucht mit glasklarem Wasser. In den hohen Felswänden liegen Wohnhöhlen, in denen sich die letzten versprengten Hippies einquartiert haben. Abends ertönen Bongorhythmen und Flötenklänge aus der Höhle über uns, auf einem Felsen am Ufer wird mit brennenden Fackeln jongliert.

Im Hafen von Mahón liegen wir nicht am lauten, überfüllten Stadtkai, sondern an der »Isla Clementina«. Das ist ein quadratischer Schwimmponton weiter draußen im Hafenbecken, rührend geschmückt mit einer kleinen Palme im Kübel. Eine kleine Kolonie von Fahrtenseglern hat sich hier zusammengefunden, schnell kennt jeder jeden. Die Nachrichtenbörse rotiert, man spricht über Ziele und Pläne und kommt kaum zur Arbeit am Schiff. Hier ist sie nun endlich, die Yachtie-Szene, Weltumsegler und solche, die davon träumen.

Auf der morgendlichen Funkrunde meldet sich die PUSTEBLUME, brüllend laut, also ganz nah. Kurze Zeit später klopft es an KAYAs Bordwand: »Hallo, ich bin Günther, wir haben gerade miteinander gesprochen.« So lernen wir Heide und Günther kennen, die nun schon ihre zweite Weltumsegelung beginnen. »Damals mit Bobby in Tahiti«, »mit Erdmanns befreundet« – plötzlich weht der Duft der großen weiten Seglerwelt in unser Cockpit… Die beiden haben für uns jede Menge wertvolle Tipps und ermutigen uns, in den Pazifik zu segeln: »Bleibt bloß nicht in der Karibik hängen, da könnt ihr als Rentner noch hin. Ab in die Südsee, die ist sooo schön!!«

Die Tage vergehen. Morgens der Gang zum Bäcker, Einkauf auf dem Markt, nachmittags Klönen und Arbeiten am Schiff, abends

Stadtbummel. Unser Favorit ist die andalusische Kneipe, wo die Flamenco-Musik von den ziemlich derben Gästen mit unnachahmlichem rhythmischen Klatschen und »Olé«-Rufen begleitet wird. Zum Weltmeisterschaftsspiel Deutschland-Spanien wagen wir uns hierher in die Höhle des Löwen. »Heute nix Kollega«, grinst der Wirt und holt uns Stühle, damit wir direkt vor dem Fernseher Platz nehmen können.

Es ist schon Ende Juni, Zeit, uns langsam auf den Weg nach Westen zu machen. Was hatten wir doch für große Pläne geschmiedet... Ganz kleinlaut packen wir die Seekarten für Sardinien, Tunesien und Malta wieder weg und beschließen, stattdessen in gemütlichem Tempo zurück nach Ibiza zu bummeln. Mallorca und Ibiza im Hochsommer, längst nicht mehr so beschaulich wie noch vor einigen Wochen. Unzählige Yachten drängen sich in den Ankerbuchten, Wassermotorräder umschwirren sie wie Schmeißfliegen. Die Hitze ist schier unerträglich, bei Mittagstemperaturen bis 40 Grad flüchten wir unter Deck, wo der Windsack uns etwas Luft zufächelt. Abends, wenn es endlich kühler wird, drängt sich alles auf den Uferpromenaden. Von Größe 34 bis 44 ist der Modehit der Saison zu bewundern – »Spitzenunterrock mit Bergstiefeln«. Schmuckstände und Karikaturisten umwerben die flanierende Menge, Drückerkolonnen der Time-Sharing-Gesellschaften verteilen Lose, jedes ein Hauptgewinn...

In Santa Eulalia kommt nun der eigentliche Abschied. Die Balearen sind uns von früheren Segeltörns und vielen Landurlauben so vertraut, dass wir uns hier fast zu Hause fühlen. Aber jetzt wartet die unbekannte Ferne auf uns, hier beginnt die eigentliche Reise.

Bei frischem Ostwind laufen wir mittags in Richtung spanisches Festland aus. Nachts müssen wir ins zweite Reff, KAYA düst mit Rumpfgeschwindigkeit durch die Wellen. Der Seegang ist beachtlich. Bei jeder größeren Welle, die von hinten unter dem Heck durchläuft, scheint das Boot krängend aus dem Ruder zu laufen. Staunend beobachten wir aus dem Niedergang, wie gut der Windpilot KAYA immer wieder auf Kurs bringt. Die Vorstellung, im

Dunkeln selbst am Ruder die Wellen aussteuern zu müssen, ist so gar nicht verlockend.

Entlang der Küste geht es in Tagesetappen weiter Richtung Westen. Mal liegen wir nachts an der Mole in einem Fischerhafen, mal übernachten wir in einer Marina, denn sichere Ankerbuchten gibt es hier so gut wie keine. Gegenwind wechselt ab mit Flaute – das Mittelmeer gibt sich alle Mühe, seinem schlechten Ruf gerecht zu werden. Aber wenigstens müssen wir keine plötzlichen Stürme mehr fürchten, das Wetter hat jetzt im Sommer seinen Schrecken verloren.

Anfang September ist es dann soweit: »The Rock«, der Felsen von Gibraltar, taucht am Horizont auf.

Kanarische Inseln und Atlantik

*Generalprobe: Der erste Hochseetörn — Schwarze Lava
und weißer Sand: La Graciosa, Lanzarote, Fuerteventura —
Der große Aufbruch: Gran Canaria —
Vier Wochen nur Wasser und Himmel*

Gibraltar, kurz »Gib«, ist für Fahrtensegler ein magischer Name. Von Gib aus starten sie alle, jeder wartet hier auf mäßigen Ostwind, um einigermaßen ungerupft durch die Straße von Gibraltar zu kommen.

Auf den Stegen in der neuen Queensway Quay Marina herrscht regelrechtes Atlantikfieber. Auf allen Yachten wird gebastelt, repariert, ausgerüstet. Nicht nur für uns, auch für viele andere beginnt hier der erste Schlag auf den »richtigen Ozean«. Die Nachrichtenbörse hat Hochkonjunktur, ungezählte Plauschs mit anderen Seglern ergeben wichtige Tipps und Informationen.

Zum ersten Mal hören wir von den extrem preisgünstigen Ausrüstern in den USA, die binnen Tagen in alle Welt liefern. Schon lange hatten wir überlegt, KAYA doch noch mit Watermaker und Radar auszurüsten, nur der hohe Preis hatte uns abgeschreckt. Als wir beides in den Katalogen für die Hälfte der deutschen Preise entdecken, bestellen wir kurz entschlossen. Schon nach drei Tagen liegen unsere Pakete abholbereit beim Zoll am Flughafen, der Weg dorthin führt mitten übers Rollfeld. Gibraltar ist so klein und überschaubar, dass sich alles zu Fuß erledigen lässt.

Ob es uns hier deswegen so gut gefällt? Immer wieder bummeln wir die Main Street mit ihren zahllosen kleinen Läden und Pubs entlang. Die Atmosphäre ist unverkennbar britisch, trotz der bunten, internationalen Mischung von Hautfarben und Sprachen.

Neugierig besuchen wir die traditionsreiche Sheppards Marina, Treff- und Anlaufpunkt aller Weltumsegler in spe. Hier ist es um einiges zünftiger als in unserer schicken neuen Marina. Nicht nur das Gelände, auch einige Yachten, die hier aufgebockt stehen, haben schon bessere Zeiten gesehen.

Direkt nebenan, im alten Hafen von Gibraltar, liegen unzählige Speedboote, ausgerüstet mit je zwei dicken 200-PS-Motoren. Die Boote mit sämtlichem Zubehör, Motoren, Reling etc. sind schwarz lackiert, also getarnt für die Nacht. Auch die Bootsführer sind schwarz vermummt. Tagsüber trainieren sie mit irrem Tempo vor dem Hafen, nachts laufen sie dann ständig mit Hochgeschwindigkeit ein und aus. Geschmuggelt werden angeblich nur Zigaretten, die hier in Gib zollfrei sind. Die »tobacco boys« kaufen legal in Gib zum Spottpreis, rasen, gejagt von spanischen Zollbooten und Hubschraubern, zwei Meilen nach Norden über die spanische Grenze, werfen die Ware dort ab und rasen zurück, immer in der Gefahr, vom Zoll beschossen zu werden. Ein einheimischer Fotograf liegt im Auftrag der Boys mit riesigem Teleobjektiv auf der Lauer. Gefragt sind Fotos von möglichst gefährlichen Situationen – Bungee nach Gibraltar-Art.

Der »National Day« am 10. September ist ein besonderes Ereignis. Die ganze Stadt ist auf den Beinen, Groß und Klein, Alt und Jung, alle in den Nationalfarben Rot-Weiß gekleidet. Wir bestaunen unzählige modische Variationen: Von roten Radlerhosen mit weißem BH bis zu bodenlangen rot-weißen Flamenco-Rüschen ist alles zu sehen. Auf dem zentralen Platz ist eine Bühne aufgebaut, dort wird Tanz und Musik geboten, die Main Street ein riesiges Straßenfest.

Natürlich besuchen wir auch den berühmten Affenfelsen. Es ist Sonntag, Seilbahn und Kassenhäuschen sind geschlossen. Gut für die Bordkasse und die sportliche Kondition, bei brütender Hitze erklimmen wir zu Fuß den Felsen, die fantastische Aussicht entschädigt für die Schinderei. Die Affen freuen sich, dass heute doch noch jemand kommt, und springen uns sogar auf die Schultern.

Inzwischen ist auch SHALIMAR eingelaufen, gemeinsam bereiten wir uns auf die Atlantikfahrt vor. Die genaue Route wird geplant, fehlende Seekarten und Handbücher werden kopiert. Mit einer weiteren deutschen Yacht, die ihre Weltumsegelung auf den Kanaren abgebrochen hat, tauschen wir Seekarten und Tipps. Der Skipper erzählt, wie er sich gegen acht Beaufort zurückkämpfen musste, und warnt uns eindringlich: »Passt auf, die Kanaren sind eine Mausefalle!« Solche Art Zuspruch können wir jetzt aber gar nicht brauchen…

Am 19. September sind alle Arbeiten am Schiff erledigt, Madrid Radio meldet günstigen Ostwind. Heute sind wir diejenigen, die auf dem Steg verkünden: »Morgen laufen wir aus!« Noch spät am Abend sitzen wir auf SHALIMAR über Seekarten gebeugt, prosten uns Mut zu. Lampenfieber wie vor einer Prüfung…

Ein spannender Moment am nächsten Morgen, als wir die Leinen loswerfen, die Stegnachbarn winken. Der Zeitpunkt ist gut gewählt, die Strömung durch die »Straße« läuft mit uns, der Wind ist freundlich. Zwei Tage werden wir nach Westen halten, um aus dem Golf von Cádiz zu segeln, dann wollen wir auf Kurs Südwest gehen.

Wie fast jeden Abend melden wir uns auch heute auf dem deutschen Amateurfunknetz für Segler. »Wetterfrosch« Günther aus dem Taunus ist am Mikrofon: »Delta Juliett Neun Uniform Echo maritime mobile, hier Delta Lima Null November Lima, Klubstation Intermar. Keine guten Nachrichten für euch. Eine Kaltfront über der Biskaya wird in der Nacht den Golf von Cádiz erreichen. Das gibt Starkwind aus Westen!«

Wir beraten uns über UKW mit SHALIMAR. Der Abend ist lau, goldener Sonnenuntergang, leichter Segelwind. Ruhe vor dem Sturm? Wir gehen kein Risiko ein und drehen ab Richtung Cádiz.

Die Front erreicht uns in der zweiten Nachthälfte. Der Wind dreht auf Nordwest und nimmt rasch zu. Der Windmesser zeigt sechs bis sieben Beaufort, fast genau gegenan. Die See wird immer höher. Rüdiger steuert konzentriert, Gaby beobachtet unten den GPS und gibt ständig die Daten hoch. Mit stark gerefftem Groß und Maschinenhilfe machen wir gerade drei Knoten über Grund, noch acht Seemeilen bis zur Einfahrt. Hinter uns rollt SHALIMAR ganz fürchterlich, sie haben kein Stützsegel gesetzt. Der Leuchtturm von Cádiz kommt nur langsam näher, der Wind heult. Die Ansteuerungstonne können wir absolut nicht entdecken, nur der GPS führt uns auf die Fahrrinne zu.

Vergeblich halten wir nach einem befeuerten Felsen Ausschau, der dicht an Steuerbord liegen soll. Aber was ist das? Eisiger Schreck – an Backbord blinkt ein weißes Feuer. Wird es gleich krachen? Her mit dem Fernglas, unser Adrenalin erreicht Spitzenwerte. Nein, es ist nicht der Felsen, es ist ein Wrack! Den Felsen entdecken wir als schwarze Silhouette an Steuerbord, die Befeuerung ist ausgefallen. Uff… – eine ganze Steinlawine fällt uns vom Herzen.

Aber noch sind wir nicht im Hafen. Das rot-grüne Molenfeuer ist vor dem Lichtermeer der Stadt nicht zu erkennen. Erst ein auslaufender Trawler zeigt uns den Weg. Endlich haben wir das ruhige Wasser des Vorhafens erreicht, Minuten später machen wir an einer dreckigen Kaimauer fest – mit langen Leinen, hoffentlich tidengerecht, sonst hängen wir morgen an den Klampen. SHALIMAR ruft auf UKW, auch sie haben Schwierigkeiten, die Einfahrt zu finden. Mit Hilfe unserer GPS-Koordinaten lotsen wir sie in den Hafen. Es ist sieben Uhr morgens, als wir todmüde in die Kojen fallen.

Keine drei Stunden später weckt uns eine Trillerpfeife: Ganz hoch über uns sehen wir die polierten Schuhspitzen eines Polizisten. »Aqui no!«, klingt es barsch und unmissverständlich. Noch im Halbschlaf rappeln wir uns hoch und machen uns klar zum Verholen. Gar nicht so einfach, wenn die Enden der Festmacher plötzlich zwei Meter höher über der Mauerkante verschwinden. Da der unfreundliche Polizist keine Anstalten macht, uns zu helfen, entert Rüdiger die Steilwand. Rauf geht ja noch, aber runter? »Abseilen an der Spring« heißt das Manöver, das dringend in die nächste Auflage der »Seemannschaft« gehört…

In der Marina ziehen wir Bilanz. Die Nachtansteuerung war schwieriger, als wir uns vorgestellt hatten. Ohne Detailkarte von Cádiz mussten wir uns auf eine Skizze und die GPS-Koordinaten im Segelführer verlassen. Eine Peilnavigation war so nicht möglich, ohne GPS wären wir wohl draußen geblieben. War es richtig, beim ersten drohenden Starkwind die Flucht zu ergreifen? Natürlich wissen wir, dass die große Reise nicht ohne raues Wetter oder gar Sturm abgehen wird. Aber wir wollen als Atlantik-Anfänger nicht gleich zu Beginn eins auf die Nase bekommen, uns wäre es lieber, wenn wir unsere Erfahrungen langsam steigern könnten.

Cádiz, die unfreiwillige Etappe, ist ein Glückstreffer. Eine wunderschöne Stadt, selbst nach langem Überlegen fällt uns keine schönere ein. Wir streifen durch die Gassen der Altstadt, die so verwinkelt ist, dass keine Autos hinein dürfen. Spanisches Leben pur, ganz ohne Touristen-Nepp. Von Palmen beschattete Plätze, auf denen sich das Leben abspielt, alte Häuser mit hohen, prachtvollen Stuckdecken, Blicke in schattige Innenhöfe mit vielen Blumentöpfen. In einer kleinen Spelunke gibt es vorzügliches Essen, wir genießen. Absacker in einer altertümlichen Bar mit gekachelten Wänden und einem dunklen Holztresen, der sicher schon viel erlebt hat. An der Wand eine Reihe großer Holzfässer, aus denen der Wirt unsere Gläser mit köstlichem Wein füllt.

Auf dem Heimweg trauen wir unseren Augen kaum. In den Grünanlagen um die Stadtmauer drängt sich eine Menschenmenge, Jugendliche zwischen fünfzehn und zwanzig, mitten in einem Chaos von Pappbechern, Bierdosen, lauter Musik aus Autoradios. Wir fragen nach dem Anlass für dieses Festival. »Sabado normal« – in Cádiz ein ganz normaler Samstag!

Es dauert einige Tage, bis der Wetterbericht für das Seegebiet »Canarias« günstig ist. Schließlich setzt sich das Azorenhoch wieder durch. Der zweite Start – diesmal klappt es. Wind aus Nordwest mit vier bis fünf Beaufort, KAYA liegt mit gerefftem Groß gut auf dem Ruder. Der Seegang ist deutlich höher, aber auch viel länger als im Mittelmeer, wo sich bei diesen Windstärken eine kurze, steile See aufbaut. Nicht bedrohlich, aber doch gewöhnungsbedürftig.

Während der ersten Nachtwachen unter einem traumhaften Sternenhimmel mit hell leuchtender Milchstraße beginnen wir zu ahnen, wie schön es sein könnte – wenn wir nur schon etwas mehr Routine und Erfahrung hätten…

Am dritten Tag hängen wir mit schlagenden Segeln in einer Flaute. SHALIMAR motort uns davon, PUSTEBLUME ist inzwischen in Gibraltar gestartet und setzt zum Überholen an. Beide haben genug Diesel an Bord, um notfalls nach Madeira durchzumotoren. Wir üben uns in Geduld, unser Dieselvorrat ist begrenzt. Bald reißt die UKW-Verbindung ab, wir bleiben allein zurück. Wir bergen die Genua und binden ein Reff ins Groß, um das nervtötende Schlagen abzustellen. Warten auf Wind, Rollen in der Dünung. Die Stimmung sinkt auf den Nullpunkt, als das Wetterfax weit und breit keine einzige Isobare zeigt.

Als endlich wieder Wind aufkommt, ist es fast mehr als uns lieb ist. Halber Wind mit zunehmender Welle, KAYA legt sich immer wieder auf die Seite und taucht bis zur Fußreling ein. Wir müssen abfallen, um einem großen Containerschiff auszuweichen. Nur ein paar Grad, aber was für ein Unterschied – plötzlich sind die Schiffsbewegungen viel angenehmer. Ein Blick auf Kompass und Karte: 202 Grad, genau da liegt Lanzarote. Kurs Lanzarote statt Madeira? Warum eigentlich nicht – zumal die Aussicht, im total überfüllten Hafen von Funchal im Päckchen liegen zu müssen, ohnehin nicht so verlockend ist.

Nach der Kursänderung macht das Segeln plötzlich Spaß. Der Spinnakerbaum tritt zum ersten Mal in Aktion, mit Groß und ausgebaumter Genua machen wir rauschende Fahrt.

Eine ganze Woche auf See – erstaunlich, wie leicht wir uns an die neue Situation gewöhnen. Nachts wechseln wir uns alle drei Stunden ab. Die Freiwache zieht sich in die Achterkajüte zurück, die ruhigste Koje auf See, irgendwann ist die Müdigkeit so groß, dass wir dort sofort einschlafen. Die Wache behält die Schiffe im Auge, die immer wieder am Horizont auftauchen, das Radar gibt zusätzliche Sicherheit. Aber was ist das?? Mitten in der Nacht entdeckt Gaby auf dem Radarschirm einen dicken schwarzen Fleck, der sich rasch nähert. Sechs Seemeilen, vier, zwei... – aber im Fernglas ist absolut nichts zu sehen. Schließlich wird Rüdiger aus dem Tiefschlaf geholt: »Du, da hält ein unsichtbarer Riese genau auf uns zu, das muss ein unbeleuchtetes Kriegsschiff sein!« Rüdiger stürzt an Deck und prustet los: Das Radarecho stammt von einer dicken Regenwolke, die gerade über uns hinwegzieht. Damit muss sich Gaby von nun an bei jedem Schauer aufziehen lassen...

Zentrales Tagesereignis sind die gemeinsamen Mahlzeiten. Unser kardanisch aufgehängter Herd bewährt sich, sogar die Spaghetti mit Tomatensauce bleiben in ihren Töpfen. Leider geht kein Fisch an die Schleppangel, und der erste fliegende Fisch, der auf KAYA landet, schafft den rettenden Sprung zurück ins Meer.

Am 2. Oktober taucht dann im Dunst voraus Lanzarote auf. Aber bis wir die vorgelagerte Insel La Graciosa erreichen, hat uns die dunkle, mondlose Nacht verschluckt. Jetzt darf das neue Radargerät zeigen, was es kann: Nur unter Fock tasten wir uns vorsichtig die Steilküste entlang in die Ankerbucht. Die ankernden Yachten sind mit dem Radar nicht aufzulösen, Rüdiger steht am Bug und dirigiert Gaby in die Bucht hinein. Aber man hat uns gehört, überall gehen jetzt die Topplichter an und weisen uns den Weg. Der Anker fällt, das Boot liegt fest. Uff... Wir sind viel zu geschafft, um Freudenschreie auszustoßen. Aber wir wissen nun, dass die Kanaren für uns nicht die Endstation sein werden. Wir machen weiter!

Am nächsten Morgen stecken wir ganz neugierig den Kopf aus dem Vorluk. Eine Mondlandschaft umgibt uns, kahl, einsam und von einer bizarren Schönheit. Goldgelber Sand, schwarze Vulkanberge, keine Spur von Grün. Es folgen Tage im Paradies. Im Segelführer steht: »Landed in Graciosa, take off your shoes and forget the world!« – besser kann man die kleine Insel nicht beschreiben! Wir schlafen viel, baden im glasklaren Wasser, laufen barfuß durch den feinen Sand zum kleinen Fischerdorf La Sociedad in der nächsten Bucht. Auf der ganzen Insel gibt es keine Straßen, nur sandige Pisten, auch die weiß gekalkten Häuser des Dorfes sind auf Sand gebaut. Im kleinen Hafenbecken liegen bunt bemalte Holzboote, die Fischer breiten auf der Mole ihre Netze aus. Von den Yachties nehmen sie ebenso wenig Notiz wie von den wenigen Rucksacktouristen im Ort, Fremde scheinen hier weder zu stören noch besonders willkommen zu sein. Umso netter ist der Kontakt zwischen den wenigen Yachten, die hier am Steg liegen. Wir müssen uns regelrecht losreißen, als wir schließlich Kurs auf Lanzarote nehmen.

Beim Einlaufen in Arrecife tönt uns schon von weitem »Hallo, KAYA« entgegen. Wir kommen gerade richtig zur großen Segler-Party auf der Hafenmole. Es wird ein langer Abend, wir treffen viele Bekannte von den Balearen und aus Gibraltar wieder. »See you in the Canaries« – nun ist es Wirklichkeit geworden!

Zwei Wochen bleiben wir auf Lanzarote. Per Bus und Mietauto erkunden wir die Insel. Grüne, palmenbewachsene Hügel, schwarze, tote Lavafelder, schroffe Steilküsten, weiße Strände. Faszinierend die Weinbaugebiete: unzählige kleine Mulden, durch aufgeschichtete Mäuerchen vor Wind geschützt, darin jeweils ein Weinstock, der sich gegen die schwarze Lava grün-leuchtend abhebt.

Dem Timanfaya-Nationalpark mit den berühmten Feuerbergen nähern wir uns zu Fuß. So haben wir Zeit, die Landschaft auf uns wirken zu lassen. Während die Vulkanberge langsam näher kommen und die Sonne höher steigt, erleben wir ein Farbschauspiel, das uns weit mehr beeindruckt als später die Touristen-Attraktionen am Krater.

Wir segeln weiter nach Fuerteventura. Unterwegs taucht ganz plötzlich eine schwarze Wolke am Horizont auf. Gaby sieht sie mit ihrer Polaroid-Sonnenbrille zuerst: die beiden schwarzen Rüssel, die, teilweise noch durch Dunst verdeckt, von der Wolke bis auf die Wasseroberfläche reichen. Im Fernglas kann man erkennen, wie Wasserfontänen nach oben gesaugt werden. Gleich zwei Wasserhosen! Nicht ungefährlich, wie wir aus Berichten von anderen Seglern wissen. Das Radar zeigt, dass wir genau in der Zugbahn liegen. Maschine an, Kursänderung, weg von der Küste. Nur auf der offenen See haben wir die Möglichkeit, in jede Richtung zu flüchten. Bange Minuten, bis die bedrohliche Wolke endlich hinter uns liegt.

Der Hafen El Castillo ist winzig, viele Yachten liegen hier dicht an dicht im Päckchen. Eine Laubenpieperkolonie der Hängengebliebenen, so scheint es uns. Immerhin, billig ist es. Aber rundum nur Touristengettos, nichts, was uns zu längerem Bleiben verleiten könnte.

Viel besser gefällt uns Morro Jable im Süden der Insel. Hier sind auch die endlosen Sandstrände, für die Fuerteventura berühmt ist. Kaya liegt sicher an einer Muring. Wir starten zu einer Wanderung, die Gipfel der nahen Berge locken. Beschwerlich der Weg über staubige Geröllhalden in Serpentinen zum Joch. Dies gibt plötzlich den Blick frei auf die andere Seite der Insel. Tief unten liegen weiße, völlig unbebaute Strände vor uns, so weit der Blick reicht. Da müssen wir hin. Die Sonne steht schon tief, als wir viel zu spät an den Rückweg denken. Aber wir haben mal wieder Glück: Mitten in dieser Steinwüste kommt ein Touristenpärchen im gemieteten Jeep vorbei und bringt uns über abenteuerliche Pisten direkt zum Hafen zurück.

Zur Überfahrt nach Gran Canaria starten wir abends, schon bald taucht am Horizont das Lichtermeer von Las Palmas auf. Am nächsten Morgen machen wir im Hafen fest. Der ist völlig überfüllt mit Yachten, die an der ARC (Atlantic Rally for Cruisers) teilnehmen wollen, wir ergattern einen der letzten freien Liegeplätze. Samstagabend steigt die große Eröffnungsfete, zu der auch die Nicht-Teilnehmer eingeladen sind. Auf dem großen Platz am Hafenbecken spielt sich eine Band warm, aber das Publikum drängt sich vor dem ARC-Zelt, wo die Drinks heute gratis sind. Trotz des reichlich fließenden Karibik-Rums lahmt die Fete etwas, um Mitternacht will Rüdiger schon aufgeben. Aber da kennt er die Spanier schlecht: Um zwei Uhr morgens tobt der ganze Platz in heißen Salsa-Rhythmen, die Menge tanzt in Wogen hin und her. Nur die ARC-Segler, für die das alles stattfindet, liegen schon seit Stunden in der Koje… Auf dem ebenso rauschenden Abschiedsfest am nächsten Samstag können wir schon lange vor Mitternacht keine ARC-Teilnehmer mehr ausmachen. Die sind wohl völlig erschöpft nach einer hektischen Woche voller Seminare, Proviantschlachten und Reparaturen in letzter Minute.

Der Start am nächsten Morgen ist beeindruckend. Alle Schiffe haben über die Toppen geflaggt. Während die etwa 150 ARC-Yachten auslaufen, winkt und trötet die Menge von der Mole. Es gibt Sonderapplaus für einen seltsamen Winzling, der aussieht wie ein gelbes U-Boot. SEIKO GRINDELWALD heißt das Unikum, mit dem Seiko, ein in der Schweiz lebender Japaner, über den Atlantik startet. Das Gefährt ist kaum sechs Meter lang und wird nur von einem winzigen 2,5-PS-Außenborder angetrieben. Fast der ganze verfügbare Raum ist als Benzintank genutzt. Weil in so einer schwimmenden Bombe natürlich nicht gekocht werden darf, ist der Rest der Minikajüte mit Wasserkanistern und einem Riesenvorrat Schweizer Müsli gefüllt.

Der Hafen ist nun merklich leerer geworden. Die Party ist vorbei, auf den verbliebenen Fahrtenyachten wird fleißig gewerkelt. Auch wir haben noch eine lange Arbeits- und Einkaufsliste abzuhaken. Aber zwischendurch erkunden wir immer neue Ecken dieser schönen Insel. Bald verstehen wir, warum Gran Canaria sich stolz

»ein Kontinent im Kleinen« nennt: endlose Sanddünen am Strand von Maspalomas, fruchtbare Täler mit Palmen und Bananenplantagen, vulkanische Mondlandschaften, grüne Hügel mit stillen Dörfern, Gebirgspanorama am Cruz de Tejeda. Und immer wieder durchstreifen wir die Stadt Las Palmas mit malerischer Altstadt, Strandpromenade und guten, billigen Kneipen.

Heide und Günther von der PUSTEBLUME laden uns ein zu einem Tagestörn, sie wollen nach Pasito Blanco an der Südküste. Das lassen wir uns nicht zweimal sagen, sind wir doch gespannt auf die Segeleigenschaften dieses 14 Meter langen Traumschiffs. Leider bleibt der Wind aus, statt fetzigen Segelns gibt es gemütlichen Kaffeeklatsch rund um den Cockpittisch. Günther erzählt heiße Neuigkeiten von einem Yachtdieb, dessen Schiff gerade in Las Palmas an die Kette gelegt wurde. Er soll schon mehrfach Yachten entwendet und dann so verändert haben, dass selbst die Eigner sie nicht wiedererkennen. Ein Schwede… Plötzlich fällt es uns wie Schuppen von den Augen: Björn!! Unser »Freund« Björn aus Tournon an der Rhône hatte inzwischen an unserem Steg angelegt, wir hatten uns schon gewundert, warum das ehemals blanke Niro-Boot jetzt ein weißlackiertes Deck, einen schwarzen Rumpf und ein mit Teakholz verkleidetes Cockpit hat. Und Björn schien so gar nicht erfreut, uns hier wiederzutreffen… Unsere KAYA hatte ihm damals so gut gefallen, ob er wohl gerade mit ihr davonsegelt? Wir trösten uns damit, dass sie für seine Zwecke wohl etwas zu klein ist. Trotzdem sind wir erst beruhigt, als wir nach langer Busfahrt abends wieder an Bord sind.

Ganz ungerupft bleiben wir aber nicht in Las Palmas. Eines unserer schönen Klappfahrräder wird gestohlen, am helllichten Tag, innerhalb von fünf Minuten, trotz Kette und Schloss. Von nun an hören wir aufmerksamer auf die täglichen Berichte. In mehrere Yachten wurde schon eingebrochen, Papiere, Geld, wichtige Ausrüstung fehlen. Und KAYA war so oft allein… Wir legen uns direkt neben SHALIMAR und lassen die Boote nun keine Minute mehr unbewacht.

Kistenweise wird Proviant angefahren, die großen Supermärkte liefern direkt an den Steg. Unmengen von Konserven, Milchpulver, Müsli, Rotwein und deutschen Würstchen verstopfen von nun an die Kajüte. Die Karibik ist teuer, also laden wir das Schiff voll. Nach dem Großeinkauf in der Markthalle – säckeweise Kartoffeln, Zwiebeln, Kohlköpfe, Tomaten, Obst und ein Riesenkarton mit sechzig Eiern – können wir uns im Schiff kaum noch bewegen.

Wir haben jetzt Hummeln im Hintern. Monika und Peter wollen uns überreden, mit ihnen nach Teneriffa zu segeln. Aber für uns ist der Moment gekommen, wo es heißt: »Leinen los – jetzt oder nie.« Die Wetterlage ist günstig, das Abenteuer Atlantik lockt uns mehr als noch ein Mietauto auf noch einer Insel. Wir verholen uns an die Südküste nach Aguineguin, um dort in sauberem Wasser das total zugewachsene Unterwasserschiff zu schrubben.

Am 20. Dezember 1994 ist der große Moment gekommen. Bei strahlendem Sonnenschein gehen wir Anker auf. Die Crew vom Nachbarboot winkt zum Abschied – wer hier mit Kurs Südwest ablegt, will über den Atlantik.

Von Wind ist leider nicht viel zu merken, aber wenn man 2800 Seemeilen vor sich hat, ist es unsinnig, die Maschine anzuwerfen. Den ganzen Tag dümpeln wir langsam vor der Küste. Aber gegen Abend sehen wir voraus in etwa zwei Meilen Entfernung Schaumkämme. Und dann geht es los. Wind aus Nord mit zunächst vier bis fünf, bald sieben Beaufort. Wir haben die Düse zwischen Gran Canaria und Teneriffa erreicht. Die Höhe der Wellen nimmt schnell zu, Achterbahn ist angesagt. Unter stark gerefter Fock laufen wir in die Dunkelheit hinein, uns ist doch etwas mulmig. Wir schlafen beide nicht in dieser ersten Nacht.

Am nächsten Morgen lässt der Wind etwas nach, wir reffen aus, bis KAYA mit über sechs Knoten über die Wellen rauscht. Bald wird die Schaukelei zur Gewohnheit, wir kommen in den ersten Tagen gut voran.

Unser fünfter Tag auf See ist Heiligabend. Aus dem Funkgerät kommen Weihnachtswünsche. Um 18 Uhr MEZ schreitet man in Deutschland zur Bescherung, während bei uns noch lange nicht Abend ist. »Stille Nacht, heilige Nacht« aus der Deutschen Welle bei hellem Sonnenschein, absurd. Gaby bereitet das Festmahl: mit Cornedbeef gefüllte Paprika an Reis, dazu eine Flasche Pfungstädter Weihnachtsbock. Danach Weihnachtsplätzchen von zu Hause. Mangels Weihnachtsbaum schmückt eine bunte Lichterkette den Salon. Als es dann wirklich Nacht wird an Bord der KAYA, ist es eine ganz warme Nacht mit unzähligen Sternen und leichtem Wind. Das Boot gleitet ruhig durchs Wasser, eine glitzernde Spur von Meeresleuchten hinter sich herziehend, und die Wache im Cockpit kann ihren Gedanken nachhängen.

Aber bald schläft der Wind ein. Die Genua hängt nutzlos herunter und schlägt gegen die Wanten, sodass wir sie schließlich einrollen. Wozu haben wir eigentlich einen Blister? Bis wir ihn angeschlagen und alle Leinen sortiert haben, vergeht mindestens eine Stunde. Zum ersten Mal steht die rot-weiße Blase vor blauem Himmel, wunderschön sieht das aus. Und wir machen gute Fahrt: vier Knoten, fünf, sechs... Ob wir das riesige Tuch auch wieder herunterkriegen? Das Probemanöver klappt auf Anhieb, der Blister verschwindet im Bergeschlauch. Kaum ist er weg, brist es kräftig auf – Glück gehabt...

Von nun an zieht Rasmus alle Register: Flaute, Bö, Halbwind, Gegenwind, Gewitter, Regen... Die Nacht wird total stressig. Immer wieder hechten wir nach draußen, um Segelstellung oder Kurs zu korrigieren, werden total nass dabei, machen beide kein Auge zu und kommen trotzdem keine Meile voran.

Am siebten Tag schaffen wir nur 37 Seemeilen. Abends sind wir umgeben von starkem Wetterleuchten. Die ganze Nacht über beobachten wir das Naturschauspiel und sind froh, dass wir keinen Donner hören, also weit genug weg sind. Am nächsten Tag hören wir von einer anderen Yacht zweihundert Seemeilen voraus, dass sie bei schwerem Gewitter vom Blitz getroffen wurde.

Am achten Tag erleben wir unseren ersten »Sturm« auf See. Windstärke acht, in den Böen neun Beaufort. Die hohen Seen mit brechenden Wellenkämmen, das Heulen des Windes im Rigg und das Zerren der Böen am Rudergänger, alles ziemlich beängstigend, wenn man es zum ersten Mal erlebt. Aber wir merken bald, dass sich KAYA vor den Wellen gut steuern lässt, man muss sich nur sehr konzentrieren. Die einzige Sorge ist: Wie sollen wir das die ganze Nacht oder gar tagelang aushalten? Gaby liest bei Wilfried Erdmann nach, was der macht, wenn es stürmt. Der geht bei acht Beaufort ganz cool unter Deck und lässt die Aries steuern. Das sollten wir auch probieren. Tatsächlich, unser Windpilot, der inzwischen den Namen »Suleika« erhalten hat, steuert selbst unter diesen Bedingungen noch exakt. Manchmal sieht es wirklich gefährlich aus, wir halten den Atem an, wenn ein besonders großer Brecher heranrollt. Aber nichts passiert, KAYA wird hochgehoben, mit dem Heck zur Seite gedrückt, Suleika steuert gegen und schon kann die nächste Welle kommen. Als endlich der Wind nachlässt, sind wir erschöpft, aber auch sehr zufrieden. Zufrieden mit KAYA und Suleika, die die Situation sehr souverän gemeistert haben. Aber auch zufrieden, dass wir um eine wichtige Erfahrung reicher sind, die Grenze dessen, was wir uns zutrauen, wieder ein bisschen erweitern konnten.

Es folgen herrliche Segeltage. Die Sonne lacht, der Himmel strahlt in makellosem Blau, der Passat hat sich endlich auf Ostnordost in angenehmer Stärke eingependelt. Überall Blauwasser mit leichten Schaumkronen, die Wellen nicht mehr so furchterregend hoch.

Oder liegt es auch daran, dass wir mutiger geworden sind? Wir laufen jetzt unter unserer Passatbesegelung, in einem Buch als »Poor Man's Twins« beschrieben: Die Genua wird mit dem Großbaum nach Lee ausgebaumt, ein zweites, kleineres Vorsegel mit dem Spinnakerbaum nach Luv. So liegt KAYA auch ohne Großsegel erstaunlich ruhig in den von hinten anrollenden Wellen, der Ruderdruck ist minimal. Das ist schon ein tolles Gefühl, wie unser Schiff so fast mühelos nach Westen läuft.

Irgendwo unter dem Horizont liegt Barbados. Aber ein Blick auf die Seekarte zeigt: Es ist noch weit, sehr weit. Auch wenn das Etmal 120 Seemeilen beträgt, ist es auf der Karte nur ein kleiner Sprung. Immer wieder wird mit dem Zirkel die Entfernung abgesteckt, nix zu machen, es sind noch über zwei Wochen...

Die Zeit vergeht mit Lesen, Astronavigation, Kochen, Brot und Kuchen backen, Musik hören, Funk-Klöns. Langeweile ist ein Fremdwort. Was uns fehlt ist Schlaf. Alle drei Stunden ist in der Nacht Wachwechsel, das bedeutet für jeden nur zweimal drei Stunden Schlaf. Und wenn man Pech hat, wird man in der

Freiwache geweckt, weil ein- oder ausgereeft werden muss. Aus Sicherheitsgründen darf niemand allein aufs Vorschiff. Denn die einzige wirkliche und immer präsente Bedrohung ist: Mann/Frau über Bord und der andere schläft. Deshalb hängt die Wache auch grundsätzlich an einer Sicherheitsleine.

Silvester ist auch an Bord der KAYA am 31. Dezember. Nur um welche Uhrzeit – deutsche Zeit? Weltzeit? Bordzeit? Als wir die Deutsche Welle einschalten, hören wir die Glocken des Kölner Doms, in Deutschland zischen wohl bereits die Raketen. Wir sind froh, dass wir keine Seenotrakete schießen müssen, beschließen, dass auf KAYA der Jahreswechsel nach UTC, also erst in einer Stunde, stattfinden soll, und stoßen dann mit einer kleinen Flasche Sekt an. Ganz ungewöhnlich, denn ansonsten trinken wir auf See keinen Tropfen Alkohol.

In der 13. Nacht gibt es dann doch noch einen Tropfen. Der GPS zeigt bis Barbados ebenso wie nach Aguineguin 1365 Seemeilen an, Bergfest nennt man das.

Am 19. Tag herrscht plötzlich Totenflaute. Der Atlantik ist ölglatt. Die Segel müssen wir bergen, weil sie durch das Schlagen in der Dünung kaputtgehen können. Das Boot rollt unangenehm. Wie lange wird das dauern? Wir beginnen zu verstehen, dass in den Büchern Flauten fast so gefürchtet sind wie Stürme. Gaby liest zur Erbauung aus einem Buch der Kochs vor, die genau in unserem Seegebiet zehn Tage Flaute hatten…

Aber zwei Tage später kommt der Wind wieder, allerdings aus wechselnden Richtungen. Das bedeutet Arbeit: Eine Stunde brauchen wir, um die ausgebaumten Passatsegel zu schiften. Und es kann passieren, dass es dabei gerade wie aus Eimern schüttet. Wer hat sie eigentlich erfunden, die Geschichte vom mühelosen Passatsegeln mit stets gleichem, mäßigem Wind?

Am Nachmittag des 28. Tages werden wir nervös: noch dreißig Seemeilen bis Barbados! Jetzt könnte jederzeit Land auftauchen, jeder will der Erste sein, der den Jubelschrei ausstößt. Schließlich ist es Rüdiger, der dicht über der Kimm einen dunklen Streifen sieht. Kein Zweifel: »Laaand in Siiicht!!!« Mit den Worten »ach Quatsch« turnt Gaby blitzschnell den Niedergang hoch. Ein Blick genügt und sie stimmt in den Ruf mit ein. Wir umarmen uns und sind total happy. Wir haben es geschafft!

Aber wir werden Bridgetown nicht vor 22 Uhr erreichen, dann schließt die Einwanderungsbehörde. Es hilft nichts, wir müssen noch eine letzte lange Nacht Wache schieben und mit der Müdigkeit kämpfen. Wir segeln stark gerefft die Küste entlang, gerade so langsam, dass wir um sechs Uhr vor dem Hafen von Bridgetown sein werden. Während der letzten Wachen hören wir im Kopfhörer Super-Reggae von Radio Barbados, die Lichter der Insel sind zum Greifen nahe.

Zum ersten Mal wird die gelbe Q-Flagge gesetzt. Aber wo? Im allwissenden Handbuch »Seemannschaft« erfährt der geneigte Leser leider nur, wie er die Verbandsflagge des DSV und die Flagge der Kreuzer-Abteilung richtig setzt. Schließlich setzen wir sie versuchsweise zusammen mit der Gastlandflagge unter der Steuerbordsaling, das stimmt sogar, wie wir später feststellen.

Über Funk rufen wir die Hafenbehörde und melden Segelyacht KAYA aus Europa an. Neben uns an der Mole liegt die RAINBOW WARRIOR II. Anscheinend wird Greenpeace pünktlich zum Karneval in Trinidad demonstrieren… Und ein Stück weiter, wir trauen unseren Augen kaum, leuchtet ein gelber Fleck: SEIKO GRINDELWALD. Das »Yellow Submarine« ist tatsächlich heil über den Atlantik gekommen!

Unsere erste Karibikinsel empfängt uns freundlich. Die schwarzen Beamten in makellosen, blütenweißen Uniformen lächeln: »Welcome, Reggae boat!« KAYAS Namenspatron Bob Marley ist in der ganzen Karibik ein Volksheld. Gleich nach dem Einklarieren verholen wir uns in die Carlisle Bay. Weißer Palmenstrand, glasklares Wasser, eine Schildkröte schwimmt gemächlich an uns vorbei. Einige Yachten aus Las Palmas liegen schon vor Anker und begrüßen uns mit dem Nebelhorn.

Wir sind richtig stolz – und todmüde. Nach dem Ankunftssekt fallen wir für ein paar Stunden in einen narkoseartigen Tiefschlaf.

In der Karibik

Rum und Reggae: Barbados —
Karneval und andere Feste: Tobago und Trinidad —
Auf ausgetretenen Pfaden: Grenada bis Martinique —
Rückkehr ins Paradies: Tobago — Eine Reise in die Anden
— Iris, Luis und Marilyn: Das Jahr der Hurrikane —
Kurs West: Venezuela, Bonaire, Curaçao, San-Blas-Inseln

Nach 28 Tagen auf See freuen wir uns darauf, wieder festen Boden unter den Füßen zu haben. Am Strand der Carlisle Bay brechen sich die Wellen, gutes Timing und schnelle Reaktion sind nötig, um halbwegs trocken an Land zu kommen. Beim ersten Anlanden mit dem Schlauchboot werden wir dann auch prompt von einer Welle getunkt.

Gleich hinter dem Strand führt die Straße ins Zentrum von Bridgetown. Nachdem wir vier Wochen lang nur die Geräusche von Wind und See um uns hatten und sechs Knoten Fahrt als schnell empfanden, sind wir von der Hektik des Straßenverkehrs erst einmal überwältigt. Autos und Motorräder rasen Schwindel erregend an uns vorbei, laute Musik tönt aus Autofenstern und schummerigen Kneipen am Straßenrand. Aber nicht der gewohnte Pop-Brei, sondern »echter« Reggae, made in Jamaica. Überall Schwarze, die meisten auffallend gut gekleidet, ganz im Gegensatz zu unserer zerknitterten Seglerkluft... Dazwischen viele Rastas, die ihre wilde Haarpracht, die »dreadlocks«, unter bunten Häkelmützen verbergen. Als einzige Weiße fühlen wir uns auffällig. Wir ahnen, wie sich ein Schwarzer bei uns in Deutschland fühlen muss.

Während der nächsten Tage ist Stress absolut verboten. Wir holen Schlaf nach, räumen das Schiff auf, schlendern immer wieder neugierig durch die Stadt und lassen das bunte, fremdartige Treiben auf uns wirken. Begeistert sind wir von den Maxi-Taxis: japanische Kleinbusse mit buntem Dekor, ausgestattet mit großen Stereoanlagen. Wichtigster Mann ist der Beifahrer, der hängt mit nach hinten gedrehter Schirmmütze aus dem Fenster und wirbt die Kunden an. Man geht am Straßenrand, von hinten nähern sich satte Bässe. »Hey man, Bridgetown?«, ruft es im Vorbeifahren. Man muss nur den kleinen Finger bewegen, der Wagen hält. Das Einsteigen darf nur Sekunden dauern, los geht es, der Fahrstil ist der Lautstärke der Musik angepasst.

Gleich hinter Bridgetown beginnen endlose Zuckerrohrfelder. Zum Sundowner am Abend trinken wir von nun an den weltberühmten Mount Gay Rum, mit Ananassaft eine wahre Köstlichkeit.

Eine Woche Barbados, eigentlich viel zu kurz. Aber Tobago soll noch schöner sein. Und dort warten Günther und Heide von der PUSTEBLUME mit unserer Post, die sie aus Hamburg mitgebracht haben. Die neunzig Seemeilen bis Tobago bedeuten mal wieder eine Nachtfahrt. 25 Knoten Wind lassen uns inzwischen völlig kalt, »auf dem Teich hatten wir mehr…«

Am Morgen liegt Tobago vor uns. Eine verlockende, grüne Insel, dazu lacht die Sonne, blaues Meer mit weißen Schaumkämmen. Die Einfahrt in die Bucht von Scarborough ist zwar nicht schwierig, aber wir müssen gut aufpassen, es gibt hier Riffe und starke Strömung.

Scarborough, die Hauptstadt von Tobago, ist ganz anders als das moderne Bridgetown. Noch bunter, noch lauter, etwas »Wildwest«. Flache Holzhäuser und Baracken, die sich auf den zweiten Blick als Läden entpuppen. Die Preise sind erstaunlich niedrig, die Bordkasse lacht. In der Markthalle hören wir zum ersten Mal die Rufe der Marktfrauen: »Hey darling…«, »hello sweetheart,..«, »want some nice mangos/pineapples/coconuts?« Hier gibt es alle Früchte der Tropen, unser Speiseplan wird von Tag zu Tag bunter und reichhaltiger.

Auch hier sieht man fast nur Schwarze, elegante Ladies, Rastas, Kinder in Schuluniform. Das kennen wir, aber neu ist die Herzlichkeit, mit der man uns begegnet. Jeder grüßt, man lacht uns an: »Tobago is paradise, enjoy it!«

Nach einigen Tagen verholen wir uns um die Südwestspitze der Insel zum berühmten Pigeon Point. Im Nachmittagslicht fällt der Anker vor einem Traumstrand, der sich hell schimmernd gegen die tiefhängenden, fast bis ins Meer wachsenden Palmen abhebt. Hier also werden die Foto-Tapeten für deutsche Wohnstuben und Saunen aufgenommen. Wir sind hingerissen. Neben und hinter uns brandet das Buccoo-Riff, das größte Korallenriff der Insel.

PUSTEBLUME erwartet uns schon und hat nicht nur unsere lang ersehnte Post, sondern auch höchst interessanten Besuch an Bord: Wilfried Erdmann, unser Vorbild und Ratgeber in allen seglerischen Lebenslagen, mit Frau Astrid. Natürlich sind wir gespannt, die beiden kennen zu lernen.

Aber die Begegnung verläuft enttäuschend. Die Atmosphäre beim abendlichen Rumpunsch bleibt steif und gezwungen, wenn überhaupt, werden wir mit »Sie« angeredet, während wir konsequent bei dem unter Seglern üblichen »Du« bleiben. Statt ermunterndem Zuspruch von einem erfahrenen Weltumsegler bekommen wir die Nachteile unserer Ausrüstung zu hören: »Ach, einen YANMAR haben Sie? Der wird nicht lange halten. LEE Sails? Da gehen bald die Nähte auf...« Was haben die beiden bloß? Hatten wir zu viel von ihnen erwartet? Wir finden nur eine Erklärung für ihr Verhalten: Offenbar haben sie Schwierigkeiten damit, dass wir, stellvertretend für die durch ihre Bücher angelockte Nachfolgegeneration, nun alles so viel leichter haben.

Einige Tage genießen wir das Leben am Strand vor dem Riff, baden, schnorcheln, joggen, lesen, trinken abends unseren Sundowner in der Strandbar. Die Abendsonne taucht die Palmen des Pigeon Point in goldgelbes Licht, bei Soca-Klängen spielen Einheimische und Touristen ausgelassen Volleyball, das »Carib«-Bier aus den kleinen hellen Flaschen schmeckt einfach köstlich.

Aber dann ist Schluss mit der Faulenzerei: Wir machen einen Tauchkurs. Morgens pauken wir die Theorie aus dem Lehrbuch, dann sehen wir alles noch einmal auf Video, danach geht es unter Wasser. Freiwassertauchen, Tiefe zehn bis fünfzehn Meter, Brandung und Strömung, laut PADI-Ausbildungsplan erst am Lehrgangsende vorgesehen, wir machen das mit unseren einheimischen Tauchlehrern vom ersten Tag an.»No problem«… So könnte überhaupt das Motto für Tobago lauten. Alles ganz easy und ohne Hektik. Machen wir zu Hause vielleicht doch etwas falsch?

Abends, auf dem Heimweg von der Tauchschule am Traumstrand entlang, kaufen wir bei den Fischern den »catch of the day«: Dorade, Tunfisch oder Fliegende Fische. Kokosnüsse gibt es umsonst, wir müssen nur aufpassen, dass sie uns nicht auf den Kopf fallen… Jedes Mal freuen wir uns, wenn wir KAYA in der Ferne friedlich am Anker schwojend entdecken. An einer Acht-Millimeter-Kette hängt alles, was wir haben.

Während sich sonst nach Sonnenuntergang der Strand am Pigeon Point leert und auch in der Strandbar Nachtruhe einkehrt, hören wir eines Abends den Soundcheck einer Band. Wir pullen noch einmal im Dingi rüber. Jackie Johnson, Tobagos bekannteste Band, steht auf einer improvisierten Bühne, daneben türmen sich auf einem üppigen Büfett Unmengen von Köstlichkeiten. Eigentlich wollten wir nur mal aus der Ferne gucken, aber die mitreißende Musik lockt uns an. Einem schwarzen Security Guard fallen wir jedoch sofort auf, wohl wegen unserer Bräune, er fischt uns freundlich aber bestimmt aus der Menge heraus. Die Party ist privat, eine sogenannte »Incentive«-Veranstaltung, zu der eine US-Firma ihre Mitarbeiter eingeflogen hat. Aber wir haben Glück. Als der amerikanische Manager hört, dass wir Yachties aus Germany sind, lädt er uns ein, mitzufeiern. »Be my guests, we have some nice Black Forest cake«. So kommt es, dass wir in Piña Colada und Schwarzwälder Kirschtorte schwelgen und uns im Laufe des Abends mit Kurt, dem schwarzen Security Guard, anfreunden.

Kurt arbeitet hauptberuflich als Polizist in Scarborough, aber jetzt hat er Urlaub und verdient als Wachmann am Pigeon Point ein paar Dollars dazu. Er erzählt uns viel über die Insel und bestätigt, dass es hier so gut wie keine Kriminalität gibt. Wenn sein Job wirklich nötig oder gefährlich wäre, würde er sich einen anderen suchen, meint er mit diesem breiten, sympathischen Lachen, das es nur auf Tobago gibt.

Ein paar Tage später, auf dem Heimweg vom Tauchkurs, sehen wir schon von weitem, dass wir neue Nachbarn bekommen haben. Drei Yachten liegen neben KAYA am Ankerplatz, alle mit deutscher Flagge. Die dazugehörigen Crews sitzen in fröhlicher Runde in der Strandbar.

Wir haben uns kaum vorgestellt, da werden wir schon über die Hackordnung aufgeklärt: »Willi hat das teuerste Schiff, über eine Million, dann kommt Hartmuts Schiff, und dann Wolfgangs.« Wolfgang hat zwar das billigste Schiff, aber dafür die am besten gehende Kneipe Deutschlands, und gibt als Kostprobe seiner Fähigkeiten als Wirt gleich ein paar dreckige Witze zum Besten. In diesem Moment kommt unser Freund Kurt dazu. Noch bevor wir ihn begrüßen können, drückt ihm Hartmut schon einen Geldschein in die Hand und befiehlt: »Bring us six beer!« Anscheinend ist für ihn jeder Schwarze automatisch ein Diener. Kurt holt das Bier, ohne eine Miene zu verziehen, aber wir schämen uns für unsere Landsleute.

Es gibt erstaunlich viele Live-Konzerte und Partys auf dieser kleinen Insel. Höhepunkt jeder Woche ist die »Sunday School«, eine riesige Open-Air-Fete, die erst am Montagmorgen endet. Alle sind da, Einheimische und Touristen. Und beide haben oft eindeutige Interessen: Auffallend viele Touristinnen sind in Begleitung eines gut aussehenden Schwarzen. »Black man experience« heißt das bei den Einheimischen.

Rüdiger betrachtet ein solches Pärchen, das ekstatisch Rücken an Rücken tanzt. Plötzlich kommt die junge Frau auf ihn zu und fragt: »Kann das sein, dass ich bei dir mal Mathe hatte?« Rüdiger stellt ihr darauf gleich eine Aufgabe: »Wie groß ist die Wahrscheinlichkeit, bei der Sunday School auf einer kleinen Karibikinsel eine ehemalige Schülerin aus einem Hundert-Seelen-Dorf bei Darmstadt zu treffen?«

Faszinierend, wie der öffentliche Transport auf Tobago funktioniert. Es gibt große Busse, die nach einem festen Fahrplan verkehren und fast nichts kosten. Daneben fahren private Kleinbusse, die etwas teurer sind, ihre Route aber sehr flexibel dem Bedarf anpassen. Diese Maxi-Taxis gibt es überall in der Karibik. In Tobago kann man, statt auf ein Maxi-Taxi zu warten, aber auch einfach das erstbeste Auto anhalten und zahlt dann den gleichen Preis an den Fahrer. So ist nichts einfacher, als zu einer Fete zu kommen, selbst wenn sie mitten in der Nacht im entlegensten Dorf stattfindet. Natürlich funktioniert dieses genial einfache »Taxi-Trampen« nur, weil weder Fahrer noch Beifahrer Angst vor einem Überfall haben müssen.

Ende Februar nehmen wir erst einmal Abschied von Tobago. Aber wir wissen schon: Wir werden wiederkommen! Sechzig Seemeilen sind es bis nach Trinidad. In der Bucht von Chaguaramas, nicht weit von der Hauptstadt Port of Spain, liegen schon Hunderte von Yachten, die alle zum weltberühmten Karneval gekommen sind.

Auffallend viele Segler sind in Begleitung von jungen schwarzen Mädchen. Auch einer unserer deutschen Bootsnachbarn vom Pigeon Point ist nicht mehr allein an Bord – so lernen wir Sharon aus Tobago kennen, mit der sich Gaby auf Anhieb gut versteht. Sharon ist 25 und hat nach zwei gescheiterten Beziehungen und fünf Kindern die Nase voll von einheimischen Männern – unzuverlässig, nicht treu, kein Verantwortungsgefühl. Jetzt sucht sie ihr Glück bei den Weißen…

Karneval in Trinidad, ein unbeschreibliches Ereignis. Überall Musik, tanzende, fröhliche Menschen. Die Stimmung tagelang auf dem Siedepunkt, nicht bierselig-grölend, sondern rhythmisch, farbenprächtig, erotisch.

Im National Stadion von Port of Spain sind wir dabei, als der »Soca Monarch«, der beste Soca-Sänger der Saison, bestimmt wird – ein Ereignis von nationaler Bedeutung. Alle Hits, die man im Radio, in den Kneipen, im Maxi-Taxi, einfach überall hört, werden hier live auf der Bühne vorgestellt. Soca ist die moderne Version des traditionellen Calypso, rhythmischer, heißer, weniger anspruchsvoll in den Texten: »Jump in the air… wave your hands… wine, wine, wine…« Eine riesige Menschenmenge singt, tanzt, »wine«t. »To wine«, wie soll man das übersetzen? Unsere Freundin Sharon führt uns in die Geheimnisse dieses Tanzes ein und spricht aus, was wir denken: »It's just like making love…« Die Bewegungen sind unglaublich geschmeidig, erinnern an Bauchtanz, der Oberkörper bewegt sich kaum. Die Frau beugt sich vornüber, der Mann hinter ihr lässt in perfektem Gleichtakt sein Becken rotieren, zentimeternah, ohne sie zu berühren.

Gegen zwei Uhr in der Nacht beginnt der bunt gekleidete Conferencier die Platzierungen zu verlesen. Platz zehn... Platz drei... Und dann Platz zwei: »Lara!« Den Bruchteil einer Sekunde herrscht gespannte Stille. Aber während er den Interpreten »Superblue« nennt, muss er schon in Deckung gehen: Ein Flaschenhagel prasselt auf die Bühne nieder, die Menge reckt die Fäuste. Volkes Wille ist »Lara« auf Platz eins! Einen Moment sieht es nach Panik aus, die Menge weicht von der Bühne zurück, fürchtet den Gegenangriff der Staatsmacht. Aber die kennt das wohl schon, nichts passiert. Die Bühne ist leer, Platz eins wird man in der Zeitung nachlesen müssen...

Der Rückweg zum Boot ist dann etwas abenteuerlich. Busse fahren keine mehr, die Taxis sind alle voll oder nicht vertrauenswürdig. Port of Spain ist nachts für Weiße ein heißes Pflaster. Mit Hilfe unserer einheimischen Bekannten kommen wir im Morgengrauen sicher nach Hause.

Am Rosenmontag − nur das Datum hat dieser Montag in Trinidad mit dem in Mainz und Köln gemeinsam − erleben wir den im wahrsten Sinne des Wortes endlosen Umzug durch die Stadt. Den ganzen Tag über wälzt sich diese Schlange von riesigen Lastwagen und dahinter tanzenden, bunt kostümierten Leuten durch die City. Die Lkws sind beladen mit riesigen Boxen, die die Umgebung bis zur Schmerzgrenze mit den Hits beschallen. Auch Jackie Johnson, unsere Lieblingsband aus Tobago, ist dabei. Zusammen mit Sharon folgen wir ihrem Truck durch die ganze Stadt zum Savannah-Park. Dabei heißt es aufpassen. Nur mit Mühe kann Rüdiger einer Gruppe entkommen, die versucht, Touristen tanzend einzukreisen und dann auszunehmen. Einige Segler wurden auf diese Weise um Bargeld, Schmuck und Videokamera erleichtert.

Die offiziellen, farbenprächtigen Kostüme, für die jeweils ein Verein das ganze Jahr über gearbeitet hat, sieht man in voller Pracht erst am Fastnachtsdienstag. Sonst alles wie gehabt: Lkws mit Boxen, und immer wieder »Lara«.

Auch in Trinidad ist am Aschermittwoch alles vorbei. Aber für uns geht es jetzt richtig los: KAYA wird aufs Trockene gestellt, das Unterwasserschiff muss dringend sauber geschliffen und neu mit Antifouling gepinselt werden – eine Sauarbeit in der Hitze. Eine Woche dauert die Aktion, dann glänzt KAYA in einem neuen roten Kleid.

Und endlich kann wieder gesegelt werden. Mitte März laufen wir aus in Richtung Grenada. Bald nachdem wir das »Drachenmaul«, die Meerenge nördlich von Trinidad, passiert haben, nimmt der Wind zu und bläst uns auf die Nase. Hart am Wind können wir den Kurs halten, machen uns aber doch etwas Sorgen. Wenn der Wind weiter zunimmt, wenn wir ablaufen müssen nach Westen – ade Grenada, hallo Venezuela… Aber unser Wetterfrosch Herb aus den USA hatte uns per Funk mittlere Winde versprochen, allenfalls einige Regenböen. Und so eine hängt gerade über Trinidad. Tatsächlich, bald lässt der Wind nach, es wird eine angenehme Nachtfahrt mit unzähligen Sternen.

Morgens erreichen wir die Südküste von Grenada, der Anker fällt in der Hartmann Bay. Wir stürzen uns erst mal ins klare Wasser, eine Wohltat nach drei Wochen Großstadtbrühe in Trinidad.

Am nächsten Tag fahren wir mit dem Maxi-Taxi in die Hauptstadt St. George's. Fahren ist untertrieben, wir rasen wieder mal mit voll aufgedrehter Stereoanlage die schmale Küstenstraße entlang. Überall üppiges Grün, bunte Holzhäuser unter Palmen und Bananenstauden. Die Straße führt steil von einem Berghang hinunter nach St. George's, das von oben wie eine Spielzeugstadt aussieht, mittendrin die Lagune mit vielen Yachten.

Wir schlendern durch die Straßen, schmunzeln über den Polizisten, der mit schneeweißen Handschuhen, Tropenhelm und wichtiger Miene den Verkehr regelt. Vom alten Fort auf dem Hügel hat man einen grandiosen Blick auf die Stadt und das Meer.

Ein weiteres touristisches »Muss« sind die Wasserfälle Concorde Falls. Wir fahren mit dem Maxi-Taxi bis zur Abzweigung von der

1

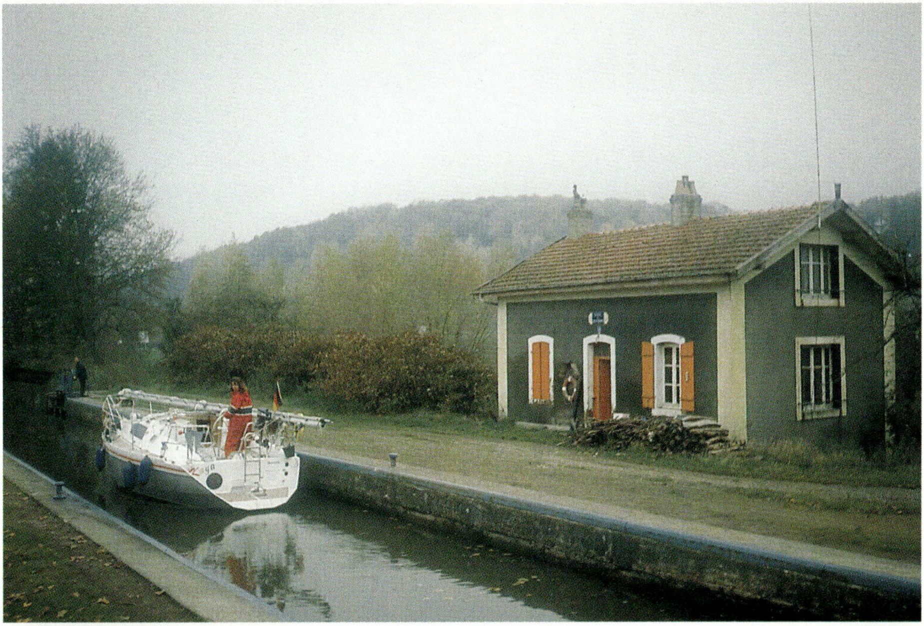

2

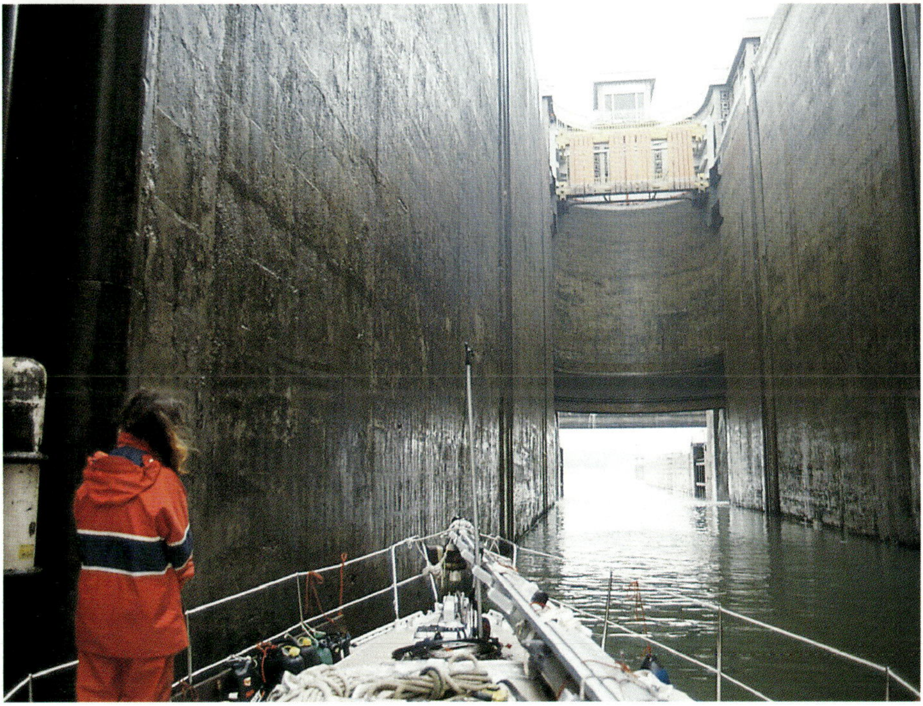

1 Schleusenhäuschen am Canal de l´Est

2 Beaucaire: Mit 23 Metern die größte Rhône-Schleuse

3

4

3 Auf dem Affenfelsen von Gibraltar

4 KAYA unter Blister

5 Sandy Island bei Carriacou, Grenadinen

6 Im Passat: Kurs Barbados

7 Weihnachten auf hoher See

6

8

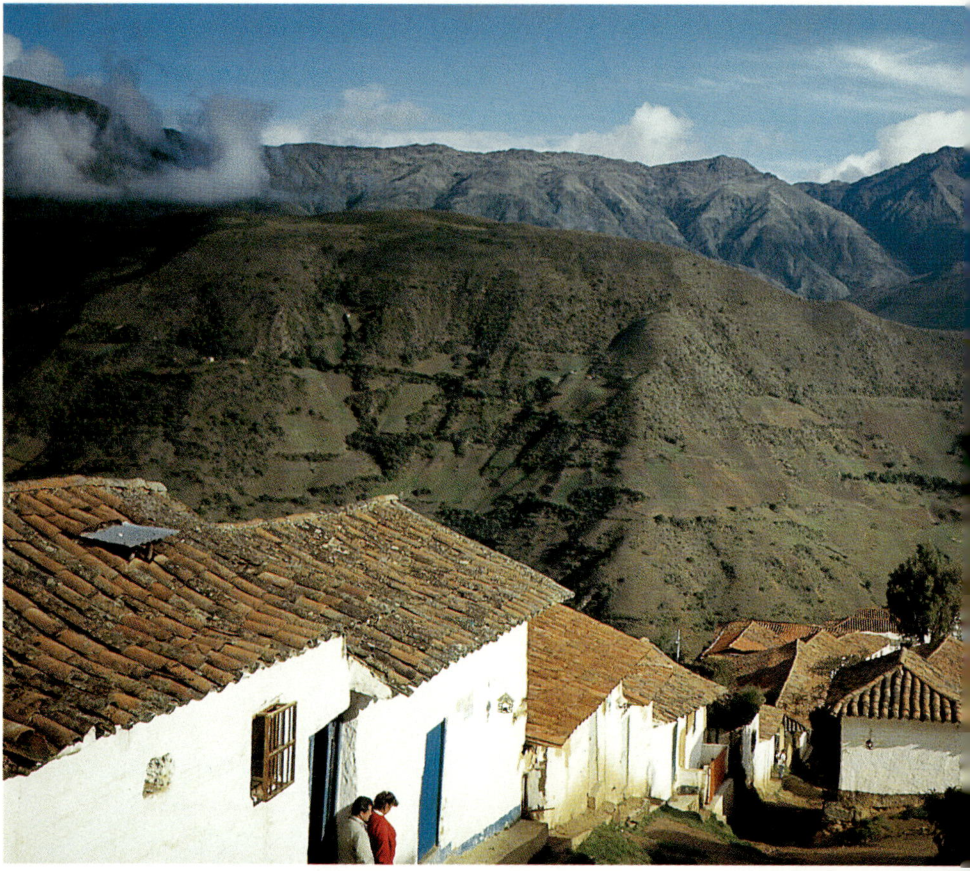

9

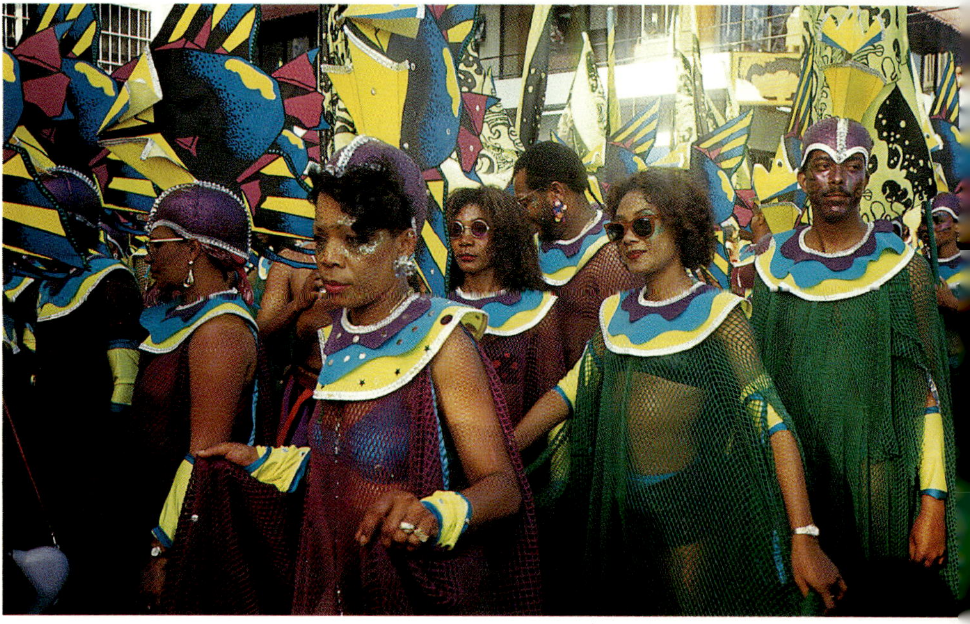

8 Das Andendorf Los Nevados, Venezuela

9 Karnevalsumzug in Trinidad

10 Der »catch of the day«, Tobago

11 Hauptstraße in Scarborough, Tobago

10

11

12

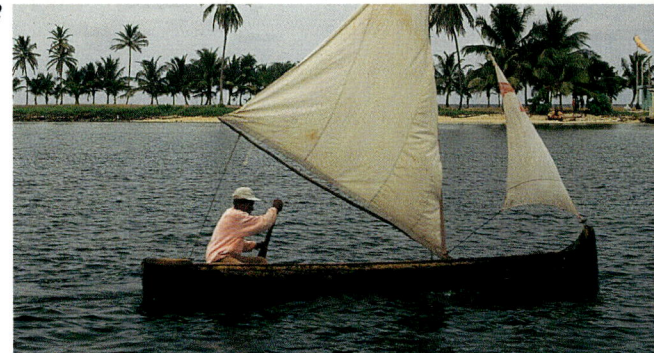

12 In den San-Blas-Inseln

13 Kuna-Indianer auf der Hafenmole von Isla Tigre, San-Blas-Inseln

14 Einstein unter Palmen: »E = mc²«

13

14

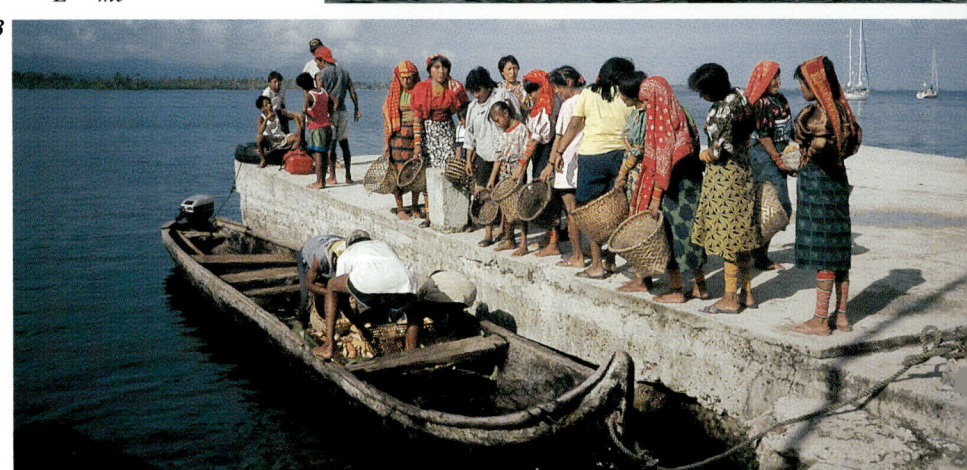

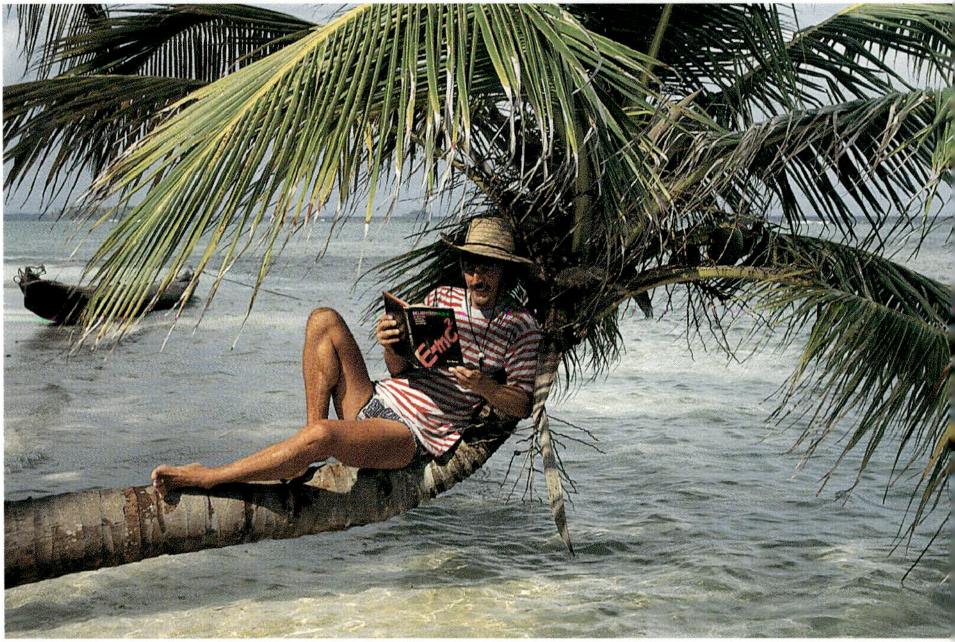

15 *Rollendes Kunstwerk: Graffiti-Bus in Panama*

16 *Panamakanal: Im Kielwasser der* STAMOS

17 *Unsere Trauminsel im San-Blas-Archipel*

15

16

17

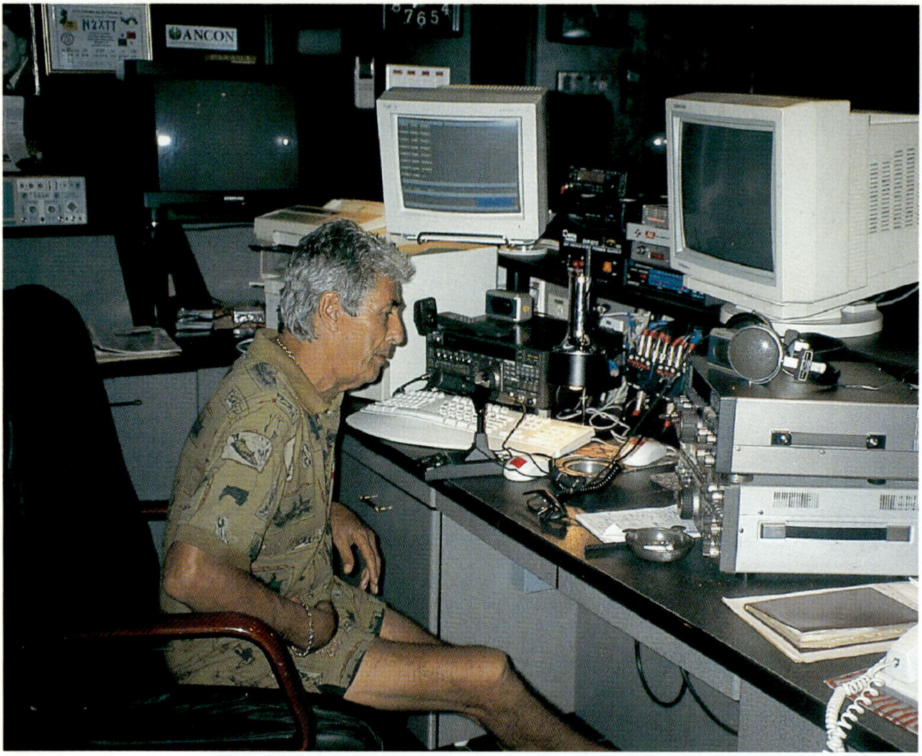

18

19

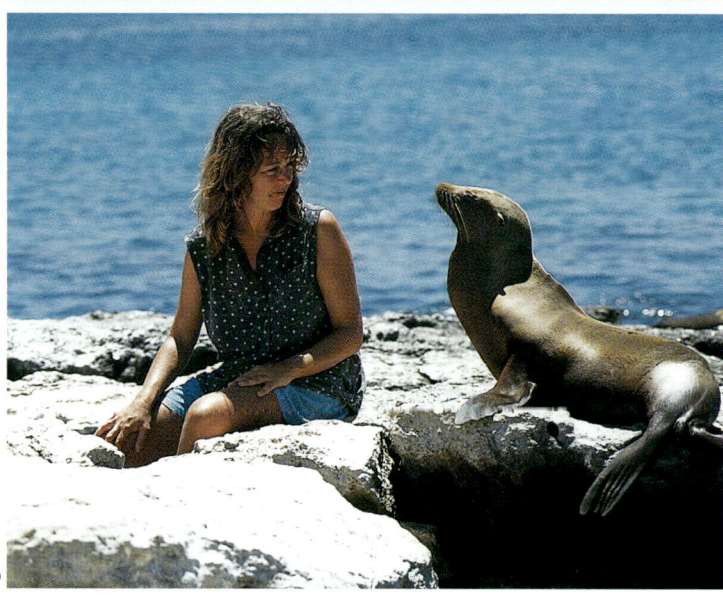

18 »Contadora-Günter« in seiner Funkstation

19 Begegnung in Galapagos

Hauptstraße, ab da wandern wir. Immer wieder werden wir von den Einheimischen freundlich gegrüßt. Vom unteren Wasserfall geht es über glitschige Steine bergauf, durch dichten tropischen Regenwald. Wir gehen ohne einheimischen Führer, der Weg am Bach entlang ist nicht zu verfehlen. Wasserrauschen, Vogelstimmen, Zikaden – Natur pur. Der obere Wasserfall stürzt aus etwa fünfzig Metern Höhe in ein kleines natürliches Becken. Nach der Wanderung durch die Mittagshitze nehmen wir im kühlen, klaren Wasser ein herrlich erfrischendes Bad.

Ein letzter Ausflug führt uns quer über die Insel zum Kratersee Grand Étang, mitten im Regenwald. Die schmale Straße schlängelt sich über steile grüne Gebirgsrücken in tiefe Täler, alles über und über bewachsen. Die Straße ist nass und dampft wie bei uns nach einem Sommergewitter. »It might be a little bit muddy«, sagt uns der Ranger zu Beginn unserer Wanderung rund um den See. Will heißen: Mit den Schuhen in der Hand waten wir barfuß knöcheltief im Morast...

Grenada ist eine wunderschöne Insel mit netten Leuten, noch nicht vom Tourismus verdorben. Schweren Herzens nehmen wir schließlich Abschied und laufen aus. Vom Wasser aus erscheint die Insel noch grüner. Als wir aus der Abdeckung in Lee der Insel herauskommen, frischt der Wind auf. Ganz fetzig hart am Wind geht es an einer Gruppe von unbewohnten Inseln vorbei nach Norden. Unser Ziel, die noch zum Staat Grenada gehörende Insel Carriacou, liegt vor uns im Dunst.

In die Tyrell Bay laufen wir vorsichtig unter Maschine ein, es gibt hier Riffe und irgendwo ein unbetonntes Unterwasserwrack. Plötzlich zeigt das Echolot nur noch 1,70 Meter. Volle Kraft zurück! Trotz des glasklaren Wassers ist nichts zu sehen, die Sonne steht am späten Nachmittag schon zu tief für eine sichere Riffnavigation. Der Anker fällt zwischen anderen Yachten, gerade rechtzeitig zum Sundowner in der Strandbar.

Am nächsten Tag, vor der Westküste von Carriacou, trauen wir unseren Augen nicht: Vor uns liegt eine ganz kleine Insel mit schneeweißem Strand und einer Handvoll Palmen, wie aus dem Witzblatt. Sandy Island, da müssen wir hin! Einige Yachten ankern dort, ein riesiger Natur-Swimmingpool mit Traumkulisse. Gegen Abend verziehen sich die Charterschiffe, wir haben das Inselchen fast für uns allein. So eine schöne Jogging-Strecke hatten wir noch nie, in fünf Minuten einmal rund. Am nächsten Morgen stecken wir den Kopf aus dem Luk und ahnen nichts Gutes. Neben uns ankert ein riesiges Kreuzfahrtschiff. Die Crew bringt Beiboote aus und bereitet das ultimative Strandvergnügen vor: Liegestühle werden auf dem Strand verteilt, Sonnenschirme in den Sand gespießt, ein Volleyballnetz aufgespannt. Am Wasser liegen dicht an dicht Surfbretter und grellbunte Schnorchelausrüstungen. Aus der Traum von der Trauminsel, jetzt sieht sie aus wie ein beliebiger Hotelstrand in der Hochsaison.

Zwischen Grenada und St. Vincent liegt das beliebteste Segelrevier der südlichen Karibik: die Grenadinen. Wir sind gespannt, aber auch etwas skeptisch, ob uns die Welt der Hochglanz-Charterprospekte überhaupt gefallen wird.

Die kleine Insel Petit St. Vincent ist in Privatbesitz und eine reine Hotelinsel. Von dem exklusiven Hotel ist allerdings kaum etwas zu sehen, die Bungalows liegen unauffällig zwischen den Palmen versteckt. Hier wächst kein Halm zufällig, alles ist makellos gepflegt. Segler sind als Kulisse erwünscht, dürfen aber nur den Strand und die auf einem Hügel gelegene Bar betreten. Angesichts der Preise ziehen wir es dann jedoch vor, unseren Sundowner an Bord einzunehmen.

Ganz anders die Nachbarinsel Petit Martinique, nur einen Steinwurf entfernt: überhaupt keine Touristen, statt gepflegtem Luxus ärmliches, aber fröhliches karibisches Leben – Holzhütten, Reggae aus offenen Fenstern, Hühner auf der Straße. Es heißt, die Insel lebe vom Schmuggel, wir kaufen besten Rum zu wirklich günstigem Preis.

In Union Island betreten wir offiziell den Staat St. Vincent. Einklariert wird am kleinen Flugplatz, auf dem den ganzen Tag über Inselhüpfer starten und landen. Die Insel ist auf den ersten Blick kahl, staubig, öde. Wie immer beim ersten Landgang haben wir unsere Mülltüten dabei, aber wir suchen vergeblich nach einer Tonne. Am Ortsausgang stellen wir fest, dass offenbar die ganze

Insel als wilde Müllkippe genutzt wird. Auch auf den zweiten Blick verlockt uns nichts zum Bleiben. Im Ort Clifton Harbour gibt es »Lambi's Supermarket«, »Lambi's Restaurant«, »Lambi's Guesthouse« – ein kleines Lambi-Imperium. Die Preise sind hoch, das Angebot dürftig. Während eine Steelband zum großen Friday Night Jump-Up aufspielt, schlürfen die wenigen Gäste gelangweilt ihre Cocktails und blättern in einem Karibik-Bildband. Plötzlich haben wir Heimweh nach Tobago…

Von Mayreau, der nächsten Insel, sind wir aber wieder begeistert. Die Salt Whistle Bay wird zur vorläufigen Traumbucht erklärt: Hinter einer schmalen Landzunge liegen wir völlig geschützt in einem glasklaren Swimmingpool. Durch die Palmen am makellosen weißen Strand sieht man das dunkle, gischtende Meer der Luvseite, am Horizont liegt die Inselgruppe der Tobago Cays.

Anfang April laufen wir in Bequia ein. Am Eingang der Admiralty Bay kommt uns ein Schlauchboot entgegen, darin balanciert stehend ein Typ, die Kamera im Anschlag. Kennen wir den? Nein, es ist der Fotograf, der jede einlaufende Yacht unter Segeln ablichtet und die Bilder dann für teures Geld anbietet. Ein netter Gag, den wir uns leider nicht leisten können, und ein kleiner Vorgeschmack auf das, was uns hier erwartet. Die kleine Insel Bequia hat sich zu einem total durchorganisierten Service-Center für Yachten entwickelt. Zwischen den Ankerliegern kreisen Boote, die Wasser und Diesel anliefern, Müll und Wäsche abholen oder als Wassertaxi dienen. Rund um die große Bucht reihen sich Bars und Restaurants aneinander, vor denen man mit dem Dingi direkt festmachen kann. Dazwischen Boutiquen und Läden, bei »Doris' Fresh Food« und »Dieters Saftladen« bekommen wir Vollkornbrot und einen Einblick in die Aussteiger-Szene, die auf uns keinen sehr glücklichen Eindruck macht. Insgesamt nicht gerade das, was wir uns unter Karibik vorstellen. Anderen scheint es besser zu gefallen, in der Bucht liegen zahllose Yachten aus aller Herren Länder. Über UKW werden ständig Neuigkeiten und Tratsch ausgetauscht und Verabredungen getroffen, vom Barbecue am Strand bis zur Bord-Krabbelgruppe, man richtet sich wohnlich ein.

Von St. Vincent und St. Lucia haben wir nur Unangenehmes gehört, wir beschließen, über Nacht direkt nach Martinique durchzusegeln. Zwischen den Inseln bläst der Passat recht kräftig und baut imposante Wellen auf. In Lee der hohen Berge dann plötzlich totale Flaute, bis man voraus Schaumkämme sieht und es wieder kräftig pustet.

Martinique empfängt uns mit Regen. Beim ersten Landgang in St. Anne fühlen wir uns mitten in die französische Provinz versetzt. Saubere Straßen mit blitzenden Renaults, ein kleiner Platz mit Kirche und den unvermeidlichen Platanen, teure Fressläden und Restaurants überall. Für den Preis einer Tasse Kaffee könnte man in Tobago schon essen gehen. Auch die Freundlichkeit der Bewohner, die wir in Tobago und Grenada erlebt hatten, vermissen wir hier. Der Kontakt beschränkt sich auf das Nötigste, der weiße Tourist ist nur in teuren Gettos wie dem »Club Med« erwünscht. Was für ein Glück, dass unser Lohn für die Atlantiküberquerung nicht das europäische Martinique, sondern das fremdartige Barbados war! Immerhin, unser französischer Herd tut uns den Gefallen, genau in Fort de France kaputt zu gehen, wo es die Ersatzteile gibt. Und wir erhalten endlich auch wieder Post von zu Hause. Dann kann uns aber auch das wunderbare Baguette nicht mehr halten – uns zieht es wieder nach Süden.

Diesmal steuern wir doch noch St. Lucia an. Durch einen engen Kanal motoren wir in die Rodney Bay Marina. Die ARC-Regatta, deren Start wir in Las Palmas erlebt hatten, war im Dezember hier eingelaufen. Seitdem häuften sich die Schauergeschichten von Einbrüchen, Diebstählen und brutalen Überfällen. Mittags spazieren wir durch das ärmliche Dorf am Kanal, das man abends besser meiden sollte. Am gegenüberliegenden Kanalufer eine piekfeine Hotelanlage, wie soll das gut gehen? Den Abend verbringen wir wie alle Segler in der Marina, während der »happy hour« (zwei Drinks für den Preis von einem) gibt's jede Menge Bier und Seglerschicksale. Hier am Tresen offenbaren sich so manche gescheiterten Träume und Beziehungen…

Am nächsten Tag ankern wir in der Marigot Bay. Die vielgerühmte Bucht ist wirklich beeindruckend, aber wir können sie nicht recht genießen. Zu aufdringlich sind die »boat boys«, die uns schon beim Einlaufen in ihren Booten umkreisen. Auch am Ankerplatz hängen sie aufdringlich an der Reling, bieten Bananen und Kunstgewerbe an und verstehen nicht, dass wir einfach in Ruhe die Abendstimmung genießen wollen.

Über Bequia geht es weiter nach Mustique, der wohl exklusivsten aller Karibik-Inseln. Hier residieren unter anderem Mick Jagger, David Bowie, Prinzessin Margaret. Wer keine Villa besitzt, kann auch im einzigen kleinen Hotel absteigen, die Nacht für bescheidene 500 US-Dollar. Über Weihnachten trifft sich der Jet-Set auf Mustique und feiert rauschende Champagnerfeste, das übrige Jahr sind die Einheimischen fast unter sich und betreuen die leerstehenden Villen. Freundlich winken sie uns zu, während sie die makellosen Rasenflächen bewässern oder mit den Golfwägelchen zum Picknick an einen der Traumstrände fahren. Die Insel wirkt auf uns wie ein Luxus-Resort ohne Gäste, in dem die Angestellten ein angenehmes Leben führen.

Auch die berühmten Tobago Cays hatten wir uns für den Rückweg aufgehoben. Eine Gruppe von vier kleinen, unbewohnten Inseln, umgeben von einem riesigen Korallenriff, das sie vor den heranrollenden Atlantikwellen schützt. Dieses Schnorchel- und Tauchparadies dürfen wir uns nicht entgehen lassen. Der Ankerplatz vor dem Riff ist wirklich traumhaft schön und jetzt, zum Ende der Saison, nicht mehr so überlaufen. Die Unterwasserwelt am Riff schimmert in allen Farben, ein riesiges Aquarium. Wir verbringen drei Tage mehr unter als über Wasser.

Aber die Sehnsucht nach Tobago wächst. Unsere Lieblingsinsel bietet landschaftlich von allem ein bisschen – Regenwald, Wasserfälle, malerische Dörfer, unberührte Buchten – und der Strand am Pigeon Point hält jedem Vergleich stand. Am meisten freuen wir uns aber auf das Wiedersehen mit Freunden, auf die Musik, die Partys… – und auf die paradiesische Sicherheit, in der wir uns dort zu jeder Tages- und Nachtzeit frei bewegen und alles in vollen Zügen genießen können.

Der Passat weht im Mai aus Südost – ganz schlecht, wenn man von den Grenadinen nach Tobago will. Aber Wetterfrosch Herb in den USA verkündet ausnahmsweise Wind aus Nordost, also los. Wir laufen von Union Island aus und erreichen problemlos am nächsten Vormittag unseren geliebten Pigeon Point auf Tobago. An Land dürfen wir noch nicht, erst müssen wir uns zum Einklarieren gegen Strom und Wind um die Südspitze nach Scarborough kämpfen.

Wir kommen gerade rechtzeitig zur »Tobago Race Week«, der alljährlichen großen Segelregatta. In der Store Bay nahe dem Pigeon Point ankern mehr als fünfzig Yachten aller Größen und Formen: rassige Rennyachten aus Trinidad und Barbados, große Charteryachten aus Grenada, Fahrtenyachten aus den USA, Kanada, Südafrika. Das besondere dieser Regatta ist die »Liveaboard Class« für Fahrtenyachten.

Natürlich spielen wir mit dem Gedanken, KAYA in der Liveaboard Class anzumelden. Aber als völlige Regatta-Neulinge wollen wir uns die praktische Umsetzung der Wettfahrtregeln doch erst einmal aus der Crewperspektive ansehen. Wir heuern bei Chris Doyle an, dem Autor zahlreicher Segelführer, mit denen hier in der Karibik fast jeder unterwegs ist. Chris und Mitsegler Jeff sind uns auf Anhieb sympathisch. Die zwölf Meter lange HELOS ist, aus der Nähe betrachtet, schon etwas in die Jahre gekommen. Rigg und Reling wackeln bedenklich, während des Rennens löst sich ein Schotblock aus dem Deck. Aber Chris und Jeff sind alte Regattahasen, die aus HELOS das Beste herausholen. Wir passieren die Startlinie immer vor dem Feld der anderen Yachten. Bei Lage zieht das Seitendeck durchs Wasser, denn es hat ordentlich Wind. Und gerefft wird nicht… Das alles macht natürlich riesigen Spaß, und wir lernen eine Menge dazu.

Vormittags finden die Rennen statt, die Nachmittage gehören den Beachpartys. Steelbands, Reggae und Soca, die Stimmung ist prächtig. Viele Einheimische feiern mit. Die Freude ist natürlich riesig, als wir erfahren, dass HELOS in der Liveaboard Class gewonnen hat. Den Hauptpreis, acht Dosen Antifouling-Farbe, reicht Skipper Chris großzügig an uns weiter.

Am nächsten Tag leert sich die Ankerbucht am Crown Point rasch, die Regattafamilie zerstreut sich in alle Himmelsrichtungen. Doch wir haben keine Zeit, wehmütig zu sein: Chris braucht uns als Statisten für sein neues Video, einen Revierführer »Trinidad und

Tobago«. Ein Kamerateam aus Trinidad ist angereist, filmt KAYA am Ankerplatz und uns Arm in Arm beim Sonnenuntergang am Pigeon Point. »You have to work hard for that antifouling«, schmunzelt Chris. Wir sind froh, dass wir uns für die großzügige Gabe revanchieren können, und Spaß macht es außerdem.

Ende Juni nehmen wir endgültig Abschied von Tobago, wo wir eine wunderschöne Zeit verlebten. Nun werden die Palmen am Pigeon Point immer kleiner und versinken im Kielwasser.

Vor uns liegt erst noch einmal Trinidad. Viele Freunde und Bekannte werden wir dort wiedertreffen. Die Hurrikansaison beginnt, die meisten Segler gehen jetzt nach Süden, um den aus Osten über den Atlantik kommenden Wirbelstürmen zu entgehen, die von Juni bis November den gesamten Antillenbogen bedrohen. Trinidad liegt weit genug südlich und gilt als sehr sicher. Mit seinen guten Versorgungsmöglichkeiten ist es »der« Treffpunkt.

Der Ankerplatz vor »Power Boats« in Chaguaramas ist ebenso voll wie zum Karneval, über hundert Yachten liegen viel zu dicht. Auch die Landstellplätze sind ausgebucht, viele hoffen, einen Platz auf dem Trockenen zu bekommen, um ihr Unterwasserschiff neu zu pinseln. Auch wir müssen noch einmal aus dem Wasser – unser erst vier Monate altes Antifouling hat sich als Flop erwiesen, dichter Muschelbewuchs hemmt die Fahrt von KAYA. Und da wir vorhaben, Venezuela per Rucksack auf dem Landwege zu erkunden, ist es uns sowieso lieber, KAYA sicher auf dem Trockenen zu wissen. Wie so oft haben wir Glück: Kranführer Ray begrüßt uns freudig, er kennt uns von der Tobago Race Week. »Come tomorrow, for my friends I'll find a place.«

Da steht KAYA nun aufgebockt. Wegen der sintflutartigen Wolkenbrüche, die jetzt in der Regenzeit jeden Nachmittag niedergehen, muss alles sorgfältig dicht gemacht werden. Wir hoffen, dass wir in vier Wochen keinen Schimmel vorfinden werden. Dann pakken wir unsere Rucksäcke wie früher, wenn es in die Ferien ging: Schlafsäcke, Wanderschuhe, Regenkleidung und sogar einen Pullover.

Wir heuern auf der englischen DAMARA an. Unsere Freunde John und Lisa haben uns eingeladen, mit ihnen nach Venezuela zu segeln. Nach einigen Tagen kommen wir auf der Isla Margarita an und sind um eine Erfahrung reicher: Das Zusammenleben auf einem engen Boot mit anderen Leuten – und mögen sie noch so nett sein – ist problematisch, zu zweit auf dem eigenen Boot ist es allemal schöner!

Aber jetzt nutzen wir den Vorteil, ohne Boot hier zu sein. Während die Segler meist bei Anbruch der Dunkelheit aus Sicherheitsgründen auf ihre Schiffe zurückkehren, mieten wir uns in einem kleinen Hotel mitten in der Stadt ein und können uns so unbeschwert ins Getümmel stürzen. Die Fußgängerzone von Porlamar steht der Zeil in Frankfurt um nichts nach, ist nur viel bunter, lauter, quirliger und vor allem billiger.

Die zollfreie Isla Margarita ist das totale Einkaufsparadies, nicht nur für die Venezolaner, die in Scharen vom Festland herüberkommen. »Levi's«, »Benetton«, »Esprit« und viele andere Marken haben eigene Läden mit Preisen wie im Schlussverkauf. Wir widerstehen tapfer allen Versuchungen und geben unser Geld lieber bei den Saftverkäufern aus, die an jeder Ecke stehen – für ein paar Pfennige gibt es einen Becher köstlichen, frisch vor unseren Augen gepressten Orangensaft.

Im Straßenbild fallen sofort die riesigen, uralten und völlig verrosteten amerikanischen Straßenkreuzer auf. Zusammen mit zahllosen Bauruinen sind sie Relikte aus besseren Tagen – in den Siebzigerjahren schwamm Venezuela noch in Öldollars. Erstaunlich, wie sich die Blechlawine problemlos fast ohne Ampeln durch die Straßen wälzt.

Die Venezolanerin zeigt, was sie hat. Die überwiegend bildhübschen Frauen sind knalleng sexy gekleidet. Von den venezolanischen Männern ist Gaby nicht ganz so begeistert: Pomadenmachos mit wichtigem Bauch. Und ständig wird man von zwielichtigen Gestalten angesprochen: »Hello my friend, change money? Give you good price!« Es lohnt sich tatsächlich, auf dem Schwarzmarkt zu tauschen. Aber nicht auf der Straße, denn das könnte entweder eine Polizeifalle sein oder das dicke Geldbündel, das man erhält, besteht in der Mitte nur aus Papier. Wir tauschen lieber ohne Risiko in einem Modeladen, eine in Seglerkreisen bekannte Adresse. Für unsere US-Dollars erhalten wir ein dickes Bündel Geldscheine. Die größte venezolanische Banknote, 1000 Bolívar, hat einen Gegenwert von 6,50 DM! Verstecken lässt sich so ein Packen kaum, also trägt Rüdiger ihn unauffällig in einer Plastiktüte, in der anderen Hand schussbereit die Tränengasflasche…

Apropos Bolívar. Simón de Bolívar ist der Nationalheld, der sich Anfang des 19. Jahrhunderts um die Unabhängigkeit Venezuelas verdient gemacht hat; er wird hier fast wie ein Heiliger verehrt. Jede Stadt, jedes noch so kleine Dorf in Venezuela hat seine Plaza Bolívar. Das ist immer ein sehr grüner, schattiger, mit Blumen geschmückter Platz, in dessen Mitte Bolívar, mal kämpferisch hoch zu Ross, mal väterlich sinnend, als Standbild thront. Hier erholt man sich im Schatten vom Stadtbummel, hier diskutieren die Alten das Leben der Jungen. Auf Anstand in der Nähe Bolívars wird geachtet: Als Rüdiger nichtsahnend mit seinem Strohhut über den Platz schlendert, macht ihn ein schwer bewaffneter Polizist grimmig darauf aufmerksam, dass er den Hut abzunehmen habe. Auch das Überqueren des Platzes mit Einkaufstüten ist streng verboten. Allerdings fällt niemandem auf, dass Rüdiger direkt vor den Augen Bolívars im Fenster unseres Hotelzimmers seine Qualmsocken aufhängt…

Mit der Fähre fahren wir nach Puerto La Cruz, einem Touristenort am Festland mit endloser Strandpromenade. Tagsüber leiden wir unter der mörderischen Hitze, erst abends werden wir munter und flanieren zwischen Schmuckständen und Straßencafés. Fast wie im Sommer am Mittelmeer – wenn da nicht die überall sichtbaren Spuren von Elend und Armut wären. Fliegende Händler preisen unermüdlich ihre Waren an, selbst wenn es nur zwei T-Shirts, eine einzelne Reisetasche oder eine Handvoll Postkarten sind. Kleine Kinder ziehen bis spät in die Nacht umher, betteln oder bieten ihre Dienste als Schuhputzer an. Immer heißt es wachsam sein – auch die Einheimischen halten die Handtasche fest umklammert.

Per Bus geht es weiter. Unser Ziel ist die Stadt Mérida in den Anden. Bei der Fahrt durch Caracas bekommen wir mal wieder das seit langem entbehrte Stau-Gefühl – totales Verkehrschaos. Überall an den Hängen Elendssiedlungen, die hier »Barrios« heißen, so dicht gebaut, dass es keine Straßen gibt. An den zehn- bis fünfzehn-stöckigen Wohnsilos längs der Stadtautobahn fällt auf, dass alle Balkons und Fenster vergittert sind. Caracas ist ein heißes Pflaster, um das wir lieber einen Bogen machen.

Zu einem Luxus-Bus gehört eine Klimaanlage, und die wird gnadenlos eingesetzt. Während draußen die Hitze brüllt, sitzen die Fahrgäste drinnen frierend und niesend in Decken eingehüllt. Keiner kommt auf die Idee, sich zu beschweren, wir als Ausländer schon gar nicht. »In der Tiefkühltruhe durch die Anden«, schimpft Rüdiger schnäuzend vor sich hin. Von der Landschaft ist durch die dunkel getönten Scheiben so gut wie nichts zu sehen, dafür werden wir aus der Farbglotze mit einem wilden Actionfilm beglückt, in dem ein Kung-Fu-kämpfender UN-General gegen eine Art Hitler-Verschnitt antritt. Zwischendurch läuft ein realer Actionfilm ab: Mehrmals wird der Bus gestoppt, Uniformierte mit Maschinen-pistolen kontrollieren Pässe und Gesichter, Passagierlisten werden ausgehändigt. Man darf sich zwar frei bewegen in diesem Land, aber der Staat überwacht seine Bürger genau.

Morgens erreichen wir Mérida. Angenehme Kühle empfängt uns. Nach sechs Monaten Karibik sind wir gar nicht mehr sonnenhung-rig, sondern froh, der Hitze mal für eine Weile zu entfliehen.

Mérida ist völlig anders als die Orte, die wir an der Küste kennen gelernt haben. Keine Kriminalität, keine bis an die Zähne bewaff-neten Polizisten, kein Nepp. Die Universitätsstadt in 1600 Metern Höhe, umgeben von Bergen, hat ein bisschen was von Heidelberg und Innsbruck. Viele junge Leute, Studenten, Bergwanderer im kompletten Kletteroutfit und jede Menge Rucksackreisende. Wäh-rend wir in der Seglerszene eher zu den Jüngeren zählen, kommen wir uns hier schon sehr gesetzt vor...

Das Angebot an Tourenveranstaltern ist groß. Auch ein Fuß-kranker nach der zweiten Bypass-Operation kann sich von einhei-mischen Lastenträgern auf einen Fünftausender schleppen lassen. Wir wollen lieber auf eigene Faust los und dafür nicht ganz so hoch hinaus.

Zunächst machen wir ein paar Trainingswanderungen, um unse-re dünn gewordenen Seglerbeine wieder in Form zu bringen und uns an die Höhe zu gewöhnen. Ein Ausflug zu den Bergseen Laguna de Mucubaji und Laguna Negra demonstriert eindrucksvoll, wie schon beim bloßen Spazierengehen in 3500 Metern Höhe der Atem knapp wird.

Einige Tage später starten wir zu unserer Tour in die Berge. Die in allen Reiseführern gerühmte »höchste und längste Seilbahn der Welt« zum Pico Espejo (4765 Meter), deren Stationen ideale Ausgangspunkte für Bergtouren sind, ist leider außer Betrieb.

Zusammen mit drei jungen Backpackern heuern wir einen Jeep an, der uns nach Los Nevados, einem kleinen Andendorf, bringen soll. Von dort kann man in zwei Etappen zurück nach Mérida wandern. Man hatte uns gewarnt: Wir würden auf absolut engen und steilen Offroad-Pisten an Abgründen entlangfahren. Aber es wird noch viel schlimmer als erwartet. Zunächst fängt alles ganz harmlos an. Doch dann beginnt es zu regnen, trotz Vierradantrieb und Differentialsperre drehen die Räder ständig durch, direkt hinter uns droht der Abgrund. Vor jeder Haarnadel-Serpentine holt der Fahrer mit Vollgas richtig Schwung, die Räder versuchen im nassen Fels zu greifen, wir lachen schon lange nicht mehr. Alle sind heilfroh, als die Fahrt ein Ende hat, weil die Piste von einem Jeep mit gebrochener Achse blockiert wird.

Nach anderthalb Stunden Fußmarsch durch knöcheltiefen Schlamm liegt Los Nevados vor uns. Der Himmel reißt gerade auf, die Sonne scheint auf die schneeweißen Häuser an den grün und rotbraun leuchtenden Hängen.

Der Ort besteht aus etwa zwanzig Häusern. Nur der Dorfplatz ist mit Kopfsteinen gepflastert, auf der morastigen »Hauptstraße« sieht man angebundene Mulis und einige Männer mit Sombreros und Gummistiefeln, die die Fremden interessiert beobachten. Keine Kneipe, kein Laden. Zu fünft schlendern wir durch den Ort, irgendwo muss es doch ein »Polar« geben, das Bier Venezuelas. Ein Mann mit Sombrero deutet unsere suchenden Blicke richtig und winkt uns in sein Haus. Ein einziger Raum mit Herd, Tisch und Regal, das ist alles. Bei einem »Polar« werden wir uns einig: Der Señor wird für uns ein Abendessen kochen. Und das kann er. Kartoffelsuppe mit Lauch, danach frische Forelle aus dem Fluss, der dreihundert Meter tiefer durch die Schlucht tost, Salat und Kartoffeln. Dazu gibt es kannenweise frischen Brombeersaft. Selbst Isabelle aus Paris ist nach anfänglichem Naserümpfen sehr angetan von der einheimischen Küche.

In der Tür steht ein Alter mit Krücken, der mit uns im Jeep gekommen war. Er deutet auf die Schüssel mit unseren restlichen Kartoffeln, verschlingt sie gierig, verschwindet dann auf Geheiß des Wirtes. »Wo schläft er?«, fragen wir. »Irgendwo da draußen.« Wir erfahren, dass er in einem noch kleineren Dorf lebt, zwei Stunden Fußmarsch entfernt. Dort hat er Verwandte, die für ihn sorgen. Es ist bannig kalt inzwischen. In unserer Posada, einer äußerst einfachen Herberge, rollen wir uns in die Decken und sind heilfroh, dass wir unsere Schlafsäcke dabei haben. Wie mag der arme Kerl diese kalte Nacht da draußen überstehen…

Der nächste Morgen empfängt uns mit strahlendem Sonnenschein. Wir liegen auf der Wiese vor dem Haus, zwischen blühenden Blumen und summenden Bienen, mit herrlichem Blick ins Tal, und spielen Backgammon. Unsere Mitreisenden haben weder Sinn noch Zeit für solche Muße. »Ist ja schön hier, aber was soll man den ganzen Tag machen?« Sie ziehen weiter, wir bleiben und genießen die ruhige und kühle Schönheit der Berge.

Am nächsten Morgen reiten dann auch wir auf Mulis bis auf den 4200 Meter hohen Pass. Hier kehren unsere Führer mit den Mulis um, zu Fuß geht es weiter. Es regnet Strippen. Hier oben sieht man überall Pflanzen, die an unser Edelweiß erinnern: Die Frailejones haben fleischige, grüne Blätter und blühen weiß-gelb. Die Luft ist merklich dünn, eine vernünftige Entscheidung, uns als Gepäckmarsch nur den Abstieg zuzumuten. Und der ist anstrengend genug, über steiles Geröll und im strömenden Regen.

Am Nachmittag erreichen wir völlig durchnässt und erbärmlich frierend ein Bauerngehöft, die einzige Übernachtungsmöglichkeit weit und breit. Wir werden mit einem heißen Tee begrüßt. Eine spanische Studentengruppe aus Barcelona trifft kurz nach uns ein.

Bald dampft eine endlose Reihe nasser Socken und Hosen unterm Vordach auf der Leine, während zehn Personen frierend in den doppelstöckigen Betten liegen und auf das Abendessen warten. Kein

Fenster, kein elektrisches Licht. Auch die Küche wird nur vom offenen Herdfeuer erleuchtet. Einen Abzug gibt es nicht, der Rauch entweicht durch die Ritzen im Dach. Vater, Mutter, Großmutter und fünf Kinder, aufgereiht wie die Orgelpfeifen, beobachten neugierig aus dem hinteren Teil der Küche, wie die Fremden an ihrem Tisch Platz nehmen. Es gibt Spaghetti, ein Schälchen Tomatensauce, etwas Käse. Wandern macht hungrig, im Nu ist alles aufgegessen. Eigentlich würden wir gerne noch im Warmen bleiben, Tee trinken, plaudern. Aber die zwei wackligen Bänke sind offenbar der einzige Sitzplatz der Familie, die nach uns essen wird. So liegen wir alle schon um 19 Uhr wieder in den Betten, frierend in die Schlafsäcke eingehüllt, während draußen der Regen rauscht. Frühstück um acht – das bedeutet 13 Stunden Schlaf…

Am nächsten Morgen sieht die Welt wieder ganz anders aus. Strahlesonne, blauer Himmel, Wärme. Herzlicher Abschied, wir schenken den Kindern unsere restliche Schokolade. Beim Aufstieg aus dem Tal sehen wir »den« Berg, den 5007 Meter hohen Pico Bolívar, in seiner ganzen verschneiten Schönheit mit dem bläulich schimmernden Gletscher. Ein letzter Blick auf das Gehöft unten im Tal, ein Bilderbuchidyll. Auf dem langen, steilen Weg hinunter nach Mérida begegnen uns Vater und Sohn der Familie – sie sind ganz früh gestartet und schon wieder auf dem Heimweg. Ihr hartes, ärmliches Leben in völliger Abgeschiedenheit hat bei uns einen tiefen Eindruck hinterlassen.

Noch ein paar Tage genießen wir Mérida, seine Kneipen, Cafés und Eisdielen. Dann machen wir uns auf den Rückweg. Unterwegs noch ein Halt in Cumana, laut Reiseführer die älteste Stadt Südamerikas. Schon am Busbahnhof spüren wir, dass hier wieder Vorsicht angebracht ist. Tagsüber schlendern wir durch die quirligen Gassen, im Schutz der an fast jeder Ecke postierten Maschinenpistolen. Die Armenviertel rund um Flussmündung und Industriehafen meiden wir lieber, und am Abend kehren wir zeitig zurück in unser vergittertes Hotel.

Am nächsten Tag setzen wir über zur Isla Margarita, wo wir direkt auf die Fähre nach Trinidad umsteigen. Die WINDWARD, die einmal wöchentlich Venezuela mit den Antillen verbindet, ist hoch beladen mit Billigwaren aus Margarita, die auf den teuren Karibikinseln den fünf- bis zehnfachen Preis bringen. Die mitreisenden Kleinhändler, alles Schwarze, sind keine angenehmen Zeitgenossen. Ton und Sitten sind rau an Bord, fast jedes zweite Wort beginnt mit »f...«. Wir verziehen uns in unsere Zweibett-Kabine und verschlafen die Überfahrt.

Uns fällt ein Stein vom Herzen, als wir KAYA unversehrt vorfinden. Kein Einbruch, kein Schimmel. Wir stürzen uns gleich in die Arbeit. Zwischen den Nachmittagswolkenbrüchen gelingt es uns, drei Lagen Antifouling auf den Rumpf zu pinseln. Und wir sind froh, dass KAYA noch an Land steht: Der tropische Sturm »Iris«, der gerade nördlich durchzieht, hat ungewöhnlich starken Südwind verursacht, der genau in die Bucht steht. Hohe Grundseen zerlegen die Stege, einige Yachten werden beschädigt.

Ende August wird KAYA gewassert. Wir ankern neben SHALIMAR, die inzwischen hier eingetroffen ist, und haben nun noch jede Menge Arbeiten zu erledigen. Die Rettungsinsel kommt zur Inspektion, das Schlauchboot, das in der Tropensonne auseinander fällt, wird neu geklebt, kleine Schäden an den Segeln werden ausgebessert – die Liste der Arbeiten ist endlos.

Am folgenden Samstag sind wir gerade dabei, die eingekauften Vorräte am Steg zu waschen, um keine Kakerlakeneier an Bord einzuschleppen, als Elke von der PICO vorbeikommt: »Ein Hurrikan soll Trinidad streifen, habt ihr euch schon was überlegt?« Sehr witzig. Natürlich verfolgen wir schon seit Tagen die Zugbahn von »Luis«, der von Osten über den Atlantik auf unserer Breite heranrauscht. Es ist sehr wahrscheinlich, dass er vor den Antillen nach Norden abdreht. Aber schon ein »feeder«, also ein Wind, der den Wirbelsturm »füttert«, könnte sehr unangenehm werden. Dank unseres geringen Tiefgangs können wir uns in einen kleinen Seitenarm der Bucht verlegen, wo wir total geschützt sind. »Luis« dreht tatsächlich nach Norden ab und zerstört Antigua und St. Maarten. »Like Hiroshima after the bomb«, lautet die Schlagzeile in der Zeitung. Täglich kommen neue Schreckensmeldungen von Yachten, die in der »sicheren« Lagune von St. Maarten mitten ins Inferno gerieten.

78

Das Ausmaß der Schäden ist unvorstellbar, die Liste der Totalverluste wird immer länger. Aber die Saison ist noch lange nicht vorüber. Das Jahr 1995 wird als »Jahr der Hurrikane« in die Geschichte eingehen.

Eine Woche später meldet die amerikanische Coast Guard über Funkfernschreiben den »tropical storm Marilyn« mit Kurs auf Tobago. Gaby leidet unter Entzugserscheinungen und besucht gerade eine einheimische Schule, während Rüdiger an Bord von KAYA besorgt den auffrischenden Wind beobachtet. Radio Trinidad gibt Verhaltensmaßregeln an die Bevölkerung durch. Am Ankerplatz bläst es bereits mit sechs bis sieben Beaufort, viele Schiffe gehen Anker auf und suchen in geschützteren Buchten Zuflucht. Als Gaby endlich zurück ist, betrachten wir uns das Satellitenbild. »Marilyn« wird knapp nördlich von uns durchziehen, dann ist Ostwind am wenigsten wahrscheinlich. In der Dämmerung verlegen wir uns in eine Bucht, die nur nach Osten offen ist. Hier liegen schon viele Schiffe, überall laufen hektische Vorbereitungen. Zweitanker werden ausgebracht, alles wird festgezurrt, sturmsicher gemacht. Es herrscht unheimliche Flaute, die Ruhe vor dem Sturm? Wieder haben wir Glück, »Marilyn«, inzwischen zum Hurrikan ausgewachsen, schlägt in der Nacht einen Haken nach Nordwesten mit Kurs auf die Virgin Islands. Zwei Tage später wird St. Thomas zerstört.

Mitte September können wir endlich los. Nach über zwei Monaten Segelabstinenz rauschen wir mit traumhaften sechs bis sieben Knoten zur San Francisco Bay an der völlig unbewohnten Nordostspitze Venezuelas. Keine Straße führt in diese Bucht. Steile Berghänge, über und über mit dichtem Urwald bewachsen, reichen bis hinunter an den kleinen, von Palmen gesäumten Strand. Der Anker fällt in kristallklarem Wasser, das durch die Spiegelung des Regenwaldes dunkelgrün wirkt. Pelikane stürzen sich direkt neben KAYA ins Wasser und greifen sich mit ihren langen Schnäbeln Fische, die kurz vor der Dämmerung wie wild springen. Wir schwimmen an Land, erkunden äußerst vorsichtig den Strand, es gibt hier giftige Schlangen. Gaby schießt mit der Harpune einen großen Papageienfisch, den wir beim Schein der Petroleumlampe lecker zubereitet verspeisen. Wir sind ganz froh, dass noch eine andere Yacht in der Bucht ankert, in letzter Zeit häufen sich die Berichte von Überfällen an der Küste Venezuelas.

Bis zu der Inselgruppe Los Testigos sind es gut siebzig Seemeilen, das bedeutet eine Nachtfahrt. Bei leichtem Wind zieht KAYA ruhig durchs Wasser, Gaby schläft, Rüdiger genießt seine Wache. Ein fernes Licht am Horizont scheint näher zu kommen, im Fernglas ist deutlich das Rot und Grün der Positionslampen zu erkennen. Das bedeutet: Der kommt genau auf uns zu. Gaby muss ihren Schlaf unterbrechen. Wir ändern unseren Kurs um zwanzig Grad. Nach einer Weile zeigt das Radar, dass das unbekannte Schiff seinen Kurs ebenfalls geändert hat und wieder genau auf uns zuhält. Jetzt steigt der Adrenalinspiegel. Wir rufen das Schiff auf UKW-Kanal 16 an, erhalten keine Antwort. Als es etwa fünfzig Meter neben uns ist und uns mit einem Scheinwerfer anleuchtet, setzen wir unseren starken Halogenstrahler in Betrieb. Ein großes hölzernes Boot mit Kajüte, etliche Männer an Deck, die wenig Vertrauen erweckend aussehen. Über Kanal 16 setzt Rüdiger einen Ruf an alle Schiffe ab, mit unserer genauen Position und dem Sachverhalt. Sie drehen ab. Vielleicht waren es ja nur neugierige Fischer, wir jedenfalls haben erst einmal genug von solchen Zeitgenossen und fahren den Rest der Nacht ohne Positionslampen.

Am Morgen kommen die Testigos in Sicht. Eine Handvoll kleiner Inseln mitten im Meer, karg bewachsen mit Kakteen und Gestrüpp, fast unberührt von der Zivilisation, nur ein paar Fischer leben hier. Wir melden uns bei der Station der Coast Guard. Nur drei Tage dürfen wir bleiben, denn wir haben noch nicht offiziell in Venezuela einklariert. Eine Wanderung auf den etwa dreihundert Meter hohen Berg ist gar nicht so einfach, bei Bruthitze und dornigem Gestrüpp, aber der herrliche Ausblick über die Inseln belohnt uns für die Mühe. Und wir schnorcheln an den vorgelagerten Riffen, wo Korallen und Fische in großer Vielfalt und in allen Farben leuchten.

Von den Testigos ist es ein Tagestörn zur Isla Margarita. Wir fahren eine kleine Privatregatta mit einer Schweizer Aluyacht. Fast den ganzen Tag steht unser rot-weißer Blister, KAYA rauscht bei vier

Windstärken mit sechs bis sieben Knoten dahin. Und die größere SERAFIN kann alles setzen, was sie hat, sie kriegt uns nicht...

Margaritas Supermärkte haben uns wieder. Diesmal werden nicht nur Preise verglichen, diesmal wird gebunkert, und zwar richtig. Was wir jetzt nicht kaufen, wird uns später viel Geld kosten. Tagelang Hitze und Hektik in der Stadt. Wir sind froh, als alles an Bord ist und wir endlich den Anker lichten können.

Der tropische Sturm »Pablo« jagt uns noch einen Schrecken ein. Zusammen mit SHALIMAR verkriechen wir uns in einer geschützten Bucht auf der nahen Isla Coche. Zwei Tage Zeit, um Abschied zu nehmen − diesmal sagen wir endgültig »Tschüss, bis in ein paar Jahren« zu Peter und Monika. Sie gehen, wie die meisten Yachten, zurück Richtung Karibik/USA, während wir der untergehenden Sonne nachfahren...

Bevor wir zu den vielgepriesenen Trauminseln Venezuelas − La Tortuga, Los Roques, Las Aves − segeln, machen wir noch einen kurzen Abstecher zum Festland. Unser Ziel ist der Mochima Nationalpark. Durch eine sehr schmale Einfahrt gelangt man in eine Art Fjord, der sich drei Seemeilen tief ins Landesinnere schneidet. Die felsigen Hänge leuchten in der Abendsonne rotbraun, während sich die tiefgrünen Mangroven im ruhigen Wasser der Seitenbuchten spiegeln.

Bei der Annäherung an die Insel Tortuga umfahren wir in weitem Bogen die Riffe an der Nordostspitze. Ein Wrack, der Rest einer Segelyacht, mahnt schon von weitem zur Vorsicht. Gleich am nächsten Tag machen wir eine Wanderung dorthin. Genauer gesagt, wir dringen, bis zum Hals im Wasser der seichten Lagune watend, zu dem wellenumtosten Riff vor. Das Wrack muss eine stolze Yacht gewesen sein, doppelt so groß wie KAYA. Alles, was irgendwie verwendbar war, wurde bereits demontiert, es ist nur eine Frage der Zeit, bis die See ihr Werk vollendet haben wird. Wir beschließen, in Zukunft noch viel wachsamer zu sein.

Ein herrlicher Segelwind von achtern bläht unseren Blister und schiebt uns nach Cayo Herradura, einer kleinen, Tortuga vorgelagerten Insel. Noch immer können wir uns an solch einem einsamen, makellos weißen Sandstrand nicht satt sehen.

Aber die Islas Los Roques locken. Ganz früh lichten wir Anker, um rechtzeitig, d.h. wenn die Sonne noch hoch steht, die östliche Riffpassage Boca de Sebastopol zu erreichen, die uns über Amateurfunk dringend empfohlen worden war.

Und das zu Recht! Aus der luftigen Höhe der Saling bietet sich Rüdiger ein hinreißendes Farbenspiel. Vom Tiefblau des Fahrwassers wechselt die Farbe über verschiedene Türkistöne des flacheren Wassers bis zum Ockerbraun der Korallen, die bis dicht unter die Wasseroberfläche reichen. Dazu das satte Grün der Mangroven, die mitten im Wasser zu wachsen scheinen. Gaby steuert nach den Anweisungen des Ausgucks im Mast. Im Schutz einer kleinen Mangroveninsel ankern wir mit Blick auf die einige hundert Meter entfernte Außenriffkante, wo die Brecher weiße Gischtstreifen zeichnen. Bei einem solch umwerfenden Panorama schmeckt der Sundowner besonders gut – aber nur, bis die Dämmerung einsetzt. Milliarden von Moskitos nutzen die Flaute zu einem Abendausflug und stürzen sich auf das frische Blut. Wir flüchten unter Deck und verbringen den Rest des Abends mit Mückenjagd.

So fällt es uns leicht, am Morgen Anker auf zu gehen. Bei totaler Flaute motoren wir durch die vielen kleinen Inseln des Archipels. An der Hauptinsel Gran Roque mogeln wir uns vorbei, denn wir haben keine Lust, dort den neu eingeführten »Eintritt« von ca. 70 DM zu entrichten. Über Funk hat es sich herumgesprochen, dass die westlichste Insel, Cayo de Agua, nur sehr selten kontrolliert wird. Dort liegen auch schon Freunde, VILLA KUNTERBUNT und MOMO. Die Namen verraten es: Auf beiden Schiffe wohnen Kinder, die in dieser herrlichen Lagune zusammen spielen können. Aber auch die Erwachsenen spielen zuweilen. Beim Spinnakerfliegen auf der VILLA K. lässt sich auch Gaby ganz mutig von dem riesigen bunten, im Wind geblähten Segel bis auf Masthöhe von etwa zwölf Metern tragen.

Mit Stefan und Mira von der TABALUGA machen wir am nächsten Tag einen Tauchgang. Sie haben feinstes Gerät an Bord, die Tauchweste in Übergröße gehört dem Eigner der TABALUGA, einem Wurstfabrikanten aus dem Ruhrgebiet, für den Geld keine Rolle spielt. Er ist nur wenige Tage im Jahr auf seinem Schiff in der

Karibik, das er sich als Statussymbol hält. Stefan hat vor kurzem sein Ingenieur-Studium abgeschlossen, aber wenig Lust, nun ins Berufsleben einzusteigen. Da kam das Angebot seines Tauchfreundes gerade recht, zusammen mit Freundin Mira das luxuriöse Schiff zu hüten und ganzjährig in der Karibik zu leben.

Wir segeln weiter, zu der Inselgruppe Las Aves, einem Vogelparadies in totaler Einsamkeit. In der Hoffnung auf ein leckeres Abendessen haben wir unsere Schleppangeln draußen, plötzlich zieht es gewaltig auf einer Seite, kurz darauf auf der anderen – beide Angeln sind abgerissen, das Stahlvorfach samt Haken und Köder verschwunden. Glück im Unglück: In diesem Moment meldet Stefan über Funk, dass er einen 1,40 Meter langen Kingfish aus dem Wasser gezogen hat.

Am Abend ankern KAYA, TABALUGA und VILLA KUNTERBUNT nebeneinander vor dem kleinen, unbewohnten Inselchen Curricai, auf dem sich eine einzige Palme im sanften Abendwind wiegt. Drei Dingis schaukeln im flachen grünen Wasser vor dem schneeweißen Sandstrand. Wir sitzen im Sand um den improvisierten Grill, auf dem eine Unmenge feinstes Kingfish-Filet bruzzelt, eisgekühltes Bier und Cola mit Rum lassen den Fisch schwimmen. Ein stimmungsvoller Abend – und auch ein gelungener Abschluss für unsere Zeit in Venezuela, die nun zu Ende geht.

Nach Wochen fern der Zivilisation in der weitgehend unberührten Inselwelt Venezuelas empfinden wir die niederländischen Antillen als besonderen Kontrast. Hatten wir bisher das Gefühl, dass wir uns nicht nur gemessen in Seemeilen, sondern auch in Bezug auf Kultur und Lebensstandard immer weiter von zu Hause entfernten, fühlen wir uns beim ersten Landgang auf Bonaire plötzlich nach Europa zurückkatapultiert: Fußgängerzone, Schaufenster, gewaschene Autos… Die »Hauptstadt« Kralendijk, ein eher verschlafenes Örtchen, sieht aus wie eine blitzsaubere Kleinstadt am Ijsselmeer. Die Preise in den ebenfalls blitzsauberen, klimatisierten Supermärkten sind Schwindel erregend, trotzdem sind wir froh, endlich wieder frisches Gemüse und Fleisch kaufen zu können.

Bonaire ist das Mekka der Taucher. »Divers' Paradise« verkünden stolz die rot-weißen Nummernschilder der Autos. Das Wasser rund um die Insel ist kristallklar, sogar am Ankerplatz direkt vor der Uferpromenade, wo sich alle Yachten auf einem schmalen Schelf drängeln. Direkt dahinter fällt die Riffkante steil ab, dort tummeln sich bunt leuchtende Fische vor dem tiefblauen Wasser.

Außer Tauchen ist wenig los auf der Insel. Neben der obligatorischen »happy hour« in Karel's Bar, wo sich am frühen Abend alles zum Sundowner versammelt, entwickelt sich daher ein reges gesellschaftliches Leben unter den Yachten. Irgendetwas gibt es immer zu feiern, z.B. den Geburtstag von Bordhund Boogy auf der amerikanischen GLIDE. Der riesige Katamaran ist für die Party mit Girlanden geschmückt, die zahlreichen Gäste werden mit Kuchen, Eis und echtem französischen Champagner verwöhnt. Auch der Hund verzehrt von einem mit Blumenrand verzierten Porzellanteller ein Stück Sahnetorte.

Und dann beginnt die Bescherung: Unter den »Ah«s und »Oh«s des Frauchens packt Herrchen ein Geschenk nach dem anderen aus. »Look sweetheart, some nice cookies! You like them?« Während der Köter schmatzt, wird allen Ernstes »Happy birthday, dear Boogy« angestimmt...

Mit herrlichem Segelwind geht es Mitte November weiter nach Curaçao. Die Einfahrt in die Bucht von Spanish Water ist sehr eng und nicht leicht auszumachen. Hinter der schmalen Fahrrinne öffnet sich ein weiter Naturhafen. Hier liegen Boote aller Nationen vor Anker, darunter viele Dauerlieger mit dichtem Muschelbewuchs. Wir suchen uns einen Platz im Ankerfeld vor Sarifundy's Marina, einem beliebten Fahrtensegler-Treff. Auf der überdachten Terrasse, die auf Pfählen ins Wasser gebaut ist, geht es sehr familiär zu. Man bedient sich einfach selbst und trägt ohne jede Kontrolle seinen Verzehr auf einer Liste ein.

Mit einem feuerroten Nostalgie-Bus fahren wir nach Willemstad – die erste richtige Stadt seit langem. Beeindruckend die liebevoll restaurierten Fassaden, die an Amsterdam erinnern, und der berühmte schwimmende Markt, eine Ansammlung von Booten aus Venezuela, die mit allem erdenklichen Gemüse und Obst beladen sind. Nach hartnäckigem Feilschen sind die Preise erträglich, wir kaufen Frischproviant für die bevorstehende Überfahrt nach Panama.

84

Nach einer Woche drängt es uns zum Aufbruch. Das Wetter bestimmt wieder einmal den Zeitplan: Laut Pilot Charts (Karten, auf denen für jeden Monat die durchschnittliche Windstärke und -richtung angegeben ist) sollte man spätestens Ende November das Seegebiet vor Kolumbien passieren. Danach kann es dort sehr rau und unangenehm werden.

Ende November laufen wir zusammen mit der schwedischen BARINA aus. Kurs »Punkt X«, das ist der Punkt 13° Nord, 076° West, der so weit draußen in der karibischen See liegt, dass die Wahrscheinlichkeit gering ist, von Drogenpiraten oder auflandigen Stürmen erwischt zu werden. Der direkte Weg entlang der kolumbianischen Küste wäre näher, aber wir halten uns lieber an die Empfehlungen der Bücher.

Zunächst passieren wir nachts die Insel Aruba mit ihren vielen Lichtern und fühlen uns an unsere romantische nächtliche Ansteuerung von Barbados erinnert. Und dann beginnt die Routine einer längeren Seestrecke: Wachwechsel, Mahlzeiten, Segeltrimm. Alle sechs Stunden haben wir Funkverbindung mit BARINA, sie sind noch etwas kleiner als wir, segeln aber etwa gleich schnell.

Am vierten Tag nimmt der Wind immer mehr zu. Ein Reff nach dem anderen wird eingebunden, aber wir bleiben immer noch zu schnell und surfen mit über sieben Knoten die höher werdenden Seen hinunter. KAYA läuft mehrmals aus dem Ruder, dreht sich quer zur See. Schließlich nehmen wir das Großsegel weg und laufen nur unter stark gerefter Fock. Die Nacht wird lang und anstrengend. Starke Böen lassen KAYA immer wieder aus dem Ruder laufen. Wir steuern ein paar Stunden von Hand, lösen uns in kurzen Intervallen ab. Abwechselnd versuchen wir zu schlafen, was uns aber kaum gelingt, wir sind zu angespannt: Wird KAYA, werden wir die nächsten Tage durchhalten?

Wie wollen wir eigentlich bei diesem Seegang unser Ziel, die San-Blas-Inseln vor Panama, anlaufen? Eine unbekannte, riffgespickte Luvküste bei sieben bis acht Beaufort!? Gegen Morgen des fünften Tages legt der Wind nochmal zu. Vierzig Knoten, also gut Windstärke acht, sind schon ganz schön heftig. Die Wellenberge, die schräg von hinten heranrauschen und sich oft brechen, sehen beängstigend aus. Andererseits wächst mit jedem dieser Ungetüme unser Vertrauen in KAYA. Und dann – Rüdiger will gerade die Kamera holen, um ein paar spektakuläre Aufnahmen zu machen – ist der Spuk ganz plötzlich vorbei. Kaum noch Wind, die See beruhigt sich. Wir setzen Segel und schleichen mit vollen Lappen dahin. Später dreht der Wind und kommt sogar von vorn. Maschine an, wir haben keine Lust, noch eine Nacht hier zwischen den großen Pötten zu dümpeln, die jetzt aus allen Ecken kommen; der Panamakanal ist spürbar nah. Das Wetter ist untypisch grau in grau und es regnet.

Ganz früh am nächsten Morgen tauchen die San-Blas-Inseln am Horizont auf und kommen schnell näher. Was für ein Anblick! Zahllose kleine Inseln, über und über mit Palmen bewachsen. Rüdiger fotografiert begeistert, aber Gaby protestiert. Wir dürfen uns nicht ablenken lassen, hier gibt es überall Riffe, und Wracks haben wir schon zur Genüge gesehen. Der Ausguck im Mast lotst KAYA durch eine ganz enge Riffpassage in einen rundherum von Korallen geschützten Swimmingpool.

Im Norden die Inseln mit Palmen und weißem Sandstrand, dazwischen der Blick auf die Brecher des Außenriffs, im Süden die Gebirgskette des Festlandes – ein umwerfendes Panorama. Und was für ein Gegensatz der Gefühle! Bei vierzig Knoten Wind und hohen Wellen fragten wir uns schon, was wir eigentlich hier draußen zu suchen haben. Aber dann, ruhig vor Anker an so einem märchenhaft schönen Ort, ist der Stress sofort vergessen, wir sind total einig mit uns und der Welt. Fast überflüssig zu erwähnen, dass wir uns einen Einlaufschluck genehmigen und in Tiefschlaf fallen, aus dem wir erst am späten Nachmittag erwachen.

Ja, wie soll man die San-Blas-Inseln beschreiben? Wenn man sie nicht mit eigenen Augen gesehen hat, wird man nur ahnen können, dass hier Träume wahr werden. 365 Inseln und Inselchen, die meisten unbewohnt, eine schöner als die andere. Hier leben die Kuna-Indianer, die vor den spanischen Eroberern auf die Inseln geflüchtet waren und seither relativ unbehelligt geblieben sind. »Kuna Yala« nennen sie ihr Land, das zwar offiziell zu Panama gehört, aber von den Kuna autonom verwaltet wird. Wir sind natürlich sehr gespannt, sie kennen zu lernen.

Während der ersten Tage liegen wir in der Inselgruppe der Holandes Cays, räumen das Boot auf und holen Schlaf nach. Die Indianer kommen mit ihren Kanus vorbei, bieten uns Fisch oder Kokosnüsse an. Letztere liegen zwar überall auf den Inseln herum, aber es wäre Diebstahl, diese einfach zu nehmen. Die Kuna leben hauptsächlich vom Verkauf der Kokosnüsse und fahren die Inseln regelmäßig ab, um die reifen Nüsse einzusammeln. Wir fühlen uns als Fremde in ihrem Garten willkommen und halten uns an die Regeln.

Eine Insel in unserer Nähe ist bewohnt, hier leben drei Familien. Wir fahren mit dem Dingi hinüber und glauben uns schon in der Südsee: Unter den Palmen am Strand stehen kleine, mit Palmblättern gedeckte Hütten, davor liegen die Kanus der Bewohner. Frauen und Kinder laufen neugierig herbei, zum ersten Mal sehen wir ihre bunten Trachten. Die Frauen tragen ihr Haar kurz geschnitten, die Nase ziert ein dicker Goldring. Hand- und Fußgelenke sind, damit sie möglichst dünn bleiben, stramm mit langen bunten Perlenschnüren umwickelt. Vorder- und Rückenteil der Blusen bestehen aus Molas, das sind aufwendig gearbeitete Applikationen aus bunten Stoffen, die in mehreren Schichten übereinander genäht werden. Die »Tracht« der Männer ist dagegen eher schlicht: Jeans, T-Shirt, Truckermütze mit amerikanischem Aufdruck.

Vor uns werden zahllose Molas ausgebreitet. Die bunten Stoffbilder sind ein begehrtes Souvenir und ihr Verkauf ist neben den Kokosnüssen eine wichtige Einnahmequelle. Obwohl wir heute noch nichts kaufen wollen, werden wir in eine Hütte eingeladen und bekommen sogar zwei Apfelsinen geschenkt.

Am Nachmittag kommt bei uns ein Kanu längsseits – eine Kuna-Frau mit einem kleinen Mädchen. Ob wir Medizin hätten, das Mädchen sei am Fuß verletzt. Eine riesige Brandblase an der Fußsohle ist aufgeplatzt, die Wunde ist entzündet. Die Haut, unter der sich der Dreck sammelt, muss weg, das ist klar. Rüdiger glüht eine Rasierklinge aus und macht sich an die Arbeit. Die Kleine hat große Angst, weint bei jeder Berührung. Mit einem beruhigenden »Okay, okay« lässt Rüdiger sofort nach, um dann vorsichtig weiterzuarbeiten. Endlich ist die Wunde sauber, wird mit antibiotischer Salbe eingestrichen und schließlich mit einem dicken Verband versehen. Zwei Tage später kommt Rüdigers kleine Patientin zur »Visite«. Sie lacht ganz fröhlich, die Wunde tut nicht mehr weh. Die Salbe hat gewirkt, zum Abschied schenken wir ihr die Tube und beschließen, in Panama einen großen Vorrat nachzukaufen.

In den nächsten Wochen erkunden wir noch viele Inseln des Archipels. Unser Weg führt nach Osten, denn die westlich liegenden Inseln werden regelmäßig von Kreuzfahrtschiffen heimgesucht und sollen schon viel von ihrer Ursprünglichkeit verloren haben. Ob die Kuna auch diese Invasion unbeschadet überstehen?

In Rio Diablo, dem größten Dorf in dieser Gegend, sehen wir erste Spuren der vordringenden Zivilisation: mehr Häuser als Hütten, die Mola-Trachten sind Jeans und T-Shirts gewichen, es gibt überall Dosenbier und sogar eine Videothek. Ein handgemaltes Schild verkündet die Themen: »Action, Karate, Terror«. Kinder zahlen halben Preis…

Ganz anders das Dorf auf der nahen Isla Tigre. Hier tragen noch alle Frauen die bunten Trachten, barfuß huschen sie über die Sandwege zwischen den dicht an dicht stehenden Hütten. Zuerst müssen wir beim Dorfhäuptling, dem »Saila«, vorsprechen, der uns in einer Hängematte schaukelnd betrachtet und uns gnädig erlaubt, seine Insel zu besuchen.

Abends fahren wir noch einmal an Land. Es gibt kein elektrisches Licht, das Dorf ist total dunkel. Aber die »Hauptstraße« ist belebt wie die heimische Fußgängerzone kurz vor Ladenschluss. Dabei muss man sich wundern, dass es keine Zusammenstöße gibt, die Kunas haben wohl Augen wie Katzen. Wir jedenfalls tappen recht hilflos im Dunkeln. In den Hütten brennen offene Feuer, Rauch liegt in der Luft. Durch die Eingänge kann man einen Blick in das von Kerzen und Petroleumlampen erleuchtete Innere werfen. Hängematten, nackter Sandboden, viele Kinder. Jung und Alt sitzt zusammen, wir hören gedämpfte Stimmen, Lachen. Die Frauen kauern sich dicht an die schwachen Lichter und arbeiten auch jetzt noch an ihren Molas. Friedlich wirkt so ein Dorf ohne Elektrizität.

Und wieder lockt die Einsamkeit. Trotz dunkler Gewitterwolken verholen wir uns zu einer Gruppe von unbewohnten Trauminseln, umgeben von Korallenriffen. Bei der Anfahrt zum Ankerplatz begrüßen uns springende Delfine, später entdecken wir einen großen Rochen direkt unter dem Boot. Doch das Paradies zeigt auch seine Krallen: Am Morgen wachen wir auf, der Wind hat um 180 Grad gedreht. Wir liegen nun mit dem Heck zwanzig Meter vor dem Riff, eine Gewitterwand schiebt sich auf uns zu. Wir starten die Maschine, um den Anker entlasten zu können, Rüdiger unterbricht die Leitungen zu allen elektronischen Geräten und schraubt die Sicherungen heraus. Die Blitze knallen furchterregend, den ganzen Tag zieht ein Gewitter nach dem anderen über uns weg.

Unser letzter Ankerplatz liegt noch ein paar Inseln weiter östlich. Hier ist es noch schöner – das muss nun ultimativ der schönste Ankerplatz der Welt sein! KAYA liegt in glasklarem Wasser zwischen fünf kleinen Trauminseln. Margaret und Uli von der deutschen FILIA gesellen sich zu uns. Wir verstehen uns auf Anhieb, die gemeinsamen Sundowner finden oft erst nach Mitternacht ein Ende.

Unser Leben spielt sich bald mehr unter als über Wasser ab, die Riffe zwischen den Inseln sind wahre Schnorchelparadiese. Da wir hier kaum Besuch von den Kunas bekommen, gehen wir mit der Harpune selbst auf die Jagd. Dabei ist Vorsicht geboten: Es gibt viele Haie, die sich für einen frisch harpunierten, zappelnden Fisch ganz besonders interessieren. Ein paar Mal begegnet uns ein Hai unter Wasser, schwimmt aber meist desinteressiert weiter – bis auf den über zwei Meter langen Lemon Shark, laut Bestimmungsbuch »considered dangerous«, der Gaby zweimal hintereinander dicht passiert und sie ganz schnell zurück ins Dingi hüpfen lässt…

Wir geben unsere Pläne auf, Silvester im Yachtklub Colón zu feiern. Am Eingang zum Panamakanal hat sich in diesen Tagen ein Tankerunglück ereignet, über Funk hören wir Berichte über eine scheußliche Ölpest in Kanal und Yachtklub. Ein »kleiner gelber Schwede« sei völlig schwarz verölt in Balboa angekommen – das kann nur BARINA sein, die Ärmsten! Wir wollen lieber abwarten, bis über Funk Entwarnung gegeben wird und die Reinigungsarbeiten erste Erfolge zeigen.

Kurz vor Weihnachten beginnt es zu regnen, und zwar richtig. Eine Woche lang sehen wir den Himmel kaum, im Boot wird es immer feuchter. Inzwischen ergänzen Gerd und Petra von der MEA REQUIES die kleine deutsche Kolonie. Zu sechst lässt sich das Wetter doch leichter ertragen, reihum treffen wir uns auf den Booten zum Plaudern.

Erst vor Silvester reißt der Himmel auf. Wir gehen gemeinsam harpunieren, am vorletzten Tag des Jahres gibt es eine Party am Strand mit erstklassig über dem Lagerfeuer gegrilltem Fisch.

Auch am nächsten Tag spielt das Wetter mit. Zwei weitere Yachten sind eingetroffen und gesellen sich zu unserer Silvester-Strandparty. Roland, ein französischer Einhandsegler, der wie die meisten seiner Landsleute leider nur französisch spricht, und Britt und Jim aus den USA, die ganz amerikanisch mit Klappstühlen und Kühlbox anrücken. Das neue Jahr begrüßen wir mit Sekt und Wunderkerzen. Wir denken an den vor uns liegenden Pazifik, an die neuen Eindrücke und Abenteuer, die auf uns warten. Ganz sicher ist jedenfalls, dass wir diese wunderbare Silvesternacht am Palmenstrand unter funkelndem Sternenhimmel nie vergessen werden.

Am 3. Januar 1996 setzen wir Segel und nehmen Abschied von den San-Blas-Inseln. Hinter uns liegen sechs Wochen im Paradies...

Panama und Mittelamerika

*Land der Kontraste: Panama – Geordnete Wildnis: Costa
Rica – Natur und Kultur: Nicaragua, Honduras,
Guatemala – Durch den Panamakanal*

Auf dem Weg entlang der Panama-Küste ankern wir in der Bucht
von Playa Blanca. Am Strand, mitten im dichten Urwald, steht ein
einsames Haus. Es gehört einem amerikanischen Segler, der sich
hier mit Frau und zwei Kindern niedergelassen hat und ein ganz
zurückgezogenes Leben führt. Keine Straße führt in die abgelegene
Bucht, ein offenes Boot mit Außenborder ist die einzige Verbindung
zur Welt.

Das Anwesen ist ein kleines Paradies. Zwischen Palmen, Bananenstauden und Gemüsebeeten tummeln sich auf saftig grünen
Rasenflächen Hühner, Enten und Truthähne. Hausherr Mike
begrüßt uns freundlich, führt uns herum und lädt uns dann zu
einem eiskalten, mit Windkraft gekühlten Bier auf die Terrasse ein.
Die ganze Anlage, vom Brunnen mit solarbetriebener Pumpe bis
zum Wohnhaus aus Holz, ist sein Werk. So ein Haus haben wir noch
nicht gesehen: Nur zwei Wände schützen vor Wind und Wetter,
nach vorn zum Meer hin ist es völlig offen. Ein paar Stufen führen
vom Wohnzimmer direkt zum Strand. Aber es ist keine spartanische
Strandhütte, sondern komfortabel eingerichtet und mit moderner
Kommunikationselektronik bestückt: Fernseher, Video, Stereoanlage, Funkgerät...

Dieses Konzept fasziniert uns, aber gleichzeitig fallen uns die vielen Horrorgeschichten über Panama ein. Ein Einbrecher könnte
ungehindert bis ins Schlafzimmer vordringen, ohne auch nur eine
Tür öffnen zu müssen. »Ist das nicht gefährlich? Habt ihr denn

keine Angst?« Mike und Sandra, seine philippinische Frau, schütteln den Kopf. »Hier nicht, hierher kommen nur ein paar Fischer, und die sind friedlich.« Aber Mike warnt uns eindringlich vor den Städten Colón und Panama City, wo ständig Überfälle passieren, auch tagsüber auf offener Straße. Sein Geheimtipp: eine Schlagwaffe, zum Beispiel einen schweren Schraubenschlüssel, gut sichtbar in der Hand tragen. Da das offiziell keine Waffe ist, gibt es keinen Ärger mit der Polizei, aber die »bösen Buben« verstehen den Hinweis und suchen sich lieber ein wehrloses Opfer.

Ein paar Meilen weiter liegt Portobelo, ein größerer Ort an einer rundum geschützten Ankerbucht, ein richtiger Naturhafen. Drei Yachten ankern weit verstreut im dunkelbraunen Wasser, heftige Regenfälle haben die Bucht in einen riesigen Schlammtümpel verwandelt. Etwas sorgenvoll betrachten wir die Ansammlung von schäbigen Hütten am Ufer, aus denen uns gleich eine Horde Kinder entgegenstürzt. Ob wir unser Dingi hier unbesorgt allein lassen können? Wie so oft bleibt uns gar nichts anderes übrig, wenn wir den Ort nicht nur als Hintergrundkulisse aus dem Cockpit betrachten wollen.

Portobelo gefällt uns auf Anhieb. Einfache, pastellbunt gestrichene Holzhütten, Hühner auf der Gasse, freundliche schwarze Gesichter – Karibik pur. Der Treffpunkt ist ein kleiner Kiosk, wo man bei einer Flasche »Atlas«-Bier die Ereignisse des Tages bespricht. Alles rückt bereitwillig zusammen, sodass auch wir auf einer der langen Holzbänke Platz nehmen können.

Ein weiterer Segler gesellt sich dazu. »Hallo, ich bin der Leo.« Leo? Da war doch was. Natürlich, wir haben soeben den sagenumwobenen Leo aufgestöbert, über den allerlei Geschichten kursieren. Zum Beispiel, dass er sein Stahlschiff mit normaler Hauswandfarbe statt mit teurem Bootslack streicht, um die Bordkasse zu schonen. Oder dass er ohne GPS oder genaue Seekarten zwar die San-Blas-Inseln fand, aber nicht die Riffpassage hinein. Tagelang ließ Leo sein Schiff vor dem Außenriff treiben, bis sich ein Kuna-Indianer schließlich erbarmte und ihn mit dem Kanu hineinlotste. Und jetzt hören wir weitere Leo-Geschichten »live«. Wie bei so manchem Einhandsegler ergießt sich ein endloser Monolog über uns. Leo erzählt, dass er vor Jahren schon einmal von Deutschland nach Australien gesegelt ist, in einem sechs Meter langen Sperrholzboot. Nein, von GPS oder Radar hält er gar nichts. Gute »Seemannschaft« ist das, was man braucht, aber vor allem braucht man eins: »Instinkt!« Wer den nicht hat, soll gleich zu Hause bleiben. Leo hat ihn, ja, er hat sogar einen »Siebten Sinn«, der es ihm erlaubt, auf See die ganze Nacht durchzuschlafen. Denn: »Immer wenn ein Schiff kommt, werde ich wach.« – Woher er das weiß? – »Na, immer wenn ich auf See aufwache und rausgucke, kommt da ein Schiff.« Leos Logik…

Am nächsten Tag nähern wir uns bei Starkwind den Wellenbrechern von Cristóbal, dem Hafen am Eingang zum Panamakanal. Überall riesige Pötte, wir mittendrin. Es riecht nach großer weiter Welt, wie damals in Gibraltar: Jetzt sind wir also tatsächlich hier! Nachdenklich betrachten wir den aufblasbaren Globus, der im Salon von der Decke baumelt. Der Pazifik bedeckt fast die Hälfte der Kugel. Gaby ist nun doch etwas verzagt: »Wenn wir durch den Kanal gehen, gibt es kein Zurück mehr, dann müssen wir weiter…« Aber Rüdiger macht ihr Mut: »Wenn Leo das im Sechs-Meter-Holzboot geschafft hat, dann können wir das auch!«

Über Funk haben wir bereits erfahren, dass der Panama Canal Yacht Club voll ist. Tatsächlich, an der Pier drängen sich die im Schwell tanzenden Yachten, der Mann im Büro winkt gleich ab, als wir nach einem Platz fragen. Wir versuchen es mit unserer Zauberformel: »But we have only a small boat and very little draught (Tiefgang).« Augenblicklich zieht ein breites karibisches Lächeln über sein Gesicht: »Ok, no problem!« Direkt vor dem Klubhaus ist noch ein Platz am Steg frei, im 1,5 Meter flachen Wasser. Nun beginnt erst mal die Diskussion des KAYA-Skipperteams, wie denn das Manöver »Einfahren in die Box« zu gestalten sei. Die ist nämlich verdammt eng und nur mit einem 90-Grad-Schwenk zwischen muschelbewachsenen Betondalben zu erreichen. Während wir noch überlegen, versammeln sich auf dem Steg die einheimischen Klubmitglieder und bereichern die Palette der Manöverstrategien mit gut gemeinten Tipps, die sie zu uns rüberbrüllen. Eine technische und psychologische Meisterleistung, dass wir KAYA ohne einen Kratzer in die Box manövrieren, dabei weder einen der stolzen Experten vor den Kopf stoßen noch uns selbst nachhaltig verkrachen...

Kaum sind die Leinen fest, werden zwei Dosen Bier herübergereicht. »Welcome, KAYA!« Nach dieser herzlichen Begrüßung fühlen wir uns auf Anhieb zu Hause im Yachtklub. Wolfie, unser einheimischer Stegnachbar, winkt aus dem Cockpit seiner PAPILLON herüber: »Are you ready for another beer?« Uns stehen offenbar harte Zeiten bevor... Aus einem Bier werden mehrere, während wir versuchen, die Anekdoten zu verstehen, die Wolfie in breitestem Panama-Slang zum Besten gibt. Er ist Kapitän eines der Lotsenboote, die die großen Pötte durch den Kanal begleiten, seine Freundin Anna arbeitet im Büro des Kontrollturms. Ziemlich bedröhnt fallen wir spät abends in die Kojen mit dem beruhigenden Gefühl, dass wir hier gut aufgehoben sind.

Am Morgen lockt das Abenteuer Colón. Schlimme Geschichten von Überfällen kennen wir aus Büchern, die neuesten Schauergeschichten hören wir jetzt brühwarm von den Yachties: Einem französischen Segler hat man die Geldbörse, die sich in der Tasche seiner Shorts abzeichnete, gewaltsam entrissen. Ein Belgier hatte mehr Glück, er konnte zwei Angreifer mit dem Regenschirm in die Flucht schlagen. Wir erinnern uns an Mikes Ratschläge und wählen unsere »Waffe«: einen Hammer, mit einer Schlaufe am Handgelenk gesichert, den Rüdiger nun immer bei sich trägt.

Nachdem wir den Wachmann am Ausgang des Klubs passiert haben, befinden wir uns in »Feindesland«. Entlang einer Bahnlinie, vorbei an Containerstapeln und völlig verwahrlosten Wohnsilos führt der Weg in die Stadt. Nur fünfzehn Minuten zu Fuß, aber aus Vorsicht fahren viele die Strecke nur mit dem Taxi. Am Busterminal beginnt das bunte, lebhafte, laute Gewimmel der Stadt. Menschen aller Hautfarben, Straßenhändler, hupende, verbeulte Autos, Musik aus dröhnenden Boxen – ein unbeschreibliches Durcheinander.

Vor den vergitterten Kramläden und Geschäften der Hauptstraße sowie vor den Supermärkten stehen bullige Wachmänner mit riesigen Colts oder Schrotflinten. Die vielen Waffen im Straßenbild mahnen uns, vorsichtig zu sein. Wir gehen meist hintereinander,

Gaby vorn mit Kamera und Geld, Rüdiger hinten mit dem Hammer in der Hand, ständig rundum sichernd. Abseits der Hauptstraßen ist Colón tatsächlich ein erschreckender Slum, der an die Bilder aus Harlem oder der Bronx in New York erinnert. Zwischen verfallenden Häusern türmt sich stinkender Müll. Wir werden von Einheimischen gewarnt, die Hauptstraße nicht zu verlassen.

Aber das alles hört sich doch schlimmer an, als es ist, wenn man es erlebt. Nach einigen Tagen haben wir ein Gefühl dafür entwickelt, wo es gefährlich ist und wo man sich unbehelligt bewegen kann. Die Anspannung lässt nach, nicht aber die Aufmerksamkeit. Und nun können wir Colón genießen, wir fühlen uns wohl in der Stadt, die auf den zweiten Blick auch sehr erfreuliche Seiten hat. Die Menschen sind überaus freundlich und hilfsbereit, Zeit spielt keine Rolle, die allgegenwärtige Latino-Musik macht gute Laune. Die Busse, über und über mit bunten Grafitti-Kunstwerken bemalt, sind wahre Augenweiden. So ein Bus gehört meist dem Fahrer, und der setzt seinen ganzen Stolz und oft viel Geld ein, damit sein Bus der schönste ist und viele Fahrgäste anzieht. Die Obststände kommen anscheinend direkt aus dem Schlaraffenland. Später werden wir oft träumen: noch einmal eine Ananas aus Panama...

Abends müssen wir nur ein paar Schritte gehen. Die Bar des Yachtklubs ist der gesellschaftliche Treffpunkt. Aus der schwülen Hitze kommend ist es drinnen angenehm kühl − wie das Bier, das Barkeeper Jaime routiniert in große Krüge zapft: Schäumend läuft es aus dem Hahn, während Jaime ganz cool am anderen Ende des Tresens kassiert. Erst im allerletzten Moment wird mit einem blitzschnellen Griff der nächste Krug untergeschoben, ohne den Hahn zu schließen. Es riecht nach frischem Popcorn und kaltem Rauch, das TV flimmert stumm. Eine Kakerlake flüchtet erschrocken, als wir auf die hohen Barhocker an dem massigen, U-förmigen Holztresen klettern. So manchen Abend verbringen wir hier beim unvermeidlichen »Segler-Talk«, der sich meist um Vor- und Nachteile der verschiedenen Schiffstypen und Ausrüstungsteile dreht. Aber wir lernen auch eine ganze Reihe Klubmitglieder kennen, ehrwürdige alte Herren, die sich über Gabys Spanischkenntnisse freuen und uns viele interessante Geschichten über Panama erzählen.

Den Weg zur Freezone, der zollfreien Handelszone von Colón, soll man eigentlich nicht zu Fuß machen. Aber in unserem bewährten Traveller-Outfit − schlampige Kleidung, keine Armbanduhr, Schmuck sowieso nicht − sind wir keine lohnende Beute. So erreichen wir problemlos das inmitten von Slums liegende, von einer hohen Mauer umgebene und scharf bewachte Glitzerparadies, wo es alle Luxusgüter dieser Welt im Überfluss und zollfrei gibt. Für uns Yachties ist der Einkauf mit einigem Papierkrieg verbunden, Lieferung nur in Begleitung eines Zollbeamten direkt ans Schiff. Aber die Preise rechtfertigen die Mühe. Wir erstehen ein funkelnagelneues Kurzwellen-Funkgerät zur Hälfte des Preises, den es in Deutschland gekostet hätte.

Die Fahrt mit dem Expressbus nach Panama City führt quer über den Isthmus zum Pazifik und dauert eineinhalb Stunden. Wir tauchen früh morgens in das bunte Chaos des Busterminals ein. Der Bus, der da mit laufendem Motor wartet, ist fast voll, die Schlepper versuchen lautstark, die letzten Plätze zu füllen. Wir lungern desinteressiert herum, bis der nächste leere Bus vorfährt, und ergattern die Panoramaplätze neben dem Fahrer. So haben wir eine Sightseeingtour mit ungestörtem Blick auf die grüne Urwaldlandschaft, den Kanal und die Schleusen. Hinter uns sind die Fenster verhängt, kein Strahl der sengenden Sonne darf herein.

An der Endhaltestelle in Panama City erleben wir einen Actionfilm live: Männer in Jeans und Turnschuhen hechten mit gezogenen Revolvern über eine Mauer, umzingeln einen Häuserblock. Polizeiautos rasen unter Sirenengeheul heran, Bremsen kreischen, schwer bewaffnete Verstärkung springt heraus. Die Menge gafft, ist sowas wohl gewohnt, wir gehen erst einmal in Deckung. Die Polizei versucht offenbar, die Kriminalität in den Griff zu bekommen, und ist dabei nicht zimperlich. Nigel, ein englischer Segler, wurde vor ein paar Tagen hier in Panama City vor einem Wohnblock überfallen und ausgeraubt. Die Polizei war sofort zur Stelle und durchkämmte den ganzen Block. Einer nach dem anderen wurden verdächtige Bewohner in Handschellen aus dem Haus gezerrt und vor Nigels Füße geworfen, bis er schließlich die Täter identifizieren konnte.

In der Innenstadt geht es friedlicher zu, hier erscheint Panama City als moderne Metropole mit spiegelnden Bankfassaden und Konsumpalästen wie fast überall auf der Welt. Wir bummeln durch die Fußgängerzone und betrachten fasziniert die vielen Gesichter des Landes: Latinos, Chinesen, Schwarze, Kuna- und Guyami-Indianer, Inder, Araber, Juden, Europäer... – und dazwischen Mischlinge aller Schattierungen. Der Panamakanal, als Kreuzungspunkt der Welt, hat die unterschiedlichsten Menschen angezogen und vereint. Multikulti total.

Das Spektrum wird bereichert durch ein Berliner Touristenpärchen, das in einem Kaufhaus mit »American Express« zahlen möchte. Die Belegschaft kriegt sich nicht ein vor Lachen über den seltsamen Ausländer: bleich, blondierter Stoppelkopf, ungezählte Ringe in Ohren, Nase und Lippe. »Wat will'n die, ey?«, fragt er seine nicht minder illustre Begleiterin. »Pasaporte, por favor«, wiederholt geduldig die Verkäuferin. »Ick weeß echt nich, wat se will, ey!«...

Hauptziel unseres Ausflugs ist das Kodak-Labor in Panama City, wo wir um die zwanzig Diafilme entwickeln lassen und so vor dem Hitzetod bewahren wollen. Aber wie schaffen wir diesen unwiederbringlichen Schatz mit möglichst geringem Risiko dorthin? Auf belichtete Filme wäre natürlich kein Räuber scharf, aber jedes Behältnis, sogar eine Plastiktüte, die ein Weißer trägt, könnte etwas Wertvolles enthalten. So transportieren wir die Filmpatronen schließlich in einem leeren Fünf-Liter-Plastikkanister, unwahrscheinlich, dass uns den jemand entreißen wird. Aber zuerst müssen wir Geld von einer Bank holen, strengstens bewacht von mehreren bis an die Zähne bewaffneten Kleiderschränken. Die sind etwas verunsichert, als Gaby mit ihrem Kanister das Marmorfoyer betritt. »Do you need water?«, fragt einer schließlich ratlos...

Am Nachmittag können wir die in bester Qualität entwickelten Filme in Empfang nehmen, mit dem Taxi geht es direkt zum Busterminal. Wir sind voll bepackt mit Tüten. Im Einkaufsparadies Panama muss man sich einfach mit allem eindecken, was man in den nächsten Jahren brauchen könnte, z. B. auch mit Geschenken und Kleidung.

Die Tage in Colón vergehen träge wie in Zeitlupe, in mörderischer Hitze. Die Sonne brennt unbarmherzig, aber jeden Tag bringt ein tropischer Regenguss etwas Erfrischung. So ein Guss setzt in kürzester Zeit unvorstellbare Wassermassen frei, das Rauschen und Pladdern auf den Blechdächern bleibt unvergesslich. Minuten später ist der Spuk vorüber, die Stadt dampft in der Sonne. Die Luftfeuchtigkeit liegt konstant bei 99 Prozent.

In KAYAs Kajüte ist alles klamm und feucht, Wände und Bücher beginnen zu schimmeln. Tagelang nutzen wir jeden Sonnenstrahl, um alles soweit wie möglich zu trocknen, bevor wir für einige Wochen alle Schotten dicht machen. Wir wollen eine längere Landreise unternehmen, während KAYA in der Obhut des Yachtklubs in Colón zurückbleibt.

Ursprünglich hatten wir geplant, so schnell wie möglich durch den Kanal zu gehen, um dann die Pazifikküste Costa Ricas zu erkunden. Aber alle, die schon dort waren, haben uns abgeraten. Das Landesinnere sei das lohnende Ziel, nicht die verschmutzten Buchten von Golfito oder Puntarenas. Und dort könne man sein Boot keine Minute aus den Augen lassen – nicht gerade verlockend. Also ändern wir unsere Pläne und packen wie in alten Zeiten die Rucksäcke.

Mit dem Bus geht es nach Norden. Wir fahren durch wunderschöne Landschaften, sehr grün, sehr fruchtbar, nicht so drückend heiß wie an der Küste. In David, der Provinzhauptstadt im Norden Panamas, herrscht tiefster Frieden, man merkt sofort, dass der Hammer hier überflüssig ist. Das erste von vielen Sieben-Dollar-Hotels ist relativ sauber, aber wir müssen die große Matratze auf den Boden legen, weil sie sonst durchhängt wie eine Hängematte.

Von hier ist es nicht mehr weit zum Grenzübergang nach Costa Rica. Wer erwartet, dass sich die Straße von nun an durch dichten Urwald windet, wird enttäuscht: zu beiden Seiten Felder, Wiesen mit Kühen, kultiviertes Land, so weit das Auge reicht. Fast wie zu Hause, nur etwas wärmer ist es...

In Golfito, der Hafenstadt am Pazifik, stellen wir fest, dass wir gut beraten waren, hier nicht mit KAYA einzulaufen: brütende Hitze, dreckiges Wasser und in den Gassen düstere, wenig Vertrauen erweckende Gestalten.

Am nächsten Tag setzen wir mit der Fähre über auf die andere Seite des Golfo Dulce. Auf der Ladefläche eines Pick-ups geht es weiter, rund um die Spitze der Corcovado-Halbinsel. Die lange, beschwerliche Fahrt über die Rüttelpiste lohnt sich: Im Corcovado Nationalpark erwartet uns ein Traum von einem Strand, selbst für uns Strandverwöhnte. Der Sand ist anthrazitgrau, fast schwarz, darauf zeichnet die schäumende Brandung schneeweiße Muster. Palmen und dichter Urwald, so weit das Auge reicht. Wir schlagen einige grüne Kokosnüsse auf und trinken das prickelnde Wasser. Über uns fliegen krächzende Vogelschwärme. Und dann sehen wir sie ganz nah in den Bäumen sitzen: große rote Aras mit gelb-blau-grünem Gefieder.

Zusammen mit Patricia und Kurt aus der Schweiz und Patricia und Werner aus Mannheim übernachten wir in der Parkstation La Leona. Die Betten sind sehr spartanisch, aber die Señora kocht gut und reichlich für ihre hungrigen Gäste. Zum Nachtisch packt Patricia, die Schweizerin, eine Tafel »Milka«-Schokolade aus. Wahnsinn, wie so etwas schmecken kann!

Im Morgengrauen weckt uns Kurt: »Affen!« Eine ganze Sippe turnt direkt über uns in den Bäumen herum. Sie benutzen den Schwanz wie eine Hand zum Festhalten und springen unglaublich geschickt von Baumkrone zu Baumkrone. Auch eine Mutter mit Baby ist dabei, der Winzling krallt sich an Mamis Fell fest. Etwas später haben sich die Affen getrollt, die bunten Papageien machen schon mächtig Krach, und wieder große Aufregung: In einem Baum sitzen zwei Tukane, seltene schwarze Vögel mit riesigen gelben Schnäbeln.

Die anderen haben uns von der Entführung einer deutschen Touristin und einer Schweizer Reiseleiterin erzählt. Am Abend rückt eine ganze Polizeitruppe in der Station ein, mit Zelten, Feldbetten und Maschinenpistolen sind sie ausgezogen, im Urwald für Ordnung zu sorgen. Als sie erfahren, wen sie hier heute Nacht beschützen, werden sie gleich einen Kopf größer – Deutsche und Schweizer! Was für eine wichtige Mission!

Die nächste Etappe legen wir äußerst komfortabel zurück: Patricia und Werner nehmen uns in ihrem blitzblanken, klimatisierten Mietwagen mit nach San José. Den ganzen Tag geht es entlang der Panamericana, die sich hier durch hohe Berge schlängelt. San José, die Hauptstadt von Costa Rica, ist modern und wenig exotisch. Die beiden sind etwas enttäuscht, aber uns gefällt es gut hier. Auf der Plaza Cultura mitten im Zentrum trifft sich alles, Kleinkünstler, Straßenmusiker, Touristen drängeln sich zwischen Straßencafés und Verkaufsständen mit Kunstgewerbe.

Aber ungewohnt kalt ist es, wir frieren erbärmlich. Gleich am nächsten Tag streifen wir durch das bunte Marktviertel und erstehen warme Pullover und Regenjacken. Nun sind wir gerüstet für einen Tagesausflug zum Vulkan Barva. Nach ein paar sonnigen Stunden am Morgen macht der Nebelwald seinem Namen Ehre, bei eisiger Kälte und null Sicht waten wir einen mit Schildern und Tritthilfen ausgestatteten Touristenpfad entlang. Die Tiere sind klüger und meiden die ausgetretenen Pfade, der angekündigte Kratersee entpuppt sich als winziger Tümpel, den wir zwischen den Nebelschwaden sekundenlang erspähen.

Costa Rica hat noch viele Vulkane, Regen- und Nebelwaldreservate, aber wir haben keine rechte Lust mehr. Immer schön in der Gruppe bleiben, ja nicht vom vorgeschriebenen Weg abweichen, das entspricht nicht unserer Vorstellung vom Natur-Entdecken. Für das durchorganisierte Abenteuer werden 15 DM pro Person und Tag verlangt – das ist der Nationalpark-Eintritt für Touristen, Einheimische zahlen 1,50 DM – und fast jeder schöne, unbebaute Fleck in Costa Rica ist geschickterweise zum Nationalpark erklärt worden. Andere Traveller, die schon lange in Mittelamerika unterwegs sind, erzählen begeistert von Guatemala und Honduras, von Maya-Tempeln und »wilder« Natur, die man noch auf eigene Faust entdecken kann. Das reizt uns mehr, als noch drei Wochen in Costa Rica zu bleiben. Also planen wir um, besorgen uns ein Visum für Nicaragua und sitzen am nächsten Tag im Klapperbus Richtung Norden.

In der Warteschlange am Grenzübergang nach Nicaragua lernen wir ein älteres Ehepaar aus Managua kennen. Sie erzählen von ihrer

Tochter, die seit kurzem in Deutschland lebt, als Mitglied des Tanz-
theaters von Pina Bausch im Ruhrgebiet. Zum Abschied legen sie
uns ans Herz, doch Ometepe zu besuchen, eine Vulkaninsel im
Nicaragua-See. Warum nicht, wir sind ja spontan. Schon wenige
Stunden später nähern wir uns in einem offenen Holzboot der
Insel. Zwei Vulkane ragen wie die Brüste einer Frau aus dem
See. Für die Indianer war Ometepe deshalb ein heiliger Ort. Kaum
haben wir die Insel betreten, merken wir schon: Hier sind wir
richtig. Die Menschen sind freundlich, strahlen zufriedene Gelassenheit aus. Vor den einfachen Häusern stehen Schaukelstühle
für die abendliche Plauderrunde, auf den staubigen Dorfstraßen
laufen Hühner und blitzsaubere Schweine und Ferkel herum, die
auch im Krämerladen ungestraft nach Fressbarem suchen.

Unsere Unterkunft am Ufer des Sees hat zwar nur ein Plumpsklo
und kein fließendes Wasser, dafür aber Blumentöpfe und Hänge-
matten auf der schattigen Terrasse. Und das Essen ist sehr gut.
Frischer Fisch aus dem See, danach ein »Ensalada de frutas«, ein
Riesenteller frischer Papayas, Ananas, Bananen, Melonen und
Orangen. Wir lassen die Seele baumeln.

Masaya, unsere erste Stadt in Nicaragua, ist dann weniger anheimelnd. Staubig, ärmlich, wir werden von allen Seiten angebet-
telt. Mit einem Pferdegespann, die ganz normale Konkurrenz zu
den teureren Taxis, fahren wir in die Innenstadt. Masaya ist das
Zentrum des Kunsthandwerks, wir sehen überall kleine Werkstätten, in denen Schaukelstühle gefertigt, Hängematten geknüpft,
Schuhe und Taschen genäht werden. Restaurants gibt es kaum,
dafür aber zahllose Tische am Straßenrand, wo man schon für
Pfennige ein einfaches Essen bekommt.

Die Anzahl der fliegenden Händler ist ein guter Indikator für
die wirtschaftliche Lage eines Landes. Hier in Nicaragua bilden
sie ein unglaubliches Gewimmel, stürzen sich in Scharen auf jeden
Bus, hängen an den Fenstern, bieten Getränke und Gefrore-
nes, Bonbons, Kuchen, Huhn und alles sonst Erdenkliche an.
Überall Hände, bittend, fordernd, laute Rufe. Wir sind froh, als
der Bus endlich abfährt und Ruhe einkehrt − bis zum nächsten
Halt.

Die Straßen sind sehr schlecht, ein Schlagloch am anderen. Auch hier hat sich ein Kleinstgewerbe etabliert: Jungen stehen mit Schippen auf der Fahrbahn und füllen die Schlaglöcher mit Sand. Unser Busfahrer wirft im Vorbeifahren einen Geldschein aus dem Fenster.

Weiter geht es nach León, der links-intellektuellen Universitätsstadt. Unser Reiseführer weist uns den Weg zu dem Haus, in dem der Diktator Somoza von einem als Kellner verkleideten Poeten erschossen wurde. Keine Gedenktafel, nur ein paar Einschüsse in der Wand deuten auf das Ereignis hin. Wir stehen allein in einem ehemals prächtigen, jetzt langsam verfallenden Innenhof. Auch sonst erinnert wenig an die bewegte Vergangenheit. Ein paar Hauswände sind mit monumentalen Wandbildern verziert, aber wir halten vergeblich Ausschau nach einer Kneipe mit revolutionären Poeten...

Im Zentrum erhebt sich eine riesige, schneeweiße Kathedrale, die größte in Mittelamerika. Sie wird offensichtlich mit viel Geld unterhalten und bildet einen starken Kontrast zu den staubigen, ärmlichen Straßen. Der Papst beherrscht zur Zeit alle Titelseiten der Zeitungen, sein Besuch in Managua nächste Woche wird das Land drei Millionen US-Dollar kosten. Ob die angesichts der bitteren Armut nicht sinnvoller investiert werden könnten?

Der Grenzübergang nach Honduras ist erst kürzlich wieder eröffnet worden, nachdem die EU die eingestürzte Brücke über den Grenzfluss wieder aufgebaut hat – ein Geschenk zum Regierungsantritt von Violetta Chamorro, die die Sandinisten ablöste.

Nun sind wir also in einer richtigen Bananenrepublik. Beim Abendbummel durch Choluteca kaufen wir von einem meterhoch mit Bananen beladenen Lkw die herrlichsten Bananen, die man sich vorstellen kann: groß, gelb, sonnen- statt kühlhausgereift, vier Stück für 15 Pfennig.

Weiter geht es mit dem Bus nach Norden, durch heißes und ausgedörrtes Land. Dann windet sich die Straße hinauf in die Berge, es wird kühler. Auf der kurvenreichen Fahrt bei Nebel und Sprühregen (Kennen wir das nicht irgendwoher?) schwebt unser Schutzengel über uns. In der Hauptstadt Tegucigalpa regnet es Strippen.

Das vom Reiseführer genannte Hotel ist 24 Stunden geöffnet. Ob die Damen vor dem Fernseher Gäste sind oder zum Inventar gehören, lässt sich nicht feststellen...

Der Busterminal befindet sich wie immer am anderen Ende der Stadt, das Feilschen mit den Taxifahrern ist schon Routine. Die Halle des Terminals ist rappelvoll. Eine endlose Schlange wartet vor dem Ticketschalter, eine zweite vor dem Ausgang zu den Bussen. Ein zu kurz geratener, aber sehr wichtig aussehender Polizist mit riesigem Ballermann und noch größerem Knüppel marschiert an der Menge vorbei, im Schlepptau eine schwarzhaarige Diva in knallengem Kleid auf zwanzig Zentimeter hohen Absätzen. Er herrscht den Ticket-Verkäufer an, die Diva bekommt sofort ihr Ticket, zurück geht die Prozession, vorbei an der staunenden Menge. Die Diva verschwindet durch eine Seitentür im bereitstehenden Bus. Vielleicht sollte Gaby auch ein entsprechendes Outfit im Travellergepäck haben, das könnte so manche Tour beschleunigen...

Unser nächstes Ziel sind die Maya-Stätten von Copán. Der Bus dorthin ist wie fast alle Busse Mittelamerikas ein ehemaliger amerikanischer »School Bus«, über und über mit bunten Grafitti verziert, aber auch die laute Salsa-Musik kann nicht davon ablenken, dass dieser Schrotthaufen beim Bremsen fast auseinander fällt. Zum Glück gibt es nicht viel zu bremsen, da die Fahrt bergauf geht. Als vertrauensbildende Maßnahme springt der Beifahrer bei jedem Stopp nach draußen und legt dicke Klötze unter die Räder...

Das Dorf Copán ist klein, malerisch, gepflegt, auffallend wohlhabender als die Dörfer unterwegs. Am nächsten Morgen sind wir früh auf den Beinen. Wir wollen die Ruinen der Maya-Tempel ohne die später zu erwartenden Busladungen von Touristen auf uns wirken lassen. Direkt vor dem Eingang turnt ein Äffchen herum und lässt sich mit Bananen aus der Hand füttern. Daneben sitzen zwei riesige rote Aras am Boden und knabbern neugierig an Gabys Hosenbein. Da haben wir uns tief in den Urwald geschlagen, um Affen und Papageien zu sehen, und hier sind die Viecher regelrecht aufdringlich...

Die Ausgrabungsstätte ist umgeben von üppiger Vegetation. Wir steigen unzählige Stufen auf die höchste Pyramide hinauf und werden mit einem weiten Ausblick auf undurchdringlich dichten Urwald belohnt. Unten bestaunen wir in Stein gehauene Hieroglyphen und Porträts der Maya-Herrscher mit Namen wie »18 Kaninchen«. Eindrucksvoll auch das Ball-Spielfeld, auf dem die Verlierer ihr Leben lassen mussten, und die altarähnlichen Klötze, auf denen Menschenblut geopfert wurde. Wir kommen mit einem älteren Mann ins Gespräch, der hier bei den Ausgrabungen beschäftigt ist. Er geht mit uns herum, seine Erklärungen lassen das Geschehen für uns plastisch werden.

Von Copán ist es nicht mehr weit nach Guatemala. Wieder geht es mit dem Pick-up über eine Rüttelpiste, wir werden auf der Ladefläche herumgeschleudert. Nach einer Stunde erreichen wir die Grenze. Der Schlagbaum ist ein altes Rohr, beschwert mit einem Motorblock. Während wir auf den nächsten Rüttelbus warten, hält neben uns ein nagelneuer, schneeweißer Mitsubishi-Kleinbus mit der Aufschrift »Turismo«. Für 5 DM pro Nase nimmt er uns mit nach Guatemala City, ein kleines Zubrot für den Fahrer, der eine Reisegruppe nach Copán gebracht hat.

In Rekordzeit erreichen wir die Millionenstadt, die nur aus Verkehrsgewühl und Abgasen zu bestehen scheint. Nichts wie weg! Mit dem nächsten Bus geht es weiter nach Antigua, das als schönste Stadt Mittelamerikas gerühmt wird. Als die ersten bunten Häuserzeilen auftauchen, jubelt Gabys Künstlerseele: Antigua ist ein wahrer Farbenrausch. Ein orange leuchtendes Haus mit knallblauen Fensterläden, davor eine Frau mit gewebtem Tuch in Rot-Pink-Gelb-Grün, alles passt absolut zusammen. Der zentrale Platz ist eine grüne Oase, umgeben von alten Häusern mit Säulen und Arkaden. Überall schicke Lokale, zahllose private Sprachschulen bieten ihre Dienste an. Antigua ist »in« bei den Individualtouristen.

Von der Dachterrasse unseres Hotels hat man einen herrlichen Blick auf die umliegenden Vulkane. Einer von ihnen ist noch aktiv und leuchtet in der Nacht. Ein Ausflug dorthin ist aber nicht ratsam. In Guatemala herrscht noch immer Bürgerkrieg, wie wir so ganz nebenbei erfahren. Die Guerillas haben es vor allem auf Touristen abgesehen und sind dabei nicht zimperlich. Immer wieder werden ganze Reisegruppen überfallen und bis auf die Unterhose ausgeplündert. Besonders gefährdet sind die schneeweißen »Turismo«-Kleinbusse, trotz schärfster Bewachung. In den einheimischen Bussen, mitten im Volk, fühlen wir uns dagegen ganz sicher. In einem solchen haben wir eine denkwürdige Begegnung mit einem bayerischen Verwaltungsbeamten, der die Vorderfront aller Touristenbusse mit Maschinengewehren bestücken würde. »Gar nicht lange fragen, einfach auslöschen das Gesindel«…

Busfahren in Guatemala ist ein Erlebnis für sich. Die Busse sind hoffnungslos überfüllt, wir sind total eingeklemmt zwischen Ellenbogen, Hintern und Babys im Wickeltuch und haben reichlich Gelegenheit, die fremdartigen Mayas mit ihren bunt gewebten Trachten ganz aus der Nähe zu betrachten. Der »Schaffner« ist daran zu erkennen, dass er sich mit einem dicken Geldbündel in der Hand durch den Bus zwängt bzw. über die Menschenknäuel hinwegturnt. Fahrscheine gibt es nicht, kassiert wird während der Fahrt. Wie er bei dem ständigen Ein- und Aussteigen und dem Gedränge den Überblick behält, bleibt uns ein Rätsel. Ein lauter Pfiff durch die Zähne signalisiert dem Fahrer, wann er anhalten oder losfahren soll.

Die letzte Woche verbringen wir im Hochland der Mayas, am Ufer des Atitlán-Sees. »Der schönste See der Welt« wird er genannt. Der Ort Panajachel, wo wir uns einmieten, ist sehr touristisch. Aber von hier fahren Busse in alle umliegenden Dörfer, von denen wir einige besuchen wollen. Wir fahren zum Freitagsmarkt nach Sololá und lernen das Ritual der Verkaufsverhandlungen kennen. 80 Quetzales soll eine blaue handgewebte Decke kosten. »Buen precio!« Gaby schüttelt den Kopf. »Your price?«, kommt es postwendend. »40« – »55« – »No, 40 maximo.« Jetzt schüttelt die Frau den Kopf. Gaby zuckt bedauernd die Achseln, geht langsam weiter. »Okay!«, ruft es hinter ihr, verdächtig schnell. Wahrscheinlich war 40 immer noch viel zu teuer… Aber mit der Zeit bekommen wir ein Gefühl für die richtigen Preise und geraten in einen Kaufrausch, der alle Touristen hier befällt. Die bunt gewebten Decken, Tücher und Jacken sind einfach zu schön.

Der Sonntagsmarkt in Chichicastenango ist noch größer, bunter, malerischer. Aus allen umliegenden Dörfern sind die Indios angereist, um Handarbeiten, Hausrat, Gemüse und Tiere anzubieten

oder zu kaufen. Hoch über dem Geschehen erhebt sich eine schneeweiße Kirche, die breite Steintreppe wimmelt von Menschen. Auf
den Stufen wird Weihrauch verbrannt, die aufsteigenden Rauch-
schwaden verleihen der Szene etwas Mystisches.

Mitte Februar ist es Zeit für die Rückreise. Mit einem kleinen
Flugzeug legen wir in wenigen Stunden die Strecke zurück, für die
wir auf dem Hinweg drei Wochen gebraucht haben. Uns fällt ein
Stein vom Herzen, als wir KAYA wohlbehalten am Steg vorfinden.
   Aber dann, ganz unvermittelt, gerät sie in allergrößte Gefahr. Ein
Nachmittag wie jeder andere, Siestaruhe im Yachtklub, Rüdiger ist
allein auf dem Steg. Plötzlich ein ungewohntes Geräusch, ein
Rauschen, das mehr und mehr anschwillt. Die Boote kommen in
Bewegung, immer heftiger, dann Krachen, Schreie. KAYA fängt an,
wie wild auf und nieder zu tanzen. Ein Festmacher reißt glatt
durch, KAYA kracht mit dem Nachbarboot zusammen, schnellt zurück in Richtung Betonsteg. Rüdigers Herzschlag setzt einen
Moment aus − wenn nur die anderen Festmacher halten! Wolfies
PAPILLON reißt sich los, donnert in rascher Folge breitseits auf den
Beton. Mit hässlichem Knirschen splittert das GFK, hoffnungslos,
jetzt eingreifen zu wollen. Rüdiger überlegt verzweifelt, wie er KAYA
schützen könnte, aber hier kann nur noch Glück helfen. Und
tatsächlich, als sich nach wenigen Minuten das Wasser beruhigt,
liegt KAYA unversehrt an ihrem Platz. Unglaublich! Die Bordwand
war mehrere Male nur Zentimeter vom Beton entfernt, aber sie hat
keine Schramme davongetragen. Einzige Spur ist das Antifouling
des Nachbarn an der Fußreling. An den Stegen und am Kai liegen
mehrere stark beschädigte Yachten, eine droht sogar zu sinken. Eine
Flutwelle ist in den Hafen gelaufen, die Ursache bleibt unklar. Noch
tagelang wird spekuliert, ob ein Seebeben der Auslöser war oder
vielleicht doch der vom Schiffsverkehr verursachte Schwell, der sich
durch Überlagerung zu einer Monsterwelle addiert haben könnte.
   Inzwischen werden wir ungeduldig, denn eine Yacht nach der
anderen geht durch den Kanal. Nur wir können noch nicht starten,
weil Rüdiger zum 80. Geburtstag seiner Mutter nach Hause fliegt.
   Anfang April kehrt Rüdiger von seinem »Heimaturlaub« zurück.

Was für ein Gegensatz: Vor wenigen Stunden noch im geordneten Frankfurt, ein kurzer Zwischenstop im Labyrinth des vollautomatisierten Flughafens von Miami und nun im lauten, zugigen Graffiti-Klapperbus von Tocumen Airport nach Panama City. Stereo versuchen wir zu erzählen, was wir erlebt haben.

Gaby hat inzwischen den Transit durch den Kanal organisiert. Der Vermesser war an Bord, das zentimetergenaue Ausmessen des Schiffsvolumens kostet 138 Dollar, mit dem Ergebnis, dass KAYA nun für ganze 17 Dollar durch den Kanal schleusen darf. Übermorgen sollen wir in den Flats, dem großen Ankerplatz vor dem Hafen von Cristóbal, auf den Lotsen warten.

Die folgenden zwei Tage sind mit Hektik erfüllt. Bei glühender Hitze ist unendlich viel zu tun. Unmengen von Konserven, Cola, Rotwein, Keksen, Nudeln, Gemüse und Obst wandern in den Bauch von KAYA und lassen es nun wirklich ungemütlich eng im Salon werden. Auf dem Markt erstehen wir sechs große Speiseölkanister, in denen wir zusätzliche 120 Liter Diesel bunkern können. Während Gaby im Druckkochtopf Fleisch in Gläser einkocht, checkt Rüdiger KAYAs Maschine und macht aus unserer einhundert Meter langen Ankerleine zwei Festmacher. Für den Kanal sind vier vierzig Meter lange Leinen vorgeschrieben, die normalerweise kein Boot an Bord hat. Außer dem Skipper müssen vier Linehander an Bord sein, die in den Schleusen die Festmacherleinen bedienen. Unsere schwedischen Freunde John und Lisa, die mit BARINA schon auf der Pazifikseite in Balboa liegen, kommen herüber, um für uns zu linehandern.

Am nächsten Morgen, Ostersonntag, piepst ganz ungewohnt der Wecker um sechs Uhr. Aber er wäre nicht nötig gewesen − wie in alten Zeiten vor einer Prüfung haben wir halb wach auf ihn gewartet. Im Halbschlaf haben wir uns vorgestellt, wie der Schraubenschwell eines riesigen Frachters vor uns in der Schleuse KAYA hin und her schleudert, bis die Festmacher reißen. Oder dass einer der Linehander die Leine zu früh oder zu spät bedient, sodass KAYA von den gefährlichen Strudeln des einlaufenden Schleusenwassers an die Mauer gedrückt wird... Sandy, ein junger Südafrikaner und unser dritter Linehander, nimmt es leichter, er schläft noch, wir trommeln ihn auf dem Nachbarboot aus der Koje. Dann legen wir ab von unserem heimeligen Steg. Keine Zeit für wehmütige Gedanken, jetzt wird es ernst! Pünktlich um neun Uhr kommt das Lotsenboot längsseits und setzt gleich zwei junge Männer ab, unseren Lotsen José und seinen Lotsen-Azubi Ben. Mit sieben Personen wird es nun ganz schön eng auf der vollbepackten kleinen KAYA!

Heute gehen nur zwei Yachten durch den Kanal, KAYA und MIRIAM, ein zwölf Meter langes Stahlschiff aus Spanien. Gemeinsam motoren wir Richtung Gatún-Schleuse, in der Ferne naht ein riesiges, hoch beladenes Containerschiff, mit dem wir schleusen werden. José entnimmt seinem Computer-Schedule, dass es sich um einen »Panamax« handelt, also um ein Schiff, das passend für den Kanal gebaut wurde, nur einige Zentimeter schmaler und fast so lang wie die Schleusenkammern. Das bedeutet, dass wir nur wenige Meter hinter einer Schraube von fünf Metern Durchmesser in der Kammer liegen werden. José macht einen besorgten Eindruck, auch wenn er immer wieder versichert, dass alles »no problem« sei.

Die STAMOS ist bereits in der Kammer, als wir im Päckchen einfahren und an einem kleinen Schlepper längsseits gehen, der seinerseits an zwei für unseren Geschmack sehr dünnen Leinen an der Mauer liegt. Alles muss schnell gehen. José rechnet uns vor, dass eine Verzögerung von zehn Minuten pro Yacht bei durchschnittlich sechs Yachten täglich 100 000 US-Dollar kostet. Soviel zahlt nämlich im Schnitt ein großes Schiff für die Passage.

Das Wasser strömt ein, etwas kabbelig, aber längst nicht so schlimm wie befürchtet. Binnen Minuten sind wir oben und haben nun einen herrlichen Abschieds-Panoramablick auf den Hafen von Cristóbal. Dann kommt der spannende Moment, als die STAMOS ihre Maschine startet, KAYAs Bugspitze ist ganz nah an dem riesigen Propeller. Wenn das man gut geht… José bittet über Funk den Kapitän, auf die Yachten hinter seinem Heck Rücksicht zu nehmen. Der gibt sich offenbar Mühe, aber der Druck der Strömung ist immer noch gewaltig. Die Festmacher ächzen und dehnen sich beängstigend. Das sind echte Schrecksekunden, aber alles geht gut, und nach etwa einer Stunde haben wir die drei Kammern der Gatún-Schleuse passiert.

Unter Maschine fahren wir durch die Inselwelt des Gatún-Stausees. Die Inseln sind mit dichtem Urwald bewachsen, Affen turnen in den Baumkronen. In der Ferne taucht ein riesiges, schneeweißes Kreuzfahrtschiff zwischen den kleinen Inseln auf. Das kann doch nicht wahr sein, so ein Pott auf einem Binnensee!

An Bord beginnt nun der gemütliche Teil des Tages. Gaby und Lisa machen jede Menge Sandwiches für die ungewohnt große Crew, dazu gibt es kaltes Bier. Wir haben nämlich für eine Kühlbox mit Eis gesorgt, um die Crew bei Laune zu halten. Die Lotsen bleiben allerdings standhaft bei Cola, Vorschrift ist Vorschrift. Aber ansonsten sind sie ganz unvorschriftsmäßig nett und locker. Während José auf dem Vorschiff ein Schläfchen hält, erzählt Ben uns Einzelheiten über die Ausbildung zum Kanallotsen. Der Dienst auf den Yachten ist die letzte Bewährungsprobe vor den richtig großen Pötten. Im Schnitt fahren die Nachwuchslotsen zwei Jahre auf Yachten, lernen dabei den Kanalbetrieb kennen und sind hochmotiviert, keinen Fehler zu machen und »ihre« Yacht heil durch die Schleusen zu bringen. Am nächsten Tag soll Ben bei uns zum ersten Mal das Kommando übernehmen, er ist ein bisschen nervös. Am Nachmittag ankern wir auf halber Strecke in Gamboa, die beiden Lotsen werden abgeholt. Wir verbringen einen gemütlichen Abend im Cockpit, Sandy erzählt von Südafrika, während wenige Meter weiter die hell erleuchteten Ozeanriesen durch die sternklare Nacht an uns vorüberziehen.

Am nächsten Morgen pünktlich um neun Uhr bringt ein Boot unsere Lotsen an Bord, Ben überreicht zur Begrüßung einen Beutel Eis für die Kühlbox. Kurze Zeit später passieren wir den berühmten Culebra Cut, ein Denkmal erinnert an die vielen Menschenleben, die der Kanalbau besonders an dieser Stelle gefordert hat.

Wieder gehen wir ins Päckchen mit MIRIAM und fahren in die Schleuse Pedro Miguel ein, diesmal als erste, gefolgt von dem haushohen Bug eines Frachters. Heute schleusen wir »center chamber«, d.h. beim Einfahren in die Kammer werfen je zwei Kanalangestellte links und rechts auf der Mauer ihre mit dünnen Leinen versehenen Wurfbälle herüber. Dies geschieht mit mehr oder weniger großem persönlichem Einsatz, auf den Booten zieht alles die Köpfe ein. Die dickeren Festmacher bei uns an Bord werden an die dünnen Schnüre geknotet, die Männer holen sich so unsere Festmacher und legen sie um die Poller. Nun erst können die Linehander bei uns an Bord die Leinen dicht holen.

Leider hat einer der vier Männer auf der Mauer die Ruhe weg. Während drei Leinen schon fest sind, liegt die Steuerbord-Vorleine immer noch nicht über dem Poller. Unser Päckchen treibt auf die gegenüberliegende Mauer zu, Rüdiger versucht, mit Vollgas zu korrigieren. Endlich kann Sandy auch die vierte Leine belegen, uff… Der Bug des Frachters hinter uns schiebt sich fast über unser Heck, und schon beginnt das Wasser zu fallen. Das Tor geht auf, Leinen los und weg, bevor der Riese in Fahrt kommt. Über den Miraflores-Stausee motoren wir im Päckchen, dann geht es noch einmal drei Kammern hinunter, und schließlich erleben wir den spannenden Moment, als sich das letzte Tor der Miraflores-Schleuse öffnet, das viel zitierte »Tor zum Pazifik«.

Wir fahren unter der imposanten »Bridge of the Americas« durch und nehmen herzlichen Abschied von unseren Lotsen, die hier vom Lotsenboot abgeholt werden. Letzte bange Sekunden, als der große Bug millimeterdicht an unserer Bordwand vorbeidreht, dann haben wir es geschafft: KAYA ist im Pazifik, ohne eine Schramme. Wir sind unendlich erleichtert!

Gleich hinter der Brücke liegt der Balboa Yachtklub. Hier gibt es keine Stege, man liegt an Muringbojen dicht am Fahrwasser. Das eigene Dingi darf nicht benutzt werden, es gibt einen kostenlosen Zubringerservice vom Klub. Theoretisch fahren die Boote ständig, rund um die Uhr. Praktisch vergeht ein großer Teil des Tages mit Warten, während man verzweifelt ins Nebelhorn trötet, um eines der Boote herbeizulocken. Auf die Dauer ganz schön nervig!

Gaby und Lisa machen einen letzten Großeinkauf in der Markthalle, kaufen säckeweise Obst und Gemüse zu unglaublichen Preisen – 25 Kilo Zwiebeln für 11 DM, 50 Pampelmusen für 6 DM! Zuletzt ist der Berg fast doppelt so hoch und breit wie der nette Kuna-Indianer, der ihn mit seiner Handkarre zum Taxi schafft.

Bei totaler Flaute motoren wir die dreißig Seemeilen zu den Perlas-Inseln, einer Inselgruppe im Golf von Panama. Unser Anker fällt vor der Insel Contadora in herrlich klarem Wasser. Endlich mal wieder schwimmen, endlich wieder Natur! Mit einer Plastik-Scheckkarte machen wir uns daran, die Ölkruste aus Panama vom Rumpf zu kratzen. Doch wir kommen leider nicht weit, schon am zweiten Tag treibt ein endloser Quallenteppich rund um KAYA und macht den Badefreuden ein Ende.

Contadora war uns schon ein Begriff, als wir noch auf der Karte suchen mussten, wo die Insel überhaupt liegt: Günter, HP 1 XVH, war mit seiner »Pacific Sailboat Party Contadora-Galapagos« bereits in der Karibik zu hören. Mit unverkennbar kölschem Dialekt und Humor betreut er per Funk die Segelboote, die von Panama nach Französisch-Polynesien unterwegs sind. Wie soll man Contadora-Günter beschreiben? Groß, braungebrannt, rauchige Stimme. Hawaii-Hemd mit schwerer Goldkette im Ausschnitt, Rolex. Traumvilla am Meer. Ein Käfig mit Geparden, ein Dobermann namens Cäsar. Dazu Susanne, blond und gut in Form. Günter berichtet: »Als die Rejierung von Panama mich 1980 einjeladen hat, da haben die mich überall rumjeführt, auch hier nach Contadora. Dat hat mir auf Anhieb jefalln. 15 Minuten mit dem Fliejer nach Panama, wo du allet kriegst, und zwar in Dollar, dat muss sein. Und da hab ich mir jesacht, bevor ich mir auf Mallorca den Arsch abfriere, bau ich mir hier wat, da isset immer warm...« Zuerst kommen wir uns vor wie in einem Film. Aber Günter durchbricht alle Klischees mit seiner Großzügigkeit und Hilfsbereitschaft.

Rüdiger betrachtet das schmucke Anwesen natürlich auch mit den Augen des Funkamateurs: Ein zwanzig Meter hoher Turm trägt die Antenne, die einer größeren Rundfunkstation Ehre machen würde, im Funkraum flimmern die Bildschirme, blinken die Lämpchen. »Die Endstufe hier, dat isn richtijet Kraftwerk, dat is der Rolls Royce der Endstufen.« Mit dieser Anlage werden wir Günters Stimme laut und klar in den Weiten des Pazifiks hören, er wird Gespräche zu anderen Seglern vermitteln, den Funkverkehr für eine ärztliche Beratung leiten oder Faxe von zu Hause verlesen.

In der Südsee I

Tierwelt und Touristenrummel: Galapagos –
Squalls und Sterne: 3000 Seemeilen Pazifik –
Aloha und Baguette:
Marquesas, Tuamotus, Tahiti und Huahine –
Motus und Mantas: Die Lagune von Bora-Bora

Mitte April 1995 ist es soweit: Wir starten hinaus auf den Pazifik, Kurs Galapagos. Muss denn die erste Nacht immer gleich so heftig sein? Windstärke sieben, ein wilder Ritt über steile Wellenberge, die fast lautlos in der Dunkelheit heranrauschen. Aber schon in der zweiten Nacht schläft der Wind ein, wir befinden uns in den Doldrums, der berüchtigten Flautenzone nahe dem Äquator. Der Diesel lärmt, die See ist spiegelglatt.

Elf Tage dauert die Reise, die uns einen ständigen Wechsel von Flauten, Starkwindphasen und Gegenwind beschert. Erträumt hatten wir uns laue Tropennächte unter dem Kreuz des Südens, aber stattdessen frieren wir nun erbärmlich bei dicht mit Wolken verhangenem Himmel. Die Kälte verdanken wir dem Humboldtstrom, der aus Südamerika kaltes Wasser mit sich bringt und uns merklich nach Nordwesten versetzt. Das Cockpit ist nachts so nass vom Tau, dass wir meist nach kurzem Rundblick wieder unter Deck flüchten. Ohne warme Pullover und Wolldecken wären wir verloren, hier am Äquator.

Den überqueren wir am 26. April, ganz früh morgens. Der letzte spanische Rotwein wird feierlich geöffnet, auch Rasmus bekommt einen kräftigen Schluck. Hoffentlich nimmt er es uns nicht übel, dass sich der edle Tropfen schon leicht in Richtung Essig verwandelt hat. Aber ansonsten steht uns der Sinn nicht nach großen

Taufzeremonien, Gaby ist nach der Hundewache so müde, dass sie auf 00°01' Süd sofort in Tiefschlaf fällt.

Noch eine letzte Nacht auf See, dann taucht ganz schwach die Küste der Insel Santa Cruz aus dem Dunst auf. Noch vor der Einfahrt in die Academy Bay sieht Gaby plötzlich einen schwarzen Kopf aus dem Wasser ragen – ein Seelöwe! Ein kurzer Seitenblick zu uns herüber, dann schwimmt er weiter, wie ein mürrischer Badegast, der unbeirrt seine Bahnen zieht.

Galapagos ist völlig anders, als wir nach den Berichten früherer Segler erwartet hatten: Statt einsamer Idylle und zahmen Darwin-Finken empfängt uns ein richtiger Ort mit Geschäften, Kneipen, Autos. Beim »Almuerzo«, dem Tagesgericht, und einer großen Flasche »Pilsener« planen wir die Aktionen der nächsten Tage. Zunächst müssen wir beim Einklarieren erreichen, länger als die offiziell vorgesehenen 72 Stunden bleiben zu dürfen. Der Hafenkapitän, ein schneidiger Ecuadorianer ganz in Weiß und Gold, ist nett, aber er lässt nur begrenzt mit sich handeln. Höchstens sieben Tage dürfen wir bleiben – nicht viel Zeit zum Erkunden der Inseln, zumal wir noch Diesel und Proviant bunkern müssen.

Am Abend machen wir uns auf die Suche nach Henry, der zusammen mit Contadora-Günter das Segler-Funknetz betreibt. Der Berliner, den es schon vor vielen Jahren hierher verschlagen hat, ist bestens bekannt. »Si si, Don Henry«, meint eine Frau und führt uns gleich zu seinem Haus. Zu spät entdecken wir das »Happy Birthday«-Schild über dem Eingang und platzen mitten in seine Geburtstagsparty. Viele Einheimische sind da, darunter auch ein Enkel der legendären Angermeiers, der perfekt Deutsch spricht. So bekommen wir ganz unverhofft einen Einblick ins heutige Galapagos, der nachdenklich stimmt: Der Tourismus boomt, immer mehr Ecuadorianer ziehen vom Festland herüber, um auch ein Stück vom »Kuchen« abzubekommen. Ob die einmalige Natur der Inseln den Ansturm von Zuzüglern, Ausflugsdampfern und Touristenhorden auf Dauer verkraften kann?

Hier auf Santa Cruz liegt die berühmte Darwin-Station, der wir natürlich einen Besuch abstatten. Kleine Schildkröten, nach Geburtsjahren sortiert, werden in geschützten, rattensicheren Gehegen aufgezogen. Die größeren sollen sich dann im Freigehege an eine natürliche Umgebung gewöhnen, bevor sie wieder auf ihrer Heimatinsel ausgesetzt werden. Am meisten beeindrucken uns aber ein paar uralte Riesenschildkröten unbekannter Abstammung, die hier ihren Lebensabend verbringen.

Der große Tagesausflug, der uns auf zwei unbewohnte Inseln bringen soll, fängt gut an: Um vier Uhr klingelt der Wecker, schon um fünf sitzen wir im Bus. Nach einer Stunde Rüttelpiste quer über die ganze Insel setzen wir mit einem Ausflugsdampfer über nach Seymour, einer kleinen Insel nördlich von Santa Cruz. Sofort ist die Müdigkeit wie weggeblasen: Unzählige Seelöwen tummeln sich auf den Felsen rund um den Anleger, schwimmen blökend auf und ab und scheinen sich überhaupt nicht an uns zu stören.

Wir wandern auf einem Rundweg um die Insel und kommen aus dem Staunen nicht heraus: Überall unter den Kakteen und Büschen sitzen brütende Blaufuß-Tölpel, man muss fast aufpassen, dass man nicht über sie stolpert. Die Kleinen, die schon geschlüpft sind, haben ein schneeweißes Flaumkleid und schauen uns furchtlos an. Die Männchen einer großen Kolonie von Fregattvögeln blasen ihre leuchtend roten Kehlkopfsäcke auf, um den Weibchen zu imponieren. Und überall hocken Leguane, meist bewegungslos und gut getarnt. Sie sehen wirklich aus wie Drachen, allerdings kleiner, als wir sie uns vorgestellt hatten. Feuerrote Riesenkrabben laufen über die schwarzen Uferfelsen. Die Kameras klicken und surren um die Wette – schlimmer kann sich ein japanischer Betriebsausflug auch nicht aufführen…

Während wir ein reichhaltiges Mittagessen verspeisen, nimmt unser Dampfer Kurs auf die Insel Bartolomé weiter im Norden. Eine Vulkaninsel, die an Lanzarote erinnert, endlose Mondlandschaft mit Kratern und vielfarbigen Lavafeldern, aber völlig unberührt von Menschenhand. Vom höchsten Punkt hat man einen grandiosen Ausblick. Kein Haus, keine Straße, keine Spur von Zivilisation so weit das Auge blickt, nur unser Ausflugsdampfer liegt klein wie ein Spielzeug unten in der Bucht. Daneben lockt ein Traumstrand mit einem markanten spitzen Felsen. Haben wir je einen schöneren Strand gesehen? Dort einmal baden… Das tun wir dann auch ausgiebig, aber nicht allein: Außer sonnenbadenden Seehunden und schwimmenden Leguanen leistet uns eine Gruppe Pinguine Gesellschaft. Sie sind winzig klein und putzig, pfeilschnell durchschwimmen sie immer wieder die Bucht und rudern dabei mit den Armen wie ein Aufzieh-Tier. Wir sind restlos begeistert. Der größte Teil unserer Reisegruppe findet es dagegen viel aufregender, sich im knietiefen Wasser zu immer neuen Gruppenbildern zu formieren. »Say cheeese«... Geplauder, Gelächter, keiner bemerkt den frechen Pinguin, der ganz dicht hinter ihnen vorbeischwimmt...

Ein zweiter Tagesausflug führt uns zu den Plazas-Inseln östlich von Santa Cruz. Hier gibt es eine große Seelöwen-Kolonie und glasklares Wasser, die Attraktion des Tages ist ein ausgiebiges Bad mit den verspielten Seelöwen. Rolle rückwärts, Abtauchen, Auftauchen mit Loopings... − den Tieren macht es sichtlich Spaß, uns unbeholfenen Menschen ihre Geschicklichkeit zu zeigen.

Und dann sind unsere Tage auf Galapagos auch schon abgelaufen. Nach einer Abschieds-Seglerparty bei Henry erwachen wir mit etwas flauem Gefühl im Magen: Heute laufen wir aus... Rund 3000 Seemeilen, also 5500 Kilometer Pazifik liegen nun vor uns, auf dem Globus sieht die Strecke beeindruckend aus.

Die ersten Tage haben wir kaum Wind. Abwechselnd versuchen wir es mit Segeln, Dümpeln, Dieseln. Bei jeder Brise wird der Blister gesetzt, dann bewegen wir uns immerhin mit drei bis vier Knoten. Die Umstellung auf den Wach-Schlaf-Rhythmus der Langfahrt fällt uns diesmal besonders schwer. Die nach drei Stunden aus dem Tiefschlaf gerissene Freiwache klagt: »Wie grausam! Wie kannst du mir das nur antun?« Rüdiger kontert dann mit der Bemerkung: »Du hast das schließlich angezettelt!«, während Gaby droht: »Sonst musst du zurück in die Physiksammlung!« Bordrituale...

Am fünften Tag kommt endlich stetiger Wind auf. Wir baumen die Genua aus, jetzt liegt KAYA viel ruhiger in der Dünung und das nervtötende Klappern vom Schotblock auf Deck hört auf. Gaby backt Weißbrot, die Vorräte aus Galapagos sind aufgegessen. Auch der Frischproviant schrumpft bedenklich, einiges muss »notgeschlachtet« werden. Nur die Grapefruits aus Panama sind auch nach vier Wochen noch wunderbar frisch. KAYA segelt im Wesentlichen ohne unsere Hilfe. Suleika steuert sehr präzise, nur ab und zu kontrollieren wir Segelstellung und Kurs.

Diese Phasen der Ruhe werden aber immer wieder gestört: Aus einer dunklen Wolke, die sich unbemerkt aus Osten herangeschlichen hat, beginnt es ganz plötzlich zu pfeifen. KAYA schießt in den Wind, die Segel schlagen. Lifebelt anlegen und Reffen sind inzwischen Routine, aber dennoch stressig. Manchmal ist so ein Tanz nur eine Bö, die nach einer Stunde vorbei ist, manchmal kündigt sich aber auch ein Schlechtwettergebiet an.

Am Horizont sieht man dann die Squalls, dunkle Regenwände, die aus schwarzen Wolken bis aufs Wasser reichen. Aus der Windrichtung versuchen wir abzuschätzen, ob ein Squall uns vielleicht gnädigerweise seitlich passiert, sodass wir die Segel stehen lassen können. Wenn nicht, geht binnen Minuten die Sicht auf null, der Wind legt kräftig zu und es schüttet aus allen Kannen. Ebenso schnell, wie er kommt, verschwindet der Spuk, es wird wieder ausgerefft. So geht das manchmal tagelang. Wenn dann endlich wieder die Sonne scheint, mit weißen Passatwölkchen vor tiefblauem Himmel, herrscht große Freude, die Feuchtigkeit wird aus dem Schiff vertrieben.

Und dann genießen wir Pazifiksegeln endlich so, wie wir es uns an grauen, verregneten Schreibtischtagen erträumt hatten. Rüdiger liebt den Sonnenaufgang, deshalb übernimmt er in der Regel die Morgenwache, die um fünf Uhr beginnt. Es ist noch dunkel, aber bald sieht man über KAYAS Kielwasser eine Spur von Dämmerung, und dann geht die Sonne glutrot im Osten auf. Noch ist es kühl, der Kopf ist klar, Zeit für physikalische oder mathematische Studien. »Wie kann man nur in dieser herrlichen Natur Physik machen?«, lästert Gaby verschlafen aus der Koje. »Physik ist Natur!«, kontert Rüdiger den Dauerbrenner.

Zur morgendlichen Funkrunde pellt sich dann auch Gaby aus der Koje. Zweihundert Seemeilen vor uns liefern sich die DAKINI aus München und die SCOUSCOUTTI aus der Schweiz ein Rennen, die

schwedische FRAGANCIA querab versucht eine Woche lang, uns abzuschütteln, die spanische MIRIAM hinter uns holt langsam auf und
die kleine schwedische BARINA hält ganz hinten tapfer mit. Jeden
Morgen nach dem Frühstück treffen wir uns per Funk, tauschen
Positionen und Wetterdaten aus, erzählen kleine Erlebnisse aus dem
Bordalltag. Wir freuen uns auf diese tägliche Plauderrunde, auch
wenn sie uns die Illusion nimmt, allein auf einem endlosen Ozean
zu sein. Alle paar Tage haben wir außerdem Funkkontakt mit unserem Freund Tilo in Darmstadt, der die Verbindung zu unseren
Müttern aufrecht erhält. »Beide Mamas o.k.« – bei dieser Meldung
fällt uns jedes Mal ein Stein vom Herzen. Die restliche Welt ist uns
dagegen völlig entrückt: Ein paar Mal versuchen wir pflichtbe-
wusst, die Nachrichten der »Deutschen Welle« zu hören, schalten
aber spätestens beim zweiten Satz wieder ab...

Morgens und abends beißen die Fische am liebsten, und wenn wir
Glück haben, spannt sich unsere einhundert Meter lange Schlepp-
leine. Spannung beim Einholen Hand über Hand: Was wird es sein,
kriegen wir ihn an Bord? Die Mordwerkzeuge werden klar gemacht.
Da, eine prachtvolle, etwa einen Meter lange gold-blau-schim-
mernde Dorade zappelt wild kämpfend am Haken. Gegen die Gaff,
einen scharfen Haken an einer langen Stange, hat sie keine Chance,
ein Schluck Alkohol befördert sie in die ewigen Jagdgründe. Gaby
ist für den Rest des Tages mit Einkochen beschäftigt: Angebratener
Fisch, in Marmeladengläsern im Dampftopf sterilisiert, hält sich
unbegrenzt.

Ansonsten vergehen die Tage hauptsächlich mit Lesen, die vielen
Bücher an Bord kosten KAYA mindestens einen Knoten Fahrt...
Endlich wieder lesen, nein: schmökern können, tagelang in einem
Buch abtauchen und dabei die ganze Welt vergessen. Seit dem
Studium hatte das permanente Gefühl »Du musst doch eigentlich
noch dies oder jenes machen« diese Ausflüge in die Welt der
Fantasie verdrängt.

Gegen Abend, wenn im Westen die Sonne im Meer versinkt, sitzen wir beim Essen im Cockpit und halten Ausschau nach dem
»green flash«, dem geheimnisvollen »Grünen Leuchten«, das nur
ganz selten direkt nach Sonnenuntergang zu sehen ist. Der rotgol-

dene Horizont ist bald umgeben von tiefem Blau, aus dem die ersten Sterne schimmern. Die Dämmerungszeit ist sehr kurz, Rüdiger geht mit dem Sextanten auf Sternenjagd, assistiert von Gaby, die Höhe und Azimut ansagt und lästernd falsche Berechnungen unterstellt, wenn der gesuchte Stern wegen einer Dunstschicht unsichtbar bleibt.

Eine ganz schmale Mondsichel liegt dicht über der Kimm, daneben strahlt Venus als helle Scheibe. Darüber, quer über dem gesamten Westhorizont, liegt übergroß das Sternbild Orion, im Süden funkelt Sirius. Rüdiger kann sich nur schwer losreißen von diesem einzigartigen Anblick, aber seine Freiwache beginnt um 20 Uhr, der Drei-Stunden-Rhythmus hat sich bewährt und soll eingehalten werden. Gaby macht es sich mit dem Walkman im Cockpit gemütlich, Dire Straits sind die richtige Zutat für diesen samtweichen Abend. Rüdiger hat während seiner Wache von 23 bis 2 Uhr die Sternkarte im Salon ausgebreitet und studiert den herrlichen Südhimmel. Taschenlampe an, Blick auf die Karte, raus ins Cockpit, etwas warten, bis die Augen an die Dunkelheit angepasst sind, da sind sie: das Kreuz des Südens, der strahlende Alpha Centauri, der Skorpion, der aussieht wie ein Regenschirm, und die Milchstraße, die sich wie eine leuchtende Wolke von Horizont zu Horizont spannt. Dazu Genesis und die Doors. Der hektische graue Alltag zu Hause ließ auch die Musik nach und nach in Vergessenheit geraten. Jetzt haben wir nicht nur die Zeit, sondern auch die Muße und innere Ruhe, Gefühlvolles an uns heranzulassen.

Dabei darf die Aufmerksamkeit allerdings nicht nachlassen. Auch auf dem weiten Pazifik muss die Wache in kurzen Zeitabständen den Blick über den Horizont wandern lassen. Oft treffen wir auf Fischereiflotten. Mit der Vorstellung, auf der langen Pazifikstrecke würden wir kaum ein Schiff sehen und könnten die Wachen etwas lockerer angehen, haben wir uns gründlich getäuscht.

Eines Tages ruft Gaby: »Komm mal schnell hoch, da schwimmt was!« Das sieht aus wie ein Floß, mit einer langen Stange darauf. Wir passieren das massive, etwa drei Meter große Holzfloß mit einer Schiffslänge Abstand, ziemlich erschrocken. Was wäre gewesen,

118

wenn wir diesen schweren Holzklotz in voller Fahrt gerammt hätten? Und dann gibt es einen kräftigen Ruck an unserer Schleppangel. KAYA verliert merklich an Fahrt, der Zug auf der Leine wird immer größer, bis sie mit einem »Peng« schließlich reißt. Vermutlich hat sich unser Angelhaken in einem Treibnetz verfangen, zu dessen Markierung das Floß mit seiner Antenne dient.

Während der letzten Woche der Passage sehen wir die Sonne nur selten, ein Squall jagt den anderen. Nachts reffen wir vorsorglich, damit die Freiwache nicht zu viel Schlaf einbüßt. Und wir haben zum ersten Mal ein echtes Problem: Der Mechanismus unserer Rollgenua klemmt. Bei Seegang in den Mast zu klettern ist ein schwieriges Unterfangen. Und Rüdiger, da oben in luftiger Höhe hin und her geschleudert, kann keine Ursache entdecken.

So bleibt uns nichts anderes übrig, als die Genua halb eingerollt stehen zu lassen. In den Squalls ist das oft noch zu viel Segelfläche, KAYA surft mit Rumpfgeschwindigkeit über die Wellenberge, ansonsten ist es zu wenig, KAYA schleicht, und unsere Etmale fallen immer kläglicher aus.

Das hat nach zwanzig Segeltagen auf dem Pazifik auch noch einen anderen Grund: Ein dichter Belag von Entenmuscheln am Unterwasserschiff bremst die Fahrt unerträglich. Wir nutzen eine Flaute, bei der auch die See einigermaßen ruhig ist, zu einer ungewohnten Aktion. Rüdiger taucht, durch eine Leine gesichert, und verhilft in mehrstündiger Arbeit KAYA wieder zu einem glatten Bauch. Der Blick nach unten, wo zumindest in der Fantasie aus 3000 Metern Tiefe jederzeit ein weißer Hai auftauchen könnte, ist etwas gewöhnungsbedürftig...

Nach fast vier Wochen auf See freuen wir uns sehr auf den bevorstehenden Landfall in Fatu Hiva, der südöstlichsten Insel der Marquesas. Am Mittag des 1. Juni zeigt der GPS noch dreißig Seemeilen bis dorthin.

Wieder einmal beobachten wir im Minutenabstand den Horizont. Das Wolkenband Steuerbord voraus sieht so merkwürdig gerade aus... Tatsächlich, da ist sie, die Insel! Schnell kommt sie näher, über und über grün bewachsene Hänge leuchten auf, wenn die

Sonne kurz durch die dunklen Regenwolken sticht. Der Pazifik zeigt sich noch einmal von seiner schlechtesten Seite. »Sauwetter!« steht im Logbuch. Stark gerefft parieren wir noch einige Squalls, die Seen vor der Luvküste werden immer höher. Aber so etwas kann uns jetzt nicht mehr schrecken. Wir halsen an der Nordspitze und können direkten Kurs auf die Bucht Hanavavé anliegen.

Die empfängt uns mit einem unvergesslichen Naturschauspiel: Genau über die Bucht spannt sich ein riesiger, bunt leuchtender Regenbogen. Direkt neben KAYA endet er im Meer, die Spiegelung im Wasser zeichnet eine Leuchtspur bis zu uns. Wahnsinn! Wir fahren durch den Regenbogen in die Bucht wie durch das Tor ins Paradies… Und da werden wir schon erwartet: Von der DAKINI pfeift und trötet es in allen Oktaven, verstärkt von der Crew der SCOUSCOUTTI. Ankermanöver im strömenden Regen, dann kommt auch schon ein Dingi angetuckert und entführt uns in die warme, gemütliche Kajüte der DAKINI. Wir sitzen in großer Runde bei dampfendem Kaffee und frisch gebackenem Kuchen und erzählen, bis uns vor Müdigkeit fast die Augen zufallen. In der Nacht fauchen starke Fallböen die Berge hinunter und lassen die Schiffe wild am Anker tanzen. Aber wir vertrauen unserem Bügelanker und schlafen wie die Murmeltiere.

Am nächsten Tag trauen wir unseren Augen kaum, so schön ist die Szenerie, die uns umgibt. Rund um die Bucht, die von hohen, steilen Berghängen eingerahmt wird, sehen wir bizarre Felsformationen, von denen einige an Figuren oder Gesichter erinnern. Zahllose Palmen leuchten in der Sonne, dicht an dicht stehen sie bis fast ans dunkelgrüne Wasser. Ganz hinten, im Scheitel der Bucht, brechen sich weiß schäumend die Wellen auf dem Strand. Das sieht nicht ganz ungefährlich aus, wir verpacken alles wasserdicht und pullen ohne Außenborder an Land. Gutes Timing ist alles: Eine mächtige Welle spült uns auf den Slip des Dorfes, die von allen Seiten herbeilaufenden Kinder helfen uns, das Dingi schnell an Land zu tragen, bevor der nächste Brecher kommt.

Da stehen wir nun, umringt von fröhlichen, neugierigen Kindern, und haben nach vier Wochen auf See plötzlich wieder festen Boden unter den Füßen. Diese ersten Minuten nach dem Landfall, wenn man nach Hunderten oder Tausenden von Seemeilen neues, fremdes Land betritt, sind die schönsten und spannendsten Momente der Reise.

Das Dorf besteht aus kleinen, flachen Hütten, die sich in üppigem tropischen Grün verstecken. Überall blühende Bäume und Sträucher, wo man hinsieht, leuchtet roter Hibiskus. Nicht nur mit den Blüten ist die Natur verschwenderisch, auch Früchte gibt es im Überfluss – Pampelmusen, Orangen, Limonen, Papayas, Brotfrucht, jede Menge Bananenstauden. Und natürlich überall Palmen, dicht behangen mit Kokosnüssen.

Auf der »Dorfstraße«, einem kleinen Weg, liegen überall faule Hunde herum. Neben den Häusern sitzen Familien im Kreis zusammen, in bunte Pareos gehüllt. Ihr melodischer Gesang, begleitet von der Ukulele, das weiche, einschmeichelnde »Aloha«, das ist der Klang der Südsee, von dem wir geträumt hatten…

Die Dorfbewohner sehen uns freundlich an, unser Gruß wird lächelnd erwidert. Ein Mann winkt uns in seinen Garten und beschenkt uns mit Bananen und Baguettes – Willkommensgeschenke. Bienvenu à Fatu Hiva!

In den Dreißigerjahren war der junge Thor Heyerdahl mit seiner Frau auf Fatu Hiva gelandet. Die beiden hatten sich von einem Kopraschoner absetzen lassen, nur mit einem einzigen Koffer in der Hand, um ihre Idee vom einfachen Leben in der Natur zu verwirklichen. Thor Heyerdahl, der erste Hippie? Aber das Südseeleben erwies sich für das junge Paar alles andere als paradiesisch. Krankheiten, Insekten und Konflikte mit den Inselbewohnern machten ihnen das Leben zur Hölle. Für uns ist es besonders reizvoll, Thor Heyerdahls spannendes Buch »Fatu Hiva« hier vor Ort zu lesen und seinen Spuren nachzugehen.

Während der nächsten Tage erkunden wir die Umgebung. Der Hauptweg führt tief hinein ins Tal, das dicht mit Palmenhainen bewachsen ist. Wir lieben das typische Rauschen, wenn der Wind durch die in der Sonne hell aufleuchtenden Palmen fährt. Den Hintergrund bilden dunkle, steile, unzugängliche Felswände. Wir zweigen ab in den Urwald, kleine Steintürmchen weisen uns den Weg über Felsen und umgefallene Baumstämme zu einem Wasserfall, der aus fünfzig Metern Höhe in ein Becken stürzt. Nach dem ersten Kälteschock ist das Bad herrlich erfrischend. Der Weg führt nun steil bergauf, oft vom Dschungel überwachsen, wir hätten unsere Machete aus Trinidad mitnehmen sollen. Tief unten ankert KAYA, in der Ferne leuchtet der Wasserfall aus dem dichten Grün. Und über allem die Bergkette, die die Insel in zwei Hälften teilt. Deutlich erkennbar ist das charakteristische Loch in der Felswand, durch das in früheren Zeiten die kannibalischen Bewohner der anderen Seite einfielen und Angst und Schrecken verbreiteten.

Auf einem Plateau machen wir Rast, mit herrlichem Ausblick auf das Tal Omoa, in dem Thor Heyerdahls Hütte stand. Es gibt wilde Bananen, Papayas und Kokosnüsse, echte Energiespender. Die haben wir nötig, denn der Rückweg ist weit und unsere untrainierten Seglerbeine beschweren sich schon lange.

Leider sind Kokosnüsse schwer zu knacken. Die kleine braune Nuss, in der das Kokosfleisch sitzt, muss aus einer dicken grünen, faserigen Hülle befreit werden. Das ist Schwerarbeit selbst für starke Männer, ohne Werkzeug keine Chance. Wir amüsieren uns über den Trick, mit dem die einheimischen Kinder das Problem lösen: Die stattlichen Schweine, die überall frei herumlaufen, sind offenbar ganz wild auf den Leckerbissen. Das Schwein bekommt die grüne Kokosnuss und macht sich mit Feuereifer und lautem Gegrunze an die Arbeit. In wenigen Minuten haben seine scharfen Zähne das braune Innere freigelegt. Gerade will das Tier kräftig zubeißen, als es von einer Ladung kaltem Wasser getroffen wird und erschrocken die Nuss fallen lässt. Die Kinder schnappen sich die Beute und werfen dem borstigen Tier eine neue grüne Nuss hin. Das beginnt wieder von vorn und gibt auch nach der zehnten Nuss nicht auf. Armes Schwein…

Immer wieder führt unser Weg durchs Dorf, die flüchtigen Kontakte vom ersten Tag vertiefen sich. Von den horrenden Preisen, für die Französisch-Polynesien bekannt ist, merkt man hier noch nichts. Im kleinen Dorfladen gibt es fast nichts zu kaufen, Brot und Früchte sind nur im Tauschhandel zu erwerben. Wir hätten gern einen Vorrat der großen grünen und unendlich schmackhaften Pampelmusen. Da steht ein Baum, übervoll, die Äste biegen sich unter der schweren Last. Wir fragen eine junge Frau, zeigen unsere Tauschobjekte vor. Aber wir blitzen ab, sie zeigt auf Rüdigers Armbanduhr! Offenbar hat sie keine Beziehung zum Geld bzw. Geldwert. Eine Armbanduhr für eine Pampelmuse, man tauscht, was man hat.

Wir haben außer T-Shirts, Angelschnur und Cornedbeef leider nicht viel zu bieten. Parfüm, Lippenstift, Sonnenbrillen, Modeschmuck – wer die Konsumbedürfnisse der Südseeschönheiten vorher kannte, hat sich in Panama günstig damit eingedeckt. Apropos Südseeschönheiten: Rüdiger, von Hollywood-Filmen verwöhnt, ist bitter enttäuscht. Auch die obligatorische Blüte im langen schwarzen Haar kann nicht davon ablenken, dass die Damen ganz schön stämmig sind...

Nach einer Woche lichten wir schweren Herzens den Anker. Wir müssen zum Einklarieren zur Nachbarinsel Hiva Oa, der Dorfpolizist hat uns signalisiert, dass er nicht länger die Augen zudrücken kann. Abends fällt der Anker in dem kleinen, mit Yachten überfüllten Hafenbecken von Atuona. Hoch über der Bucht liegt der Friedhof, auf dem Paul Gauguin begraben ist. Aber wir kommen leider nicht dazu, sein Grab zu besuchen, und auch das Einklarieren müssen wir verschieben. Denn noch in derselben Nacht macht der Hafenmeister in seinem kleinen Boot die Runde, klopft uns unsanft aus dem Schlaf und fordert uns auf, sofort den Hafen zu verlassen. Per Fax hat er die Nachricht erhalten, dass eine Tsunami, eine Flutwelle aus Alaska, im Anmarsch ist, die im engen, schlecht geschützten Hafenbecken großen Schaden verursachen kann. Innerhalb von Minuten gehen wir Anker auf und fahren hinaus in die dunkle Nacht, das Radar ist wieder einmal ein äußerst beruhigender Helfer. Überall um uns herum die Positionslichter der anderen Yachten. Wir haben keine Lust, in diesem Durcheinander die ganze Nacht lang Kreise zu fahren, und setzen lieber gleich Segel, Kurs Nuku Hiva.

Am Morgen nähern wir uns der Bucht von Taiohaé. Mit schäumender Bugwelle kommt uns von dort ein großes graues Schnellboot entgegen. Oh Schreck, das Zollboot! Aber es nimmt keine Notiz von uns und verschwindet bald am Horizont. Uff...

Über Funk hat sich im gesamten Südpazifik herumgesprochen, dass die Franzosen »ihre« Inseln mit einem Zollboot abfahren und die Yachten in den Ankerbuchten kontrollieren, auf der Suche vor allem nach Alkohol, der dann äußerst teuer verzollt werden muss. Sicher nicht legal, wie so einiges, was sich unser EU-Nachbar hier unten im fernen Pazifik erlaubt, aber was will man machen gegen bürokratische Willkür, die mit Nagelstiefeln und Maschinenpistolen durchgesetzt wird?

In Venezuela haben wir Rum gebunkert. Eine Flasche, die uns 3 DM gekostet hat, würde verzollt so viel kosten wie hier im Laden: etwa 50 DM! Sollen wir unseren Vorrat an Sundownern, der noch mindestens zwei Jahre reichen soll, jetzt über Bord werfen? Nein, KAYA hat ja so viele Verstecke... Außerdem meldet die Seglerflotte jedes Mal, wenn wir eine Insel anlaufen, dass das Zollboot gerade vor uns da war, wir werden es mit viel Glück nie wieder zu Gesicht bekommen.

Taiohaé, die Hauptstadt der Marquesas, ist eher ein ruhiges Dorf mit einigen Autos, Läden und einem Krankenhaus, wo wir die Prophylaxe-Pillen gegen Elefantiasis bekommen. Diese Tropenkrankheit wird durch Insektenstiche übertragen und führt zu schrecklich dicken Beinen. Noch werden unsere Seglerbeine immer dünner, aber wer weiß... Die entspannte Atmosphäre des Krankenhauses macht anders als zu Hause einen sehr gesundheitsfördernden Eindruck. Vor den ebenerdigen, luftigen Pavillons sitzen die Patienten mitten im Grünen, umgeben von der ganzen Familie.

Die Preise im Supermarkt übertreffen unsere schlimmsten Erwartungen. Aber wir haben Heißhunger auf Frisches, nach langem Zögern erstehen wir einen aus Frankreich importierten Kohlkopf, der ein kleines Vermögen kostet, und eine Packung Lasagne-Nudeln. Draußen inspiziert die Bordfrau die begehrte Feinkost: Ein ganzes Heer von Rüsselkäfern spaziert vergnügt zwischen unseren Nudeln umher. Das geht nun doch zu weit, Gaby interveniert. »Ah, ça va...«, meint mit breitem Grinsen die Verkäuferin und befördert die Nudeln kurzerhand in die Tiefkühltruhe. Irgendjemand anders wird sich Gabys Nudeln mit der tiefgefrorenen Fleischbeilage noch schmecken lassen. Vor lauter Lachen lassen wir die Tüte mit unserem wertvollen Kohlkopf vor dem Supermarkt stehen…

»Daniel's Bay« heißt eine wunderschöne Bucht an der Südküste. Hier lebt der alte Polynesier Daniel mit seiner Frau, abgeschieden, sehr bescheiden, aber offenbar zufrieden. Der Überfluss an Früchten aller Art bietet genug zum Leben, ein gerade in einer Falle gefangenes Wildschwein wird bald am Spieß brutzeln. Wir würden gern länger in der offenen Hütte am Strand verweilen und Daniels Geschichten lauschen, aber jedes Mal flüchten wir nach wenigen Minuten. Die Nonos, winzige Stechfliegen, die sich trotz der überall qualmenden Kokosschalen in riesigen Schwärmen auf uns stürzen, machen das Paradies zur Hölle. Die Stiche, die man zunächst kaum spürt, jucken und entzünden sich noch wochenlang.

Gerade als wir KAYA seeklar machen, entdeckt Rüdiger in der engen Einfahrt der Bucht ein Dingi, das eine rote Fahne schwenkt. Klarer Fall, ein Notsignal, da muss unverzüglich geholfen werden. Unser kleines Dingi, nicht besonders prall aufgeblasen, kämpft sich mit seinem 2-PS-Außenborder in Richtung der von Brandung umtosten Felsen an der Einfahrt. Rüdiger rechnet jeden Moment damit, selbst zu kentern, aber hier ist Solidarität gefragt. Da schiebt sich der Bug einer riesigen Segelyacht um die Felsnase. Die überdimensionale Kuppel der Satellitenantenne ist flankiert von einer ganzen Antennengalerie. Das Radar rotiert. Jetzt streicht das »Dingi in Not« die Flagge und kommt quietschvergnügt auf Rüdiger zugebraust. »Hey Rüdi, how are you? I just helped NIGHTMUSIC to find the entrance.« Und schon dreht er am Hahn seines PS-starken Außenborders, weg ist er. Rüdiger kann erst viel später darüber lachen…

Wir wollen los. Das beunruhigt unsere Nachbarn am Ankerplatz, die schon seit Tagen selbst auf der Lauer liegen: »Habt ihr nicht gehört? Ein Knockdown vor Manihi! Und Sturm südlich von Tahiti, mit acht Meter hohen Wellen!« So langsam wird uns die Psychologie dieser gut gemeinten Ratschläge klarer. So manchen Sturm haben Klaus aus Hamburg, Sven aus Stockholm oder Jim aus San Diego in ihrem Kielwasser. Aber angesichts der Schaumkronen draußen auf dem Meer kostet es auch sie Überwindung, den geschützten Ankerplatz zu verlassen und zu einer mehrtägigen rauen Passage aufzubrechen. Die auf den zahlreichen Funkrunden verbreiteten Schauergeschichten liefern dann immer gute Gründe, das Auslaufen auf den nächsten Tag zu verschieben. Und dann muss man nur noch die Nachbarn zum Bleiben bewegen... »Alles Unsinn!«, beschließt Rüdiger. Neuseeland meldet nichts Böses, und auch die Wetterkarte zeigt normale Passatbedingungen in unserem Seegebiet. Also, wir laufen aus...

Ob das wirklich eine so gute Idee war? Draußen begrüßen uns erschreckend hohe Seen. Während der ersten Nacht segeln wir hoch am Wind und schlafen nur wenig. Auf der Contadora-Funkrunde ruft man uns: Ob wir von der Sturmwarnung gehört hätten, ein Boot südlich von Tahiti habe bereits acht Beaufort. Rüdiger schluckt nun doch erst mal, aber die Wetterkarte aus Honolulu zeigt weiterhin nichts Böses. Auch der Morse-Wetterbericht von Wellington bleibt bei »warnings: nil«. Gaby lässt sich gar nicht beeindrucken und backt Brot und Kuchen. Aber am Abend wissen wir mehr: Das Hoch südlich von uns schiebt sich auf uns zu, »gale warning« jetzt auch für unser Seegebiet zwischen den Marquesas und den Tuamotus. Wieder haben wir dazugelernt: Die Grenze der Vorhersagegebiete liegt bei 25 Grad südlicher Breite. Die Sturmwarnung wurde zuerst nur für das Gebiet südlich 25 Grad ausgegeben – man sollte immer auch die Wetterberichte der benachbarten Seegebiete verfolgen!

Die folgende Nacht wird richtig eklig. Windstärke sieben mit starken Böen, heftiger Regen, zunehmender Seegang. Und wie immer die unausgesprochene Frage: »Bleibt es so oder wird es noch mehr?« Nach einer langen Nacht erwarten wir ungeduldig den Sonnenaufgang. Bei Tageslicht wirkt alles nur halb so bedrohlich wie in der rabenschwarzen Neumondnacht. Tagsüber beruhigt es sich auf fünf bis sechs Beaufort. Wir nutzen die Chance, um einen gebrochenen Nirobügel an der Windfahnenhalterung auszuwechseln und ein halb durchgescheuertes Steuerseil zu ersetzen. Gerade als wir zu Abend gegessen haben, geht der Tanz wieder los. Der Wind heult im Rigg, der Windgenerator muss stillgelegt werden, bevor ihn die Fliehkraft zerlegt.

126

Kurs Manihi, das bedeutet Wind und Welle genau von der Seite. Gaby will abfallen, um die bedrohlichen Wellenberge mehr von achtern zu parieren, aber Rüdiger bleibt unerbittlich: Wir wollen auf keinen Fall an Manihi vorbeisegeln. Unter diesen Bedingungen braucht Suleika Unterstützung, immer wenn der brechende Kamm einer besonders hohen Welle KAYA erwischt und der Bug in den Wind drehen will, müssen wir ins Steuer eingreifen. Das ist anstrengend, bedeutet es doch stundenlanges Ausharren im kalten, nassen Cockpit.

Tja, von einem Motorrad kann man absteigen, aber auf einem Segelboot heißt es »Kopf einziehen und durch«... Noch zwei Nächte dauert der Tanz, bei heulendem Wind und fliegender Gischt stehen wir unsere Wachen durch. Wir sind mit der Zeit so müde, dass wir sekundenlang im Sitzen einschlafen, aber immer nur so lange, bis die nächste kalte Dusche uns weckt.

Am nächsten Morgen sieht die Welt dann schon wieder anders aus. Eine große Tasse Kaffee, ein Stück Kuchen, die Lebensgeister kehren zurück. Gaby schaltet das Funkgerät ein. Unsere Freunde sind weit verstreut: Tahiti, Bora-Bora, Tonga, Fidschi. Alle kennen die aktuelle Wetterlage und rufen uns an, wohl wissend, dass wir es »da draußen« nicht gerade gemütlich haben. Die vielen netten Kontakte sowie die Tatsache, dass wir trotz rauer See unseren Kurs halten können und unserem Ziel näher kommen, hebt die Stimmung.

Ganz plötzlich beruhigt sich die See, trotz anhaltendem Starkwind. Wir haben die Abdeckung der Insel Takaroa erreicht, zwanzig Seemeilen in Luv gibt sie unsichtbaren Schutz vor dem unangenehm hohen Seegang. Suleika steuert nun wieder zuverlässig, die Spannung löst sich.

Und dann kommen endlich die Palmen unseres ersten Südseeatolls in Sicht: Manihi. Der schmale Streifen Grün über der Kimm suggeriert, dass das Atoll noch weit entfernt ist. Aber die Optik täuscht, GPS und Radar zeigen nur drei Seemeilen bis zur Riffkante. Wir sind etwas zu früh, noch strömt das Wasser durch den engen Pass aus der Lagune. Das kann man an den kleinen schäumenden Wellen, den sogenannten »eddies«, erkennen. Trotz voller Maschinenkraft schleichen wir mit nur drei Knoten Fahrt über

Grund zwischen den beiden Riffkanten hindurch. Rüdiger hoch oben in der Saling, Gaby am Ruder. Vorsichtig navigieren wir zwischen den aus luftiger Höhe gut sichtbaren Korallenköpfen zum Ankerplatz. Im Windschutz eines palmenbewachsenen Motus, einer kleinen Riffinsel, fällt der Anker auf 15 Meter Tiefe. Und nicht nur der Anker – auch der Stress fällt von uns ab, als wir in das klare Wasser springen. Erstaunlich, wie schnell man die Strapazen einer unangenehmen Passage vergisst, wenn der Lohn ein paradiesischer Ankerplatz ist.

Eine Woche Faulenzen, Schwimmen, Schnorcheln, Lesen, nur manchmal mahnt das Gewissen zu Arbeiten am Schiff. Wir machen Wanderungen auf den ringförmig um die Lagune angeordneten Inseln, durch dichte Palmenwälder und entlang wilder Strände an der Luvseite, wo sich die von weither anrollenden Wellen donnernd brechen. Die Inselchen sind meist unbewohnt, wenn man von den vielen Kokoskrabben absieht, die überall umherflitzen. Mit ihren langen Stielaugen und den acht Beinen, mit denen sie auch seitwärts und rückwärts blitzschnell laufen können, erinnern sie an Steven Spielbergs »ET«.

Das Dorf auf der Hauptinsel entspricht nicht unserem Klischee eines idyllischen Südseedorfes. Relativ neue, barackenähnliche Holzhäuser, Manihi zeigt so den Wohlstand, der durch die Perlenzucht auf die Insel kam. Wir erfahren, dass der »Patron« zweimal im Jahr aus Frankreich einfliegt und die Ernte an schwarzen Perlen abholt.

Im nächsten Atoll, Apataki, ankern wir ganz allein. Natur pur, kein Haus, kein Boot, keine Spuren von Zivilisation weit und breit. Nur die Kokoskrabben beobachten uns misstrauisch aus ihren Stielaugen, wenn wir beim Spaziergang entlang der schneeweißen, menschenleeren Strände die schönsten Muscheln suchen.

Papeete, die laute, im Verkehr erstickende Hauptstadt Französisch-Polynesiens, müsste eigentlich einen Schock verursachen, wenn man aus der Idylle der Tuamotus kommt. Aber wir hatten monatelang Meer, Palmen, Strand und Sterne, da ist es auch mal wieder ganz nett, sich so richtig ins Getümmel zu stürzen. Gaby bummelt durch Markthallen und Stoffläden, während Rüdiger im siebten Himmel der »Bricolages« schwebt. Alles ist dort zu haben, Niroschrauben in jeder Größe, Schläuche jeder Dicke, Bohrer in jedem noch so ungewöhnlichen Maß.

Die Frage unserer Lieben daheim »Wofür braucht ihr eigentlich ständig neuen Kram, das Schiff ist doch neu?« hätten wir früher auch gestellt. Erfahrung macht schlauer. Gleiches gilt für die Frage: »Wieso redet ihr eigentlich ständig von Arbeit am Schiff?« Jeder Tag in Papeete ist mit dem Versuch ausgefüllt, die Liste der Arbeiten und Besorgungen kürzer werden zu lassen. Beispiel Gasflaschen: Die mögen ja auf einem Campingplatz in der Toskana einige Jahre halten, unsere jedenfalls sind gerade dabei, sich in einen Haufen Rostkrümel zu verwandeln. Hier in Papeete gibt es unsere blauen »Campingaz«-Flaschen, aber der Preis lässt uns sofort abwinken. Bis uns die rettende Idee kommt: das französische Umtauschsystem! Wir machen einen Laden ausfindig, der nur neue, originalverpackte »Campingaz«-Flaschen im Regal stehen hat. Für den Preis von vier Füllungen können wir alle unsere Rostflaschen gegen fabrikneue Flaschen umtauschen. Diese werden nun sorgfältig mit Rostschutzfarbe lackiert, damit sie den zweiten Teil der Reise überstehen.

Der Hafenkai in Papeete ist dicht belegt mit Yachten aus aller Herren Länder. Die meisten sind gekommen, um das »Heiva I Tahiti« mitzuerleben, das große Tanz- und Musikfestival in den Tagen vor dem 14. Juli. Dabei geht es den Polynesiern offenbar weniger um den französischen Nationalfeiertag als um eine willkommene Gelegenheit, ausgiebig zu feiern. Obwohl es die Bordkasse schmerzt, erstehen auch wir Karten, um eine der großen Tanzshows zu besuchen.

Ein Chor in grün-weißen Kostümen, grüne Blätterkränze im Haar, bekommt besonderen Beifall. Männer und Frauen, getrennt in zwei Blöcken, sitzen sich auf dem Boden im Schneidersitz gegenüber. Sie singen einen mitreißenden Wechselgesang, Köpfe und Körper im Takt vor und zurück wiegend. Wir verstehen natürlich keine Silbe der angenehm klingenden polynesischen Sprache, aber es muss sich um etwas Lustiges handeln, Sänger und Publikum lachen ausgelassen.

Höhepunkt des Abends ist der Auftritt der Tanzgruppe »Heikura Nui«, etwa fünfzig Tänzern und Tänzerinnen in dekorativen Kostümen. Die Mädchen tragen als Oberteil polierte Kokosnusshalbschalen, dazu um den Hals weiße Muschelketten, die sich gegen die langen schwarzen Haare abheben. Handverlesene Südseeschönheiten, Rüdiger kommt endlich auf seine Kosten... Diese hübschen Mädchen bewegen sich anmutig und singen dabei einschmeichelnd zum Klang der Ukulelen. Aloha... – bis die sanften Klänge abrupt von Trommelwirbeln unterbrochen werden. Dann beginnen die Hüften schnell und rhythmisch zu kreisen, türkischer Bauchtanz ist prüde dagegen. Sofort ist uns klar, warum die Männer von der BOUNTY nicht mehr zurück nach Europa wollten...

Der Kontrast zur Militärparade der Franzosen am 14. Juli könnte nicht krasser sein. Längs der gesperrten Hauptstraße marschieren mit aufgepflanzten Bajonetten Kampfgruppen aller Waffengattungen auf. Die Gesichter unter den weißen Mützen der Fremdenlegionäre erinnern an die von Berufskillern. Die einzige Gruppe polynesischer Soldaten wird von drei bleichgesichtigen Franzosen befehligt. Ansonsten sind bei der gesamten Zeremonie außer »Miss Tahiti« und »Miss Hinano« (das ist die von Rüdiger sehr geschätzte einheimische Biermarke) kaum Polynesier anwesend.

Nach diesen kulturellen Höhepunkten hält uns nichts mehr in Tahiti. Im Westen lockt die nahe Silhouette von Moorea, Traumziel jedes Fahrtenseglers. Außerdem haben wir erfahren, dass im September in West-Samoa das »South Pacific Festival of Arts« stattfinden soll, ein Ereignis, an dem sich alle Südseenationen beteiligen und das nur alle vier Jahre abgehalten wird.

Als wir endlich soweit sind, dass wir Papeete den Rücken kehren können, ist das Wetter mal wieder zum Abgewöhnen: Regen, alles grau in grau. Aber wir sind wild entschlossen, uns nicht abschrecken zu lassen. Zum ersten Mal seit langer Zeit wird das gelbe Ölzeug hervorgekramt, wir ziehen den Anker aus der schmierigen Hafenbrühe und laufen tapfer den schwarzen Wolken entgegen. »Moorea, wir kommen!«

Wo sonst die blaue, gezackte Silhouette der berühmten Insel am Horizont lockt, ist heute die Sicht gleich null. Wir sitzen im strömenden Regen am Ruder und fühlen uns wie auf der Ostsee. Der Wind kommt auch noch genau von vorn, nur mit kleinem Stützsegel motoren wir gegenan. Ganz schön unangenehm, und das frisch mit Süßwasser geschrubbte Deck wird gleich wieder kräftig eingesalzen.

Kurz vor Moorea reißt dann aber der Himmel auf, wir finden einen Traumankerplatz am Außenriff und können im türkis-klaren Wasser endlich wieder ausgiebig schwimmen. Die berühmte Cooks Bay, Fotomotiv aller Segelbücher, bietet in der Abendsonne wirklich einen überwältigenden Anblick. Dunkelgrüne, zackige Berggipfel erheben sich aus überquellender tropischer Vegetation. Palmen und Bananenstauden säumen die Bucht, dazwischen roter Hibiskus und weiße Frangipani-Blüten. Bei näherem Hinsehen stören allerdings die Uferstraße mit hässlicher Straßenbrücke, Hotelanlagen sowie ein großer Supermarkt die Südseekulisse.

Gaby hat sich auf der Überfahrt erkältet, auch Rüdiger fühlt sich etwas angeschlagen, und so verbringen wir die nächsten Tage mit häuslichen Aktivitäten unter Deck. Was die fröhliche Crew auf der Nachbaryacht wohl von uns denken mag? Nur ganz selten zeigt sich einer von uns im Cockpit, meist nur, um einen Lappen auszuschütteln oder einen Putzeimer auszuleeren. Und das in der weltberühmten Cooks Bay! »Die spinnen, die Deutschen mit ihrem Putzfimmel!«...

Nach drei Tagen sind wir wieder fit. Landausflüge zu Fuß und per Autostop bringen uns die Schönheit der Insel näher: schroffe Berge, grüne fruchtbare Täler, Blüten überall. Ansonsten ist auch hier der französische Einfluss nicht zu übersehen: blitzende Autos, erstklassige Straßen, Überfluss in den teuren Supermärkten.

All dies vor dem Hintergrund, dass Französisch-Polynesien fast nichts selbst produziert. Wie es einem Inselstaat im Pazifik ergeht, der ohne die Unterstützung eines reichen Mutterlandes auskommen muss, werden wir später auf den Cook-Inseln erfahren.

Die Insel Huahine ist klein und überschaubar, der Hauptort Fare besteht aus nur wenigen Häusern. Die Atmosphäre hier ist völlig anders als in Tahiti und Moorea: polynesisches Gewusel mit einem Schuss Frankreich, nicht umgekehrt.

Im Supermarkt trifft sich alles, an der Kasse wird mit viel Lachen und guter Laune der neueste Dorftratsch erörtert. Die Einheimischen lassen sich Zeit beim Einkauf, nehmen jedes Baguette aus der Kiste, prüfen und befingern es gründlich, bis sie sich schließlich für eines entscheiden. Aus den Lautsprechern tönt nicht das »Supersonderangebot aus der Fleisch- und Wurstwarenabteilung«, sondern polynesisches Trommeln und »Aloha«. Wir hätten gern die CD, aber es gibt nur ein etwas abgegriffenes Exemplar im Büro des Marktleiters. Der ist von polynesischer Statur, so breit wie hoch – und total begeistert, dass uns die Musik seines Landes so gut gefällt. Das gibt ein schönes Foto: wir, Arm in Arm mit unserem schwergewichtigen neuen Freund, der uns mit breitestem Lachen die CD überreicht.

Die wenigen Touristen kennt man vom Sehen nach einem Tag, es sind nicht die gelangweilten Nobeltouristen wie in Tahiti, sondern eher Traveller, die auf eigene Faust die Südsee erkunden.

Auf gemieteten Mountainbikes durchstreifen wir die Insel, die im tropisch warmen Winterregen dampft. Ab und zu flüchten wir unter ein Wellblechdach an der Straße, eine gute Gelegenheit, einige Worte mit den Einheimischen zu wechseln. Spätestens hier auf Huahine merken wir, dass wir die polynesische Art des Umgangs lieben gelernt haben: Egal, wem man begegnet, man sieht sich ins Gesicht, lächelt sich an, sagt etwas Freundliches.

Einen Tagesschlag nach Westen liegt Bora-Bora, das absolute Muss des Südseetouristen. Wir sind skeptisch. Schon bei der Einfahrt durch die Riffpassage sehen wir die Luxus-Kreuzfahrtschiffe WINDSONG und CLUB MED vor den ungezählten palmblattgedeckten Hütten der 500-Dollar-Hotels liegen. Wassermotorräder sorgen dafür, dass es dem betuchten Touristen nicht an heimischer Hektik und Krach mangelt.

Trotzdem, die Kulisse ist einzigartig. Umgeben von einer tiefblauen Lagune, zur See hin abgegrenzt durch kleine palmenbewachsene Motus, ragt der schroffe Berg der Hauptinsel in den knallblauen Himmel, oft von einer kleinen Gipfelwolke gekrönt.

Wir schlängeln uns im Zickzack durch ein flaches Rifflabyrinth und umfahren so die ganze Insel. Die braunen Korallenköpfe zu beiden Seiten sind manchmal zum Greifen nah. Zur Belohnung ankern wir an einem der schönsten Plätze, die wir bisher hatten. Rings um KAYA leuchtet das Wasser je nach Tiefe in allen Türkis- und Blautönen, vor uns schimmert ein Bilderbuchmotu mit weißem Palmenstrand, hinter uns erstreckt sich die grüne Hauptinsel mit dem markanten Berg.

Neben uns ankern DAKINI, GANESH und HUGOS 2, ein richtiges deutsches Seglerdorf. Diese Runde »passt« einfach, was nicht immer der Fall sein muss, wenn deutsche Schiffe sich an einem Ankerplatz häufen. Zwei Wochen lang sind die Tage ausgefüllt mit Geselligkeiten: Tauchen und Schnorcheln, Riffspaziergänge, Kaffeeklatsch, Sundowner und Abendessen...

Das Außenriff der Lagune von Bora-Bora hat an der Ostseite einen kleinen Pass. Durch diesen kommen jeden Morgen riesige Manta-Rochen aus der offenen See herein, um in der Lagune gemütlich zu frühstücken. Der Weg zum »Manta Reef« ist zwar weit, aber wir wollen uns dieses einmalige Schauspiel auch nicht entgehen lassen.

Und so setzt sich schon früh am Morgen ein kleiner Dingi-Konvoi in Bewegung, beladen mit Tauchausrüstung.

Wir tauchen ab und freuen uns an der Vielfalt der bunten Fische und Korallen. Nur von den Mantas keine Spur. Und wo ist Gaby? Rüdiger war einen Moment lang abgelenkt, nun hat er sie aus dem Blickfeld verloren. Sofort meldet sich das schlechte Gewissen, als guter »Buddy« hätte er dicht bei ihr bleiben müssen. Die blaue Tiefe gähnt leer und gefährlich. Ein Blick nach oben. Da ist sie − umgeben von zwei Mantas! Als wir uns wiederhaben, kommt ein riesiger Manta genau auf uns zu. In dem absolut klaren Wasser sieht es wirklich so aus, als käme ein UFO aus einer fernen Welt angeflogen. Die Augen sitzen nicht am flachen Körper, sondern an hervorstehenden Armen, weit auseinander, und geben dem Tier etwas Unheimliches. Dabei sind diese Planktonfresser absolut friedlich und ungefährlich. Er glotzt uns an, schlägt einen Haken, kommt zurück. Dann hat er seine Neugier befriedigt, entschwebt majestätisch im weiten Blau der Tiefe und lässt uns verdutzt und begeistert zurück.

In der Südsee II

Die unbekannte Schöne: Aitutaki –
Feuerwerk der Südsee-Kultur: West-Samoa –
Urlaub im Charterrevier: Tonga –
Der schwierige Törn: Kurs Neuseeland – Zyklon »Cyril«

Ende August nehmen wir Kurs auf Aitutaki in den südlichen Cook-Inseln. 480 Seemeilen liegen vor uns, also vier oder fünf Tage, je nach Wind. Der lässt sich erst mal ganz moderat an, wir segeln flott, aber komfortabel mit achterlichem Wind. Aber schon am zweiten Tag sind es sechs bis acht Beaufort, die Seen werden höher und von gemütlichem Segeln kann keine Rede mehr sein.

Gaby wird zum ersten Mal grün im Gesicht und zieht sich meist in die Koje zurück. Sie ernährt sich von Crackern, während Rüdiger es igendwie fertig bringt, in dem rollenden Schiff Ravioli heiß zu machen. An Kochen ist nicht zu denken. Nachts müssen wir ins dritte Reff. Aus der Dunkelheit rollen hohe Wellen heran, Suleika, unsere Windsteueranlage, braucht ständig Hilfe.

Auch am nächsten Tag geht der Ritt weiter. Eine Regenbö jagt die nächste, der Windmesser steht oft auf 35 Knoten. Gaby geht es soweit besser, dass sie einen großen Eintopf kochen kann – Rüdigers Rettung: Ravioli und Kekse tagelang, das hält keiner aus!

In der dritten Nacht tritt Rüdiger um 4.30 Uhr seine Morgenwache an. Noch zwanzig Seemeilen bis Aitutaki. Jetzt heißt es wachsam sein. Wir laufen unter Selbststeueranlage direkt auf eine Insel zu. Schon etliche Schiffe sind in dieser Situation auf ein Riff gelaufen. Regenschauer begrenzen die Sicht auf eine bis zwei Seemeilen. Die geliebte Tasse Morgenkaffee balancierend steht Rüdiger im Niedergang und beobachtet die See voraus. Und da: In der Morgendämmerung taucht Aitutaki auf. Die eben über die Kimm gekletterte Sonne lässt die kleine Insel grün aufleuchten, bis der nächste Schauer sie wieder verschluckt. Mitten im weiten Pazifik eine kleine grüne Insel! Es ist einfach zu schön, nach so einem Stresstörn wieder Land zu sehen!

Rüdiger sucht von der Saling aus die Passage durch das Riff von Aitutaki. Der Kanal ist laut Seehandbuch sehr flach und nur bei Hochwasser von Schiffen mit wenig Tiefgang befahrbar, für KAYA ist das mit hochgezogenem Schwert aber kein Problem. Bei auslaufendem Strom und starkem Seitenwind steuern wir exakt entlang der Riffkante durch den nur wenige Meter breiten Kanal. Glattes Wasser, grüne Ufer, Ruhe! Immer wieder faszinierend: wenn nach einem stürmischen Törn der Anker gefallen ist und KAYA so ruhig liegt, als wäre nie etwas gewesen.

Wir sind fast allein in dem winzigen Hafenbecken. Nur ein großes einheimisches Holzboot liegt vor Anker, etwa zehn Meter lang und fast ebenso breit. Der Rumpf ist gebaut wie ein Auslegerkanu, ein Prachtstück für jedes Völkerkunde-Museum.

Gaby ruft auf UKW-Kanal 16 den Hafenkapitän, aber der antwortet nicht. Stattdessen hören wir: »This is Father Don, welcome in Aitutaki!« Der katholische Pfarrer hat als Einziger ein Funkgerät... Kaum liegt unser Schiff an der kleinen Kaimauer fest, begrüßt er uns schon persönlich, ganz unkonventionell in Hawaii-Hemd und Shorts. Father Don ist Neuseeländer und selbst ein begeisterter Segler, er lädt uns gleich zum Mittagessen in sein Haus ein.

Bei Zoll und Immigration haben wir einklariert, nur der »Health Officer« fehlt noch. Als er auch am nächsten Tag nicht erscheint, laufen wir auf den Hügel über dem Ort zum Krankenhaus, um ihn aufzusuchen. Eigentlich sind wir illegal unterwegs, denn niemand darf von Bord gehen, bevor dieser wichtige Mann das Schiff inspiziert hat. Aber auch er hat kein Funkgerät und man hat vergessen, ihm unsere Ankunft mitzuteilen.

Er klärt uns mit ernster Miene über die Gesetzeslage auf und kommt gleich mit an Bord, wo er ganz amtlich mit einer kleinen Sprühdose herumfuchtelt, um alle Arten von Schädlingen von

135

Aitutaki fernzuhalten. Dann ist der Form Genüge getan, während der Einwirkzeit trinken wir Kaffee im Cockpit und plaudern mit unserem neuen Freund Mata.

Er bestätigt, was wir schon bei Father Don erfahren haben: Wegen der hohen Verschuldung hat die Regierung der Cook-Inseln drastische Sparmaßnahmen ergriffen und von einem Tag auf den anderen zweitausend Leute, zwei Drittel aller im öffentlichen Dienst Beschäftigten, entlassen – ohne Abfindung oder Bezüge, versteht sich, mit der Aufforderung, sich nunmehr wieder von Fischfang und Gartenbau zu ernähren. (Eine solche Maßnahme würde in Deutschland sicher breiteste Zustimmung finden...) Jeden kann es treffen, auch Mata. Hier in Aitutaki wurde unter anderem der kompletten Belegschaft der Müllabfuhr gekündigt, wir sollen unseren Müll nicht mehr in die noch überall herumstehenden Tonnen, sondern besser gleich in den Wald neben der Kirche werfen...

Auf dem großen Platz vor der Kirche findet das allwöchentliche Rugby-Spiel statt, ein großes Ereignis, zu dem sich Jung und Alt trifft. Auch wir sind unter den Zuschauern und werden rundum mit beifälligem Nicken begrüßt – sozusagen unsere offizielle Aufnahme in die Dorfgemeinschaft.

Am Sonntag mischen wir uns unter die Kirchgänger. Da wir inzwischen schon zweimal bei Father Don zum Essen eingeladen waren, gehen wir natürlich in seine, die katholische Kirche. Mit Speck fängt man Mäuse... Zum Glück haben wir uns in Schale geworfen, denn die ganze Gemeinde ist sehr festlich gekleidet. Wer ein Jackett hat, trägt es stolz, egal, ob es zur Hose passt. Die Frauen kommen in langen Kleidern und großen weißen, mit Spitzen verzierten Hüten. Der vielstimmige Gesang hört sich wunderbar an, nur etwas laut ist er. So wird der liebe Gott gerade diese Gemeinde unter den vielen anderen der Insel heraushören. Father Don trägt über der weißen Robe eine bunt mit Fischen und Meeresgetier bestickte Schärpe, darüber eine üppige rosa Blumenkette. Als er am Ende mit seinem Gefolge hinausschreitet, bleibt er kurz bei uns stehen. Küsschen für Gaby, dann hängt er ihr seine Blumenkette um den Hals. Noch bis zum nächsten Morgen ist unsere Kajüte erfüllt von dem süßen Duft der Frangipani-Blüten.

Nicht nur der Klerus schmückt sich mit Blüten. Fast alle Frauen und Mädchen auf Aitutaki tragen eine frische Hibiskusblüte oder einen Blütenkranz im Haar. Diese Blüten, verbunden mit dem allgegenwärtigen freundlichen Lächeln, schaffen eine Atmosphäre, die man nicht vergisst.

Die örtliche Secondary School entdecken wir bei einem Spaziergang und können es mal wieder nicht lassen: Spontan suchen wir den Direktor auf und lassen uns einen Besuchstermin geben. Am Montagmorgen (in Hessen sinnigerweise der erste Schultag nach den Sommerferien) stellt sich gleich schon wieder die ungewohnte Frage: »Was ziehen wir an?« Völlig overdressed, in unserer »Sonntagskleidung«, erscheinen wir im Lehrerzimmer. Wir werden freundlich begrüßt, der Schulleiter stellt uns einigen Kollegen vor, die hier ganz leger in Shorts und Badeschlappen ihren Dienst versehen.

Der Unterricht spielt sich in luftigen, ebenerdigen Räumen ab. Wir erleben eine Mathestunde, 11. Klasse. Die Schüler, alle in adretter rot-weißer Schuluniform, verfolgen mehr oder weniger interessiert, aber sehr diszipliniert, wie der Lehrer die Lösungen eines Tests erläutert. Fenster und Tür stehen weit offen, ab und zu schaut jemand herein und wechselt ein paar Worte mit dem Kollegen an der Tafel. Der gießt sich zwischendurch aus seiner Thermoskanne Kaffee nach. Die völlig stressfreie Atmosphäre, vor allem der fehlende Lärmpegel, machen uns sehr nachdenklich...

Bei Father Don lernen wir ein Ehepaar kennen, die Ärzte des hiesigen Krankenhauses. Als wir von unserem Schulbesuch erzählen, fallen sie zweistimmig über den Mathelehrer her. Der sei schuld daran, dass ihr Sohn jetzt Nachhilfeunterricht nehmen müsse. Das tröstet – wenigstens die Eltern sind überall auf der Welt gleich...

Abends wandern wir die dunkle Dorfstraße entlang, der Mond scheint auf den Strand, der Passat lässt die Palmenblätter rauschen. Im »Rapac Hotel« führen die Einheimischen ihre uralten Tänze vor. Die hölzernen Trommeln spornen die Tänzer an. Südseeschönheiten mit der Hibiskusblüte im langen schwarzen Haar lassen die Hüften kreisen, die muskulösen Oberkörper der Männer bewegen sich kaum, während die Beine im wilden Rhythmus wirbeln.

»Früher wärt ihr alle im Kochtopf gelandet«, singt der junge Sportlehrer lachend in Richtung der wenigen Touristen, die Kassiererin aus dem Supermarkt legt, begleitet vom rhythmischen Klatschen der Gruppe, ein mitreißendes Solo hin.

Um die Insel zu erkunden, leihen wir uns Fahrräder aus. Schlösser gibt es keine, die seien auf Aitutaki nicht nötig, erklärt uns der gemütliche Polynesier. Es gibt nur eine richtige Straße rund um die Insel. Ab und zu kommt hier ein Auto vorbei, meistens ein Pick-up, die Ladefläche voll besetzt mit singenden Polynesiern. Ansonsten ist die Insel überzogen mit einem Netz von Wegen, an den Kreuzungen stehen hölzerne Wegweiser. Wir fahren durch dichten Wald, aber auch immer wieder vorbei an Plantagen. Die wenigen Dörfer bestehen aus Holzhäusern, die weiträumig verteilt in üppigem Grün verschwinden. Überall blüht es.

Irgendwo auf der Insel soll eine Österreicherin leben. Sonja hatte sich während eines Urlaubsaufenthaltes in den Bootsführer Tauono verliebt und diesen kurz darauf geheiratet, nun führt sie ein offenes Haus für durchreisende Segler. Wir finden ihr Häuschen abseits der Straße zwischen Bananenstauden, Mango- und Papayabäumen mitten in einem grünen, blühenden Garten. Tauono begrüßt uns mit dem lächelnden Charme der Südseeinsulaner, führt uns hinein. Sonja allerdings wirkt alles andere als glücklich. Auf unsere harmlose Frage, wie sich denn nun das Leben auf dieser paradiesischen Insel anfühle, bricht es aus ihr heraus: Die Menschen hier seien egoistisch und neidisch, sie gönnten ihr nicht die Früchte ihres europäischen Fleißes. Sie sei noch immer eine Fremde im Dorf. Die feuchte Hitze verursache Rheuma. Ungeziefer, Trockenperioden, Sintfluten und Wirbelstürme machten das Leben beschwerlich. Aber das Schlimmste sei die Einsamkeit, die Sehnsucht nach Gedankenaustausch mit Angehörigen der eigenen Kultur in der Muttersprache. Auf uns wirkt Sonjas Geschichte deprimierend, aber auch äußerst lehrreich.

Die Lagune von Aitutaki ist ebenso schön wie die von Bora-Bora. Nein, sogar schöner, denn sie bleibt von Kreuzfahrtschiffen, Ausflugsdampfern und Yachten verschont. Das Korallenlabyrinth ist so flach und eng, dass nur die einheimischen Auslegerkanus die

Lagune befahren können. Wir packen unser Dingi für einen Tagesausflug zum Motu Maina, einer kleinen Palmeninsel am Außenriff. Schnorchelausrüstung, Trinkwasser, Benzin für den Außenborder, Werkzeug und allerlei Kleinigkeiten müssen mit auf die Expedition. Kaum sind wir draußen, kommt Wind auf. Aber wir motoren genau nach Luv, sollte unser 2-PS-Außenborder streiken, würde der Passat uns zurück auf die Insel blasen. Nach endloser Slalomfahrt zwischen braunen Korallenköpfen erreichen wir den schneeweißen Strand der kleinen Trauminsel. Wir schlagen unser Lager unter einer Palme auf. Im flachen, in der Sonne glitzernden Wasser tummeln sich Fische. Aitutaki grüßt bläulich aus der Ferne. Ganz allein auf einer Südseeinsel – wie im Witzblatt, nur viel viel schöner...

Eine Woche Aitutaki – viel zu kurz für diese bezaubernde, freundliche Insel. Aber wir müssen weiter. Morgens um sechs Uhr piepst der Wecker, es ist noch dunkel, nur die stimmgewaltigen Hähne machen bereits einen Höllenlärm. Es ist drei Stunden nach Hochwasser, eigentlich schon zu spät für die Riffpassage, aber die Morgendämmerung reicht jetzt erst aus, um die Korallen im Wasser zu erkennen. Gaby steht am Bug und dirigiert, Rüdiger versucht, gleichzeitig die Fahrrinne und das Echolot zu beobachten: 1,80 – 1,40 – 1,20 – 1 Meter! Und schon knirscht es. Ein Griff zum Ruderniederholer und wir sind wieder frei. Uff, das war selbst für Kaya etwas flach...

Draußen erwartet uns leichter Passat mit vier Beaufort von achtern und den typischen friedlichen Wölkchen. Unter Schmetterling nehmen wir Kurs auf Samoa, 750 Seemeilen liegen vor uns. Leider bleibt es nicht lange so gemütlich. Der Wind nimmt immer mehr zu, die Seen werden unangenehm hoch. Wir sind angespannt. Bei acht Windstärken macht Lesen keinen Spaß mehr, Kochen ist fast unmöglich und Schlaf stellt sich nur bei echter Erschöpfung ein. Gaby ist wieder einige Tage seekrank. Zum ersten Mal in unserem Seglerleben steigt eine Welle ins Cockpit ein, Wasser läuft den Niedergang hinunter und schwappt über die Bodenbretter. Zum Glück ist der Kartentisch in Deckung. Das kann ja eine heitere Nacht werden! Die wird es auch, es pfeift im wahrsten Sinne des

Wortes. Als die Sonne aufgeht, wird erst sichtbar, was da für Wellen von achtern heranrauschen. Der Morgenkaffee ist kaum in der Tasse zu halten…

Beide stellen wir fest, dass wir von den Langpassagen nicht mehr so begeistert sind wie am Anfang. Die Neugierde und Spannung hat damals wohl Stress und Schlafmangel überdeckt. Inzwischen sind wir routinierter und werten die rauen Bedingungen der Langfahrt eher als Preis für die tollen Erlebnisse, die in einem neuen Land und an traumhaften Ankerplätzen auf uns warten.

Am 12. September laufen wir in die Bucht von Apia, der Hauptstadt von West-Samoa, ein. Während der nächsten zehn Tage stürzen wir uns in die Aktivitäten des »South Pacific Festival of Arts«. Es findet alle vier Jahre in einem anderen Land statt, eine Art Kultur-Olympiade von 26 Südseenationen, von Australien bis zur Osterinsel. Die Cook-Inseln, Gastgeber des letzten Festivals vor vier Jahren, sind diesmal nicht vertreten. Traurig hatte man uns in Aitutaki erzählt, dass auch die Teilnahme am Festival den drastischen Sparmaßnahmen zum Opfer gefallen sei. Aber ein paar Mutige wollen wenigstens als Zuschauer dabei sein: Das traditionelle Holzboot, das im Hafen von Aitutaki lag, läuft bald nach KAYA ein. Trommelwirbel, an Deck wird tanzend die Ankunft gefeiert.

Mitten im Zentrum von Apia ist das »Festival Village« aufgebaut, ein Hüttendorf im samoanischen Stil, wo jedes Land seine kulturellen Besonderheiten präsentiert. Holzschnitzen, Tätowieren, Kochen – hier gibt es immer etwas zu sehen. Auf verschiedenen Bühnen kann man bei freiem Eintritt die Tanzvorführungen bewundern. Die tollste Stimmung herrscht rund um die Hauptbühne vor dem Regierungsgebäude, wo jeden Abend vier bis fünf Tanzgruppen auftreten.

Die Tänze sind oft sehr wild, sehr rhythmisch, mitreißend, aber auch manchmal einschläfernd langweilig. Das hängt offenbar davon ab, wie sehr die christliche Beeinflussung greifen konnte: Unsere Lieblingsgruppe »Heikura Nui« aus Tahiti versprüht wieder Erotik pur, während etwa die Tänzerinnen von Tonga in ihren Missionarsnachthemden zwischen Hals und Knöchel keinen Zentimeter Haut zeigen. Entsprechend bieder sind auch die Darbietungen... Am wildesten, richtig furchterregend sind die Maori-Krieger aus Neuseeland. Mit wilden Blicken aus hervorquellenden Augen und mit herausgestreckter Zunge versuchen sie den imaginären Gegner einzuschüchtern. Dann treten die Frauen mit lieblichen, melodischen Gesängen in den Vordergrund. Allerdings verraten Sommersprossen und rötliches Haar den schon länger währenden britischen Einfluss...

Im Info-Center für die aus vielen Ländern angereisten Besucher erklärt uns ein netter junger Samoaner den Festival-Zeitplan und empfiehlt uns eine Gruppe ganz besonders: »You must see Papua New Guinea, the women are topless... you know, topless... oh, I like that!« Andere Samoaner sind weniger angetan, im Gegenteil. Samoa ist stark religiös geprägt, die Samoanerin zeigt auch in der Stadt weder Knie noch Schulter, Badestrände für Touristen sind der Öffentlichkeit nicht zugänglich. Die freizügige Tanzgruppe aus PNG sorgt für tagelange Debatten in den örtlichen Zeitungen. Am letzten Abend, just als wir uns die »topless«-Show ansehen, kommt es zum Eklat: Ein älterer Samoaner aus dem Publikum erklimmt die Bühne und schlägt mit einem Palmwedel auf die Tänzer ein. Die Regierung von Papua-Neuguinea protestiert scharf gegen den »cultural assault«, Samoa, solchermaßen unter Druck geraten, steckt den Attentäter bis auf weiteres in den Knast, und der »Samoa Observer« hat endlich einen Anlass gefunden, die Oben-Ohne-Fotos auf der Titelseite abzubilden...

Die südpazifische Multikulti-Atmosphäre spüren wir während des Festivals überall in der Stadt. Am Hafen spielen auf einer riesigen Open-Air-Bühne den ganzen Tag über Bands, unser Favorit ist die australische Rock-Reggae-Gruppe »Footprince«. Abends trifft sich alles in einer der Kneipen rund ums Hafenbecken. Wir schwofen wie in alten Zeiten.

An Ausschlafen ist aber nicht zu denken: Jeden Morgen, pünktlich um 7.50 Uhr, werden wir von typisch deutscher Blas- bzw. Marschmusik geweckt – ein Überbleibsel aus der Zeit deutscher Kolonialherrschaft. Das Polizeibataillon, angeführt von der Blaskapelle, marschiert in weißen Tropenhelmen und blauen Unifor-

Who's at fault ?

Full story and more photos on page 3

PNG women dancers

Top : *Angry Samoan spectator being led off by police after appearing seemingly from out of nowhere and striking at the Papua New Guinea dancing troupe with dried coconut palm fronds*
Right: *The PNG in live performance on the night the incident occured on stage infront of the Government Building last Wednesday.*

Titelseite des »Samoa Observer« am Tag nach der Oben-Ohne-Darbietung der Tanzgruppe aus Papua-Neuguinea.

142

men mit knielangen Röcken, an den Füßen Sandalen, zur Flaggen-
zeremonie vor dem Regierungsgebäude.

Am Sonntag ist Apia, ist ganz Samoa wie ausgestorben. Vielleicht
der einzige Ort auf der Welt, der sonntags noch langweiliger ist als
Seeheim an der Bergstraße... Außer Ruhen und Speisen ist tradi-
tionell nichts erlaubt. Nicht einmal hinausfahren zum Fischen darf
der Samoaner am Sonntag. Eine Ausnahme gibt es: Auf dem Markt
sieht man Menschen, wenn auch meist schnarchend. Damit die
Verkaufsflächen für die Familien aus den umliegenden Dörfern
nicht verloren gehen, wohnen dort immer ein paar Familien-
mitglieder. Bei einem gerade erwachten Samoaner kaufen wir ein.
Er ist ein stattlicher Mann, nur bekleidet mit dem landesüblichen
Lavalava, einem bunten Wickeltuch, das bis zu den Waden reicht.
Über den Hüften sieht man die Tätowierungen, die von der Taille
bis unters Knie den Körper bedecken. Wir erfahren, dass die
schmerzhafte, sich über mehrere Tage hinziehende Tätowierungs-
prozedur jeder Mann ab 16 auf sich nehmen kann, aber nicht muss.
Hat er sich jedoch einmal dazu entschlossen, kann er nicht mehr
zurück, er würde Schande über die ganze Familie bringen.

Die Furcht vor der Schande für die Familie ist auch die Erklärung für die außerordentlich geringe Kriminalität in West-Samoa.
Nirgends auf der ganzen Reise, und schon gar nicht in Darmstadt
auf dem Luisenplatz, kann man sich spät abends mit einem so
sicheren Gefühl bewegen. Die Familie spielt in Samoa eine alles
beherrschende Rolle. Sie gewährt Schutz, aber sie verpflichtet auch.
Ein Dieb würde von der Familie verstoßen werden, das Schlimmste,
was einem Samoaner passieren kann. Das Familienoberhaupt, der
Matai, entscheidet über alle Belange der Familie und wacht über
die Einhaltung der Traditionen.

Auf den ersten Blick eine völlig intakte Kultur. Auf den zweiten
Blick gibt es aber auch hier Probleme: Der Einfluss des Fernsehens
ist nicht aufzuhalten, und auch der enge Kontakt mit Australien
und Neuseeland, wo viele Samoaner studieren oder arbeiten, weckt
neue Wünsche. Privater Konsum und die Selbstverwirklichung des
Einzelnen sind aber im Matai-System nicht vorgesehen. Viele junge
Samoaner verzweifeln an diesem Widerspruch, die Selbstmordrate

unter jungen Leuten ist die höchste weltweit. Wir treffen beim abendlichen Kneipenbummel einen jungen Sozialarbeiter, der seinen Beruf so beschreibt: »I tell the boys not to kill themselves«...

In der Bucht von Apia liegen etwa hundert Yachten. Viele kennen wir bereits aus der Karibik, einige lernen wir hier kennen. So zum Beispiel Björn und Birgit, mit Mitte zwanzig die absoluten Küken unter den Fahrtenseglern. Sie waren mit dem Rucksack auf großer Reise, entdeckten in Guatemala die Vorzüge des Yachtlebens und kauften dort spontan ihre MI COLUMPIO. Das Geld hatte Björn neben dem Studium als Jongleur in deutschen Fußgängerzonen verdient. Nun sind die Segelanfänger auf dem Weg nach Australien. Auf die Frage, ob sie denn für das Leben in Deutschland nun verdorben seien, antwortet Birgit unschlagbar treffend: »Nicht wir sind verdorben für das Leben in Deutschland, das Leben in Deutschland ist zu verdorben für uns...«

Werner und Meri von der MAÑANA wollen ihr Schiff in Neuseeland verkaufen. Werner würde gern noch weiter segeln, aber Meri entwirft bereits die Einrichtung ihrer Wohnung in Deutschland.

Gerhard von der REFUGIA hatte als Briefträger 15 Jahre auf alles verzichtet, um sich das Schiff kaufen zu können, und empfindet den realisierten Traum nun eher als Alptraum. Die Reihe der Seglergeschichten ließe sich ohne Ende fortsetzen.

Mit John und Lisa von der schwedischen BARINA, die wir seit Lanzarote immer wieder treffen, machen wir im Mietwagen eine Tagestour über die Insel. Wir bestaunen die Dörfer, die fast ausschließlich aus Fales bestehen. Ein Fale, ein samoanisches Haus, ist praktisch nur ein Dach, das auf vielen einzelnen Pfählen über einem großen, nackten Fußboden errichtet ist. Dieses »Haus« ohne geschlossene Wände, für jedermann einsichtig, ist Wohn- und Schlafraum. Es gibt so gut wie keine Einrichtungsgegenstände, oft nur ein Bett, oder auch die typischen sesselartigen Holzstühle, die an einer Seite des Fale aufgereiht sind. Die Kleidung ist unter dem Dach luftig aufgehängt. Gekocht wir in einem Extra-Fale.

Das Festival ist zu Ende, Apia kehrt zurück zur Normalität der Hauptstadt eines kleinen Inselstaates. Die meisten Yachten verlassen Samoa Richtung Tonga oder Fidschi. Wir machen noch einen

20

21

20 Landfall in Fatu Hiva, Marquesas

21 Die Kinder helfen beim Anlanden.

22

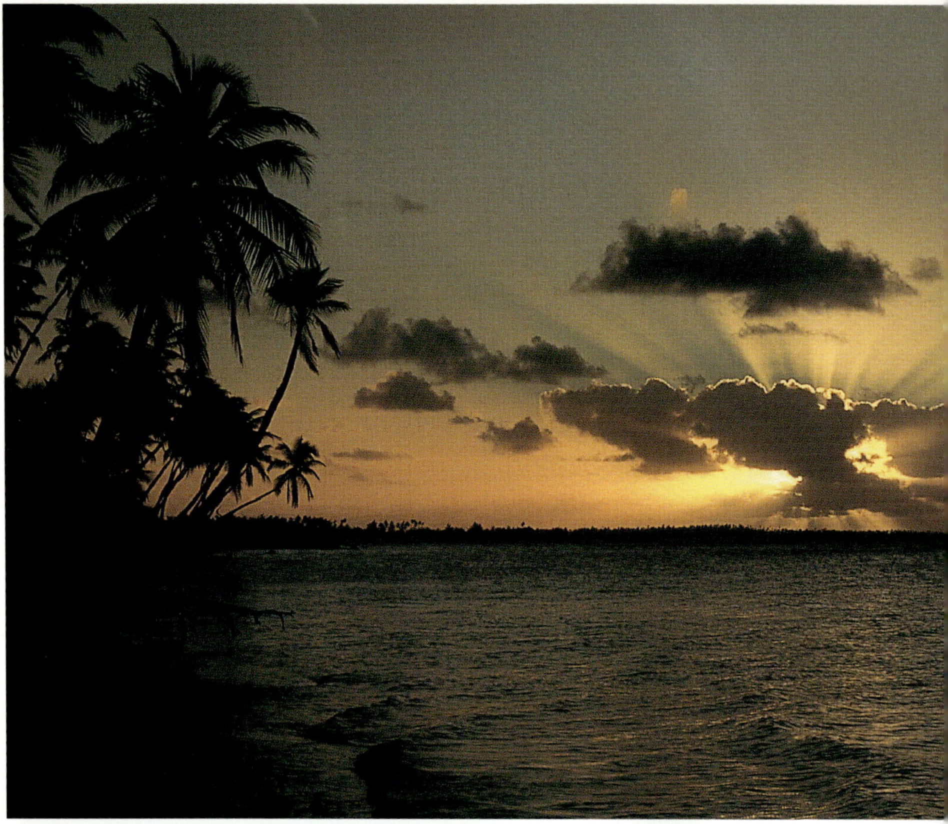

23

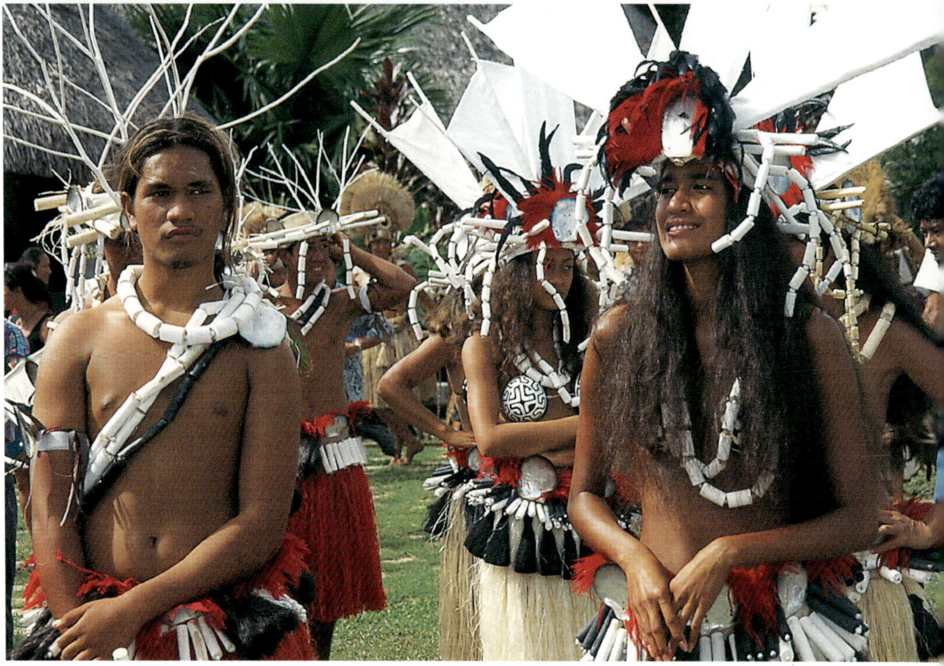

22 *Abendstimmung in den Tuamotus*

23 *Tanzgruppe beim »Heiva I Tahiti«*

24 *Der Pass ins Apataki-Atoll, Tuamotus*

25 *Tradition in neuem Outfit: Kanu-Rennen in Tahiti*

24

25

26 Fisch satt: Eine
prächtige Gold-
makrele hat
angebissen.

27 Wohnhäuser in
West-Samoa

28 South Pacific
Festival: Die
»Topless-Show«
von Papua-
Neuguinea

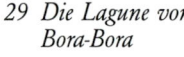

29 Die Lagune von
Bora-Bora

30 South Pacific
Festival: Die
Samoanerinnen
sind züchtig ver-
hüllt.

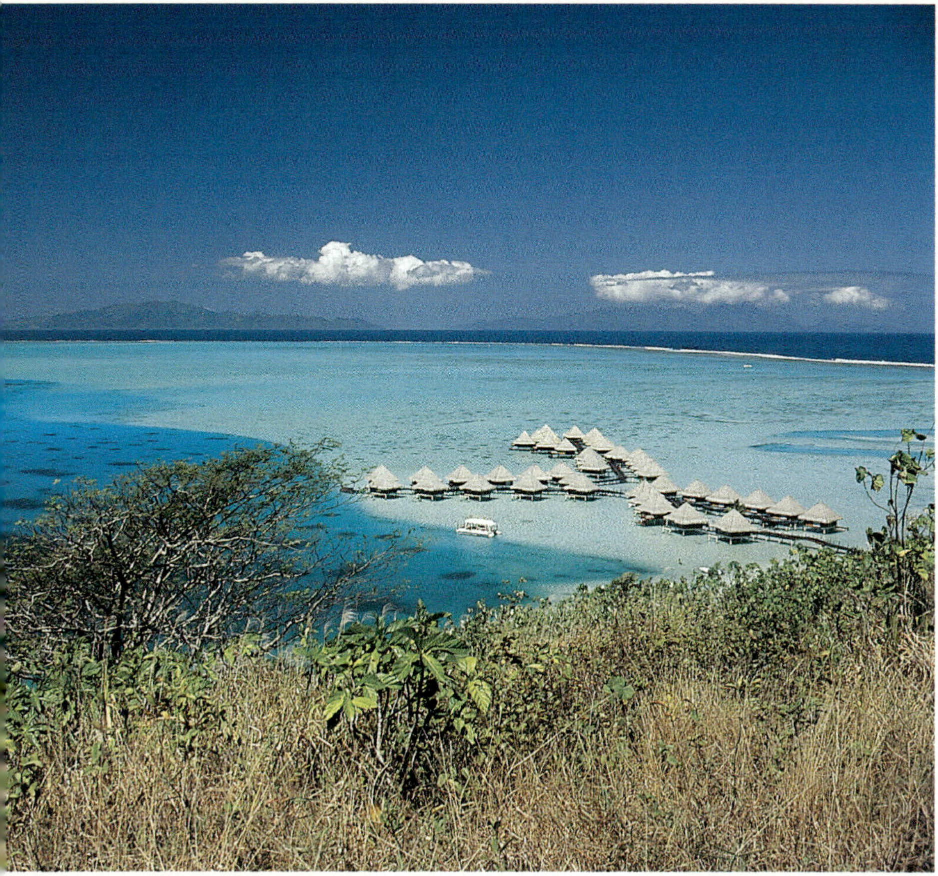
29

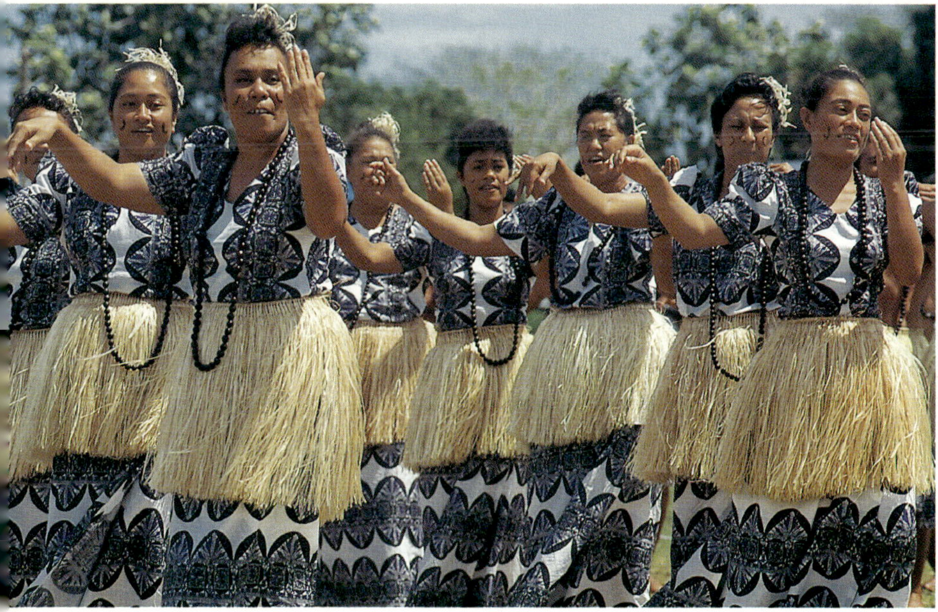
30

31 Die Emerald
   Lakes im
   Tongariro-
   Nationalpark,
   Neuseeland

32 Schiffbruch der
   ORA am
   Minerva-Riff

33 Markt in Suva,
   Fidschi

34

34 Mit dem Zelt
unterwegs in
Neuseeland

35, 37 Unsere
Hochzeit am
Strand von
Yalobi, Fidschi

36 Mereoni hat unser
Hochzeitsmahl
bereitet.

38

39

38 Dorfstraße in
   Fidschi

39 Vulkanstrand in
   Vanuatu

40 Kleine Nambas
   auf der Insel
   Malakula,
   Vanuatu

40

Ausflug auf die Nachbarinsel Savaii, die ruhiger und ursprünglicher sein soll als die Hauptinsel Upolu. Die Fahrt mit der Fähre dauert eine Stunde. Mit einem bunten Bus geht es die Küste entlang. Busfahren in Samoa ist ein Erlebnis. Kein Bus kann so voll sein, dass nicht doch noch jemand hineinpasst. Und weil niemand stehen darf, nimmt einfach jeder einen anderen auf den Schoß. Wenn man Glück hat, singt der ganze Bus wunderbar vielstimmig.

Die Dörfer sind sehr gepflegt: kurzer Rasen, bunte Blumen, weiß getünchte Begrenzungssteine. Prächtige Fales, in denen man müßig auf dem Boden liegend auf den Abend wartet. Es ist Samstag, Samoa ruht... Überall tummeln sich blitzsaubere Schweine mit winzigen Ferkeln. Uns fällt auf, dass es nirgends Elend gibt. Auch die einfacheren Fales machen keinen verwahrlosten Eindruck.

Eines ist uns nicht klar: Wer baut, wer bezahlt diese vielen, riesigen Kirchen? Jedes noch so kleine Dorf hat zwei oder drei Kirchen, von denen jede als Wahrzeichen einer europäischen Großstadt dienen könnte.

Anfang Oktober wird es Zeit, in Richtung Tonga aufzubrechen. Im November, wenn die Sonne auf die Südhalbkugel wandert, beginnt die Zeit der tropischen Wirbelstürme, die hier Zyklone heißen. Aber vorher muss wieder einmal KAYAs Bauch geschrubbt werden. Zusammen mit BARINA verholen wir uns dazu in eine Bucht einige Meilen entfernt von Apia.

Am nächsten Morgen, einem Sonntag, werden wir vom Gebimmel der Kirchen geweckt. Am Ufer sieht es so aus, als stiegen Morgennebel auf. Aber es ist der Rauch von zahllosen Umus, den Erdöfen, in denen das traditionelle Sonntagsmahl zubereitet wird. Bald haben wir Besuch von einem Kanu, der Pastor des Dorfes lässt uns Grüße bestellen und lädt uns in sein Haus ein. Nachmittags pullen wir mit John und Lisa ans Ufer, wo wir schon vom Pastor und zahlreichen Kindern erwartet werden.

Umringt von den Kindern wandern wir die Dorfstraße entlang. Was für eine Dorfstraße! Die üppige tropische Vegetation gibt über der Straße kaum den Himmel frei. Der tief stehenden Abendsonne gelingt es nur vereinzelt, Bananenstauden oder blühende Büsche hell aufleuchten zu lassen. Die Häuser bzw. Fales kann man im dichten Grün nur ahnen. Die Stimmung ist heiter und friedlich. Von allen Seiten werden wir begrüßt, überall lachende, freundliche Gesichter. Es ist warm, aber nicht mehr so heiß, ein unvergesslicher Sommerabend, wie es ihn in Deutschland nur einmal im Jahr gibt.

Es ist 19 Uhr, uns fällt auf, dass plötzlich überall an der Straße Leute stehen, als würden sie auf jemanden warten, der die Straße entlangkommt. Es ist die Gebetszeit, alle Arbeit, jegliche Bewegung ruht für einige Minuten.

Im Fale des Pastors sitzen wir nicht um einen Tisch, sondern zu viert nebeneinander aufgereiht in den typischen Holzsesseln, die an der einen Seite des ansonsten fast leeren Raumes stehen. Einziges weiteres Mobiliar ist ein kleines Schränkchen in der Ecke, auf dem ein Fernseher mit Videorecorder steht, dezent verhüllt durch einen Vorhang. Vor uns wird eine Matte auf dem Boden ausgebreitet, die beiden halbwüchsigen Töchter des Hauses stellen vor jeden von uns ein kleines Tischchen und servieren die Speisen: Fleisch, Huhn, Brotfrucht, Reis, Cornedbeef, Letzteres hierzulande eine wertvolle Delikatesse. Dazu gibt es süßen Tee mit Milch. Die Mädchen setzen sich auf den Boden, fächeln uns Luft zu, schenken Tee nach und geben sich Mühe, trotz unserer vollen Backen die Konversation in Gang zu halten. Der Pastor hatte sich entschuldigt, er musste zu einer Trauerfeier. Wir sind eingeladen, an der Beerdigung teilzunehmen. Im Fale nebenan übt ein Chor für die morgige Feier, sehr melodisch mit verschiedenen Stimmlagen. Kein europäischer Chor könnte sich ernsthaft mit einem polynesischen messen!

Zum Trauergottesdienst finden wir uns am nächsten Morgen in der nahen Kirche ein. Der Sarg wird von den Angehörigen vor den Altar getragen. Vier Pfarrer predigen um die Wette, denn in den weit verzweigten samoanischen Familien sind immer mehrere Glaubensrichtungen vertreten. Später schreitet der Trauerzug zum Haus der Familie, wo die Tote im Vorgarten beigesetzt wird. Der mit Blumen bedeckte Sarg wird ins Betongrab versenkt, das hermetisch mit einer Betonplatte verschlossen wird. Nun bekommt jeder Trauergast, also auch wir, eine große Styroporpackung voller köstlicher Speisen, dazu eine Riesenportion Vanilleeis. Man lässt sich zum

Verzehr auf dem Rasen nieder oder nimmt das Fresspaket mit nach Hause.

Wir heben unseren Trauerschmaus für den Abend auf, denn der Pastor hat uns zum Lunch eingeladen. Wir sitzen im luftigen Strand-Fale, die Kinder servieren respektvoll das Essen, nur die zwei kleinsten dürfen auf Papas Schoß herumturnen, während wir uns mit ihm über Samoa unterhalten. Der Pastor ist ein gebildeter Mann und spricht gut Englisch, so können wir viele Fragen stellen und erfahren mehr über das Land, als das normalerweise beim Kontakt mit Einheimischen möglich ist. Zum Beispiel, dass die Kirchen so groß sind, weil einmal im Jahr alle Nachbargemeinden darin Platz finden müssen. Bezahlt werden die prunkvollen Gebäude von Spenden der Gemeindemitglieder, mit der Höhe des Spendenbetrages steigt das Ansehen. Um viel spenden zu können, werden hohe Kredite aufgenommen.

Nachmittags ist der Pastor bei uns zu Gast. Er hat noch nie eine Yacht von innen gesehen und ist sehr beeindruckt. Auch er hätte gern so ein Boot, nicht zum Reisen, nicht zum Segeln, nein: »to have a rest, to read a book…«. »Privacy«, die Privatsphäre, ist das unerreichbare Glück, von dem ein gebildeter Samoaner träumt!

Zum Abschied am nächsten Morgen versammelt sich die ganze Familie am Strand. Wir überreichen unsere Abschiedsgeschenke und bekommen auch welche: für jeden einen Lavalava und eine Muschelkette für Gaby. Wir sind ganz gerührt und versprechen, nächstes Jahr wiederzukommen, wenn Rasmus uns gnädig ist.

Der denkt aber im Moment gar nicht daran, sondern er will uns richtig ärgern. Kurs Tonga bei sechs bis sieben Beaufort aus Südost bedeutet ungemütliches Segeln hoch am Wind mit viel Lage und über das Vorschiff laufenden Wellen.

Am zweiten Abend segeln wir auf eine schwarze Wand zu, dann fängt es an zu schütten, aus allen Kannen, der Windmesser zeigt acht bis neun Beaufort. Da hört der Spaß auf, zum ersten Mal drehen wir bei und siehe da, es klappt: drittes Reff im Groß, ein winziger Fetzen Fock backgestellt, und KAYA liegt relativ stabil in der See. Wir sind ganz beeindruckt und sehr zufrieden.

Bei unserer Ankunft in Tonga ist es an Bord Sonntag, der 13. Oktober, aber Tonga verzeichnet bereits Montag, den 14. Oktober: Das Mysterium der Datumsgrenze, die hier einen Schlenker nach Osten macht, hat nun auch uns erfasst.

Das Königreich Tonga besteht aus drei Inselgruppen: Im Süden liegt Tongatapu mit der Hauptstadt Nuku'alofa, etwa siebzig Seemeilen nördlich davon liegt die Ha'apai-Gruppe und noch sechzig Seemeilen nördlich liegt die Vava'u-Gruppe mit dem Hauptort Neiafu. Dort klarieren wir ein. Der Ort macht keinen einladenden Eindruck. Wenig Grün, keine Blumen, dafür Staub, Dreck und Gerümpel zwischen den Häusern. Ein krasser Unterschied zu Aitutaki und Samoa, wo die Gärten gepflegt und selbst die einfachsten Häuser liebevoll hergerichtet waren.

Die Bucht von Neiafu ist ein ringsum völlig geschützter Naturhafen. Treffpunkt, Klatsch- und Nachrichtenbörse ist die »Bounty Bar«, eine nette Kneipe, wo man auf der Terrasse mit Blick auf die ankernden Yachten bei einem kalten »Royal«-Bier plaudert. Tonganer trifft man hier allerdings nicht, neben den vielen Seglern, die auf dem Weg nach Australien oder Neuseeland hier vorbeikommen, sind es vor allem die »Hängengebliebenen« aus den USA und Europa, die die Neuankömmlinge in Augenschein nehmen.

Wir kehren dieser Szene erst mal den Rücken und sind von den wunderschönen Ankerplätzen zwischen den unzähligen kleinen Inseln angenehm überrascht. Etwas lästig sind die Charteryachten, die in diesem absolut geschützten Revier Kaffeesegeln üben und jeden Ankerplatz mit ihren Manövern bedrohen. Weil die meist amerikanischen Charterkunden nicht in der Lage sind, die Namen der Ankerplätze auszusprechen, hat die Charterfirma die Ankerplätze einfach durchnummeriert. Wenn man morgens auf UKW hört: »Hey folks, let's meet on seven«, dann weiß man, dass die Romantik dieser Bucht heute Abend durch laufende Generatoren und Neonlicht gestört sein wird...

So hat dieses landschaftlich sehr reizvolle Revier leider das Ambiente eines Freizeitparks. Das merkt man auch daran, dass die Einheimischen, die in ihren Kanus vorbeikommen und tropische Früchte, Pandanusmatten und Holzschnitzereien anbieten, meist absurde Preise verlangen. Für uns kein Problem, wir zahlen nicht, wir tauschen. Unser Cornedbeef, das wir in Neuseeland nicht einführen dürfen und das wir nicht mehr anrühren, seit Gaby weiß, wie man Fleisch einkocht, ist der Renner.

An einer touristischen Attraktion nehmen wir dann doch teil: Am Strand von Ankerplatz elf wird ein »Umu-feast«, ein tonganisches Erdofenessen, veranstaltet. Und es wird wirklich sehr schön. Der Erdofen qualmt, die untergehende Sonne taucht die Yachten vor dem Strand in goldenes Licht, unter dem offenen Dach eines Fale spielen einige Tonganer Banjo, Ukulele und Gitarre und singen dazu hinreißend melodisch. Aus einer großen Schale wird reihum Kawa gereicht. Zum Essen sitzen sich die zwanzig Yachties im Schneidersitz gegenüber, die dampfenden Speisen werden auf großen Bananenblättern hereingetragen. Und was es da gibt: jede Menge Fleisch, Huhn, Meeresgetier in Kokoscreme sowie alle erdenklichen tropischen Früchte. Gaby schwelgt in Krabben und Oktopus, Rüdiger in Hähnchenbrust und Ananas.

Sonntage sind stressig, man muss immer in die Kirche… Die Einladung des Gastgebers Matoto vom Vorabend konnten wir nicht abschlagen, wir werden mit dem Auto abgeholt und zu einer der vier Kirchen des Dorfes Pangai Motu gefahren. Von allen Seiten strömen festlich gekleidete Leute herbei. Ein alter Mann in schwarzem Anzug, barfuß, die etwas zu langen Hosenbeine hochgekrempelt, erklimmt die Kanzel. Er trägt eine ultracoole tiefschwarze Stevie-Wonder-Sonnenbrille, die er auch während der nun folgenden Predigt nicht absetzt. Er kommt richtig in Fahrt, so sehr, dass er wie die Gemeinde ins Schluchzen gerät. Nun wird es dramatisch. Trotz polynesischer Sprache kann man ahnen, dass er der Gemeinde die Leviten liest, mit dem Fegefeuer droht. Er rudert wild mit den Armen, ringt nach Luft und ereifert sich so sehr, dass wir jeden Moment mit seinem Ableben rechnen. Schweißgebadet ruht er sich aus, während die Gemeinde einen ohrenbetäubenden Choral schmettert.

Unser Lieblingsankerplatz, Nummer dreißig, liegt ganz im Osten. Hier, auf der Insel Kenutu, lebt Johanna aus Berlin, die ihren Traum vom Leben auf einer einsamen Insel verwirklicht. Ganz einsam ist sie jedoch nicht: Moses, ihr tonganischer Lebensgefährte, zwei Hunde und ein paar Katzen teilen das Inselparadies mit ihr. In der »Berlin Bar« am Strand geht es meist sehr gemächlich zu, Moses spielt sanfte Lieder auf der Gitarre, die Hunde balgen sich unterm Tisch, und Johanna hat viel Muße, mit uns zu plaudern. Ihr ist klar, dass das gemütliche, selbst gebaute Haus nicht für die Ewigkeit ist, die Erträge aus der Bar werden durch Rücklagen aus Deutschland aufgestockt. Sicher ist nur, dass die letzten zwei Jahre zwar entbehrungsreich, aber sehr friedlich und reich an neuen Erfahrungen waren.

Wir bereiten uns auf die bevorstehende Etappe nach Neuseeland vor, nur 1100 Seemeilen, aber der schwierigste Abschnitt unserer bisherigen Reise. Das Problem: Am 1. November beginnt offiziell die Zyklon-Saison. Aber vorher, bis Oktober, herrschen noch raue Frühjahrsbedingungen im Seegebiet um Neuseeland, in dichter Folge ziehen Tiefdruckgebiete von Australien heran, die heftige Stürme bringen können. Später, im November und Dezember, herrschen günstigere, sommerliche Bedingungen, aber das Risiko, einem frühen Zyklon zu begegnen, steigt.

Der richtige Termin für den Absprung ist das Thema, das wochenlang von allen diskutiert wird. Möglichst spät, aber nicht zu spät sollte man in Richtung Neuseeland starten, wann immer das sei… Wir nehmen an einem Wetter-Seminar teil, dicht gedrängt sitzen etwa fünfzig Yachties im Konferenzraum des einzigen Nobelhotels am Ort. Der Neuseeländer Jim, der die Strecke gut kennt, sagt etwas, das uns sehr zu denken gibt: »Manche Leute spielen russisches Roulette und warten zu lange – ich nicht, ich gehe nie später als Anfang November, egal was das Wetter da unten macht!«

Unser Aufbruch verzögert sich. Die lang ersehnte Post, ohne die wir nicht absegeln wollen, ist längst überfällig. Im »Hilltop Guesthouse«, unserer Postadresse, nur bedauerndes Achselzucken – »no mail, sorry«. Für Johanna, an tonganische Verhältnisse gewöhnt, ist der Fall sofort klar: Das Päckchen ist irgendwo im Postamt hängen geblieben. Bewaffnet mit einem Stapel bunter Zeitschriften – die Mädels von der Post schauen so gern die Bilder an – marschieren Gaby und Johanna grimmig entschlossen im

Postamt auf. Und siehe da, nach langem Hin und Her werden sie tatsächlich fündig: Unter R wie »Rüdiger« verstaubt unser Päckchen in einem der vollgestopften Regale und wäre wohl noch jahrelang unentdeckt geblieben…

Am 11. November laufen wir aus, gemeinsam mit Egon und Claudia von der GANESH und einigen amerikanischen Yachten. Der Wind ist schwach und wird immer schwächer, wir nutzen jeden Lufthauch und dümpeln mit einem bis zwei Knoten, während uns die anderen Yachten davonmotoren. Aber unser Dieselvorrat ist begrenzt, wir brauchen ihn auf dem zweiten Teil der Strecke.

Auf 23,5° Süd, 179° West liegt das nördliche Minerva-Riff, ein kreisförmiges Riff, in dem man gut geschützt ankern kann, von dem aber nur bei Ebbe ein paar Korallenbrocken aus dem Wasser ragen. Ein irres Gefühl, mitten im Ozean so ruhig vor Anker zu liegen! Beim Schnorcheln am Außenriff bestaunen wir riesige Fische, unberührte Korallengärten und eine Schildkröte, die ganz ungestört unter uns entlangpaddelt.

Aber uns sitzt die Zeit im Nacken. Vor uns liegen noch 800 Seemeilen. Jeder Tag, den wir hier vertrödeln, erhöht das Risiko, unterwegs vom ersten Zyklon der Saison überrascht zu werden, sicher sind wir erst in Neuseeland. Schon nach zwei Tagen laufen wir wieder aus, obwohl immer noch kein Wind zu spüren ist. Mit quälend langsamen Etmalen – 60 Seemeilen, 50, 35 – dümpeln wir Richtung Süd-Südwest. Auf dem täglichen Funknetz werden Positionen und Wetterdaten ausgetauscht, über dreißig Yachten zwischen uns und Neuseeland kommen kaum von der Stelle. Motoren hätte keinen Sinn, auf Hunderten von Meilen ist kein Wind. Wir werden ebenso träge wie das Meer um uns, liegen längs auf den Bänken und lenken uns mit dicken Schmökern ab.

Dann, eines Morgens, beim routinemäßigen Abhören des neuseeländischen Wetterberichtes, werden wir jäh aufgeschreckt:
»Storm warning issued Nadi nov 23, 1920 UTC: Tropical cyclone Cyril was located near 15°S, 161°E at 1800 UTC. Cyclone intensifying and moving south-southeast 10 knots. Winds 55 knots, close to

center increasing...« Rüdiger fällt beim Mitschreiben der Morsezeichen vor Schreck fast der Stift aus der Hand. Das darf doch nicht wahr sein! Da ist er, der erste Zyklon der Saison, schon im November!

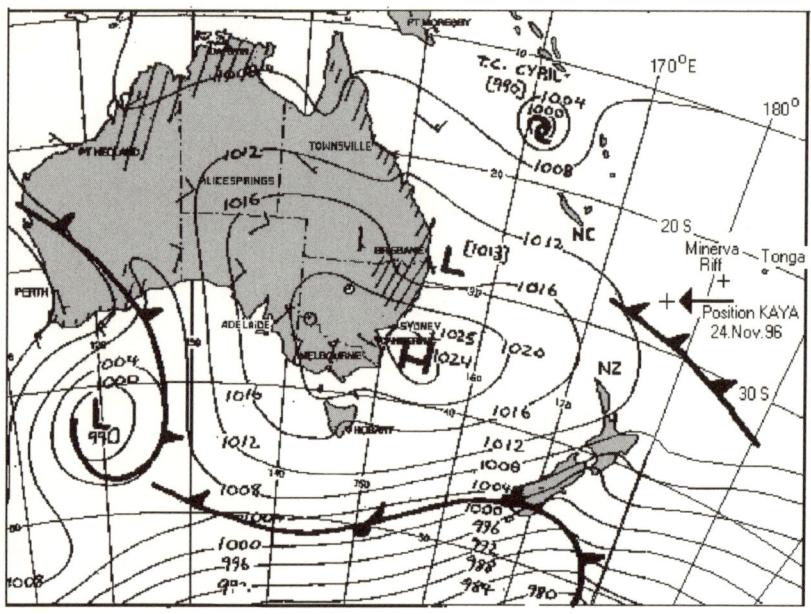

Tropical Cyclone "CYRIL" am 23.Nov. 1996 21.00 Z — 24.Nov. 09.00 Bordzeit KAYA auf Position 27 S 177 E
Bureau of Meteorology, Neuseeland, MSL Analysis vom 23. Nov. 1996 21 Z

Aus einer »tropical depression« nördlich von Neukaledonien hat sich über Nacht ein Wirbelsturm entwickelt. Tendenz weiter verstärkend, Zugbahn Südsüdost – genau in unsere Richtung! Mitten in der Weite des Pazifiks läuft der Zyklon »Cyril« auf uns zu, schneller als jedes Segelboot. Eine tödliche Gefahr: »Cyrils« aktuelle Position ist ca. 1000 Seemeilen nordwestlich von uns, er könnte, wenn er beschleunigt, ca. 500 Seemeilen am Tag zurücklegen, uns also in zwei Tagen erreichen. Und die Zugbahnen der Wirbelstürme hier im Südpazifik sind unberechenbar, anders als in der Karibik, wo sie alle am Antillenbogen nach Norden schwenken.

152

Auf dem Funknetz sorgt Austin von der DISCOVERY II, ein selbst ernannter Wetterfachmann, der erstmalig im Pazifik segelt, für zusätzliche Stimmung: Der Zyklon werde vermutlich in Richtung der Kermadec-Inseln ziehen, die »danger zone« sei südlich des Minerva-Riffs, also da, wo wir sind.

Das Wetterbuch von MetService Neuseeland gibt Auskunft, wie man sich bei Annäherung eines Zyklons verhält: Wenn man sich im »most dangerous quadrant« befindet, soll man sich von der Küste fernhalten und 90 Grad zur Zugbahn flüchten. Na prima...

Wenn wir nur irgendetwas tun könnten. Im Moment müssen wir beigedreht abwarten, jede gesegelte Meile könnte die Bewegung in die falsche Richtung sein. »Die Angst des Torwarts vorm Elfmeter«: den Gegner fixieren und hoffen, dass man sich in die richtige Ecke wirft, so kommen wir uns vor.

Unter Deck sitzen wir uns gegenüber und sehen uns schweigend an. Keiner will den anderen durch seine Sorgen unnötig nervös machen. So versucht jeder auf seine Weise mit der Situation fertig zu werden. Während Gaby sich in einen spannenden Krimi flüchtet, entwirft Rüdiger eine Liste der Arbeiten, die KAYA sturmfest machen sollen: alle Segel, Windgenerator, Solarmatten unter Deck, Ankerkasten zustopfen, alle Seeventile zu, Schwert hoch usw.

Aber wir müssen uns entscheiden. Wohin sollen wir flüchten? Zurück nach Nordosten, in den zweifelhaften Schutz des Minerva-Riffs? Oder nach Süden, Richtung Neuseeland, wo der Zyklon vielleicht schon seine Kraft verliert?

Wir rufen über Kurzwelle Taupo Radio/Neuseeland auf verschiedenen Frequenzen. Aus dem Lautsprecher kommt nur Rauschen und Prasseln. Verdammt nochmal, schlafen die oder haben wir die falsche Frequenz? Nach mehreren vergeblichen Versuchen probieren wir die private Station Russell Radio auf der Nordinsel. Und plötzlich ist da eine freundliche Stimme laut und klar in ganz ungewohntem Kiwi-Slang. Russell Radio rät uns, nach Süden zu gehen. Eine Hochdruck-Brücke nördlich von Neuseeland sollte »Cyril« auf Abstand halten, sodass er mit größerer Wahrscheinlichkeit nach Osten statt nach Südosten ziehen wird.

Inzwischen haben wir Wind, fünf bis sechs Beaufort aus Südost. Wir setzen volle Segel und gehen so hoch an den Wind, wie wir können. Noch nie lagen wir so schräg, die Fußreling zieht durchs Wasser, unter Deck hangeln wir uns mühsam von Halt zu Halt. Aber das stört uns nicht, uns beherrscht nur ein Gedanke: »Lauf, KAYA, lauf, in den sicheren Süden!«

In der Nacht schlafen wir nur in kurzen Erschöpfungspausen. Mit Bangen warten wir auf das Funknetz am Morgen. Wird es wieder Hiobsbotschaften geben? Die Computerstimme von WWV in Honolulu/Hawaii quäkt die neueste Position. »Cyril« ist kaum von der Stelle gekommen, und vor allem, der Druck im Zentrum steigt. Wir beginnen aufzuatmen. Nach zwei bangen Tagen verliert »Cyril« die Puste. Unsere Erleichterung ist nicht zu beschreiben.

Trotzdem bleibt die Lage spannend. Noch drei Tage bis Neuseeland. Wer ist schneller, das Tief, das von Australien her im Anmarsch ist, oder KAYA? Natürlich das Tief. In der Nacht kündigt sich die Front mit böigem Nordwest an, sechs bis sieben Beaufort. Nur noch hundert Seemeilen bis zur Bay of Islands, also fast schon im Hafen – aber nur fast. Der Meeresboden steigt hier von 3000 Metern Tiefe auf nur einige hundert Meter an, da kann sich gefährlicher Seegang entwickeln, vor dem man uns ausdrücklich gewarnt hat.

Am Morgen zeigt der Windmesser konstant sieben bis acht Windstärken, in den Böen auch mehr. Das Meer ist grau und feindlich. Seen brechen sich grollend hinter und neben KAYA. Überall weiße Schaumkämme, schwarze Wolken, dazu Regen waagerecht. Russell Radio meldet, dass die Front gerade die Küste passiert, also noch vor uns liegt. Die Windfahne hat Schwierigkeiten mit den hohen, von der Seite heranrollenden Wellen, die manchmal das Boot total überfluten. Eine reißt das Relingskleid mit KAYAs Namen glatt ab. Wir laufen ohne Groß mit minimaler Fock sechs bis sieben Knoten, also Rumpfgeschwindigkeit. Oft kommt KAYA ins Surfen, wenn sie vom Kamm einer Welle ins Tal düst. Rüdiger steuert von Hand, eingehüllt in Faserpelz, Overall und Südwester.

Gegen Mittag ist der Spuk ganz plötzlich vorbei, die Front ist durch! Die Wolkendecke reißt auf, die Sonne strahlt aus blauem

Himmel, die See beruhigt sich erstaunlich schnell. Abends können wir per Amateurfunk unserem Freund Tilo in Darmstadt das von unseren Müttern ersehnte Kürzel durchmorsen: »kaok«, auf KAYA alles okay!

In der Nacht blinkt uns der Leuchtturm von Kap Brett entgegen. In der Morgendämmerung können wir die Umrisse von Land erkennen, bei Sonnenaufgang sehen wir auf sanften grünen Hügeln Schafe weiden. Bei totaler Flaute motoren wir die Küste entlang, während die Küstenfunkstelle ständig Starkwindwarnungen durchgibt. Das nächste Sturmtief ist im Anmarsch, aber wir haben es geschafft!

Drei Stunden tuckern wir einen weiten Flussarm hoch zum Hafen von Whangarei. Die gelbe Flagge signalisiert: Wir wollen einklarieren. Der Beamte vom MAF (Ministery of Agriculture and Forestry) erwartet uns schon am Steg. Er ist sehr nett, aber gründlich: Popcorn, eine Kokosnuss, Zwiebeln, Kartoffeln, alles wandert in den großen schwarzen Müllsack vom MAF. »You don't have some more honey?«, fragt er hoffnungsvoll, während er unter der Bank wühlt und am Mehl schnüffelt.

Natürlich waren wir über den Ablauf der Prozedur längst per Funk informiert gewesen und hatten nur kleine Mengen übrig gelassen, die dem Beamten das Gefühl geben sollten, nicht unverrichteter Dinge wieder abziehen zu müssen. Aber den kleinen Rest im Honigglas glaubt er uns nur widerstrebend und kramt noch eine ganze Weile in unseren Schapps herum. Neuseeland fürchtet fremden Honig wie der Teufel das Weihwasser.

Zoll und Immigration kommen an Bord, freundlich und korrekt werden alle Formalitäten erledigt. Bei sinkender Sonne dürfen wir die gelbe Flagge einholen. Wir sind in Neuseeland!

Neuseeland

*Seglerdorf Whangarei – Zyklon-Alarm: »Fergus« und
»Drena« – Strände und Vulkane: Die Nordinsel – Gletscher
und Action: Die Südinsel – Der große Aufbruch: Zurück in
die Tropen – Rettungsaktion im Minerva-Riff*

Es ist der 30. November 1996, als wir nach unserem spannenden
und anstrengenden 19-Tage-Törn in Whangarei im Norden Neuseelands einklarieren.

Wir sind spät dran. Der größte Teil der Seglerflotte, die hier die
Wirbelsturmsaison verbringen will, ist schon vor uns eingetroffen,
die Town Basin Marina ist überfüllt mit Yachten aus aller Herren
Länder. Wie immer sind wir über Funk schon bestens informiert.
Hafenmeister Lew wird in den höchsten Tönen gelobt, ein netter,
hilfsbereiter Kiwi, die Seele vom Town Basin. Wir legen uns längsseits an eine andere Yacht am Kai, um uns von ihm einen Platz für
die nächsten Monate zuweisen zu lassen.

Aber was ist das? Ein zornrotes Gesicht erscheint hoch oben auf
der Mauer. Lew ist außer sich, dass wir ohne seine Erlaubnis hier
festgemacht haben. Wir sollen sofort umdrehen und uns auf den
Warteplatz zehn Meilen flussabwärts legen, zu all den anderen
Ankerliegern, die auch ins Town Basin wollen. Dazu haben wir aber
gar keine Lust. Und wozu haben wir schließlich ein kleines Boot mit
Schwert? Gaby wagt sich also trotzdem an Land und wartet eine
Atempause in Lews Donnerwetter ab. »Wir haben ein kleines Boot
ohne Tiefgang« ist wie immer die Zauberformel. Die Zornesfalten
verschwinden aus Lews Gesicht, noch grummelt er etwas, als er uns
einen freien Platz auf einem Meter Tiefe zuweist. Aber als wir später im Büro einchecken, strahlt er uns schon mit breitem Kiwi-

Lächeln an. Unser Liegeplatz im Seglerdorf, zwischen zwei Holzdalben im Fluss, wird nun für etliche Wochen unser bequemes Zuhause, und Lew wird unser Freund.

Fahrtenyachten sind willkommen in Whangarei, denn sie bringen ein exotisches Flair in das ansonsten eher verschlafene Städtchen. Rund um das Hafenbecken im Flussarm wurde ein Park angelegt, kleine Läden und Straßencafés laden zum Verweilen ein. Für Kiwis und Touristen ein beliebtes Ausflugsziel, für uns Yachties ein angenehmes Plätzchen zum Überwintern. Oder, genauer gesagt, zum »Übersommern«, denn in Neuseeland stehen auch die Jahreszeiten auf dem Kopf: Im Juli geht man Skilaufen, im Dezember beginnen die Sommerferien.

Hugo und Uli von der HUGOS 2 begrüßen uns, kaum dass die Leinen fest sind, mit einer riesigen Portion Schokoladeneis. Später schwelgen wir lange im blitzsauberen Waschraum mit heißer Dusche, beladen säckeweise die Waschmaschine. Die Annehmlichkeiten der Zivilisation nimmt man nach einem solchen Törn ganz anders wahr.

Dann machen wir unseren ersten Rundgang durch Whangarei. Riesige, überquellende Supermärkte, ein Schlaraffenland. Im Zentrum moderne, gut sortierte Läden und Kaufhäuser, in denen es wieder alles gibt. Die Fußgängerzone erinnert an Darmstadt im Hochsommer. Ein merkwürdiges Gefühl: Panama, Galapagos, Samoa – immer weiter hatten wir uns von zu Hause entfernt und immer tiefer waren wir in das völlig andere Leben der pazifischen Inselwelt eingedrungen. Und nun finden wir hier, genau am anderen Ende der Welt, ein vor Wohlstand strotzendes »Klein-Europa« vor.

Aber vieles ist auch anders als zu Hause. Kleidung spielt offensichtlich eine untergeordnete Rolle, der Kiwi liebt es leger. Rüdiger kann in seiner verbeulten Jogginghose durch die Stadt gehen, ohne im geringsten aufzufallen...

Es gibt keine mehrstöckigen Mietshäuser. Getreu dem englischen Motto »My home is my castle« wohnt man in flachen Holzhäusern mit eigenem Garten. Die großzügig angelegten Grundstücke erstrecken sich rund um das Stadtzentrum bis weit in das Umland.

Selbst die Großstadt Auckland, in der 800.000 der insgesamt drei Millionen Neuseeländer wohnen, ähnelt dadurch mehr einem riesigen Dorf. Ohne Auto läuft da natürlich nichts mehr.

Auch wir brauchen ein Auto. Wir haben vor, uns die vielgepriesenen Naturwunder Neuseelands anzusehen und mit unserem Zelt auch in unbesiedelten Gegenden zu bleiben. Öffentliche Verkehrsmittel sind, wenn es sie überhaupt gibt, unerschwinglich teuer.

Der Einheimische ersteigert seinen Gebrauchtwagen auf einer Auktion, offenbar in Anlehnung an die Viehauktionen. Leider keine Chance für uns, die Prozedur des zunächst Abwärts- und dann Aufwärtssteigerns in Form eines schnellen Sprechgesangs ist für einen Fremden zwar amüsant, aber nicht verständlich.

Also auf nach Auckland, dort gibt es jedes Wochenende einen volksfestartigen Gebrauchtwagenmarkt im Stadtpark. Und wir haben Glück. Gerade haben wir festgestellt, dass mit unserem Budget keine noch so vergammelte Rostlaube zu haben ist, als ein kleiner froschgrüner Toyota »Starlet« vorfährt, 700 DM mit frischem TÜV. Wir greifen sofort zu und sind sehr erstaunt, dass wir die 180 Kilometer zurück nach Whangarei problemlos bewältigen. Noch können wir ja nicht wissen, dass wir über 7000 Kilometer durch ganz Neuseeland ohne eine einzige Panne fahren werden, davon weite Strecken auf nicht asphaltierter Piste.

Nun sind wir mobil und können zügig unser Arbeitspensum erledigen. Unendlich viele Wartungs- und Konservierungsarbeiten sind an Schiff und Maschine fällig. Das Salzwasser zerstört wirklich alles, trotz unermüdlichen Einsatzes von Vaseline, Wollfett und Kriechöl. Dazu kommen viele Näharbeiten. Die extreme UV-Strahlung, speziell auf der Südhalbkugel, zerstört die Nähte von Segeln und Persenningen. Die Schaumstoffpolster der Kojen sind nach vier Jahren durchgelegen, die Bandscheiben verlangen nach neuen. Die provisorische Windfahnenhalterung wird ersetzt durch eine solide Aluminiumkonstruktion, die wir von einer Werft anfertigen lassen.

Wo immer Segler zusammentreffen, kommt unweigerlich bald eine Frage wie: »Hast du Karten vom Roten Meer, wir können Australien bieten...« Im Copyshop werden Hunderte von Seekarten kopiert. Den Verstoß gegen das Copyright umgehen die Kiwis einfach dadurch, dass sie dem Kunden die Maschine erklären und ihn dann selbst arbeiten lassen.

Inzwischen rückt Weihnachten näher. Kurz vor Heiligabend trifft sich ganz Whangarei am Town Basin zu einer Open-Air-Weihnachtsfeier. Die Band auf der Bühne animiert zum Mitsingen. Inbrünstig ertönt an einem warmen Sommerabend »Silent Night, Holy Night« und »I'm dreaming of a white Christmas…« Uns wird doch etwas wehmütig…

Unsere private Weihnachtsfeier ist dann ein gemeinsames Essen mit neuen Freunden. Birte und Wolfgang, zwei Nordlichter von der Schlei, liegen mit ihrer TANAMERA neben uns, ein guter Anlass, sich mit häufigem Kaffeeklatsch gegenseitig von der Arbeit abzuhalten.

Doch dann wird unsere Ruhe jäh gestört. Am 28.12. hat sich bei Neukaledonien aus einem Tief ein Wirbelsturm entwickelt, der, sich ständig vertiefend, schnell Richtung Neuseeland zieht. Am 29.12. verbreitet Northland Maritime Radio folgende Warnung: »Tropical cyclone Fergus moving SSE gusting 80 knots«. Im Klartext: Der Zyklon soll mit Windgeschwindigkeiten von 150 km/h über die Nordinsel fegen. Und wir sind doch extra nach Neuseeland gesegelt, um sicher außerhalb des Zyklongebietes zu sein! Den ganzen Tag über quäkt das Funkgerät die aktuelle Position von »Fergus«. Vor der Küste werden Wellen der Klasse »phenomenal«, also höher als 14 Meter, erwartet. Auf allen Yachten bricht Hektik aus. Zusätzliche Leinen werden gelegt, Decks aufgeklart, Ausrüstungsteile festgezurrt. Es ist unangenehm kalt, der Regen fällt vom Himmel wie eine Sintflut. Das Wasser im Town Basin steigt und steigt. Geschichten von einem früheren Zyklon, bei dem die Festmacherdalben unter Wasser standen und die Boote sich daraufhin losrissen, tragen nicht gerade zur Verbesserung der Stimmung bei. Vom deutschen Amateurfunknetz bekommen wir moralische Unterstützung: »Hallo Rüdiger, ich sehe gerade auf dem Satellitenbild, dass da ein netter kleiner Hurrikan auf euch zu zieht. Sieht aus wie ein kleiner Komet. Aber macht euch mal keine Sorgen, ha ha.« Wir können gar nicht mitlachen…

Allgemeine Erleichterung, als »Fergus« schließlich doch noch einen Bogen macht und östlich an Whangarei vorbeizieht. Nur das schlammig-braune Hochwasser, das unendlich viel Treibholz an uns vorbeiträgt, erinnert noch tagelang an die Gefahr.

Am Silvesterabend ist die ganze Stadt auf den Beinen, aus jeder Kneipe ertönt Musik. In unserer Lieblingskneipe, einem urigen Pub, sorgt eine Zwei-Mann-Band mit fetzigem Rock für Stimmung. Das Publikum fasziniert uns: kernige Kiwis in Jeans und Karohemd, üppige Maori-Schönheiten im langen Spitzenrock, ondulierte ältere Damen mit Perlenkette, jugendliche Punks mit Stachelfrisur – nichts, was es hier nicht gibt. Und alles schwoft miteinander, die Tanzfläche ist rappelvoll. Aber die ausgelassene Stimmung wird abrupt beendet: Sperrstunde! Einmal im Jahr nicht schon um 23 Uhr, sondern ganz exzessiv erst eine Stunde nach Mitternacht...

Anfang Januar 1997 brechen wir zu einer Reise auf, Zelt und reichlich Proviant im Auto, um zunächst den Norden zu erkunden. Vorbei an der viel gerühmten Bay of Islands, die jetzt in der Hauptferienzeit total überfüllt ist, fahren wir auf einer einsamen Straße in Richtung Kap Reinga: sanfte grüne Hügel, grasende Schafe, in der Ferne das blaue Meer. Hierher verirren sich nur noch wenige Touristen, ganz selten begegnet uns ein Auto.

In der wunderschönen Tapotupotu Bay schlagen wir unser Zelt auf. Steile bewaldete Hänge, ein Flussbett mit runden Kieselsteinen und glasklarem Wasser, langer weißer Sandstrand. Gegen Abend bestaunen wir die hartgesottenen Kiwis, die im Badeanzug noch in der Brandung herumtollen, während wir uns frierend schon in unsere Faserpelze wickeln. Nach einer kalten und ungewohnt harten Nacht (Wann haben wir zum letzten Mal auf einer Isomatte geschlafen?) brechen wir früh auf. Ein mehrstündiger Küstenwanderweg führt von hier zum Kap Reinga, dem nördlichsten Punkt Neuseelands. Ein steiler Anstieg, die Seglerwaden ächzen. Aber wir werden mit einem grandiosen Panorama belohnt. Schneeweiße Strände tief unten, steile dunkle Klippen, dazwischen ganze Felder von blauen Blumen. In der Ferne taucht der Leuchtturm auf. Die schnell ziehenden Wolken zeichnen ein sich ständig änderndes Schattenmuster auf die grünen Hügel, der Leuchtturm strahlt in grellem Weiß.

Dort angekommen, landen wir nach stundenlanger Einsamkeit mitten im Gewimmel einer Japaner-Herde, die aus riesigen Ausflugsbussen quillt. Der Leuchtturm ist voll in Nippons Hand, das Neueste, was der optisch-elektronische Markt zu bieten hat, kann bewundert werden. Aber auf der anderen Seite lockt wieder ein endloser, weiß leuchtender Strand. Der Weg schlängelt sich über die Klippen steil hinunter. Helle, mannshohe Gräser wachsen überall und heben sich im Sonnenlicht leuchtend gegen den Hintergrund ab. Sand und Dünen, so weit das Auge reicht. Nirgends irgendeine Fußspur. Wir suchen lange einen Ausgang aus dieser Wüste, durchqueren einen Pinienwald auf leuchtend roter Erde und landen wieder auf grünem Weideland zwischen Kühen. Sahara, Ibiza und Odenwald liegen hier dicht beieinander.

Als Nächstes wollen wir einen Kauri-Wald mit uralten Baumriesen besuchen. Aber Rasmus macht uns einen Strich durch die Rechnung. In der Warteschlange vor der kleinen Fähre, mit der wir einen Fjord überqueren wollen, kommen wir mit anderen Touristen ins Gespräch. Die haben ein Autoradio und erzählen ganz munter: »Habt ihr schon gehört, da ist ein Zyklon im Anmarsch!« – »Waaas?!?« Binnen Minuten haben wir gewendet und sind mit Höchstgeschwindigkeit unterwegs in Richtung Whangarei.

Dort erwartet uns die bekannte »Vor-Zyklon-Stimmung«. »Drena« sorgt wieder für tagelange Sintflut und eine Nacht mit Böen bis zehn Beaufort, zieht aber glücklicherweise westlich vorbei. Jetzt reicht es uns. KAYA wird mit dem Travellift aus dem Wasser geholt und hoch und trocken an Land aufgebockt, wir können schließlich nicht bei jeder Sturmwarnung zurück nach Whangarei rasen.

Mitte Januar geht es wieder auf die Reise, diesmal Richtung Süden. Nach kurzen Abstechern zur Halbinsel Coromandel und den Geysiren von Rotorua erwartet uns Segelfreund Uli im Tongariro Nationalpark. Das »Tongariro Crossing« wird als schönste Tagestour Neuseelands gerühmt, vorausgesetzt das Wetter spielt mit und der Blick über die Vulkanlandschaft ist nicht von Regenwolken verhüllt. Wir haben großes Glück: Als wir uns in der Morgenkälte aus dem Schlafsack pellen, erwartet uns ein strahlend blauer, wolkenloser Himmel.

Der Weg führt steil bergan durch die mit Lavabrocken übersäte Mondlandschaft. Neben uns ragt der Gipfel des Mt. Ngauruhoe steil auf, eine kleine Rauchfahne verrät, dass die Ruhe trügerisch ist. Wir durchqueren einen riesigen erloschenen Krater entlang einer erstarrten Lavawelle, erreichen einen Grat und werden plötzlich von einem einzigartigen Panorama überrascht: Tief unter uns liegen treppenartig angeordnet drei kleine, türkisgrün leuchtende Bergseen, die »Emerald Lakes«.

Acht Stunden später, reichlich erschöpft, aber glücklich sitzen wir auf einer Hotelterrasse und genießen den Blick auf »unsere« Vulkane. Besser kann ein Bier nicht schmecken. Eine blasse Gestalt zieht immer engere Kreise um unseren Tisch. »Sind Sie auch deutsch?«, lautet die originelle Einleitung. »Wollen Sie auch auf den Berg da? Der sieht ja ziemlich langweilig aus!« Die Modebrille rümpft die Nase. »Aber sonst kann man ja nicht klagen, wir sind bei Hauser-München in guten Händen, da stimmt das Preis-Leistungs-Verhältnis!« 7000 DM für drei Wochen…

Unser nächstes Ziel lockt am Horizont. Mount Egmont oder Taranaki, wie ihn die Maoris nennen, liegt ganz im Westen. Ein richtiger Bilderbuchvulkan, der schneebedeckte Kegel erhebt sich einsam und majestätisch aus einer weiten Ebene. Allerdings ist er fast immer von Wolken verdeckt, nur an wenigen Tagen im Jahr kann man seinen Gipfel bewundern. Und noch einmal erwischen wir einen dieser Tage: Am nächsten Morgen liegt der Berg in seiner ganzen Pracht vor uns.

Von einem Hochplateau aus wandern wir zunächst ein Stück um den Berg herum. Dann beginnt der Aufstieg, steil und immer steiler. Auf ein endlos scheinendes Geröllfeld – drei Schritte vor, zwei zurück – folgt eine Kletterpartie über Felsen. Ein grell leuchtendes Schneefeld führt schließlich zum Gipfel. Eisiger Wind pfeift hier oben, dick in Pullover und Regenjacken vermummt stapfen wir bis ganz hinauf und fühlen uns ein bisschen wie Reinhold Messner… Die Aussicht ist wie aus einem Flugzeug: tief unter uns die Schönwetter-Schäfchenwolken, die sich in der Ferne über der Tasmansee verlieren.

Wellington, die gewöhnlich von Sturm und Regen gepeitschte Hauptstadt, empfängt uns ebenfalls mit Strahlewetter. Spiegelnde Hochhäuser überall, umgeben von grünen Hügeln, die Bucht voller Segelboote. Im Hafen liegt die Flotte der BT Global Challenge Regatta, die immer gegen den Wind durch die »Roaring Forties« und die »Screaming Fifties« um die Welt führt. Die Yachten sind von Neugierigen umlagert, stolz präsentieren sich die Crews der staunenden Menge. Als wir ein paar Fragen stellen und dabei auch von unserer Reise erzählen, werden wir an Bord der SAVE THE CHILDREN eingeladen. Jedes der 14 Crewmitglieder hat 50 000 DM bezahlt, um an diesem Abenteuer teilnehmen zu dürfen. Geboten werden spartanische Kojen, Trockenfutter und reichlich Gelegenheit zum Rudergehen bei Kälte und Sturm – die Yachten haben keine Selbststeueranlage. Wir sind uns einig, dass wir unter solchen Bedingungen auch für 50 000 DM Gage nicht mitsegeln würden...

Mit der Fähre geht es über die Cookstraße auf die Südinsel. Vom berühmten Abel-Tasman-Nationalpark ganz im Norden picken wir uns das schönste Stück heraus. Goldgelbe, endlose Sandstrände, verspielte Seelöwen, dichte Wälder bis ans Meer. Einer der Strände hat es uns so sehr angetan, dass wir einen stundenlangen Gepäckmarsch auf uns nehmen, um dort eine Nacht unter dem Kreuz des Südens zu zelten. Den Großangriff der winzigen stechenden Sandfliegen am Abend überstehen wir mit Hilfe der einheimischen Geheimwaffe: Dettol, ein Desinfektionsmittel, gemischt mit Babyöl.

Weiter nach Süden, entlang der wilden, einsamen Westküste. Naja, so einsam ist sie nun auch wieder nicht. Die Zeiten, in denen man hier tagelang kein anderes Auto traf, sind längst vorbei, immer wieder begegnen uns Reisebusse und Wohnmobile.

Und dann erwischt uns der Regen. Regen ist gar kein Ausdruck – Sintflut, die ganze Westküste steht unter Wasser. Zum Glück haben viele Campingplätze auch sogenannte »cabins« zu vermieten, kleine Hütten mit einfachster Ausstattung. In eine solche flüchten wir uns und lauschen dem Trommelfeuer des Regens.

Die große Gemeinschaftsküche ist wie üblich komplett ausgestattet: etliche Herde, Backöfen, Toaster, Heißwasserboiler, alles in Edelstahl und blitzsauber. Hier trifft sich alles: deutsche Wohnmobilisten, die sich mit ihren dampfenden Töpfen am liebsten auf die Klappstühle neben ihrem Fahrzeug zurückziehen, japanische Biker im Neon-Outfit, die ihre Trockennahrung aus ultraleichtem Alugeschirr löffeln und echte Bergfreaks, die noch spät in der Nacht an der lässig um den Hals baumelnden Gletscherbrille zu erkennen sind... Schnell und zwanglos ergeben sich Kontakte. Wir treffen immer wieder Langzeiturlauber, die sich einige Monate oder ein Jahr Zeit genommen haben, manche sogar mit kleinen Kindern.

Am nächsten Tag klart es auf, wir ziehen bei leichtem Regen weiter zum Franz-Josef-Gletscher. Und dort lernen wir noch eine ganz andere Szene kennen: die Backpacker der »Kiwi Experience«. Diese auf Fun und Abenteuer gestylte Buslinie durcheilt täglich Neuseeland, voll besetzt mit europäischen Jugendlichen zwischen 17 und 20, für die auf dem Campingplatz ein großer Schlafsaal bereitsteht. Nachdem sie die blitzsaubere Gemeinschaftsküche gestürmt haben, bleibt ein absolutes Schlachtfeld zurück... Seit wann zieht es denn die Kids in die Berge? Von diversen Klassenfahrten wissen wir, dass sich die Wanderfreude in heimischen Gefilden eher in Grenzen hält.

Aber zum Wandern sind sie auch gar nicht hier. Am nächsten Morgen ist der Bus schon wieder unterwegs und wir haben den Weg, der durch dichten Regenwald zu einem Aussichtspunkt führt, fast für uns allein. Der gewaltige Gletscher liegt in strahlendem Sonnenschein in seiner ganzen Pracht vor uns. Tiefblauer Himmel, bläuliche Eismassen, die sich zwischen grün bewaldeten Bergen ins Tal schieben, der gischtige Gletscherfluss donnert und über allem die schneebedeckten Berggipfel. Ergreifend schön – wenn nur nicht der ständige Lärm der Hubschrauber-Rundflüge wäre.

Der Fox-Gletscher einige Kilometer weiter ist fast noch beeindruckender. Rüdiger stellt das Zelt auf einer blühenden Wiese auf, Gaby bereitet in der von der »Kiwi Experience« verschonten Gemeinschaftsküche das Abendessen und genießt dabei den Blick auf das spektakuläre Panorama. Da fährt ein ganzer Konvoi von

»Maui«-Wohnmobilen vor und stellt sich schön ordentlich in Reih und Glied auf, die mobile deutsche Reihenhaussiedlung. Minuten später steht neben jedem Wohnmobil ein Tisch mit zwei Klappstühlen. Aber nicht etwa mit Blick auf diese Wahnsinnsberge, nein, mit Aussicht auf den Küchenbau, die Berge im Rücken. »So, da samma, jetzt gibt's erstmoa a Bier«. Das wird nun im Minutenabstand nachgeschenkt, ohne den Blick von der interessanten Küche zu lassen...

Das Haupt-Postkartenmotiv dieser Gegend ist Lake Matheson, ein kleiner See mitten im Wald, in dem sich, klares Wetter, Windstille und Glück vorausgesetzt, die schneebedeckten Berge überaus fotogen spiegeln. Rechtzeitig vor Sonnenuntergang sind wir am Aussichtspunkt »Reflection Island«; hier muss man bereits Schlange stehen für eine gute Schussposition. Vor unseren staunenden Augen entfaltet sich ein Naturschauspiel, das alle Postkarten und Poster übertrifft: Ein sanftes Rosa überzieht die Gipfel, die Spiegelungen im See sind vollkommen.

Wir haben erst einmal genug vom Gewimmel der touristischen Attraktionen und hoffen, auf einer längeren Bergtour etwas Ruhe und Einsamkeit zu finden. Der Copeland-Track führt von der Westküste über den Gebirgszug des Mount Cook ins Landesinnere. Wir nehmen uns die erste Etappe vor, die ohne Pickel und Steigeisen machbar ist. Der Weg, markiert durch kleine Steinhäufchen, führt durch dichten Regenwald in ein tiefes Flusstal hinein. Dann geht es immer steiler in die Berge hinauf, in der Ferne leuchtet der schneebedeckte Mount Cook. Immer wieder müssen wir Schluchten durchqueren und tosende Bäche durchwaten. Ein Jäger erzählt uns, dass wir die Hälfte geschafft haben, wenn wir eine große Hängebrücke erreichen. Die ist ein Erlebnis für sich: An zwei Stahlseilen hängt eine wackelige Drahtkonstruktion, auf der man vorsichtig Schritt für Schritt in zwanzig Metern Höhe die weite Schlucht überquert.

Wir sind ganz schön geschafft und sehnen die Hütte herbei, in der wir übernachten werden. Nach acht Stunden taucht sie endlich auf, in einem kleinen Hochtal gelegen, umgeben von einer grandiosen Bergkulisse. In der Hütte empfängt uns breitester Kiwi-

Slang – ob wir hier tatsächlich die einzigen Fremden sind? Nein, abends schwäbelt, berlinert und schweizert es dann doch wieder aus allen Ecken. Aber das absolute Highlight haben wir völlig für uns: Einige hundert Meter weiter rinnt aus einer Quelle heißes Wasser, das drei kleine »hot pools« speist. Der schönste hat die perfekte Badewassertemperatur, das hellgrüne Wasser dampft schwefelig. Als wir unsere geschundenen Knochen darin baden, sind wir absolut im Paradies. Nach einer fürchterlichen Nacht auf dem Matratzenlager, halb aufgefressen von unendlich vielen Mücken, gönnen wir uns noch einmal das herrliche Bad, die Morgensonne vertreibt gerade die letzten Wolken von den schneebedeckten Bergen.

Und wieder schnurrt unser kleiner Toyota durch bergige, überaus grüne Landschaft nach Süden. An der berühmten Bungee-Brücke kurz vor Queenstown herrscht sensationslüsterne Stimmung: Hält das Seil oder hält es nicht? Von einer Art Tribüne aus hat das Publikum freie Sicht auf die siebzig Meter tiefe Schlucht, auf die alte Hängebrücke und natürlich auf die Absprungbühne. Wer will, kann dorthin schlendern und dem Absprungritual aus nächster Nähe zusehen. Das braungebrannte, supercoole Actionteam bedient oft zwei Delinquenten gleichzeitig mit der unbeteiligten Routine einer ergrauten OP-Schwester. Handtuch um die Knöchel, Gurt mit Spezialknoten darum, Aufstehen und an die Kante hoppeln, Blick nach links (weil da die Videokamera steht), »five, four, three, two, one – Bungee!« Wir sind uns einig, dass wir 100 Dollar besser anlegen können…

»Queenstown – Hardcore-Action!« lautet die Titelzeile eines Traveller-Magazins. Und wirklich, die Stadt ist ein einziger Action-Circus. Überall Plakate und Leuchtreklame, die für Wildwasser-Rafting, Speedboatfahren, Paragliding oder »Abseiling« werben. Der letzte Schrei ist »Helicopter-Bungee«. In der Fußgängerzone überwiegen Tourenveranstalter und Sportgeschäfte, in denen man die entsprechenden Outfits erwerben kann. Hier geht es um viel Geld, das den Jugendlichen aus aller Welt geschickt aus der Tasche gezogen wird.

Eine Nacht zwischen den pubertierenden Weltentdeckern auf dem teuren, überfüllten Campingplatz langt uns, schon sind wir wieder unterwegs. Die braune, hügelige Steppenlandschaft unter sengender Sonne auf der Ostseite der Insel erinnert an Marokko. Am Pukaki-Stausee hat man einen herrlichen Blick auf den nahen, schneeweißen Mount Cook.

Die heimliche Hauptstadt der Südinsel, Christchurch, gefällt uns auf Anhieb. Eine richtige Universitätsstadt mit zentralem Platz und vielen alten Gebäuden. Ganz ungewöhnlich für Neuseeland, wo das Ortszentrum meist nur aus einer Aneinanderreihung von Geschäften entlang der Durchfahrstraße besteht.

Anfang März sind wir zurück in Whangarei. Zwei Monate waren wir in Neuseeland unterwegs, haben längst nicht alles gesehen, aber doch einen Eindruck gewonnen. Ganz ehrlich: Wären wir als »normale« Urlauber um den halben Globus hierher geflogen, wir wären vielleicht enttäuscht. Das Gefühl von »Wildnis und Abenteuer« will sich nicht so recht einstellen, zu perfekt ist das System von Wanderwegen und Hütten durchorganisiert. Überall findet man bestens ausgestattete Besucher-Info-Centers, wo man sich per Multimedia schon die Naturwunder ansehen und Wanderwege oder Hütten buchen kann. Der berühmte »Milford-Track« im Fjordland ist schon Monate im Voraus ausgebucht... Die Landschaft ist herrlich, kein Zweifel, aber vieles findet man auch in Europa wieder. Ein Schweizer Seglerpaar antwortete uns auf die Frage, wie es auf der Südinsel war: »Toll! Wie in der Schweiz«...

Es wird Ostern und damit Herbst, die Tage sind nun merklich kürzer und kälter. Die Sehnsucht nach den Tropen wächst, auf allen Yachten werden Vorbereitungen getroffen für den nicht ganz einfachen Tausend-Meilen-Törn nach Fidschi oder Tonga. Und wieder die Frage: Wann soll man starten? Offiziell endet die Zyklon-Saison erst Anfang Mai. Geht man aber zu spät, drohen schon die ersten Winterstürme. Die Nervosität unter den Seglern im Town Basin steigt. Die Meldungen derer, die bereits unterwegs oder schon sicher in Tonga oder Fidschi gelandet sind, werden am Tresen der Seglerkneipe »Reva's« ausführlich diskutiert. Ende April ist es endlich soweit: Ein von Australien kommendes Hoch bringt den passenden Wind, Startschuss für viele Freunde und Bekannte. Nur wir bleiben völlig frustriert zurück – Rüdiger hat sich eine Bronchitis zugezogen, an Auslaufen ist vorerst nicht zu denken.

Mit den deutschen Yachten GANESH und TANAMERA stehen wir in ständiger Funkverbindung, verfolgen ihre täglichen Fortschritte und beobachten die Wetterkarten, die der Bordcomputer zweimal täglich ausspuckt. Am 3. Mai betrachten wir mit Sorge eine »tropical depression«, die sich nordwestlich von Fidschi gebildet hat. Hoffentlich gibt das keinen Ärger. Und dann am nächsten Morgen die gefürchtete Meldung: »Tropical cyclone June intensifying, moving southeast«. Wir können gut nachfühlen, wie es unseren Freunden jetzt geht. Die Erinnerung an letztes Jahr, als »Cyril« uns im Nacken saß, ist noch frisch. Was würden wir jetzt da draußen machen? Wohl das Gleiche wie GANESH und TANAMERA, die sich in vier harten Tagen zurück nach Neuseeland kämpfen.

Und wieder läuft der Countdown, Rüdiger ist dank Antibiotika inzwischen wieder fit. Ein großes Hoch nähert sich von Westen und schiebt zwei Kaltfronten vor sich her. Wenn wir uns jetzt nicht trauen, kommen wir nie hier weg. So laufen wir Mitte Mai trotz Starkwindwarnung aus. Eine ganze Flotte von Bekannten aller Nationen, darunter auch GANESH und TANAMERA, folgt am nächsten Tag. Aus den angekündigten acht Windstärken werden zum Glück nur sieben, die See ist rau, nachts ist es sehr kalt. Aber wir kommen gut voran. Jeder Tag bringt uns näher an die Breite 30° Süd, ab der man den gefährlichen Bereich der Winterstürme verlässt und erste Vorboten der Tropen spürt. Der Empfang der Wetterkarte ist immer sehr spannend. Zeile für Zeile zeichnet der Computer auf den Bildschirm, da, jetzt erscheint Fidschi, hat die Isobare dort einen verdächtigen Knick? Nein, das Hoch, das unter uns durchzieht, sorgt für windige, aber stabile Verhältnisse. Uff…

Nach sieben Tagen nähern wir uns gegen Morgen stark gerefft in Schleichfahrt dem Nord-Minerva-Riff. Wir müssen auf Tageslicht warten. Gaby schläft, Rüdiger beobachtet ständig die See voraus und kontrolliert per GPS den Kurs. Offensichtlich versetzt uns ein Strom quer zur Fahrtrichtung in Richtung Riff, entsprechend muss gegengesteuert werden. Als die Sonne aufgeht, ist noch immer nichts von den Brechern an der Riffkante zu sehen, obwohl wir nur noch drei Meilen entfernt sind. Die einzige Detailkarte vom Minerva-Riff haben wir nur als Bleistift-Kopie auf Butterbrotpapier. Wenn die nun nicht stimmt?! Aber als wir uns dem Riff von Lee aus weiter nähern, hören wir das Donnern der Brandung und können den Pass nun gut erkennen.

Zum zweiten Mal ankern wir in der großen Lagune, mitten im Pazifik, nur geschützt durch das Außenriff, dessen grollende Brecher hell in der Sonne leuchten. Neben uns ankert GANESH, gegen Abend läuft auch TANAMERA ein. Wir sind alle ziemlich geschafft und freuen uns auf ein paar Tage Faulenzen, Schnorcheln und gemütliche Sundowner-Runden.

Aber es kommt ganz anders. In der Morgendämmerung des nächsten Tages schreckt uns das Quäken des UKW-Funkgerätes aus dem Schlaf. Das ist Wolfgang von der TANAMERA mit aufgeregter Stimme: »KAYA, KAYA, da ist eine Yacht auf dem Riff!« In Sekunden sind wir an Deck. Tatsächlich – eine Yacht liegt mit wehenden Segeln und stark geneigtem Mast in den tosenden Brechern des Außenriffs. Unter schwarzen, vom ersten Morgenlicht nur spärlich beleuchteten Wolken bläst uns starker Wind entgegen, das Grollen der Brandung erfüllt die Luft.

Wir rufen die Yacht auf verschiedenen Kanälen – keine Antwort. GANESH, die als Einzige einen PS-starken Außenborder an Bord hat, wird mit dem Nebelhorn geweckt. Mit unseren zwei PS könnten wir bei diesem Wind nichts ausrichten.

Während wir noch in fieberhafter Eile die Schlauchboote klar machen, treibt eine knallrote Rettungsinsel schnell an uns vorbei in das Innere der Lagune. Wir müssen sofort hinterher! Das steigende Hochwasser überspült schon die Riffkanten des Außenriffs. Wenn wir sie nicht einfangen, wird die Rettungsinsel quer über die Lagune treiben und dann hinaus in die unendliche Weite des Pazifiks. Egon und Wolfgang nehmen mit dem schnellen Schlauchboot die Verfolgung auf. Gaby versucht währenddessen, mit Neuseeland in Funkkontakt zu kommen: »Russell Radio, Russell Radio, this is KAYA with an emergency call.« Die vertraute Stimme antwortet sofort: »Standby all stations, we have emergency traffic, KAYA go ahead.«

Gaby schildert die Lage. Noch kennen wir nicht den Namen der Yacht, wissen nicht, wie viele Personen an Bord sind.

Egon und Wolfgang kommen zurück, die leere Rettungsinsel im Schlepp. Wo sind die Schiffbrüchigen? Mit dem Fernglas ist niemand zu entdecken, das UKW-Funkgerät schweigt. Also bleibt nur der Versuch, zu dem Havaristen zu gelangen.

Ein Schlauchboot-Konvoi setzt sich in Bewegung, besetzt mit allen drei Männern, ein leeres Schlauchboot soll die Crew aufnehmen. Aber gegen 25 Knoten Wind und vor allem gegen das in die Lagune einströmende Wasser ist das ein schwieriges Unterfangen. Endlich ist die Riffkante erreicht, von hier bis zur Yacht sind es noch etwa hundert Meter über messerscharfe Korallen. Mit den Schlauchbooten geht es nicht weiter, also was tun? In dem Moment löst sich ein Ruderboot von der Yacht und treibt ihnen schnell entgegen, darin eine Frau mit zwei kleinen Mädchen. Sie berichtet aufgeregt, dass der Skipper noch an Bord ist. »Zwei Erwachsene, zwei Kinder, alle wohlauf, Schiffsname ORA, amerikanische Flagge« übermittelt Rüdiger per Handy an KAYA. Gaby informiert über Kurzwelle Russel Radio.

Egon bringt die Mutter mit ihren Kindern an Bord von GANESH, wo sie mit trockener Kleidung und warmen Getränken versorgt werden, während Wolfgang und Rüdiger versuchen, über das Riff zur Yacht vorzudringen und den Skipper abzubergen. Nur mit äußerster Kraftanstrengung gelingt es, mit dem festen Ruderboot der ORA zu der Yacht hinzupullen. Die starke Strömung auf dem Riff macht ein Vorankommen fast unmöglich, nur zentimeterweise geht es voran.

Schließlich ist auch Skipper Steve an Bord der GANESH, bruchstückhaft erfahren wir die Umstände des Schiffbruchs. Die ORA lag in der Nacht beigedreht, um wie wir das Tageslicht abzuwarten. Unbemerkt muss die Strömung sie zu nah an das Außenriff versetzt haben, als der Skipper die Brecher hörte, war es schon zu spät.

Inzwischen haben wir Funkverbindung mit fünf Yachten im benachbarten Süd-Minerva-Riff. Schon am Mittag läuft die gesamte Flotte ein, es sind amerikanische und neuseeländische Yachten. Noch ahnen wir nichts Böses und sind erleichtert, dass wir in dieser schwierigen Lage Verstärkung bekommen.

Am Nachmittag, bei Niedrigwasser, ist die ORA erreichbar. Durch knietiefes Wasser kämpft sich ein ganzer Bergungstrupp gegen die immer noch starke Strömung zu der Yacht hin, die jetzt hoch und trocken liegt. Die Schlauchboote bleiben vor Anker an der Riffkante zurück, nur die festen Dingis können zum Transport eingesetzt werden. Ziel der Aktion ist es, in den nächsten Stunden möglichst viele persönliche Dinge und Wertgegenstände abzubergen. Der Anblick des Schiffsinneren ist ein Alptraum: Beim Aufprall sind Schränke geborsten, Holzteile, Bücher und Kleidungsstücke schwimmen in einer Lache aus Salzwasser und ausgelaufenem Diesel. Nur das Vorschiff, in dem die beiden Mädchen gewohnt haben, ist fast unversehrt. Spielsachen, Puppen und Teddybären sind noch ordentlich rund um die Kojen gestaut. Den ganzen Nachmittag arbeiten wir alle Hand in Hand, räumen Schränke und Schapps aus, ziehen immer wieder die hoch beladenen Transportdingis übers Riff und beladen wahllos die vielen Schlauchboote, die an der Riffkante verankert sind.

Die Zeit drängt, bei Hochwasser wird das Wrack wieder geflutet sein. Mel und Steven, die Eigner, stehen sichtlich unter Schock und haben Mühe, ihre wichtigste Habe zusammenzusuchen. Bei der letzten Fuhre übers Riff steht das Wasser schon so hoch, dass wir gerade noch Boden unter den Füßen haben.

Die größte Yacht der Flotte, eine komfortable neuseeländische Charteryacht, nimmt die Schiffbrüchigen auf. Sie werden mit nach Tonga segeln und von dort aus zurück in die USA fliegen. Trauriges Ende eines Seglerlebens!

Erschöpft sinken wir abends in die Koje. Das Bild der verwüsteten Kajüte geht uns nicht aus dem Kopf. Die liebevoll eingeräumten Schapps, deren Inhalt jetzt nutzlos und wild durcheinandergewirbelt in einer Diesellache schwimmt. Bücher und Musikkassetten, eine kleine Hängematte voller Puppen und ein Kästchen mit Muscheln...

Dieses Bild führt uns drastisch vor Augen, was wohl jeder Segler fürchtet und normalerweise verdrängt: die Verletzlichkeit der eigenen kleinen Welt, der heimeligen Oase »Schiff«, die Schutz und Geborgenheit bietet. Nicht nur Naturgewalten oder Kollisionen auf

See sind ständige Bedrohungen – auch ein Navigationsfehler, eine kleine Unaufmerksamkeit kann von einem Moment auf den anderen alles zerstören. Wir nehmen uns vor, in Zukunft noch viel vorsichtiger zu sein.

Am nächsten Tag ist klar, dass Bergungsversuche keinen Sinn hätten. Die ORA muss aufgegeben werden, Skipper Steven hat über Kurzwelle schon Kontakt mit der Versicherung aufgenommen. Kein Wunder, dass die Flotte aus Süd-Minerva so schnell zur Stelle war – aus den herbeigeeilten Helfern werden plötzlich Hyänen. Was sich in den folgenden zwei Tagen abspielt, ist desillusionierend. Während die drei deutschen Crews fassungslos zusehen, wird auf der ORA wortlos und verbissen um die Wette geschraubt und gefleddert. Jeder gegen jeden, man steckt seine Claims ab. Auch die Frauen, die die Hilfsaktion am Vortag nur von Bord ihrer Schiffe mit dem Fernglas beobachtet hatten, sind nun eifrig zugange mit Schraubenzieher und Säge. Ein Bild brennt sich ein: Steven steht an Deck der ORA, nimmt Abschied von seinem Schiff, während unter seinem rechten Gummistiefel gerade eine Luke demontiert wird…

Nichts Verwertbares bleibt auf dem Wrack, selbst von den zuerst abgeborgenen Wertsachen versickert das meiste auf Nimmerwiedersehen in den Stauräumen einiger »Helfer«. Unsere Vorstellung, dass die mit viel Mühe geretteten Habseligkeiten in Tonga wieder dem Eigner übergeben oder in seinem Namen verkauft werden könnten, war wohl sehr blauäugig. Am dritten Tag lichten wir Anker und laufen aus. Das Minerva-Riff, auf das wir uns so gefreut hatten, lassen wir hinter uns mit dem miesen Gefühl »Nichts wie weg hier«.

Wir haben Glück mit dem Wind und können direkt Kurs auf Fidschi nehmen. Im Morgengrauen laufen wir in Suva ein. Auf den ersten Blick ist die Stadt unschön: grau, regenverhangen, Gestank weht von einer großen Müllkippe am Ufer herüber. Zum Einklarieren müssen wir längsseits an die hohe, ölige Pier kommen. Über große schwarze Gummipuffer, die für eine Yacht viel zu hoch sind, klettern wir an Land.

Der Papierkrieg ist unvorstellbar. Aber die melanesischen Beamten sind unendlich geduldig und von ansteckender Fröhlichkeit. Die Beamten von Zoll und Quarantäne, zwei junge Frauen unter einem bunten Schirm, müssten eigentlich unser Schiff durchsuchen und Waffen, Schmuggelgut sowie allen Frischproviant beschlagnahmen. Ängstlich schauen sie über die hohe Mauerkante nach unten auf die kleine KAYA. Als Rüdiger am Bootshaken eine Tüte mit Äpfeln nach oben reicht, strahlen beide. »Thank you! Bula! Welcome!«

Wir dürfen uns zum Ankerplatz vor dem Yachtklub verholen. Geschafft – jetzt können wir erst einmal aufatmen.

Fidschi und Vanuatu

Regen und Kawa: Suva und die Ostküste —
Gefährlicher Nachzügler: Zyklon »Keli« —
Ursprüngliche Inselwelt: Die Yasawa-Gruppe —
Traumhochzeit mit Hindernissen —
Wilde Tänze und glühende Lava: Vanuatu —
Schildkröten im Honeymoon: Naturparadies Korallenmeer

Vor dem Royal Suva Yacht Club ankern viele Bekannte. Herzliche Begrüßungen und natürlich immer wieder die Frage: »Wie war euer Trip?« An der Bar im Klub gibt es bei herrlichem gezapften »Fiji Bitter« unendlich viel zu erzählen. Eine Bar wie im Film — großer ovaler Tresen, zwei ergraute schwarze Barkeeper, Ventilatoren an der Decke, durch die halboffenen Wände leuchtet tropisches Grün.

Suva dampft im warmen Regen. Welch ein Kontrast zu den sauberen, ordentlichen, etwas langweiligen Städten Neuseelands: Überall quirlt Leben, eine bunte Mischung von freundlichen Menschen aller möglichen Hautfarben. Stämmige Melanesier mit kurzem krausen Haar, die Männer im Wickelrock, der hier nicht mehr Lavalava, sondern Sulu heißt. Drahtige Inder in schicken Bundfaltenhosen, grazile Inderinnen in farbenfrohen Saris. Einige Chinesen und, schon von weitem erkennbar, ab und zu auch ein blasser Europäer.

Die klapprigen Busse haben keine Fenster, wenn es reinregnet, werden sie von den Fahrgästen mit Plastikplanen zugehängt. Ein sympathisches Chaos, wir fühlen uns sofort wohl hier. Trinidad und Samoa bekommen Konkurrenz... Aus der südlichen Kälte kommend, genießen wir die tropische Wärme und wechseln automatisch in den gemächlichen Schlenderschritt dieser Breiten.

Unter leuchtend bunten Schirmen sitzen dicke Melanesierinnen vor der Markthalle und verkaufen undefinierbare Wurzeln und Knollen. Der Markt findet wie überall in den Tropen nicht im Freien, sondern in einer Halle statt. Während draußen die Sonne brennt, ist es in der Markthalle relativ kühl und dämmerig. Dort riecht es vielfältig und fremdartig, die Augen können sich nicht entscheiden, an welcher exotischen Frucht sie hängen bleiben sollen. Vereinzelte Oberlichter lassen einen Stapel Pampelmusen oder eine Pyramide Auberginen in der Sonne aufleuchten.

Im ersten Stock sind große Haufen von Kawawurzeln aufgetürmt, dazwischen Säcke mit Kawapulver. Der aus der Wurzel gewonnene Trunk ist ein wichtiger Bestandteil des sozialen Lebens in Fidschi. Die Marktstände bieten die braunen, wie Gestrüpp aussehenden Wurzeln in verschiedenen Qualitätsstufen an. Wir kaufen ein Kilo der besten Sorte und lassen es in kleine Geschenkbündel binden, ganz kunstvoll mit blauen Bändern umwickelt.

Diese Geschenke werden wir brauchen, hat uns der freundliche Beamte belehrt, der das Cruising-Permit ausstellte. In Fidschi darf man nicht einfach vor irgendeinem Strand ankern, wie wir es sonst gewohnt sind. Jeder Strand, jede kleine Insel, jeder Quadratmeter Land gehört zu einem Dorf. Deshalb muss gleich, wenn der Anker gefallen ist, beim Chief des Dorfes das »Sevusevu«, der Antrittsbesuch, gemacht werden. Dabei überreicht man sein Kawabündel und bittet um Erlaubnis, ankern und das Dorf betreten zu dürfen. Bei allen Landgängen ist ein genau festgelegter Dress-Code zu beachten, will man nicht total unhöflich erscheinen: Männer tragen Sulu oder lange Hosen, Frauen Sulu oder langen Rock, auf keinen Fall Hosen, man trägt keine Sonnenbrille, keinen Hut und (warum auch immer) keinen Rucksack.

Nun können wir daran gehen, Fidschi zu erkunden. Die ganze Seglerflotte steuert von Suva aus zuerst die Insel Kadavu im Süden an, um dann von dort zur westlichen Inselgruppe zu segeln. Uns locken die östlichen Inseln in der Korosee, die nur wenig besucht werden. Bald wissen wir auch, warum: Als wir die riffgespickte Hafeneinfahrt von Suva verlassen, bläst uns ein kräftiger Südost-Passat genau auf die Nase.

Nach ein paar Stunden Gegenan-Bolzen wird uns klar, dass wir keine Chance haben, unser Tagesziel noch bei vernünftigem Sonnenstand zu erreichen. Was tun vor einer Luvküste? Umkehren und die mühsam erkämpften Meilen aufgeben wollen wir nicht. Im Seehandbuch findet sich ein Hinweis auf einen Riff-Ankerplatz an der Südostecke von Viti Levu. Spontan entschließen wir uns, das Nasilai-Riff anzulaufen.

Wieder einmal ist der GPS ein unentbehrlicher Helfer, ohne Detailkarten könnten wir die Einfahrt sonst nicht identifizieren. Wind und Welle schieben uns auf die Riffkante zu, äußerste Vorsicht ist geboten. Die Maschine läuft mit. Rüdiger klammert sich am schwankenden Mast fest, um aus der Saling den schmalen Pass zu suchen. Gaby steuert, bereit, jeden Moment das Ruder herumzureißen und mit Vollgas wieder auf Abstand zu gehen. Da ist die Einfahrt! Der Rest ist Routine, im Schutz der Riffkante loten wir den Ankerplatz aus. Schließlich liegt unser Bügelanker auf 15 Metern Tiefe gut im Sand eingegraben. Aber anders als sonst fällt die Anspannung nicht von uns ab. Es ist ein mulmiges Gefühl, wenn man mit dem Bug zur See liegt und das schützende Riff selbst bei Niedrigwasser unsichtbar bleibt. Kein anderes Boot, kein Haus, keine Menschenseele weit und breit. Wo sind wir hier überhaupt? Wer könnte uns helfen, wenn der Anker nicht hält? Die ganze Nacht und den ganzen nächsten Tag bläst es mit Windstärke sieben, eine Regenbö nach der anderen zieht über uns hinweg.

Am dritten Tag dann Strahlewetter, wir machen uns klar zum Auslaufen. Der Wind hat nachgelassen, mit gesetztem Groß motoren wir in Richtung Ausfahrt. Aber was ist das? Mitten im Pass ist plötzlich keine Kraft mehr in der Maschine. Getriebe? Filter zu? Keine Zeit für Überlegungen. Ohne Maschine genau gegenan durch den schmalen Pass muss nicht sein, wir fallen ab und segeln zurück zum Ankerplatz. Jetzt macht sich bezahlt, dass wir bei jeder Riff-einfahrt die Route mit GPS-Wegepunkten markieren, so landen wir problemlos wieder an unserem erprobten Sandfleck. Noch unterwegs findet Rüdiger den Fehler: Der Gaszug ist gebrochen. Eine Leine wird von der Maschine direkt ins Cockpit gelegt, sie tut es für das Ankermanöver. Zum Glück ist Ersatz an Bord, der Schaden ist bald behoben. Eine weitere raue Nacht im Nasilai-Riff, dann können wir endlich unser nächstes Ziel ansteuern.

Zur Belohnung fällt der Anker in Lee einer richtigen Trauminsel, umgeben von schneeweißem Sandstrand und über und über mit Palmen bewachsen. Leluvia, eine kleine Insel bei Ovalau, bietet Südseekulisse pur. Hier wollen wir erst mal eine Weile die Seele baumeln lassen.

Auf der Insel gibt es ein »Resort«, d.h. eine einheimische Familie vermietet Hütten und bewirtet die Gäste, überwiegend jugendliche Backpacker aus aller Welt. Es herrscht eine ganz besondere Atmosphäre. Beim Abendessen auf der mit einfachen Tischen und Bänken ausgestatteten Terrasse begrüßt jeder jeden, es wird erzählt, gelacht, geflirtet.

Im Hintergrund hört man das typische »ding-dong« der Kawazubereitung. Die Wurzeln werden in einem großen Metallgefäß zu Pulver zerstoßen, echte Schwerarbeit, bei der sich zwei Männer abwechseln. Inzwischen ist eine große, geflochtene Matte auf dem Boden ausgebreitet worden. Nach und nach lässt sich alles im Schneidersitz rund um die große hölzerne Kawaschüssel nieder, einige Gitarren und Ukulelen werden gestimmt. Die Kawazeremonie beginnt. Der Mann an der Schüssel schöpft mit einer halben Kokosnuss-Schale und reicht diese reihum. Man klatscht einmal in die Hände, trinkt in einem Zug aus und klatscht dann anerkennend noch dreimal. Die Flüssigkeit erinnert in Farbe und Konsistenz an mehrfach verwendetes Spülwasser, schmeckt so, wie sie aussieht und macht die Zunge taub.

Bis spät in die Nacht singen die Fidschianer ihre hinreißend melodischen Lieder, zwischendurch wird auch Bob Marley oder Elton John angestimmt. An manchen Abenden wird ein Lagerfeuer gemacht, dann verlagert sich die Fete an den Strand. Wir feiern mit und lernen eine ganze Menge netter und interessanter Leute kennen, darunter auch die beiden witzigen Berliner, die die Tauchschule betreiben. Martin, dessen T-Shirt mit dem Aufdruck »Die Gesellschaft ist schuld, dass ich so bin« heftig auf Kreuzberg schließen lässt, sinniert über die Zukunft: »Ewig mach ick det hia och nich, aba ick hab null Böcke, nochma zuhause zu abeeten, wa?«...

Am 11. Juni erfahren wir zufällig über Amateurfunk von einem sich bildenden Zyklon. Mit einem Schlag ist die Urlaubsstimmung weg. Wir hören sofort WWV/Honolulu. Tatsächlich:»Tropical cyclone Keli, 998 hpa, 10°S/179°W, moving SW 10 knots, expected to curve south later, possibly increasing.« Also mal wieder genau auf uns zu. Wir sind wie vor den Kopf geschlagen. Die Zyklon-Saison dauert doch nur bis April, und wir haben schon Juni!!

Wohin jetzt? Der größte Teil der Seglerflotte in Kadavu macht sich auf den Weg nach Suva, um im Mangrovendickicht rund um die Bay of Islands Schutz zu suchen. Bis wir dort sein könnten, ist sicher keine Mangrove mehr frei. Unser Seehandbuch weist die Bucht zwischen den Inseln Ovalau und Moturiki als weiteres »hurricane hole« aus. Das liegt ganz in unserer Nähe. Wir benachrichtigen die beiden anderen Schiffe am Ankerplatz, im Konvoi geht es los. Es kachelt ganz schön, nur mit Fock laufen wir sechs Knoten. Und wir müssen zwischen mehreren Riffen durch, die selbst bei guten Lichtverhältnissen kaum zu sehen sind.

Endlich erreichen wir die rundum geschützte Bucht. Zur Aufmunterung begrüßt uns an Steuerbord das Wrack eines Fischkutters, Opfer eines früheren Zyklons. Der weite Ankerplatz entspricht eigentlich nicht unserer Vorstellung von einem »hurricane hole«. Aber der Ankergrund ist hervorragend: Als wir noch einmal umankern, bekommen wir unseren Bügelanker kaum wieder frei, er hat sich im fünf Meter tiefen Schlick regelrecht festgesaugt. Binnen einer Stunde sind es sechs Yachten, die hier ankern, warten und hoffen. Die ganze Nacht quäken die UKW-Geräte die neuesten Positionen des Zyklons. Morgens fällt die Stimmung dann total in den Keller: »Keli« läuft genau auf uns zu und hat sich weiter vertieft. Sollte die Reise hier zu Ende sein? Wir überlegen, dass alles außer den Tagebüchern und den Filmen ersetzbar ist... Hans, ein australischer Einhandsegler mit jahrelanger Pazifik-Erfahrung, macht einen sehr besorgten Eindruck. Aber es gibt nichts, was wir tun könnten. Bei einem kräftigen Sundowner verdrängen wir gemeinsam die Nervosität.

Freitag, der 13. Juni... – zum Glück kein »black friday«. WWV meldet Zugrichtung Südost, weg von uns! Am Nachmittag ist die

178

Gefahr für uns vorüber. Unbeschreibliche Erleichterung, der Ankerplatz feiert bei Kaffee und Kuchen.

Unser nächstes Ziel ist die Insel Gau. Sie liegt weit abseits der Touristenpfade und verspricht zur Abwechslung »Fidschi pur«. Wir ankern im Schutz des Außenriffs vor einem Sandstrand, der von dichtem Urwald fast überwuchert wird. Nicht nur Palmen, sondern verschiedenste Laubbäume sorgen für Grün in allen Schattierungen. Blüten liegen im Sand, die dazugehörigen Bäume duften herrlich. Immer wieder kreischt es in den Wipfeln. Das sind Papageien mit grünem Gefieder und roter Brust.

Wir sind auf dem Weg zu unserem ersten Sevusevu. Am Dorfrand werden wir von einer Horde Kinder umringt, die uns zum Haus des Chiefs bringen. Wir ziehen die Sandalen aus und treten durch die Besuchertür ein. Drinnen sitzt eine Männerrunde auf der Strohmatte, die man nur barfuß betreten darf. Der Chief ist offenbar der, der nichts sagt und vor dem wichtig ein Telefon steht. Ob das auch funktioniert? Der wohl zweitwichtigste Mann nimmt unser Kawabündel entgegen. Er befingert es, während er eine Art Gebet oder Beschwörung murmelt. Dann klatschen alle, unser Geschenk ist akzeptiert. Rüdiger lässt sich vor dem Chief nieder – Stehen ist unhöflich – und sagt sein Sprüchlein auf Englisch auf, der Adjutant übersetzt. Der Chief lauscht mit unbewegter Miene, erteilt in wichtigem Tonfall die Erlaubnis. Dann wird die Kokosnuss-Schale mit dem Kawatrunk herumgereicht, offensichtlich in der Reihenfolge des Ranges. Rüdiger als männlicher Besuch an fünfter Stelle, Gaby muss sich als einzige Frau noch einige Runden gedulden…

Wir verabschieden uns und werden wieder von den Kindern in Empfang genommen, die uns das Dorf zeigen. Viele Blüten, saubere, geharkte Wege, auf denen eine stolze Schweinemutter mit ihren zehn Ferkeln herumspaziert. Die meisten Häuser sind schon aus Hohlblocksteinen gemauert und mit Wellblech gedeckt. Wer es sich leisten kann, baut modern, und Gau ist durch Kawaproduktion eine wohlhabende Insel. So beginnt die Südsee-Idylle langsam dem Fortschritt zu weichen.

Mit Zwischenstopps in Ovalau und Naigani segeln wir nach Norden. An Wakaya, einer Privatinsel mit Super-Luxus-Resort, segeln wir lieber vorbei. Yachties, die an Land gehen wollen, müssen den Preis für eine Übernachtung bezahlen – ca. 1100 US-Dollar! Bill Gates hat hier kürzlich Urlaub gemacht, und weil er keine fremden Menschen um sich haben wollte, hat er kurzerhand das ganze Resort gemietet...

Quer über das Bligh Water nördlich der Hauptinsel Viti Levu geht es in einem Nachtschlag zu den Yasawas. Die Inselgruppe ganz im Westen ist ein sehr schönes, aber auch sehr schwieriges Segelrevier. Wegen der vielen Riffe muss auf den Charteryachten der hier stationierten »Moorings«-Flotte immer ein revierkundiger Skipper mit an Bord sein. Wir haben unsere Route so gewählt, dass wir die Yasawas von Nordosten nach Südwesten durchqueren, so haben wir die Sonne meist im Rücken, was wichtig ist für die Riffnavigation.

Die Insel-Landschaft ist großartig: Berge mit kargem Bewuchs, zu ihren Füßen dichte Palmenwälder und hell leuchtende weiße Strände. Die Hütten in den Dörfern sind fast ausnahmslos noch im traditionellen Stil gebaut. Durch Riffe geschützte Lagunen, klarstes Wasser, das je nach Tiefe die verschiedensten Farben annimmt – Natur pur. Tja, wenn nicht die Kreuzfahrtschiffe wären. In der Blue Lagoon, Drehort eines seichten Hollywood-Films mit Brooke Shields, ankern wir vor traumhafter Kulisse, aber neben uns liegen zwei dieser schneeweißen Riesen. Sie haben gerade ihre käsige bis rot verbrannte Fracht am Strand abgeladen, wo am Abend die große Beachparty stattfindet. Wir nutzen die Chance und kaufen eiskaltes Bier, zum Abschluss einer langen Strandwanderung auf die andere Seite der Insel, wohin sich niemand außer uns verirrt hatte.

Einmal ganz allein sein, das ist selten in Fidschi. In der Nähe eines Dorfes sind wir immer in Begleitung. Aber auch abseits der Dörfer treffen wir immer wieder auf Menschen. Frauen, die am Strand nach essbaren Muscheln graben, Männer, die Kokosnüsse oder Bananenstauden ernten. Fast hinter jedem Busch oder Felsen tönt uns ein fröhliches »Bula!« entgegen. Auf unser »Bula!« folgt dann die ewig gleiche Konversation: »What is your name?« – »Ah, you are from the yacht!« – »Ah, Germany, long way!« Das ist zwar nett, aber auf die Dauer auch manchmal anstrengend. Aber wir haben ja ein schwimmendes Heim, in das wir uns zurückziehen können. Von Bord aus können wir unbeobachtet und nur mit Badekleidung schwimmen und schnorcheln, während wir uns an Land immer brav mit T-Shirts und Sulus verhüllen.

Im Dorf Somosomo auf der Insel Naviti erwartet uns eine Überraschung: Der Chief ist eine Frau! Statt des üblichen Vorsitzenden einer Kawa trinkenden Männerrunde nimmt eine zahnlose Alte würdevoll unser Kawa-Bündel entgegen. Sie spricht kein Wort Englisch, aber der auffordernd geschwenkte Klingelbeutel ist unmissverständlich: Ankern nur gegen Bares…

Anschließend werden wir von zwei jungen Frauen zum Tee eingeladen. Wir sitzen auf einer Matte zusammen, schlürfen unseren süßen Tee, während ein Baby gestillt wird. Weitere Kinder spielen friedlich um uns herum. Die Konversation geht über das Übliche hinaus. Die junge Mutter von vier Kindern lächelt Gaby mit makellosen Zähnen an: »How many children?« – »No children.« Sofort erstirbt das Lächeln, mitleidiger, trauriger Blick. Unmöglich, ihr zu erklären, dass Gabys Kinderlosigkeit kein Unglück, sondern ihre freie Entscheidung ist, dass es in unserem Land viele Frauen gibt, die sich so entscheiden. Vor uns sitzt diese junge Fidschianerin mit ihren Kindern, arm nach unseren Maßstäben, aber zufrieden und geborgen in ihrer Familie, ihrem Dorf, ihrer Welt. Für sie gibt es keine Begriffe wie »Selbstverwirklichung im Beruf« und »Kinderfeindlichkeit in der Gesellschaft«.

An der Nordspitze der Insel Waya ankern wir direkt vor einem Dorf. Die kleinen Hütten mit ihren tief heruntergezogenen Palmblattdächern und den geflochtenen Wänden ducken sich den Strand entlang zwischen den Palmen. Die untergehende Sonne lässt die schroffen Berggipfel in weichem, goldgelbem Licht vor tiefblauem Himmel leuchten – ein Bild tiefsten Friedens. Alle Dorfbewohner sitzen vor ihren Hütten und beobachten das Meer. Da biegt um die Ecke, worauf sie warten: ein Boot, völlig mit Menschen überladen. Es sind die Schulkinder, die über das Wochenende nach Hause kommen, die einzige Schule liegt im Süden der Insel. Das Boot muss wegen der vorgelagerten Riffe weit draußen ankern, die Kinder stürmen schwimmend, prustend, lachend den Strand und werden mit offenen Armen empfangen. Abends tönt das melodische »kling-klong« der Kawazubereitung vom Ufer herüber, gefolgt von viel-stimmigem Gesang.

Es ist höchste Zeit, dass wir uns hier losreißen. Schon in wenigen Tagen kommt Besuch aus Deutschland eingeflogen. Nach über zehn Jahren »wilder Ehe« wollen wir in Fidschi heiraten, unsere Freunde werden Trauzeugen sein.

Lautoka, die größte Stadt im Westen von Viti Levu, begrüßt uns mit Hektik, Hitze, Staub. Im Gegensatz zu »rainy Suva« ist das Klima hier im Westen extrem trocken. So fehlt dann auch das üppi-ge tropische Grün, das die Umgebung von Suva so reizvoll macht. Die Landschaft ist überwiegend bräunlich-karg, geprägt vor allem durch endlose Zuckerrohr-Plantagen.

Unser erster Gang in Lautoka führt zum Standesamt. Ein mehr-stöckiges nüchternes Verwaltungsgebäude, das so gar nicht unseren Vorstellungen von einer romantischen Südseehochzeit entspricht. Der nette indische Beamte sieht das offenbar genauso, denn er erläutert uns gleich die Möglichkeit einer »island marriage«. Mit einem von ihm ausgestellten, amtlichen Papier können wir auf einer Insel unserer Wahl heiraten – sofern es dort einen »minister« gibt. Das ist ein hoher Geistlicher, der auf den Inseln auch die welt-lichen Formalitäten regelt. Wir wählen diesen Weg, alles Weitere wird sich schon finden...

Mitte Juli holen wir erst einmal Gabys Freundin Brigitte am Nadi Airport ab. Im gemieteten Auto erkunden wir die Hauptinsel auf vier Rädern, bummeln langsam entlang der Südküste nach Osten. Die Hotels am Wegesrand sind entweder »very basic« oder haben gleich vier Sterne. Für Brigitte, die einen gut dotierten Posten bei einer bekannten Softwarefirma hat, ist Letzteres Standard, für uns unerschwinglicher Luxus. Wir schlagen vor, getrennte Quartiere zu beziehen, aber Brigitte ist solidarisch. So sitzt die Frau Doktor mit der goldenen Kreditkarte ganz fröhlich auf einem wackligen Stuhl im Hof unseres Schlichtquartiers, trinkt ihr Bier aus der Flasche und rollt sich anschließend zufrieden ins Etagenbett...

Als es in Suva in Strömen zu regnen beginnt, trösten wir Brigitte: »Bald sind wir wieder im Westen, da scheint immer die Sonne«. Aber auf der Rückfahrt passieren wir die Wetterscheide in der Inselmitte, ohne dass der Regen nachlässt. Allen Statistiken zum Trotz wird sich die Sonne auch im Westen zwei Wochen lang nicht blicken lassen.

Als Rüdigers Freund Peter am nächsten Tag in Nadi einfliegt, trauen wir unseren Augen kaum: Er hat einen riesigen Samsonite-Koffer dabei. Ein Koffer auf einer Neun-Meter-Yacht! Das Ungetüm wird mit vereinten Kräften an Bord gehievt und nach dem Auspacken erst mal auf die Heckplattform verbannt. Segeln können wir so nicht, das sieht nun auch Peter ein.

Aber vorerst ist an Segeln sowieso nicht zu denken. Bei grauem Himmel ist die Sicht gleich null, und »Eyeball«-Navigation ist das oberste Gebot im Rifflabyrinth der vorgelagerten Inseln. Inzwischen hat der Himmel alle Schleusen geöffnet. Und ungemütlich kalt ist es. Unsere Freunde ergeben sich in ihr Schicksal, statt Tropen und Südseetraum deutsches Schmuddelwetter ertragen zu müssen.

Erst nach drei Tagen klart es etwas auf, wir können auslaufen. Wir nehmen wieder Kurs auf die Insel Waya, diesmal ankern wir in der großen Südbucht vor dem Dorf Yalobi. Hier soll es einen »minister« geben. Mit dem Dingi durch die Brandung an Land, eine neue Erfahrung für unsere Gäste.

Zu viert suchen wir den Chief zwecks Sevusevu auf, dann schlendern wir durch das Dorf. Freundlich werden wir von allen Seiten gegrüßt. »Bula, Bula!«, rufen auch Peter und Brigitte zurück. Das Dorf, ganz ursprünglich mit Hütten aus Palmblättern, geharkten Wegen, vielen blühenden Bäumen und Sträuchern, gefällt uns sehr.

Die Enge an Bord ist gewöhnungsbedürftig, zumal Segelsäcke und Reisetaschen den Salon versperren. Und nicht zu vergessen das Koffer-Ungetüm, das seinen endgültigen Platz unterm Salontisch gefunden hat. Das große Sonnensegel schützt das Cockpit vor den ärgsten Regenschauern, sodass wir fröstelnd wenigstens draußen unsere Beine ausstrecken können...

Peter wird langsam nervös. Fast die Hälfte seines Kurzurlaubs ist schon um, und wir wissen noch nicht, wann, wo und wie die Hochzeit stattfinden soll. Wir haben uns wohl schon ein ganzes Stück pazifischen Gleichmuts angeeignet. »Mach dir keine Gedanken, das klappt schon.« Schlimmstenfalls, so beruhigen wir ihn, können wir ja kurz vor seinem Abflug noch beim Standesamt in Lautoka vorbeifahren...

Am nächsten Tag ist Sonntag. Trotz des strömenden Regens setzen wir morgens zum Kirchgang über, um den Minister zu treffen. Um zehn Uhr ruft die große, aus einem hohlen Baumstamm bestehende Trommel zum Gottesdienst, langsam füllt sich die kleine Kirche. In den vorderen Bänken sitzen die Kinder, streng überwacht von einem finster dreinblickenden älteren Mann. Während der Gebete müssen sie den Kopf vor sich auf die Arme legen. Weil so ein Gebet so langweilig ist, wird dabei so allerlei nebenher gemauschelt... – aber wehe, der Aufpasser merkt etwas, dann setzt es einen Hieb mit dem Wurzelstab. Hier herrschen noch Zucht und Ordnung, das Pädagogenherz lacht...

Der Minister macht einen sehr freundlichen, sympathischen Eindruck. Während seiner Ansprache begrüßt er sogar auf englisch die fremden Besucher und heißt uns auf der Insel willkommen. Als wir ihn nach dem Gottesdienst ansprechen und von unserem Vorhaben erzählen, ist er nicht nur sofort bereit uns zu trauen, er lädt uns auch gleich in sein Haus ein, um die Details zu besprechen. Da es sich um eine normale »legal marriage« handelt, kann sie jederzeit und überall stattfinden. Das ist uns sehr lieb, denn als »Abtrünnige« wollen wir nicht unbedingt in der Kirche heiraten. Und schon haben wir einen Termin: Dienstag, also übermorgen... Ort der Handlung: der Strand – in grenzenlosem Optimismus...

Aber vorerst sieht es so gar nicht nach einer Südsee-Traumhochzeit aus. Auch am Montag regnet es, und die einzige »Kneipe«, eine einfache Hütte am Strand, wartet auf Nachschub. »No food, no beer!«, teilt uns Maria, die Wirtin, achselzuckend mit. Das verspricht ja ein rauschendes Fest zu werden... Zum Glück haben wir das Ereignis noch nicht über Funk verkündet, nur die SNARK aus Berlin ankert zufällig neben uns. Lutz und Elke, mit denen wir ein paar nette Abende am Tresen des Suva Yacht Clubs verbracht hatten, vervollständigen nun die Gästeliste.

Die langen Abende im Cockpit unterm Regendach vergehen mit Grundsatzdiskussionen. Peter, unter dem Eindruck des abendlichen Heimwegs zum Dingi, von Maria fürsorglich mit der Petroleumlampe begleitet: »Also, die müssen hier unbedingt was machen.« Gaby steigt ein: »Was denn?« – »Die brauchen erst mal Strom!« – »Und wofür?« – »Na, damit sie auch Computer haben können.« Gaby glaubt immer noch an einen Scherz, als Peter weiter ausführt, dass damit eine effektive Buchhaltung eingeführt werden könnte. »Ach so, damit sie besser zählen können, wie viele Fische sie gefangen haben? Oder damit Maria weiß, wann sie den nächsten Kasten Bier bestellen muss?« Aber Peter hat es ernst gemeint und reagiert auf Gabys Gefrotzel richtig sauer. Ein Leben ohne Computer ist für ihn, der sein Geld mit der Entwicklung von digitalen Steuersystemen verdient, schlichtweg unvorstellbar. Zwei Welten prallen aufeinander, die Vor- und Nachteile des technischen Fortschritts werden heftig diskutiert. Zehn Tage Fidschi sind aber auch viel zu kurz, um hinter die heimische deutsche Sicht wenigstens ein Fragezeichen zu setzen.

Am Dienstagmorgen begrüßt uns Rasmus mit seinem Hochzeitsgeschenk: Zum ersten Mal seit fast zwei Wochen reißt der Himmel auf, die Welt ist auf einmal wieder bunt und schön. Auch alle anderen Probleme lösen sich wie von selbst: Mereoni, die Frau des Ministers, wird für uns das Festmahl zubereiten, allerdings hat auch sie nicht viel im Haus. Nachdem Zyklon »Gavin« im März über der Yasawa-Gruppe gewütet hat, wächst hier kaum Obst und Gemüse, fast alles muss vom Festland in kleinen Booten herübergeschafft werden. Wir steuern unsere Bordvorräte bei: einen Kohlkopf, ein paar Gurken, Tomaten, Papayas. Dazu ein paar Dosen Tunfisch und Fleisch.

Auf dem Weg durchs Dorf begrüßt man uns überall herzlich, natürlich ist das bevorstehende Ereignis Tagesgespräch. Zwei Stunden vorher sind wir im Haus des Ministers. Textprobe. So schwierige Passagen wie »I do solemnly declare that I know not of any lawful impediment...« wollen geübt sein. Und Kostümprobe.

Der Minister und seine Frau haben für uns ihre eigene Hochzeitskleidung herausgesucht, in der nun auch wir heiraten sollen. Wir sind erst ein wenig skeptisch, wollen wir doch keine peinliche Baströckchen-Hochzeit inszenieren, aber natürlich können wir diese besondere Ehre nicht ausschlagen. Rüdiger erhält einen offiziellen blauen Sulu, Gaby ein langes weißes Kleid mit schwarzem Unterrock, wie es die Frauen am Sonntag beim Kirchgang tragen. Darüber dann das offizielle Hochzeitsgewand: je einen prächtigen Tapa-Rock. Tapa, das ist ein papierähnliches Material, das durch Klopfen aus Maulbeerbaumrinde hergestellt und mit geometrischen Mustern in braunen und schwarzen Naturfarben bemalt wird. Gabys Brautstrauß ist ein Gebinde aus Tapa und leuchtend violetten Blüten. Die Tracht gefällt uns sehr, und jetzt freuen wir uns, dass wir für die Einheimischen wie ein »richtiges« Brautpaar aussehen. Uns ist dann auch ganz feierlich zumute, als wir barfuß hinter dem Minister durchs Dorf zum Strand schreiten. Dort ist schon der Kirchenchor aufmarschiert und die Fotografen: Elke und Lutz von der SNARK sind mit Kameras behängt.

Schon wird es ernst. Der Chor singt stimmungsvoll und feierlich, auch wenn er in den Höhen manchmal leicht daneben liegt, und Rüdiger verhaspelt sich nur ein ganz kleines bisschen... Der Brautkuss muss warten, bis wir wieder an Bord sind, darum hatte uns der Minister ausdrücklich gebeten: »There will be children watching!«

Wir schütteln viele Hände, die Zuschauer, meist ältere Frauen aus dem Dorf, beglückwünschen uns. Es folgen die obligatorischen Hochzeitsfotos am Strand. Lutz und Elke haben einen Hochzeitskuchen gebacken, wir verbringen den Nachmittag bei einer lustigen Kaffeetafel unter Palmen.

Abends sind wir alle im Haus des Ministers eingeladen. Welch eine Überraschung: Mereoni hat aus unseren bescheidenen Zutaten eine wunderbare Festtafel bereitet. Wir lassen uns auf dem Boden nieder, rund um die Matte, auf der eine Vielfalt von Speisen in kleinen Schüsselchen appetitlich angerichtet ist. Das Brautpaar sitzt am Kopf der Tafel, nach Fidschi-Sitte füttern wir uns gegenseitig mit dem ersten Bissen, erst dann dürfen sich die anderen Gäste bedienen.

186

Am nächsten Tag besuchen wir ein letztes Mal den Minister und Mereoni, bringen Geschenke für sie und die Kinder und werden selbst mit einem kunstvollen Tapa beschenkt. Der lange Abschied geht ans Herz...

Noch vier Tage bleiben Peter, die wollen wir nutzen, um die Strände im Norden der Insel zu besuchen. Wir ankern vor einem Traumstrand, die Sonne lacht... So haben sich unsere Gäste die Südsee vorgestellt. Auch Peter kommt gerade auf den Geschmack und überlegt schon, unter welcher Palme er sein Zelt aufschlagen wird. Aber Rasmus gönnt ihm nichts: Unerbittlich dreht der Wind auf Nordwest, wir müssen den unsicher gewordenen Ankerplatz schnellstens verlassen.

Und wieder liegt KAYA in der Vuda Point Marina in der Nähe des Flughafens. Wir feiern Peters Abschied an der Bar des benachbarten Restaurants »First Landing«. Die Anlage entspricht genau dem, was man sich unter Südseegastronomie vorstellt: hervorragendes Essen unter Palmen mit Blick auf die im Meer versinkende Sonne, Personal mit Blume im Haar. Und selbst für unsere schmale Seglerkasse erschwingliche Preise. Der Clou ist die Hausband, fetzig, witzig, manchmal etwas schräg. Und wenn gerade ein einheimisches Lied dran ist, gesellt sich das weibliche Personal singend und tanzend dazu, der Oberkellner malträtiert die Ukulele. Diese »Fiji-Allstar-Band« ist hinreißend.

Mit Brigitte, die noch eine Woche Zeit hat, segeln wir zur Insel Mana. Um den von einem Riff umgebenen Ankerplatz zu erreichen, müssen wir uns durch einen nur wenige Meter breiten Riffkanal schlängeln, Ausguck im Mast ist ein Muss. Am Abend ist es noch ruhig, aber morgens um fünf Uhr bläst es plötzlich mit gut sechs Beaufort von See her in die Lagune hinein. Das Außenriff schützt vor der See, aber nachdem wir die gesamten sechzig Meter Ankerkette gesteckt haben, ist es nicht mehr weit von KAYAs Heck bis zu den Korallen am Ufer. Und der Wind nimmt immer mehr zu. Als es hell wird, sind es sieben Beaufort, später am Vormittag dann acht bis neun, der Windmesser pendelt sogar auf zehn Beaufort... Das Rigg heult, Regen und Gischt kommen waagerecht, die Wellen, die jetzt bei Hochwasser über das Außenriff laufen, brechen neben der wild auf und ab tanzenden Kaya. Das pure Inferno.

Nichts rührt sich in der Achterkajüte, Brigitte scheint gute Nerven oder sehr viel Vertrauen in die inzwischen mehr als besorgte Schiffsführung zu haben. Rüdiger startet die Maschine, um die Ankerkette zu entlasten. Nach einigen Minuten ertönt das hässliche Alarm-Pfeifen. Durch ein Missverständnis ist das Seeventil für die Kühlung nicht geöffnet worden, die Maschine ist überhitzt. Motor aus, banges Warten. Endlich läuft er wieder ohne Pfeifen. Und der Anker hält. Es schüttet aus allen Löchern. Am Nachmittag dreht der Wind auf Nordost, wir kommen in Landabdeckung. Uff…

Am nächsten Morgen können wir es kaum glauben: Sonne, Flaute, singende Vögel am Ufer, Paradies. Nach einem gemütlichen Frühstück geht es an Land. Die Schönheit von Insel und Lagune müssen wir mit den Gästen eines japanischen Luxus-Resorts teilen. Aber Yachties sind willkommen. Wir tummeln uns unter den 300 Dollar pro Nacht zahlenden Gästen, genießen die bequemen Liegestühle am Strand und die tägliche »happy hour« an der Bar, wo wir bei kühlem »Fiji Bitter« die Sonne zwischen den Inseln im Meer versinken sehen.

Abschied von Brigitte. Nach vier Wochen Südsee muss sie sich nun wieder auf den heimischen Alltag einstellen. Später wird sie uns in einem Brief ihre Heimkehr schildern: »In den ersten Tagen hatte ich noch ganz die Fidschi-Freundlichkeit drauf. Ich grüßte und lächelte dabei, und alle Nachbarn und Kollegen guckten mich an, als sei ich nicht ganz dicht. Nun bin ich wieder mufflig, und alle sind zufrieden«…

Mitte August ist es auch für uns höchste Zeit, Abschied von Fidschi zu nehmen. Durch die enge Mana-Passage im westlichsten Außenriff steuern wir auf die offene See, Kurs West. Bei mäßigem Wind läuft Kaya unter vollen Segeln ihrem Ziel Vanuatu entgegen. Vor uns liegen 500 Seemeilen. Fidschi ist längst außer Sicht, nur die Gipfel der hohen Berge von Waya ragen noch als kleine blaue Zacken über den Horizont, oft bereits von der Dünung verdeckt. Ganz wehmütig sitzen wir im Cockpit und sehen »unsere« Insel am abendlichen Horizont versinken.

Schon lange nicht mehr hatten wir so gemütliches Segeln. KAYA gleitet ruhig dahin, wir genießen. Aber so kann es natürlich nicht bleiben. Am vierten Tag nimmt der Wind immer mehr zu, die See wird unangenehm. Wir müssen bremsen, wollen wir nicht in stockdunkler Nacht in Port Vila einlaufen. Das ist leichter gesagt als getan, mit einem handtuchgroßen Zipfel Fock machen wir immer noch fünf Knoten Fahrt. Als in der zweiten Nachthälfte eine schmale Mondsichel aufgeht, sind wir schon dicht vor Port Vila. Die Riffpassage ist so gut befeuert, dass wir das nächtliche Einlaufen verantworten können. Gerade als wir an der gelben Quarantäne-Tonne festmachen, beginnt es zu dämmern.

Fast den ganzen Tag müssen wir warten, bis Zoll, Immigration und Quarantäne an Bord kommen. Gegen Abend können wir uns endlich in der Stadt umsehen.

Die Frauen sehen wirklich genauso aus, wie wir sie aus einem Cartoon kennen: überwiegend »vollschlank« mit Kraushaar, in bunten, nachthemdartigen Kleidern mit Puffärmeln, Rüschen und den typischen bunten Schleifchen. »Mother Hubbard« heißen diese Gewänder.

Beim Geldwechseln in der Bank bleiben die Augen an einem Schild hängen: »Kam toktok wetem mifala long plesia. Mifala i glad tumas blong oferem gudfala frendli servis oltaem long yufala.« Wörtlich übersetzt: »Come talk with us in the place here. We are glad too much to offer good friendly service all times to you.« Bislama oder Pidgin English reizt immer wieder die Lachmuskeln. Weil die Sprache nur aus ca. 2500 Wörtern besteht, müssen alle Begriffe zusammengesetzt werden, meist mit dem Universalwort »blong«: »glas blong lukluk« ist eine Lupe, und »rubba blong fakfak« (na was wohl?) – ein Kondom.

Die Engländer haben die Sprache gestiftet, die Franzosen das Baguette, letzteres zum Glück völlig unverfälscht. Einige Tage bleiben wir in Port Vila, schwelgen in Baguette, frischem Gemüse und besten Rindersteaks. Und wir feiern ausgiebig Wiedersehen mit Lutz und Elke von der SNARK. Gemeinsam starten wir zu einem dreiwöchigen Segeltörn durch die Inselwelt von Vanuatu.

Unsere Erwartungen werden übertroffen. Herrliche tropische Landschaft, riesige Palmenwälder, Wasserfälle im Regenwald, schneeweiße Strände, das Wasser so klar, dass man in 15 Metern Tiefe jede Einzelheit des Grundes erkennen kann. Die Menschen sind zurückhaltend, aber sehr freundlich. Wir fühlen uns in vergangene Zeiten versetzt, wenn sie mit ihren Auslegerkanus am Ankerplatz auftauchen. Keine Außenborder, keine modernen Materialien, mit einer Kokosnuss-Schale wird das Wasser aus dem Kanu geschöpft. In den Dörfern weder Gemauertes noch Wellblech, die Hütten mit ihren fast bis auf den Boden gezogenen Dächern sind aus allem gefertigt, was die Palme hergibt. Kein Strom, einziger Hinweis auf die Moderne ist das solarbetriebene Funkgerät der »Radio Station«.

Wir sind die Attraktion, wann immer wir uns einem Dorf nähern. Die Kinder sind die Ersten, die uns entgegenkommen, nach einer Weile läuft das ganze Dorf zusammen. Vor großem Publikum betreten wir dann den Dorfladen, kaufen Brot, Eier, Früchte. »What's your name?« – »Where are you from?« Wir antworten, lächeln, schütteln unendlich viele Hände. Die Kinder bleiben die ganze Zeit dicht bei uns und können sich nicht satt sehen, ganz vorsichtig streicht auch mal eine kleine braune Hand über Elkes und Gabys helle Haut.

Von nun an ist aber bei den Landgängen Zurückhaltung geboten: Vanuatu ist Malaria-Gebiet. Noch vor Einbruch der Dämmerung sind wir zurück an Bord, das Cockpit wird mit einem übergroßen, zeltartigen Moskitonetz zugehängt, alle Luken bekommen passende Netze, von Gaby auf der kleinen Bordnähmaschine angefertigt.

Auf der Insel Malakula leben zwei Volksstämme, die tief im Urwald noch ihre alten Bräuche bewahrt haben: die Großen und die Kleinen Nambas, so benannt nach der Größe der Penishüllen, die die Männer als einziges Kleidungsstück tragen. Es ist nicht ratsam, sie als Fremder auf eigene Faust aufzusuchen. Zu leicht verletzt man eines der vielen »Tabus«, die empfindlichen Strafen werden ausnahmslos auch über Touristen verhängt. Und der letzte menschliche Braten wanderte noch im Jahre 1969 in einen Topf der Großen Nambas…

Wir ankern in der Banan Bay im Südosten der Insel. Die Dorfbewohner gehören zum Stamm der Kleinen Nambas. Für die ankernden Yachten organisieren sie einen »custom dance«, eine Vorführung ihrer traditionellen Tänze. Aber vorher gibt es eine längere Diskussion an Bord. Rüdiger besteht auf unserem Vorsatz, wegen der Malariagefahr nach Einbruch der Dämmerung nicht mehr an Land zu sein, Gaby will unbedingt die Tänze sehen. Schließlich gehen wir hin, in langen Hosen und langen Ärmeln, Gesicht und Hände mit Mückenmittel eingesprüht.

Ein hoher, undurchsichtiger Zaun rund um den Tanzplatz verhindert, dass die Frauen des Dorfes etwas sehen könnten. Eine Gruppe von älteren Männern, unter ihnen der Chief, schlägt auf den typischen Schlitztrommeln den Rhythmus, die jungen Männer kommen tanzend hintereinander auf den Platz und fallen in den Wechselgesang ein. Alle sind nackt, bis auf die grüne Penishülle aus einem Bananenblatt. Höhepunkt ist eine Art Kriegstanz, bei dem zwei mit Masken verkleidete Tänzer von den übrigen in einem wilden Reigen umtanzt werden. Unter den wild und rhythmisch stampfenden Füßen zittert der Boden, Staubwolken hüllen die schweißglänzenden Körper ein. Wir fühlen uns an die Abenteuerbücher der Kindheit erinnert. Ein Erlebnis »nambawan« (= number one), das universelle Pidgin-Wort für alles was gut ist, gefällt oder beeindruckt.

Die Insel Ambrym mit ihren hohen Vulkanen ist weithin sichtbar. KAYA und SNARK ankern vor einem schwarzen Strand in der Nähe des Dorfes Ranon. Schon um 6.30 Uhr wandern wir in der Morgenkühle durch den Urwald, um den 1270 Meter hohen Mt. Marum zu besteigen. Elke ist mangels festen Schuhwerks an Bord geblieben, Lutz und wir haben die Bergstiefel geschnürt. Voneweg geht ganz lässig in Badeschlappen Elsie, unsere 18-jährige Führerin, begleitet von ihrer kleinen Schwester, barfuß…

Bald wird gerastet, viel traut man den Fremden wohl nicht zu. Elsie deutet auf Trinknüsse, die in einer Palme haushoch über uns schweben. Rüdiger wischt sich die schweißnasse Stirn: »Wenn die jetzt da raufklettert, krieg ich die Krise!« Kaum gesagt, ist sie auch schon oben, die Nüsse donnern zu Boden. Mit wenigen Schlägen der Machete hat jede Nuss ein Trinkloch – nichts kann erfrischender sein!

Der Pfad durch den Urwald klettert steil bergauf. Die Vegetation verändert sich, statt Bananen und Palmen ragen jetzt große Baumfarne über uns auf. Wir treten hinaus auf ein weites schwarzes Lavafeld. Jetzt marschiert es sich leichter im kühlenden Wind. Nach drei Stunden sind wir am Fuß des Kraters. Ein letzter steiler Aufstieg, dann liegt er vor uns: ein riesiger Krater mit senkrechten Wänden, tief unten kocht rot glühend das Innere der Erde. Dazu ein ständiges dumpfes Grollen und Fauchen. Kein schützendes Gitter trennt uns vom Abgrund, ein falscher Schritt, und wir rösten im Höllenfeuer... Elsie hat wohl den gleichen Gedanken, denn sie hält uns die ganze Zeit an einem Zipfel unserer Windjacken fest...

Nur ungern trennen wir uns von diesem grandiosen Szenario. Aber auch der Abstieg mit weitem Blick über die grüne Insel ist unvergesslich. Elsie wird ganz rot unter ihrer braunen Haut, als wir dem Chief berichten: »Lady guide nambawan!«

. Das Dorf Loltong auf der Insel Pentecost ist wie ausgestorben. Alle sind auf der Festwiese beim großen Fußballturnier. Heute feiert der junge Staat Vanuatu, die früheren Neuen Hebriden, seine Unabhängigkeit. Der hellhäutige Seglerpulk ist unschwer auszumachen, wir gesellen uns dazu, plaudern und warten. Das liebevoll auf der Schreibmaschine getippte Programm kündigt eine »String Band Competition« an, die Zeitangaben variieren zwischen 18 und 20 Uhr...

Endlich tut sich etwas. Der flache Steinbau am Ende des Spielfeldes ist auf einmal hell illuminiert. Wo kommt denn der Strom her? Wir haben uns schon so an die Petroleumfunzel-Beleuchtung gewöhnt, dass wir fast ebenso staunen wie die Einheimischen. Für die muss die schlichte Halle mit Neonröhren unter der Decke ein wahrer Palast sein. An der Wand hängt ein nagelneuer Strom-Verteilerkasten, den Strom liefert das neue Postamt oben auf dem Hügel.

Zuerst wird ein Theaterstück aufgeführt. Auf Bislama liest ein Sprecher die Schöpfungsgeschichte vor, dazu agieren die Laiendarsteller vor handgemalten Transparenten. Adam und Eva tragen einen Lendenschurz, darunter T-Shirt und Shorts. Eine Seglerin neben uns klärt die Umstehenden darüber auf, dass man im Paradies aber nackt war… Da tut es einen Schlag, plötzlich ist alles zappenduster. Der Ansager hält eine kurze Ansprache, die wir leider nicht verstehen, und schon strömt die Menge hinaus in den Regen. Wahrscheinlich ist die neue Stromversorgung noch nicht wasserfest… Also heute keine String-Bands, schade.

Letzte Station in Vanuatu ist Luganville auf der Insel Espiritu Santo. Nach Port Vila die zweitgrößte »Stadt«, ist es ein liebenswertes, verschlafenes Nest. Immerhin, es gibt ein nettes Café mit leckeren französischen Croissants.

Am »Million Dollar Point« besichtigen wir schnorchelnd den Kriegsschrott, den die Amerikaner bei ihrem Abzug einfach in die Lagune gekippt haben. Zwischen Panzern, Geschützen und LKWs tummeln sich zahllose bunte Fische. Man findet hier noch alte Coca-Cola-Flaschen und jede Menge Munition.

Wir sitzen in den Startlöchern. Diesel und Proviant werden gebunkert, Wäsche wird gewaschen, Gasflaschen werden gefüllt. Die anderen Segler wundern sich, dass wir schon Anfang Oktober Richtung Australien aufbrechen wollen, die Zyklonsaison beginnt offiziell erst im November. Aber es gab auch schon Zyklone im Oktober, und im El-Niño-Jahr ist besondere Vorsicht geboten.

Am 1. Oktober 1997 laufen wir aus zum Tausend-Meilen-Törn nach Australien. Unterwegs wollen wir noch einige Riffe anlaufen, von denen uns Segler in den höchsten Tönen vorgeschwärmt hatten. Wieder einmal haben wir ein Wetter, dass die Küche kalt bleibt…

Nach ein paar Tagen steigt die Spannung: Ansteuerung des ersten Riffs. Bei Windstärke sechs sind überall weiße Schaumkämme, die es uns zusätzlich schwer machen, die Brecher der Riffkante zu entdecken. Die Seekarten für dieses Gebiet basieren auf Vermessungen aus dem 19. Jahrhundert, bei denen vor allem die geografische Länge um bis zu drei Seemeilen von der Realität abweicht. Da nützt auch der GPS nichts, Ausguck im Mast ist unerlässlich. Aus Büchern kennen wir den gefürchteten Ruf »Riff voraus«, und Minerva ist noch in lebhafter Erinnerung. Immer wieder klettert Rüdiger in die Saling. Nichts zu sehen. Plötzlich ist das Wasser einhundert Meter voraus deutlich dunkler. »Wende, schnell!« Keine

Zeit zu überlegen, ob man sich irrt, mit schlagenden Segeln geht KAYA durch den Wind. Dann erst können wir die »Riffkante« betrachten: der Schatten einer Wolke. Wende zurück auf den alten Kurs und wieder rauf in den Mast. »Da ist was!« Fast unmöglich, im schwankenden Mast mit dem Fernglas etwas zu erkennen. Aber einen Moment lang taucht der gesuchte Felsbrocken an der Nordspitze des Riffs ganz deutlich auf.

Wenig später können wir die schäumende Riffkante in weitem Bogen umfahren und ins geschützte Wasser der Lagune einlaufen. Mittendrin eine kleine Sandinsel, grün bewachsen, aber ohne jeden Baum oder Strauch. Wir ankern in Lee der Insel und fühlen uns zum ersten Mal wirklich wie Robinson: kein Land in Sicht, keine andere Yacht, keine Menschenseele weit und breit.

Der Landgang ist ein einzigartiges Erlebnis. Überall sitzen brütende Tölpel, furchtlos wie in Galapagos. Eine große, mindestens 1,50 Meter lange Schildkröte ist gerade dabei, den Strand zu erklimmen. Überall sieht man Spuren, die zu großen Trichtern im Sand führen, in denen die Eier abgelegt sind. Und die Muscheln... Die schönsten Exemplare liegen überall, man muss sich nur bücken. Wir ahnen den Grund: Hier war schon lange niemand mehr.

Dieses Gefühl totaler Einsamkeit wirkt nach. Am nächsten Morgen haben wir plötzlich Bedenken, mit dem Dingi an Land zu fahren. Was, wenn die Ankerkette bricht und KAYA ohne uns davontreibt? Was, wenn der Außenborder streikt und wir bei Starkwind nicht an Bord zurückkommen? Was, wenn... Gemeinsam entwickeln wir Szenarien und packen das kleine Notfass: Handfunkgerät, Seenotraketen. Man könnte vielleicht mit Flossen das Dingi ziehen. Also Flossen einpacken...

Wir setzen das Dingi am Strand neben einer Tölpelmutter ab, die ruhig auf ihren Eiern sitzen bleibt und uns leicht verwundert betrachtet. Im Fernglas sehen wir an der Südspitze der Insel einige schwarze Punkte. Das könnten Schildkröten sein. Die Morgensonne brennt schon erbarmungslos, als wir über den weiten, schattenlosen Strand dorthin wandern.

Tatsächlich, etwa zehn riesige Schildkröten dösen im Sand einer schmalen Landzunge. Dahinter, im seichten türkisfarbenen Wasser

194

eines Naturswimmingpools, sind jede Menge andere in die schönste Beschäftigung vertieft. Die Männchen haben es nicht leicht. Kaum haben sie sich auf den Panzer der Dame hinaufgeschafft, macht die einen falschen Flossenschlag, das Duo kommt aus dem Gleichgewicht und macht den doppelten Rittberger. Frustriert fängt das Männchen von vorn an...

Welch ein Paradies, wir könnten Wochen bleiben. Aber schon nach wenigen Tagen segeln wir weiter, das ruhige Wetter ist ideal für die Ausfahrt aus der Lagune. Unterwegs laufen wir noch zwei weitere Riffe an. Auch hier grandiose Natur, wir schnorcheln rund um KAYA in einem farbenprächtigen Aquarium.

Wir sind froh, dass wir so früh gestartet sind. Am 10. Oktober geht »Lusi«, der erste Zyklon der Saison, zwischen Fidschi und Vanuatu durch. Unsere Freunde in Vanuatu verkriechen sich in ein »hurricane hole«, wir bangen mit ihnen, bis die Gefahr vorüber ist.

Hätten wir doch kein Wetterfax... Die Karte zeigt, dass die Wetterlage gerade günstig ist, es wäre unvernünftig, weiter zu bummeln. Also reißen wir uns los und nehmen endgültig Kurs auf Australien.

Die gelbe Einklarierungsflagge flattert in der Saling, als wir uns dem Hafen von Bundaberg nähern. Aus der Flussmündung kommen uns einheimische Segelyachten entgegen. Man winkt uns zu, und herzlich tönt es herüber: »Welcome in Australia!«

Downunder

*»No worries, mate«: Unkompliziertes Australien –
Kängurus, Koalas und mehr: Auf vier Rädern durch den
Südosten – Durch das Great Barrier Reef nach Norden –
Crocodile Country: Cape York und Arnhem Land*

Nun haben wir also unser Traumziel Australien erreicht. Wir sind
gespannt auf diesen neuen Kontinent, von dem wir so viel Ver-
lockendes und Widersprüchliches gehört haben.

Nach dem Einklarieren motoren wir den Burnett River flussauf-
wärts bis nach Bundaberg. Das Städtchen hat sehr viel Ähnlichkeit
mit den Orten in Neuseeland: einstöckige, moderne Häuser, dazwischen auf alt gestylte öffentliche Gebäude. Aber die Typen sind uri-
ger, von glatzköpfig bis langhaarig, schwergewichtig, tätowiert und
barfuß. Wir freuen uns an den Schildern der Pubs: »Please don't
stand on the chairs« oder »Minimal dress required: shirt and thongs«. »Thongs« sind Plastik-Strandlatschen, die der Aussie trägt,
wenn er nicht barfuß geht – leider lässt sich Rüdiger nicht zu dieser
aparten Ausgeh-Kombination überreden...

Unser Lieblingspub ist das »Grand Hotel«. Der Name täuscht.
Hier spielen abends Livebands richtig guten Rock oder Blues, die
Fete dauert bis in die Nacht, keine Sperrstunde wie im biederen
Neuseeland. Im kleinen Tierpark sehen wir zu, wie »Snappy the
Croc«, das vier Meter lange Salzwasserkrokodil, gefüttert wird.
Beeindruckend, wie das sonst so träge Tier blitzschnell nach den
blutigen Brocken schnappt! Wir beschließen, mit dem Baden sehr
vorsichtig zu sein...

Nach der ersten Woche haben wir uns schon gut eingelebt. Auffallend ist die Freundlichkeit, mit der man sich hier auf der Straße,

in den Geschäften, einfach überall begegnet. Die Atmosphäre im Alltag ist relaxed, unkompliziert. »No worries, mate« ist nach »Good on ya« der wichtigste Spruch.

Schließlich reißen wir uns los und segeln nach Süden in die Great Sandy Strait zwischen dem Festland und der vorgelagerten Insel, Fraser Island. Genaue Navigation und exaktes Timing ist nötig in den ungewohnten, flachen Tidengewässern. Fraser Island, die größte Sandinsel der Welt, ist Nationalpark und steht seit einigen Jahren sogar auf der World-Heritage-Liste. Hier leben wilde Dingos, die sich durch die Inselabgeschiedenheit nicht mit den eingeführten europäischen Hunden vermischt haben. Wir ankern dicht vor einem endlosen Sandstrand, setzen mit dem Dingi über und machen eine lange Wanderung zum Lake McKenzie, einem glasklaren, wunderschönen Süßwassersee.

Die Sandbank am Südende von Fraser Island, die gefürchtete Wide Bay Bar, ist gerade unpassierbar, einem Fischerboot haben brechende Seen die Fenster eingeschlagen. So machen wir einen Abstecher nach Tin Can Bay. Ein hübscher, verschlafener Ort, eine kleine Marina.

Keine Spur von der überwiegend aus Amerikanern bestehenden Seglerflotte. Hier gefällt es uns auf Anhieb. Als wir auf unsere beiläufige Frage nach den Liegeplatzkosten einen unschlagbar günstigen Preis genannt bekommen, ist uns klar, dass KAYA hier während der Zyklon-Saison bleiben wird. Die Zeit, die wir dadurch sparen, wenn wir nicht weiter nach Süden segeln, wird unserer Landreise zugute kommen.

Mit dem Bus fahren wir nach Brisbane und kaufen dort, fast zum Schrottpreis, einen 25 Jahre alten »Valiant«-Kombi, ein riesiger Straßenkreuzer mit bulligem Sechs-Zylinder-Motor. Mit großer Schaumstoffmatratze und Vorhängen, auf der Bordnähmaschine genäht, ermöglicht er uns eine Reise, die wir uns sonst nicht leisten könnten.

Inzwischen bilden sich im Norden die ersten Wirbelstürme. »Nute« zieht die Queenslandküste entlang nach Süden, der Marina-Manager inspiziert besorgt die Vertäuung der Boote. Das kann ja heiter werden...

KAYA wird aufs Trockene gestellt und so sturmfest wie möglich gemacht. Dann starten wir Ende November mit unserem vollbepackten grünen Straßenkreuzer-Ungetüm. Noch trauen wir ihm überhaupt nicht, jedes Geräusch während der Fahrt wird argwöhnisch belauscht. Die Hauptsorge gilt der Kühlwassertemperatur, die bei der mörderischen Hitze oft an der Obergrenze steht. Aber mit den Kilometern wächst das Vertrauen. Wir genießen die Freiheit, überall, wo es uns gefällt, anhalten und übernachten zu können. Mitten in der Wildnis, ohne erst ein Zelt aufzubauen, vor allem ohne lärmende Zeltnachbarn.

Mittagspause in einem kleinen Ort. Wir schwimmen gerade einige Bahnen im »Olympic Pool«, in gleißender Mittagshitze, als sich plötzlich der Himmel verfinstert. Die Sonne steht als rote Scheibe ganz hoch am schwarzen Himmel, die Autos fahren mit Licht – gespenstisch. Wir erfahren, dass in der Nähe ein riesiges Buschfeuer wütet.

In der Sternwarte von Coonabarabran ist davon zum Glück nichts zu merken. Ein Traum von einem klaren, südlichen Sternenhimmel. Rüdiger schwelgt in Magellanschen Wolken, Jupitermonden und Saturnringen.

Wir fahren nach Westen ins Landesinnere, wo es in den heißesten Monaten ab Dezember nicht mehr auszuhalten sein wird. Schon bald weicht die grüne, bewaldete Küstenlandschaft dem »bush« des Outback. Rote Erde, mannshohe Büsche, die Straße verschwindet schnurgerade am Horizont. »Kangaroos next 180 km« zeigt ein Schild. Aber tagsüber sieht man nur die plattgefahrenen Opfer der mit martialischen Rammgittern versehenen »roadtrains«, riesigen Lkws mit bis zu zehn Achsen.

Immer wieder scheucht unser Straßenkreuzer weiße Vogelschwärme auf, die sich dann fliegend in rosa Wolken verwandeln: Galahs, eine Papageienart mit leuchtend rosa Gefieder an der Unterseite.

Mitten im Nichts ab und zu ein Ort mit klimatisierten Läden und Lokalen. Gepflegte Grünanlagen mit kurz geschorenem Rasen und Picknick-Tischen laden zum Verweilen ein. Und: Australien ist das Land der öffentlichen Toiletten. Immer blitzsauber, oft sogar mit Dusche.

Die neunzig Kilometer lange Schotterpiste zu den Opalfeldern von White Cliffs wird eine harte Prüfung für unseren betagten Asphaltkreuzer. Opale – da war doch was? Hatte Rüdiger nicht irgendwann in der heimischen Zeitung etwas gelesen von einer Darmstädter Goldschmiedin, die im fernen Australien nach Opalen gräbt?

White Cliffs besteht aus einer Handvoll Häuser inmitten einer vor feindlicher Hitze flimmernden Geröllwüste. Kein Schatten weit und breit, nur grelles Licht. Kein Wunder, dass hier fast alle in »dugouts« wohnen, unterirdischen Wohnungen in den Schächten stillgelegter Opalminen. Die Frau auf dem kleinen Postamt strahlt: »Oh, you're from Germany. A German lady lives up on the hill.« Die begrüßt uns kurze Zeit später in ihrem eleganten Verkaufsstudio. Barbara Gasch aus Darmstadt lebt hier seit einigen Jahren in ihrem »dugout« und verkauft ihren edlen, in eigener Werkstatt gefertigten Schmuck an Touristen aus aller Welt. Ein angenehmes Klima herrscht unter der Erde, beeindruckend ist die absolute Stille. Wir verstehen uns auf Anhieb, bis in die Nacht plaudern wir. Doug, Barbaras Mann, führt uns herum. Der Hügel mit den Opalfeldern sieht aus wie eine Mondlandschaft. Bei sinkender Sonne sehen wir eine Fata Morgana: Häuser und hohe Bäume erscheinen am Horizont, wo sonst absolut nichts ist.

Ganz früh am Morgen, bevor die große Hitze einsetzt, sind wir wieder auf der Piste. Und hier begegnen uns die ersten Kängurus. Wir sind völlig von den Socken. Diese Tiere, seit der Kindheit nur Traum aus einem fernen Land, sind auf einmal ganz real.

In der Stadt Broken Hill, in der das Thermometer tagsüber bis auf 45 Grad im kaum vorhandenen Schatten klettert, flüchten wir vor der Hitze in die klimatisierte öffentliche Bibliothek. Die bietet kostenlosen Zugang zum Internet, Rüdiger zaubert im hitzeflimmernden Outback das Bild seiner verschneiten Schule auf den Bildschirm.

Hier besuchen wir auch die »School of the Air«, deren Schüler auf den unendlich weit auseinander liegenden Farmen im Outback wohnen und per Post und Funk unterrichtet werden. Aufgabe der Lehrer am Funkgerät ist es, das Gemeinschaftsgefühl der »Klassen«

aufrechtzuerhalten, die nur ein- oder zweimal im Jahr zusammenkommen. Und so erinnert die Stunde, die wir sehen, etwas an die »Music Box« von SWF3.

Wir übernachten außerhalb der Stadt im Nationalpark »Living Desert«. Die untergehende Sonne taucht die roten Hügel in weiches Licht. Kängurus springen zwischen den Büschen umher, rosa Schwärme von kreischenden Galahs streichen über uns hinweg. In der Dämmerung glitzern die ersten Sterne am dunkelblauen Himmel, in kurzer Zeit ist es Nacht, und das leuchtende Band der Milchstraße spannt sich von Horizont zu Horizont.

Der Hattah-Kulkyne-Nationalpark bei Mildura bietet eine völlig andere Szenerie. Unter riesigen alten Eukalyptusbäumen parken wir an einem See, wieder völlig allein – ein Tierparadies. Das »uh uh uh ah ah ah« der weißen Kakadus mit gelbem Kamm werden wir nie vergessen. Bunte Papageien überall in den Bäumen, auf dem See schwimmen Pelikane, abends grasen ein paar scheue Emus in der Nähe. Eine Riesenechse, ein etwa einen Meter langer Goanna, geht dicht vor uns seelenruhig am Strand spazieren.

Der Wechsel in die Zivilisation von Adelaide ist krass, aber nicht unangenehm. Eine überschaubare Stadt mit schönen alten Gebäuden, Universität, Staatsbibliothek, Museen und Theater. Viele Kneipen und Straßencafés, voller Leben. Und alles ist umgeben von einem großen Parkgürtel am Fluss, in dem man joggt, rudert, die Enten füttert oder einfach im Schatten eines großen Baumes faulenzt. Hier ließe es sich leben!

Auf einer Halbinsel westlich von Adelaide liegt der Innes-Nationalpark. Der »bush« reicht bis an die steil zum Strand abfallenden Klippen, schneeweiße Dünen erstrecken sich entlang der endlosen, völlig unberührten Strände. Mit der Kamera gehen wir auf Kängurujagd, bei Sonnenuntergang verlassen die Faulpelze ihre schattigen Schlafplätze und tummeln sich überall in den Dünen.

Natürlich müssen wir uns auch Hahndorf ansehen, das deutsche Dorf östlich von Adelaide. Die Bratwurst mit Sauerkraut beim »deutschen Metzger« schmeckt etwas seltsam, der Mann ist ein waschechter Aussie. Immerhin, der Christstollen mit Persipan-Füllung ist echt, frisch importiert aus der Heimat. Deutsch sind hier ansonsten nur noch die touristisch aufgemotzten Fassaden der Restaurants und die Auslagen der Geschäfte: Bierhumpen mit Hakenkreuzmotiv und Bücher über die Heldentaten der Waffen-SS...

Am Horizont locken blaue Berge: die Grampians, eine Art Miniaturausgabe der Rocky Mountains. Hier gibt es sogar einen »Grand Canyon«, den wir in einer strapaziösen Tageswanderung erkunden. Etwas störend sind die vielen Touristen, die sich besonders jetzt um Weihnachten hier drängeln.

Am schönsten ist der frühe Abend, wenn die Horden sich zum Essen in ihre Hotels und Caravanparks zurückziehen und wir die grandiose Landschaft im Abendlicht ganz in Ruhe genießen können. Auf dem kleinen Campingkocher brutzelt unser Abendessen, aus dem landesüblichen Pappkanister werden die Weingläser gefüllt, und ganz in unserer Nähe kommen die ersten Kängurus aus den Büschen. Zu witzig, wie zwei halbstarke Rabauken ihre Kräfte messen: Pfoten an die Gurgel des Gegners legen, auf den Schwanz abstützen und mit beiden Füßen ganz schnell nach vorne treten, genau an die empfindlichste Stelle...

Keine gute Idee, ausgerechnet in der Hauptferienzeit die berühmte Great Ocean Road zu besuchen: Massen wie im Sommer an der Costa Brava. Die zwölf Apostel (vier davon hat der Zahn der Zeit schon abgenagt) sind ja wirklich beeindruckend, aber die allgegenwärtigen Aussichtsplattformen sind schwarz von knipsenden Japanern.

Den Silvesterabend wollen wir aber doch da verbringen, wo was los ist. Nicht steif in einem Restaurant, sondern mit Musik, Fete, Action. Da sind wir im Badeort Lorne gerade richtig. Unter jedem Schild, das bei hoher Strafe Camping und Übernachtung verbietet, stehen bunte VW-Busse mit aufgestelltem Hubdach. Lagerfeuer flackern, die Gitarre wird gezupft, Woodstock-Atmosphäre. Am Strand spielt eine Band, das neue Jahr wird mit Feuerwerk begrüßt. Wir verschießen einige abgelaufene Seenotraketen, staunen, dass die noch funktionieren und hoffen, dass der Ernstfall nie eintritt!

Das neue Jahr hält ein Geschenk für uns bereit. Der Brisbane Ranges Nationalpark ist klein, unbekannt und bietet sich abends zufällig zum Übernachten an. In der Dämmerung plötzlich ein furchterregendes Röhren, ganz nah. Gibt es hier Wildschweine? Aber die müssten fliegen können, das Geräusch kommt von oben. Da – in einer Astgabel sitzt ein ganz süßer, kleiner Koala, gähnt und mümmelt Eukalyptusblätter. Wie wir später erfahren, grenzt er mit dem hochstaplerischen Gebrüll sein Revier ab. Und tatsächlich, aus der Ferne antwortet ein anderer. Auf der Wanderung am nächsten Morgen entdecken wir noch weitere der gut getarnten putzigen Teddys, sogar eine Mutter mit Kind.

Und wieder Großstadt, Fußgängerzone, MacDonalds, Internet: Melbourne. Inzwischen haben wir einen Blick dafür, wo wir mit unserem Ungetüm unauffällig parken können. Vom Stadtpark am Fluss sind es fünf Minuten zu Fuß in die City. Unsere anfänglichen Sicherheitsbedenken haben sich relativiert. Nirgends auf der Welt haben wir uns bisher so sicher gefühlt wie in Australien, selbst hier in der Großstadt.

Melbourne, besonders der Stadtteil Fitzroy, ist bunt, lebhaft und multikulturell. Kleinkunst überall. Unvergesslich der Seiltänzer, der zehn Männer aus dem Publikum ein Seil spannen lässt, darauf entlangbalanciert und dabei mit fünf Messern jongliert. Aber nicht nur die Kleinkunst, auch bildende Kunst hat in Australien noch mehr mit Können zu tun als mit schwarzgekittelter Imagepflege. Gaby fällt beim Besuch der Museen und Galerien von einer Begeisterung in die nächste.

Von nun an führt unser Weg die Küste entlang. Immer wieder fahren wir vom Princes Highway ab, um einen weiteren namenlosen Traumstrand zu entdecken. So zum Beispiel am Kap Conran auf halbem Weg zwischen Melbourne und Sydney. Eine menschenleere, endlose Dünenlandschaft erstreckt sich bis zum Horizont. Wir genießen in unseren Klappstühlen – man wird halt älter... – mit einem Glas Wein in der Hand den Sonnenuntergang. Es ist schwül, kaum ein Lufthauch. In der Ferne steht eine schwarze Wolkenwand über dem Horizont, darunter ein glutroter Vorhang, die untergehende Sonne beleuchtet Regenwände. Von einem Augenblick zum nächsten beginnt es so zu pfeifen, dass unsere Stühle durch die Luft fliegen. Die ganze Nacht stürmt es, das vorher friedliche Meer don-

202

nert wild auf den Strand. Auf See wäre uns jetzt gar nicht wohl, aber in unserem Ungetüm schlafen wir prächtig.

Als Nächstes steht die Hauptstadt Canberra auf dem Programm. Um 1920 auf dem Reißbrett geplant und erst in den 1970er Jahren in der heutigen Form vollendet, wirkt in Canberra alles ein paar Nummern zu groß für nur 300 000 Einwohner. Ringförmig um den »Capital Hill« mit dem Regierungssitz und sternförmig auf diesen zu verlaufen die breiten Straßen mit vielen Ampeln, aber wenigen Autos. Dazwischen so viel Grün, dass man sich oft eher »in the bush« als in der Hauptstadt wähnt.

Fast eine Woche wohnen wir auf einem idyllischen Picknick-Platz am See, ein Vogelparadies mitten im Botschaftsviertel. Science Museum, Art Gallery und National Library sind von hier bequem zu Fuß erreichbar. Letztere benutzen wir eifrig, nicht nur zum Surfen im Internet, sondern auch, um in dem einen oder anderen der über fünf Millionen Bücher zu schmökern.

Am 26. Januar ist Nationalfeiertag, »Australia Day«. Am Vorabend spielt im Park vor dem alten Parlamentsgebäude die bekannteste Ethno-Band Australiens, »Yothu Yindi«. Die Musiker, teilweise wild bemalt, spielen Rock kombiniert mit traditionellen Aborigine-Klängen: Lead-Gitarre, Bass und Digeridoo, ein mitreißender Sound.

Am nächsten Morgen nehmen wir wehmütig Abschied von unserer Freiluftwohnung am See und starten Richtung Sydney. Bei strahlendem Wetter scheint das ganze Land unterwegs zu sein.

Im Nobel-Strandbad Manly, einem Vorort von Sydney, stellen wir das Auto unter einen schattigen Baum. Mit der Fähre fahren wir durch den riesigen Naturhafen auf die Skyline der City zu, umgeben von unzähligen Segelbooten. Das Dach der berühmten Oper hebt sich weiß leuchtend ab gegen den stahlblauen Himmel und die dunkle Harbour Bridge.

Sydney ist eine einzige Fete. Überall »G'day Australia«-Fahnen, Bands spielen am Hafen und in den Parks, Artisten jonglieren, fliegende Händler verkaufen Eis und tropische Früchte. Wir bestaunen die Hightech-Einschienenbahn und den filigranen Fernsehturm mitten zwischen den spiegelnden Hochhausfassaden.

Im Innenhafen von Darling Harbour soll abends das große Feuerwerk steigen. Wir beziehen rechtzeitig Posten auf der Fußgängerbrücke über dem Hafenbecken und erleben ein Feuerwerk, das alle Erwartungen sprengt. Der Hafen leuchtet und funkelt im Schein unzähliger bunter Raketen, die sich im Wasser und in den Glasfassaden der Wolkenkratzer spiegeln. Von deren Dächern, sogar vom Fernsehturm fällt bengalisches Feuer, die Skyline scheint zu brennen.

Während der nächsten Tage stürzen wir uns in richtiges Großstadtleben. Die City besteht nur auf den ersten Blick aus normalen Einkaufsstraßen, bald entdecken wir ein unendliches Labyrinth von tiefgekühlten Shopping-Malls in den Blocks und unter den Straßen. Wir shoppen, ohne zu kaufen. Punkt zwölf Uhr strömt alles am zentralen Martin Place zusammen, um beim Lunch den Klängen einer New Age Band zu lauschen. Karrierefrauen in Trauerkleidung verspeisen mit spitzen Fingern ihre Sushi, Banker im weißen Hemd drapieren den Schlips über die Schulter, während sie herzhaft in ihren Big Mac beißen.

»Summer in the City«, schön, aber anstrengend. Entspannend dann die tägliche Fahrt mit der Fähre zurück nach Manly, dicht vorbei am Opernhaus. Jeden Abend verholen wir uns auf einen Aussichtspunkt im Sydney-Harbour-Nationalpark, von wo aus man einen grandiosen Blick auf die Skyline von Sydney hat. Einziger Nachteil: Bis spät in die Nacht herrscht ein ständiges Kommen und Gehen von knutschenden Pärchen. Aber wir haben einen gesunden Schlaf.

Powerhouse Museum, Harbour Bridge, Botanischer Garten, Altstadtviertel The Rocks... – eine Woche dauert es, bis wir die wichtigsten Attraktionen von Sydney kennen gelernt haben. Spitzenreiter ist das große Aquarium mit seinen furchterregenden Haien, die man in einem Unterwassertunnel aus nächster Nähe bewundern kann.

Auf der Fahrt nach Norden wieder Strände ohne Ende. Hatten wir das nicht schon mal? Wir entscheiden uns für die Route durch das Hinterland nordwestlich von Coffs Harbour. »Rainbow Country« nannten es die Hippies, die hier in den 1970ern nach dem großen Aquarius-Festival hängen blieben. Sie wussten, wo es schön ist. Saftig grüne Täler in hügeliger Landschaft, dichter Regenwald auf den nahen Bergen. Wir kommen gerade rechtzeitig zum monatlichen Hippie-Markt im Ort Channon. Massagen, Naturkost, Bongoklänge und fantasievoll Selbstgeschneidertes überall – ein Idyll aus längst vergangener Zeit. Im Hauptort Nimbim kommt am nächsten Tag die Ernüchterung: Vor den bunt bemalten Häusern der Hauptstraße lungern von Drogen ausgezehrte Gestalten, in den öffentlichen Toiletten liegen Spritzen – deprimierend.

Vor der »Gold Coast« südlich von Brisbane hatte man uns gewarnt: Betonburgen und Fast Food, so weit das Auge reicht – allerdings an einem imposanten Strand mit riesigen Wellen, »Surfer's Paradise« mag zutreffen. Unser Paradies liegt woanders, wir halten es nur eine Nacht aus.

Brisbane ist schön, aber um diese Zeit unerträglich heiß und schwül. Wir freuen uns über das Wiedersehen mit Lutz und Elke, die mit ihrer SNARK mitten in der Stadt vor dem Botanischen Garten liegen. Da ist sie wieder, die Seglerszene. Uns fällt ein, dass wir ja auch ein Boot haben, und ganz plötzlich haben wir Heimweh nach KAYA.

Tin Can Bay empfängt uns mit sintflutartigem Regen. Tagelang schüttet es ununterbrochen. Und dabei haben wir noch viel zu tun, bevor KAYA wieder ins Wasser kann: Die Packung der Stopfbuchse und das Wellenlager müssen erneuert, drei Antifoulinganstriche aufgebracht werden. Und die Elektronik spinnt: Das Radar zeigt kein Echo, der Drucker druckt nicht, das UKW-Funkgerät gibt nur ein Krächzen von sich. Schuld ist die extreme Feuchtigkeit, der Bordelektroniker hat Arbeit.

Auf Regen folgt bekanntlich Sonnenschein, und wenn die Abendsonne die Marina in goldenes Licht taucht, versammeln sich Tausende von Rainbow Lorikeets auf den umliegenden Bäumen und machen einen Mordsspektakel. Zum Abendessen lieben diese bunten Papageien die Blüten der Sträucher auf dem Werftgelände, und so können wir ihr regenbogenbunt gestreiftes Gefieder aus nächster Nähe bewundern.

Am Strand in der Nähe der Marina gibt es noch eine Attraktion. Eine Delfinfamilie kommt jeden Morgen angeschwommen, um sich von den einheimischen Urlaubsgästen mit Fischen füttern zu lassen. Auch Gaby versucht, mit ihrem Fisch einen Delfin anzulocken, während Rüdiger mit dem Teleobjektiv auf der Lauer liegt. »Nun drück schon drauf, hier ist einer!« – »Geht nicht, da ist der Dicke mit dem roten Bauch dazwischen«, trötet Rüdiger zurück. »Schon gut, der Dicke geht weg«, ist darauf in reinstem Wienerisch zu vernehmen. Peinlich, peinlich...

Abends trinken wir unser Bier im »Sleepy Lagoon«, dem einzigen Pub, und vertiefen einheimische Kontakte. Dave, unser Bootsnachbar, bringt uns Aussie-Worte bei, die in keinem Lexikon stehen... Und er leiht uns seinen Stapel Seekarten für die gesamte Küste von hier bis Darwin. Farbige Originale in sehr detailliertem Maßstab, für die wir ihm im Labyrinth der Riffe noch oft dankbar sein werden.

Dan, der Nachbar auf der anderen Seite, ist ein echter Segel-Hippie, mit wenig Geld, aber viel Enthusiasmus auf einem uralten Holzboot ohne jede Elektronik unterwegs. Er zeigt uns, wie man das Digeridoo spielt, das Instrument der Aborigines. Dan beherrscht es so gut, dass er damit Geld verdient, wenn er gerade nicht makrobiotisch kocht, Heilmassagen verabreicht oder als Tontechniker mit einer Rockband auf Tour geht. Individualisten wie ihn, die ein einfaches Leben außerhalb der Norm leben, werden wir auf dem Weg nach Norden noch öfter treffen.

Und dann ist da noch die kleine »deutsche Kolonie«, die uns heftig mit Einladungen zu Filterkaffee und Waffeln mit Schlagsahne umwirbt...

Pünktlich zu Ostern 1998 schwimmt KAYA wieder, wir liegen bei Strahlewetter am Steg und genießen das feiertägliche Treiben in der Marina. Aber nun ist es auch höchste Zeit, dass wir uns von Tin Can Bay losreißen. Kaum ist die Zyklonsaison vorbei, setzt schon das Herbstwetter ein. Mitte April nehmen wir traurig Abschied von allen Freunden und laufen trotz schlechten Wetters aus, eingehüllt in gelbe Friesennerze. Graue Regenwolken, Starkwind, richtige Ostseestimmung in der Great Sandy Strait bei Fraser Island.

Es folgt eine mehrtägige Einkaufsschlacht in Bundaberg, zur Freude der Passanten manövrieren wir unsere schwankenden, hoch beladenen Einkaufswagen durch die ganze Stadt direkt bis auf den Steg. Und dann starten wir durch zum ersten längeren Törn seit sechs Monaten. Es wird eine kalte Nacht, aber ein herrlicher Sternenhimmel wölbt sich über uns. Gegen Morgen werden wir etwas nervös: Ein Schiff mit zwei weißen Topplichtern übereinander nähert sich von Steuerbord. Seltsame Lichterführung. Und das Radar zeigt kein Echo. Erst als die Lichter immer höher steigen, dämmert es uns endlich: Venus und Jupiter! Und nach einigen Minuten bewundern wir ein herrliches Naturschauspiel: Jupiter, Venus, Merkur und Saturn bilden vor dem tiefblauen Morgenhorizont eine senkrechte Lichterkette, ungewöhnlich dicht beieinander stehend, darunter liegt eine hauchdünne Mondsichel.

Kurz nach Sonnenaufgang kommt der Leuchtturm von Lady Musgrave in Sicht. Ein Ringriff umschließt die türkisfarbene Lagune, darin eine kleine Bilderbuch-Insel. Unser letztes Südsee-Atoll…

Während der nächsten 1300 Seemeilen entlang der Ostküste bis hoch zur äußersten Nordspitze Cape York hüpfen wir in Tagesschlägen von einer Trauminsel zur nächsten: Das Great Barrier Reef besteht nicht nur aus unzähligen Riffen, sondern auch aus ebenso vielen kleinen Inseln. Dazwischen liegt schönstes Segeln bei kräftigem, relativ stetigem Wind, die Riffe schützen vor dem Schwell des offenen Ozeans. Aber manchmal haben wir auch Stress bei grauem Himmel, Regenböen und Wind über dreißig Knoten. Wir gewöhnen uns daran, abends bald in der Koje zu verschwinden, damit in der Morgendämmerung der Anker gelichtet wird. Wegen der engen Fahrwasser zwischen den Riffen segeln wir nur noch bei Tageslicht.

Einer der wenigen Stops am Festland führt uns nach Port Clinton, einem rundum geschützten Naturhafen im absoluten Niemandsland eines militärischen Sperrgebietes. Glück und Pech liegen dicht beisammen: Einen völlig unerwarteten Gewittersturm in der Nacht überstehen wir ungeschoren. Aber am Morgen hat Gaby schnell zunehmende Schmerzen in allen Gelenken. Kein Haus, kein Telefon, keine Straße weit und breit. Über das deutsche Amateurfunknetz bekommen wir einen Arzt in Deutschland an die Funkstrippe. Der kann zwar keine eindeutige Diagnose stellen, aber er empfiehlt dringend eine hohe Dosis Antibiotikum aus der Bordapotheke. Nach drei Tagen ist der Spuk vorüber, wir können weitersegeln. Ein Besuch beim Arzt bringt später Gewissheit: »Ross River Fever«, eine örtliche Spezialität, übertragen durch einen Mückenstich.

Middle Percy Island hatte uns Freund Dan, der Digeridoo-Spieler, besonders ans Herz gelegt. Hier wohnte lange Jahre ein moderner Robinson, der sein Paradies gern mit Yachties teilte. Er lebt nicht mehr, aber am Strand steht noch unverändert die Hütte mit Wimpeln und Namensschildern zahlloser Yachten. Wegweiser zeigen zum Homestead, dem Wohnhaus im Inneren der Insel, eine Tafel lädt zum Lunch ein, gezeichnet »Liz & John«. Neugierig machen wir uns auf den Weg durch dichten Regenwald, in dem uns große, neonblaue Schmetterlinge umflattern. Das Homestead, Baujahr 1921, ist ein Traumhaus mitten in einem Blütenmeer von Hibiskus, Bougainvillea und Frangipani. Jetzt lebt hier eine junge Familie. John, ein englischer Segler, der in Australien hängen blieb, und Liz, in ihrem früheren Leben Krankenschwester in Sydney, bewirten uns auf der schattigen Veranda. Bei selbstgebackenem Brot und Kräutertee, von Liz über dem Holzfeuer gekocht, erzählen sie von ihrem mühsamen Leben als Selbstversorger. Nur alle paar Monate segelt John zum Festland hinüber, um Unentbehrliches einzukaufen, ansonsten leben sie von dem, was Ziegen, Hühner und Garten hergeben. Die beiden Jungen, sieben und elf Jahre, werden von Liz unterrichtet. Sie sind lebhaft und aufgeweckt, offenbar hat ihnen der Verzicht auf Fernsehen und Computerspiele bisher nicht geschadet…

Die Whitsunday Islands sind das berühmteste Segelrevier Australiens. Es gibt hier zahllose geschützte Ankerplätze, zum Teil in tief eingeschnittenen Fjorden, in deren grünem stillen Wasser sich steile bewaldete Hügel spiegeln. Und es gibt Strände, allen voran Whitehaven Beach, ein unendlich langer, schneeweiß leuchtender Puderzucker-Strand, der am Ende eine flache Lagune umschließt. Bei Niedrigwasser leuchten Sandbänke in flachen Prielen, platte braune Stachelrochen mit langen Schwänzen flitzen durch das klare Wasser, die Spiegelungen des knallblauen Himmels und die Schattenmuster der schnell ziehenden Passatwolken ergeben ein irres Farbspiel.

Kein Wunder, dass wir die »100 Magic Miles« (Titel des »Cruising Guide«) mit etlichen Charterflotten teilen müssen. Abends kann es in den Ankerbuchten schon eng werden, und die Ankermanöver der Charterer bieten Spannung und Nervenkitzel à la Mittelmeer... Schließlich haben wir den Trick raus: Die Charteryachten müssen sich jeden Morgen und Abend per UKW bei der Basis melden. So erfahren wir, wo sie ankern und wohin sie segeln wollen. Wir laufen die Ankerplätze antizyklisch an.

Die Butterfly Bay, eine besonders beliebte Bucht, liegt einsam und verlassen in der Nachmittagssonne vor uns. Wir ankern und beglückwünschen uns zu dem gelungenen Coup. Aber zu früh gefreut: Ein Mast taucht am Horizont auf, dann noch einer und noch einer... Die Ami-Flotte, die wir schon aus der Südsee kennen, läuft im Konvoi ein. Und dann erfüllt amerikanische Geselligkeit die vorher so stille Bucht: »yeah«, »great« und »wonderful« schallt es von allen Seiten übers Wasser, große Dingis mit PS-starken Außenbordern jagen mit Vollgas zwischen den Yachten hin und her, die UKW-Funkgeräte laufen heiß. Auch wir werden eingeladen zum abendlichen Fest. Das hatten wir noch nicht: ein Tischtennisturnier! Auf der SEAROSE, einem Katamaran von gigantischen Ausmaßen, ist selbst das möglich.

In Townsville tauchen wir wieder ein in die Freuden der Zivilisation: Internet in der Bibliothek, Eisessen in der Fußgängerzone und Bier vom Fass in den Pubs, wo urige Typen schon ab dem frühen Nachmittag den Feierabend begrüßen. Erstaunlich, wie viele deutsche Einwanderer wir hier kennen lernen. Torsten und Silke kamen vor 15 Jahren mit dem Segelboot – kamen und blieben. Torsten, in Deutschland Philosophie-Professor mit eigenem Lehrstuhl, übernahm eine Fabrik für Beton-Bausteine. Eine typisch australische Karriere... – denn für einen Aussie ist es schlichtweg unvorstellbar, lebenslang den gleichen Job zu haben.

Und wieder Segeln entlang der unberührten Küste. Hinchinbrook Island ist ein Nationalpark, den ein Nichtyachtie nur unter großen Mühen erreichen kann. Hoch beladen mit Zelt, Nahrung und Wasser für mehrere Tage »macht« er den berühmten Hinchinbrook Island Costal Walk, der sich entlang der Küste durch dichten Regenwald, über endlose einsame Strände, über Berg und Tal erstreckt. Highlight der Tour ist die Zoe Bay, eine Traumbucht mit Wasserfällen. Ankern ist hier bei Ostwind nicht möglich, aber ein paar Meilen weiter finden wir eine geschützte Bucht. Beim Sundowner mit Blick auf schroffe, bewaldete, im Abendlicht vergoldete Berge sind wir uns einig: Alle Segler, die die Cooks Bay in Moorea als die »schönste der Welt« bejubeln, haben die Banksia Bay in Hinchinbrook nicht gesehen!

Am nächsten Tag starten wir ganz früh zur Wanderung Richtung Zoe Bay. Ein anstrengendes Unterfangen, denn wir müssen die Tagesetappe zweimal machen: dreieinhalb Stunden hin, fünf wieder zurück… Aber die Mühe wird belohnt, denn das ist nun wirklich der schönste Wasserfall, den wir bisher gesehen haben. Aus strahlend blauem Himmel stürzt er als breites weißes Gischtband fünfzig Meter tief in einen großen blauen Pool. Durch das glasklare Wasser leuchtet der Grund in der Sonne, Fische kommen neugierig heran, als wir uns im kühlen Wasser tummeln. Picknick unter schattigen Bäumen, Ruhe, nur das Rauschen des Wassers. Nach einer Stunde reißen wir uns los, um bis zur Dämmerung wieder zurück bei KAYA zu sein.

In Cairns holt uns zum letzten Mal der Touristenrummel ein. Beim Sundowner in großer Seglerrunde treffen wir Klaus aus Berlin, der seit Jahren als Tauchlehrer selbständig ist und einen der vielen Ausflugskatamarane besitzt. Er klärt uns auf, wie das Geschäft läuft: »Erst mal die Leute aufs Boot kriegen, jeder Trick ist erlaubt. Den ersten Drink gratis, aber dann wird geschlachtet…« T-Shirts, Videos, Schnorcheln und Tauchen extra – aus 50 Dollar für den Trip werden leicht 200, blau, mit leerem Geldbeutel, aber zufrieden werden die Opfer abends wieder abgeladen.

Und dann laufen wir die letzte »Stadt« vor dem einsamen Norden an: Cooktown. Der Ort mit 1300 Seelen, auf dem Landweg nur über eine Schotterpiste erreichbar, hat das Flair eines Vorpostens: ein paar Holzhäuser längs der Hauptstraße, wenige Läden, schwere Geländewagen. Vielleicht wird die »Camel«-Reklame hier gemacht.

Wir trinken ein kaltes Bier am Tresen des »West Coast Hotel«, wo es wild zugeht, das muss Crocodile Dundees Stammkneipe sein...

Cooktown – der Name sagt, um wen es geht: Captain Cook konnte hier am 17. Juni 1770 seine ENDEAVOUR bei Niedrigwasser trockenfallen lassen und reparieren, nachdem sie zwanzig Meilen weiter südlich auf ein Riff gelaufen war und um ein Haar mit Mann und Maus gesunken wäre. KAYA ankert direkt vor dem historischen Platz. Auf der ganzen Küstenstrecke sind wir bestens informiert, wo die ENDEAVOUR segelte, warum z.B. das wilde, undurchdringlich grün bewaldete Kap Tribulation, das wir vor ein paar Tagen passierten, von Cook so benannt wurde. Denn wir lesen gerade eine authentische Beschreibung der drei Reisen von Cook. Und wir können nachfühlen, wie aufregend es gewesen sein muss, in völlig unerforschten Gewässern zu segeln, wo überall und meist unsichtbar die Riffe lauern. Das ist selbst im Zeitalter des GPS-Satellitennavigators und mit genauen Seekarten eine oft kitzlige Angelegenheit, die volle Aufmerksamkeit erfordert. Wir erklimmen den Hügel über dem Ort, von wo aus Cook versuchte, einen Ausweg aus dem Labyrinth der Riffe zu finden. Kein Wunder, dass er verzweifelt war, denn dort oben sieht man eine Unzahl von hellgrün bis braun leuchtenden Riffen im unendlichen blauen Meer.

Lizard Island, unser nächstes Ziel, wird in allen Berichten als absolute Trauminsel gepriesen, wir sind sehr gespannt. Zunächst lässt sich der Aufenthalt gar nicht so traumhaft an: Bei Sturmböen und Regenschauern liegen wir vor Anker und können tagelang nicht von Bord. Aber dann wird das Warten belohnt, aus Grau wird Blau. Wir erwandern die Insel und können uns nicht satt sehen an den Farben von Landschaft und Meer. Beim Aufstieg zum »Cooks Look«, dem höchsten Punkt der Insel, sehen wir tief unter uns KAYA in der Ankerbucht liegen, ein Blick wie aus dem Flugzeug.

Direkt neben unserem schwimmenden Zuhause schnorcheln wir im »Clam Garden«. Hier gibt es Giant Clams zu bewundern, bis zu einem Meter große Mördermuscheln. Manche von ihnen sollen an die 200 Jahre alt sein. Wenn man die innen blau und grün schimmernden Riesenmuscheln mit einem Stock kitzelt, klappen sie ihre großen Schalen zu, man sollte besser keinen Fuß dazwischen haben...

Und Petrus legt noch eins drauf: Totenflaute und Strahlesonne, damit wir zum berühmten Tauchplatz »The Codhole« am Außenriff fahren können. Bei unserem bisher spektakulärsten Tauchgang schweben wir zwischen den hier ansässigen riesigen Potato Cods, ein bis zwei Meter langen Zackenbarschen, die sich sogar berühren lassen. Ein ebenso großer, moosgrüner Napoleonfisch beäugt uns mürrisch. Bunte Korallen leuchten noch in zehn Metern Tiefe hell in der Sonne.

Nach einer Woche auf dieser herrlichen Insel drängt unerbittlich der Zeitplan, wir müssen weiter. Anfang Juli runden wir Kap York, den nördlichsten Punkt des Kontinents, und nehmen wehmütig Abschied vom Pazifik.

Gleich hinter dem Kap, in Sichtweite des Leuchtturms, ankern wir in einer geschützten Bucht. Endlose weiße Strände, eingerahmt von üppigem Grün. Wir sehen zum ersten Mal die mannshohen Termitenhügel, die es nur hier oben im Norden gibt. Die ockerbraunen oder rötlichen Lehmburgen stehen malerisch in der Landschaft verteilt.

Komisches Volk, die Segler! Sie haben es so leicht, ihren Fuß auf den nördlichsten Punkt Australiens zu setzen, und segeln fast alle daran vorbei. Und was nehmen andere für Strapazen auf sich, nur um einmal das Kap zu sehen: In staubbedeckten Jeeps, hoch bepackt mit Wasser- und Benzinkanistern sowie etlichen Reserverädern quälen sie sich bei sengender Hitze über die 800 Kilometer lange Piste von Cooktown hierher.

Die Sonne brennt, das klare Wasser lädt zum Baden ein. Aber damit ist es vorerst vorbei – »Warning! Estuarine Crocodiles inhabit this Area« ist auf Schildern am Ufer zu lesen. Die bis zu sieben Meter langen Salzwasserkrokodile haben sich, seit sie geschützt sind, in Nordaustralien stark verbreitet. Sie können bis zu einer Stunde unter Wasser bleiben und greifen blitzartig aus der Tiefe an. Immer wieder einmal erwischen sie einen Unvorsichtigen, beim Baden, beim Angeln, beim Waschen. Aber es ist ein Unterschied, ob man vor einem Gedenkstein steht und liest »He was taken by a crocodile in 1982« oder ob man mit dem Opfer noch vor wenigen

Tagen über Funk gesprochen hat. Die Nachricht, dass ein Schweizer Segelfreund in den Salomonen beim Abtauchen seines Ankers von einem Krokodil gefressen wurde, löst lähmendes Entsetzen aus.

Der Box Jellyfish, auch »Stinger« genannt, ist nicht weniger gefürchtet. Die mehrere Meter langen Tentakeln dieser Quallen verbrennen förmlich die Haut, erzeugen extreme Schmerzen und können über einen Schock binnen Minuten zum Atemstillstand führen. An den Stränden der wenigen Orte längs der Küste liegen Essigflaschen als erstes Gegenmittel bereit, Schilder warnen für die Zeit von Oktober bis Mai vor der tödlichen Gefahr. Aber niemand kann garantieren, wie genau die Stinger den Kalender kennen…

Durch die Endeavour Strait geht es zum 350-Meilen-Schlag hinaus auf den Golf von Carpentaria, berüchtigt wegen der unangenehmen See, die sich bei Starkwind aufbaut. Wir haben den Zeitpunkt zwischen zwei Hochs gut gewählt und werden mit ruhigem Segeln belohnt.

An der Westseite des Golfs liegt Arnhem Land, ein riesiges Gebiet, das ganz den Aborigines gehört. Der Zugang über die einzige Piste ist streng reglementiert, die Aborigines wollen keine weißen Eindringlinge in ihrem Land. Mit einer Ausnahme: Der Ort Nhulunbuy auf der Gove Peninsula ist eine weiße Enklave. Die Schweizer Firma »Nabalco« hat das Land von den Aborigines geleast, um die großen Bauxitvorkommen abzubauen. In der Fabrik, deren Silhouette schon von weitem das Ufer beherrscht, wird daraus Alumina, der Rohstoff für Aluminium. Eine interessante Besichtigungstour führt weit ins Umland hinein. Inmitten von endlosem grünen »bush« sehen wir, wie riesige Bagger die dunkelrote Erde umwühlen. Ob allerdings, wie behauptet, das nach dem Abbau rekultivierte Land in besserem Zustand ist als vorher, wagen wir doch zu bezweifeln…

Der Yachtklub ist das gesellige Zentrum der Region, hier trifft man sich ab dem frühen Nachmittag. Während Frauen und Kinder auf der Wiese Frisbee spielen, trinken die Männer in ihren mit rotem Staub bedeckten Nabalco-Overalls ein erstes Feierabend-Bier. Die wenigen Fremden werden freundlich aufgenommen, und so fühlen wir uns auf Anhieb wohl hier. Das Leben ist angenehm in

Gove, erzählt man uns immer wieder. Die Löhne sind extrem hoch, die Lebenskosten extrem niedrig – Nabalco stellt jedem Mitarbeiter ein Haus zur Verfügung, Miete, Strom und Wasser frei!

Die Aborigine-Siedlung Yirrkala ist für Fremde eigentlich »off limits«, aber das Arts and Crafts Center darf ohne Sondergenehmigung besucht werden. Wir hoffen, bei der Gelegenheit auch einen Blick in das Alltagsleben der Aborigines werfen zu können.

Das Museum ist so klein und unscheinbar, dass wir es fast übersehen. Aber die Ausstellung im Inneren ist überwältigend. Die Bark Paintings, auf Baumrinde gemalte Bilder, übertreffen alles, was Gaby in den Museen der Großstädte gesehen hat. Meisterhaft stilisierte Tierformen – Krokodile, Dugongs, Schildkröten – auf einem ganz feinen Liniennetz als Hintergrund. Selbst in den kleinsten Bildern steckt so unendlich viel Arbeit, dass sie für uns leider unerschwinglich sind.

Der Ort Yirrkala selbst ist enttäuschend: eine Ansammlung von Wellblechhütten, überall liegt achtlos hingeworfener Müll herum. Dritte-Welt-Ambiente ohne jeden Charme. Der einzige Laden führt außer Lebensmitteln auch ein paar andere unentbehrliche Dinge: Plastik-Maschinenpistolen für die Kleinen und Action-Videos für die Großen... Vor dem Laden scharen sich die Jugendlichen um ein Videospiel und einen Kaugummiautomaten, in die sie abwechselnd Münzen einwerfen.

Wir warten auf den Bus und versuchen vergeblich, diese Eindrücke in Einklang zu bringen. Die faszinierenden Kunstwerke, die eine tiefe Naturverbundenheit zum Ausdruck bringen – im Alltag ist davon auf den ersten Blick nichts zu spüren.

Leider erfahren wir erst am Schluss, dass Yirrkala die Heimat von Yothu Yindi ist – die Band, die uns beim Open-Air-Konzert in Canberra so begeistert hatte. Wenn die Musiker gerade nicht auf Tournee oder »in the bush« sind, trinken sie gern ein Bier im Yachtklub... Im Klub erinnert man sich auch noch gut an Peter Maffay, der Yothu Yindi besucht und mit ihnen ein Stück aufgenommen hat. Oder besser gesagt: sich ihren Hit »Tribal Voice« für seine neueste CD ausgeliehen hat. Wobei es uns schwer fällt, uns das Lied plus Peter Maffay vorzustellen. Immerhin, Geschmack hat er...

Beliebtes Thema beim Sundowner im Yachtklub ist das »Hole in the Wall«. Der kürzeste Weg nach Darwin führt durch einen sehr schmalen Naturkanal zwischen zwei Inseln, eine Meile lang und nur sechzig Meter breit. Mit bis zu 15 Knoten Strom gleicht dieser eher einem reißenden Gebirgsbach als einem schiffbaren Gewässer. Nur etwa zehn Minuten lang, wenn Ebbe und Flut wechseln, ist das Wasser still. Erschwerend kommt hinzu, dass man vor dem Wind auf die Luvküste zubrettert, ohne das »Loch« von weitem erkennen zu können. Eine befreundete Yacht hatte uns per Funk von ihrer Horrorpassage berichtet. Wir sind gewarnt, studieren alle verfügbaren Quellen und das Wetterfax, sodass wir bei leichtem Wind mit absolut idealem »timing« durch friedliches Wasser gleiten. Fast langweilig...

Aber wir erleben »the Hole« auch noch weniger friedlich. Wir ankern gleich um die Ecke in einer geschützten Bucht und machen am nächsten Tag eine Wanderung zurück zur Passage. Von den Klippen aus schweift der Blick über das dichte Grün der Insellandschaft, blaues Meer zu beiden Seiten. Über uns ziehen zwei Seeadler ihre Kreise. Eine halbe Stunde nach Stillwasser ist die Strömung in der Durchfahrt schon beängstigend.

Plötzlich trauen wir unseren Augen kaum: Direkt unter uns taucht aus den grünen Fluten ein Krokodil auf. Nur Nase und Augen ragen aus dem Wasser, wie im Witzblatt. Aber von oben können wir es in seiner vollen Größe beobachten, wie es mit dem gezackten Schwanz schlängelt, langsam auf und ab schwimmt und sich schließlich von der Strömung hinaus aufs offene Meer tragen lässt. Unsere Gefühle schwanken zwischen Begeisterung und Schaudern.

Fast zwei Wochen lang bummeln wir durch die Wessel Islands, eine unbewohnte Inselgruppe von unberührter, wilder Schönheit abseits der Route. Endlose Dünen, die einzigen Fußstapfen im Sand stammen von kleinen Kängurus, Wasservögeln und allerlei undefinierbarem Getier.

Wir ankern vor einer kleinen Insel, zwischen deren schwarzen Klippen lauter kleine Strände mit goldgelbem Sand leuchten. Im Fernglas sehen wir eine Spur, die uns neugierig macht: Ob das ein

Krokodil war? Schon sind wir an Land, über die Klippen pirschen wir uns in Richtung Strand, immer vorsichtig im Fernglas voraus spähend. »Nein, da ist kein Croc!«, unterbricht Rüdiger schließlich die Stille. Im selben Moment springt eine Stufe unter uns, in vielleicht fünf Metern Entfernung, ein großes Krokodil auf und verschwindet im Wasser. Im Schutz der Felsen hatte es sich auf einer Felsplatte gesonnt. Das Geräusch, wie es seinen schuppigen Panzer blitzschnell − flap, flap − über die Felsen katapultiert, werden wir wohl nie vergessen…

Der nächste große Segelschlag, begleitet von unzähligen Delfinen, führt uns zur Cobourg Peninsula. »Seven Spirits Bay« heißt die Bucht, in der wir für ein paar Tage vor Anker gehen. Goldene Sandstrände wechseln sich ab mit dichten Mangroven. Die Gefühle während der Dingi-Fahrt an Land sind etwas gemischt, die Wasseroberfläche wird nach der charakteristischen Nase und den beiden Augen eines lauernden Krokodils abgesucht… Aber diesmal keine Spur, stattdessen sehen wir ein Dugong in den Wellen planschen. Nach diesen Seekühen hatten wir seit Vanuatu vergeblich Ausschau gehalten.

Auf der Pirsch in der Morgendämmerung beobachten wir massige schwarze Wasserbüffel mit imposanten Hörnern, die sich mit viel Getöse ihren Weg durchs Unterholz bahnen. Noch ist es zu dunkel für ein Telefoto und angenehm kühl. Aber bald vergoldet die aufgehende Sonne die Baumwipfel, die rote Erde scheint zu glühen.

Starker Tidenstrom schiebt uns durch den Van-Diemen-Golf nach Süden. In der Nacht schlüpfen wir mit Radarhilfe durch die enge Passage der Clarence Strait und erreichen am nächsten Tag Darwin.

Das riesige Feld der Ankerlieger in der Fannie Bay ist schon von weitem zu sehen. Viele alte Bekannte treffen wir wieder, neue kommen dazu. Alle sind mehr oder weniger auf dem Heimweg. Vor- und Nachteile der Routen durch das Rote Meer oder rund Südafrika werden diskutiert. Noch kann man sich entscheiden… Wir genießen die Abende auf der Terrasse des Darwin Sailing Clubs, wo die Sonne als glutrote Scheibe hinter den ankernden Yachten im Meer versinkt. So herrlich gezapftes Bier in so entspannt-freundlicher Atmosphäre wird es wohl so bald nicht mehr geben.

Anstrengende Verproviantierungsschlachten bei Temperaturen um 35 Grad, eine Abschiedsbronchitis, die uns mehrere Tage völlig lahm legt, als Andenken an die klimatisierten Einkaufsparadiese, Wartungs- und Reparaturarbeiten im Brennglas der auf dem Wasser spiegelnden Sonne füllen die letzten Tage aus.

Anfang September ist es dann so weit. Wir klarieren aus und kreuzen traurig aus der Fannie Bay, Kurs Indonesien. Bye bye, Australien, wir kommen wieder...

Südost-Asien

Unterwasserparadies Ashmore-Riff – Tempel und
Touristenkitsch: Bali – Kurs Singapur –
Zu den Orang-Utans in Sumatra –
Gegenwind bis Chinatown: Die Malakkastraße –
Touristisches Thailand – In den Malediven

Beim Start in Darwin sind uns die Winde nicht gnädig. Erst kreuzen wir mühsam gegen den Nordwest an, dann folgt totale Flaute. Tagelang motoren und treiben wir abwechselnd in unerträglicher Hitze, die Temperatur können wir mit dem Fieberthermometer messen: 38,5 Grad im Schatten!

Gerade überlegen wir, ob wir nach Kupang auf Timor abdrehen müssen, um unsere schwindenden Dieselvorräte aufzufüllen, als doch noch Wind aufkommt. Yippie, wir segeln wieder!

Nach einigen Tagen begegnen uns die ersten indonesischen Dhaus, uralte Holzboote mit bunten Segeln, darauf verwegene Gestalten. Wir sind etwas nervös mit all den Piratengeschichten im Hinterkopf. Wollen die uns entern, wenn sie uns so dicht auf die Pelle rücken? Aber sie sind nur neugierig und winken freundlich. Unsere Relingskleider mit den großen roten Buchstaben haben wir abgenommen, »kaya« bedeutet auf indonesisch »reich«, und das müssen wir ja nicht unbedingt als Plakat spazieren fahren...

Und dann liegt bei strahlender Sonne das Ashmore-Riff vor uns. Eine riesige Lagune mitten im weiten Ozean, umgeben von den Brechern des Ringriffs. Mit Ausguck im Mast fahren wir durch den Pass und tasten uns zwischen den Korallenköpfen zum Ankerplatz bei einer winzigen Insel. Ein paar Dhaus ankern hier, und beruhigenderweise auch die AURELIA, das große Motorboot der australischen Ranger. Das Ashmore-Riff, obwohl nur siebzig Seemeilen von Timor entfernt, ist nämlich australisches Territorium und maritimer Nationalpark.

Mit Sicherheit wäre das Riff ohne den Schutz der Australier längst tot. Steve und Bruce, die beiden Ranger, erzählen von ihren Schwierigkeiten, die »Indos« in Schach zu halten, die nur zu gern mit Dynamit fischen und alle Muscheln in der Lagune abräumen würden. Und sogar die Seegurken – diese wenig appetitlichen Tiere werden in China als Aphrodisiakum geschätzt und teuer bezahlt. In der Zyklon-Saison, wenn die AURELIA ihren Posten räumen muss, sind die Wilderer sofort zur Stelle. Wenn eine Patrouille der Marine sie erwischt, werden die Holzkähne kurzerhand versenkt. Raue Sitten! Aber jetzt ist alles ganz friedlich, kleine Kanus durchsegeln die Lagune und fischen brav nur mit der Handleine.

In der Morgensonne wandern wir über eine bei Niedrigwasser trockengefallene Sandbank zur Insel. Dort wartet eine Überraschung auf uns: Der ganze Strand ist übersät mit Nautilus-Muscheln. Die großen Gehäuse mit markanter Zeichnung waren in der Südsee eine absolute Rarität. Allerdings sind die meisten längst in der Sonne verblichen oder von den Wellen beschädigt. Schließlich finden wir ein gutes Exemplar, das wir ohne schlechtes Gewissen mitnehmen, bevor es von der nächsten Flut zermalmt wird.

Die Unterwasserwelt ist überwältigend, das winzige Ashmore-Riff hat einen größeren Artenreichtum aufzuweisen als das gesamte Korallenmeer östlich von Australien. Beim Schnorcheln am »Hausbommie«, nur wenige Schwimmzüge hinter KAYAs Heck, können wir uns an der bunten Vielfalt gar nicht satt sehen. Hier wohnt eine Wasserschildkröte, die wir oft aus nächster Nähe bewundern. Kleine Rochen, sandbeige mit hellblauen Tupfen, gucken uns aus Glotzaugen an. Ein großer, schwarz-weißer Adlerrochen zieht majestätisch vorüber. Nur an die vielen Seeschlangen müssen wir uns erst gewöhnen. Von den Rangern wissen wir, dass sie extrem giftig, aber nicht angriffslustig sind. Trotzdem geraten wir erst mal in Panik, als eine plötzlich vom Grund auftaucht und scheinbar auf uns zuhält. Aber sie will nur mal kurz Luft schnappen, und schon taucht sie wieder ab, ohne sich um die komischen käsigen »Fische« zu kümmern.

Nicht weit von KAYA ankert jetzt ein indonesisches Fischerboot, auf dem merkwürdige Dinge passieren: Die sechsköpfige Besatzung sitzt den ganzen Tag apathisch unterm Sonnendach, abends hackt einer mit der Axt auf das hölzerne Deckshaus ein, bald flackert ein Lagerfeuer auf dem Heck. Ob die so nach und nach ihr Boot verheizen?

Von Steve erfahren wir am nächsten Tag, dass es sich um illegale Einwanderer aus Bangladesh handelt. Diese werden von Schleppern nach Indonesien gebracht, dort kaufen sie ein altes Boot und heuern einen Kapitän an, der sie irgendwo in Australien an Land setzen soll. Für den Indonesier ist das Risiko gering. Im Gegenteil, der freut sich auf beste Verpflegung im australischen Knast. In drei Monaten verdient er dort mehr als zu Hause im ganzen Jahr, und zweihundert gute Kumpels sind ja auch schon dort...

Nach zwei Tagen läuft ein Zollboot ein, um die Männer aufzunehmen. Etwas resigniert zucken die Beamten die Achseln, als sie auch unsere Papiere kontrollieren und Steves Erzählungen bestätigen. Die Aktion nützt zwar nichts, aber Job ist Job... Das Fischerboot bleibt verwaist zurück und wird bei nächster Gelegenheit der Marine als Zielscheibe dienen. Der Dieseltreibstoff wird auf der Insel in Fässern gesammelt, so können wir als Geschenk der Ranger unsere geschrumpften Dieselvorräte wieder auffüllen.

Die 480 Seemeilen bis Bali können wir dann sogar segeln. Bei schwachem, aber meist stetigem Wind gleiten wir unter ausgebaumtem Schmetterling, unserer Lieblingsbesegelung, ganz gemütlich dahin – schwitzend, lesend, physikalische Theorien wälzend.

Eines Abends bekommen wir Besuch: Ein junger Tölpel zieht immer engere Kreise um KAYA. Jedes Mal, wenn er einen Landeversuch auf der Reling macht, zänkt Gaby lauthals (sich an das aparte Muster erinnernd, das ein Artgenosse mal auf unser Segel gesch.. hatte), und der arme Kerl startet wieder durch. Rüdiger legt ein Wort für ihn ein, und so sitzt er schließlich auf unserem Heckanker, sieht uns treuherzig an, putzt sein Gefieder und wird bei Einbruch der Dunkelheit zu einem schlafenden schwarzen Knäuel. Während der Nachtwache freut sich Rüdiger an der Gesellschaft unter leuchtendem Sternhimmel. Ab und zu steckt der kleine Kerl seinen Kopf raus, krächzt »Alles okay?« und schläft weiter.

Am 21. September steuern wir die Hafeneinfahrt von Benua auf Bali an. Zum Glück ist Niedrigwasser, so sind die tückischen Riffe, die sonst dicht unter der Wasseroberfläche lauern, gut zu erkennen.

Die Marina ist rappelvoll, die amerikanische Flotte ist leider schon vor uns eingefallen. Auch am Ankerplatz herrscht Gedränge. Da der starke Tidenstrom die Boote in alle Richtungen dreht, hat es schon etliche Kratzer und Beulen gegeben. Mit unserem aufholbaren Schwert entgehen wir diesen Ankerfreuden, indem wir uns ins Flachwasser verziehen, wo neben uns Indonesier im Wasser stehen und angeln.

Bali empfängt uns mit schwüler Hitze. Mit dem Bemo fahren wir in die Stadt Denpasar. Das spielt sich wie folgt ab: Wir nähern uns dem Sammelplatz dieser Kleinbusse, etliche Fahrer stürzen auf uns zu. »Transport, Transport«, saftige Preise. Nachdem wir auf »Bus umum«, also dem öffentlichen Bus bestehen, werden aus den wie zufällig herumstehenden Leuten plötzlich Fahrgäste, die dem Fahrer das Sondergeschäft mit den Touristen nicht vermasseln wollten. Mit uns ist das Bemo endlich voll und kann abfahren, wir zahlen ca. 15 Pfennig pro Nase.

Die Bank macht uns nun zu Millionären. Auch wenn es nur Rupiah sind, wir können uns schmerzlos einen Jeep mit Klimaanlage mieten. Letztere hatten wir eigentlich nicht bestellt, sie ist der Versuch des Vermieters, den Preis noch etwas in die Höhe zu treiben. Später sind wir bei dieser feuchten Treibhaushitze und den Abgasschwaden des chaotischen Verkehrs froh, hinter geschlossenen Scheiben einen kühlen Kopf zu behalten.

Den braucht man, besonders, wenn man plötzlich nur noch rot sieht: rot gekleidete Horden, rote Fahnen mit Megawati-Porträts schwenkend, rasen als wilde Lkw-Auto-Motorrad-Korsos unermüdlich um die Insel. Megawati, die Tochter Sukarnos, steht hier für Ehrlichkeit und das Ende der Korruption. Bali im Megawati-Fieber... – wir sind gespannt, wie sich die indonesische Politik in Zukunft entwickelt.

Von der schweren Wirtschaftskrise, die das Land erschüttert, spürt man nichts. Bali ist für die Australier, was Mallorca für die Deutschen ist, und angesichts des drastischen Kursverfalls der Rupiah kommen die Aussies in Scharen. »Shop until you drop«, lautete eine Titel-Schlagzeile der größten australischen Tageszeitung... Die Preise sind wirklich bestechend: Für ein Essen im Restaurant zahlen wir zusammen 3 DM.

Wir starten zu einer Erkundungstour in die Berge. Ein hartes Stück Arbeit, sich durch das Gewühl der unzähligen Vororte zu kämpfen. In kleinen Werkstätten an der Straße wird der Krimskrams hergestellt, den man überall auf der Welt kaufen kann: als goldene Sonne gestylte Spiegel, bunte Tropenfrüchte aus Holz, Batiktücher und Göttermasken. Aber auch Afrikanisches und Indianisches: Die Eingeborenen dieser Welt haben das Schnitzen aufgegeben, sie lassen ihren Souvenirkitsch preiswert in Bali fertigen...

Dann windet sich die immer schmaler werdende Straße durch bergige Landschaft. Saftig-grüne Reisterrassen überziehen die Hänge, bunt gekleidete Menschen stehen knietief im Wasser, Wasserbüffel ziehen hölzerne Pflüge, ein einziges Postkarten-Idyll. In den Dörfern keine Spur von Tourismus. Überall Tempelanlagen mit bunten, geschwungenen Dächern, an jedem Haus ein kleiner Altar mit Opfergaben und Räucherstäbchen, auch auf den Schwellen der Eingangstüren stehen kleine blumengeschmückte Opfertellerchen.

Am Ende eines Dorfes parken dicht an dicht Autos und Mopeds, da muss etwas los sein. Wir stellen unseren Jeep dazu und gehen neugierig durch das Tor in der hohen Mauer. Eine Menschenmenge drängt sich anfeuernd um einen Hahnenkampf. Gongschlag, die Wetten für die nächste Runde werden angenommen. Ringsherum Stände mit Grillspießchen und allerlei undefinierbaren, aber gut riechenden Leckereien. Wir sind die einzigen Fremden, aber unsere Anwesenheit scheint niemanden zu stören. Eine steile Treppe, flankiert von dicken, feist grinsenden Steinfiguren, führt durch dichtes tropisches Grün zum Tempel oben auf dem Hügel. Fransenschirme aus weißem und gelbem Satin leuchten hell in der Sonne. Der Zugang zum Tempel ist nur im landesüblichen Sarong und mit

Schärpe möglich. Ein junger Mann führt uns in sein Haus und kleidet uns entsprechend ein. Während wir zurück zum Tempel gehen, ertönen von dort oben laute Gongschläge. Nun strömen von allen Seiten festlich gekleidete Frauen herbei, ihre Sarongs, Schärpen und Spitzenblusen leuchten in den schönsten Farben. Auf dem Kopf tragen sie kunstvoll aufgetürmte Opfergaben, gemessenen Schrittes steigen sie mit ihrer kippeligen Last die Treppe zum Tempel empor.

Gabys Geburtstag am 27. September feiern wir in Ubud, dem kulturellen Zentrum im Inneren der Insel. Während Deutschland dem Ergebnis der Bundestagswahl entgegenfiebert, sehen wir uns einen traditionellen Legong-Tanz in einem alten Palast an. Viel Gold an den Kostümen, graziöse Bewegungen und rollende Augen der hübschen jungen Tänzerinnen, begleitet vom uns noch fremden Klang der Flöten, Xylophone und Trommeln eines Gamelan-Orchesters.

Am nächsten Morgen, in Deutschland ist jetzt Mitternacht vorbei, die Wahlpartys sind sicher noch in vollem Gange, steuern wir gespannt eine Frühstückskneipe mit Satelliten-TV an. Extra für uns wird die Kiste angeworfen: BBC World News, ein Interview mit dem neuen Bundeskanzler Schröder. Per Internet holen wir uns die Sitzverteilung auf den Bildschirm. In den folgenden Wochen hören wir öfter als sonst die Nachrichten der Deutschen Welle: »Außenminister Fischer, Innenminister Schily«, das hätte vor nicht allzu langer Zeit die Zugnummer eines Kabaretts sein können…

Anfang Oktober laufen wir aus. Auf dem Weg nach Singapur ist aus verschiedenen Gründen erhöhte Vorsicht geboten: Berichte über Piraten kursieren nicht nur an den Seglerstammtischen, sondern werden auch im offiziellen Seehandbuch erwähnt. Dazu reichlich Großschifffahrt, nicht oder nur schlecht beleuchtete Fischerboote, Stellnetze selbst im Fahrwasser. Wir segeln zusammen mit der kanadischen Wasabi und bleiben immer in Sichtweite. Leider verlässt uns nach zwei Tagen der Wind, wir müssen nun fast die ganze Strecke motoren. Von der Küste Javas halten wir gebührenden Abstand, die Lage auf der dicht besiedelten, von Unruhen und Plünderungen gebeutelten Insel ist uns nicht geheuer.

Mit etwas gemischten Gefühlen steuern wir die kleine vorgelagerte Inselgruppe Karimunjawa an, um Diesel nachzufassen. Ganz überraschend landen wir in einem kleinen Paradies: grüne Inseln mit Südsee-Charakter, freundliche, zufriedene Menschen, die uns interessiert, aber nicht aufdringlich begegnen. Keine Spur von politischen Unruhen, hier ist die Welt noch in Ordnung. Die bunt bemalten Fischerboote im kleinen Hafen kosten viel Filmmaterial, die »Piraten« stellen sich strahlend in Positur und wollen unbedingt fotografiert werden.

Wir durchstreifen den Ort nach Frischproviant. Viel gibt es nicht in den kleinen Läden, aber man vertröstet uns auf den Markt am Vormittag. Als wir um sechs Uhr morgens aus dem Dingi klettern, ist der Markt aber schon längst vorbei. Am nächsten Morgen wird der Wecker ganz tapfer auf halb fünf gestellt, was tut man nicht alles für ein paar Möhren und Salatgurken... Andrew von der Wasabi gefällt sich in der Pose des kanadischen Trappers und wirft sich lässig zwei lebende Hühner über die Schulter. Das Schlachten delegiert er dann aber doch lieber an den netten Hafenmeister, der das nach Muslim-Art macht: Schlagader aufschneiden und ausbluten lassen. Dem weiblichen Teil der Crew vergeht sichtlich der Appetit. Zu guter Letzt wandert der Braten dann ungegessen über die Reling – die mageren Viecher waren zäh wie Leder.

In der engen Passage zwischen Bangka und Belitung ankern wir in der Abenddämmerung im Schutz einer kleinen Insel. Beide Schiffe brauchen dringend einen Ölwechsel. Eigentlich wollten wir über Nacht hier liegen bleiben, aber irgendwie haben wir kein gutes Gefühl. Viele Ankerlieger, auf denen sich viel zu viele Menschen drängeln. Und das Seehandbuch warnt ausdrücklich vor dieser Gegend – nix wie weg hier! Im letzten Büchsenlicht gehen wir wieder Anker auf.

Die Nächte werden jetzt richtig ungemütlich. Mit starkem Wetterleuchten kündigen sich die in Äquatornähe üblichen heftigen Gewitter an, die meist in der zweiten Nachthälfte mit Sturmstärke und Blitzkaskaden zuschlagen. Nahe der Lingga-Gruppe, dreißig Seemeilen südlich des Äquators, erwischt uns kurz nach Mitternacht so ein Inferno: Windstärke acht, Sintflut waagerecht,

41

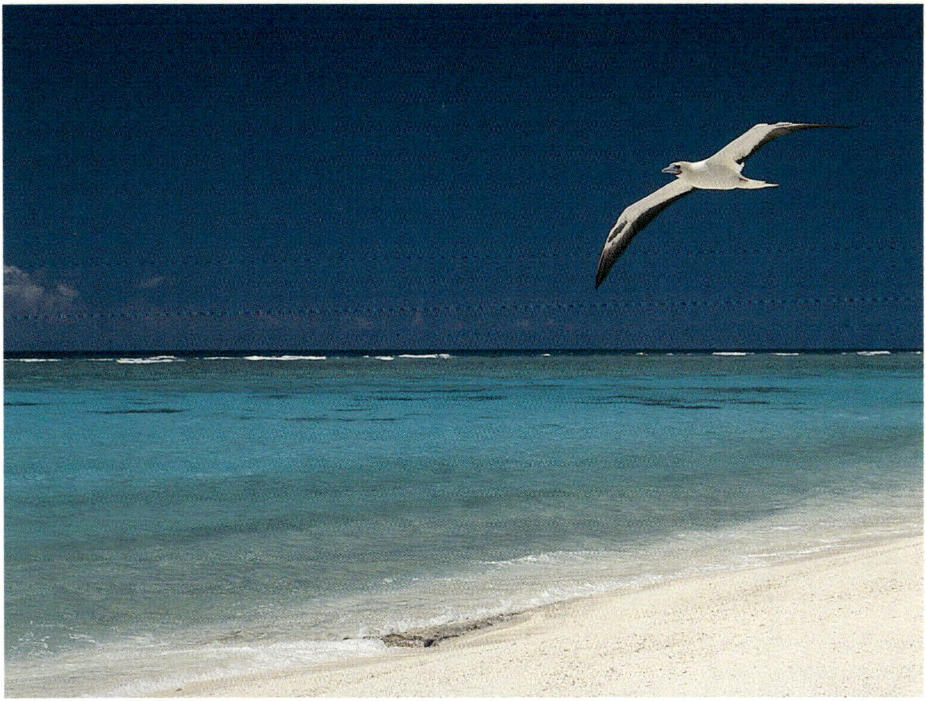

42

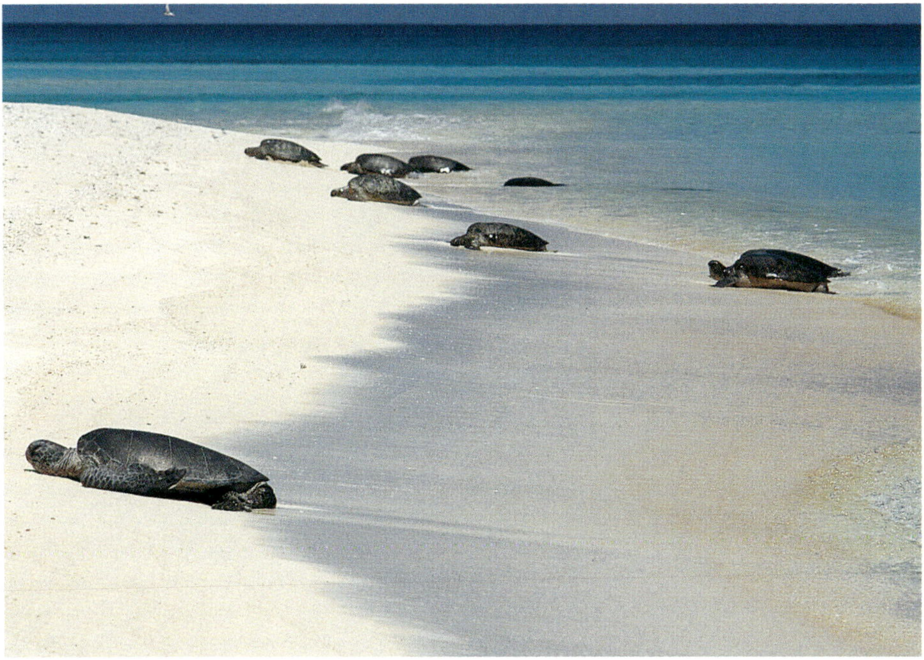

41, 42 Natur pur: Die Riffe im Korallenmeer

43 Australien: Picknick im Outback
44 Buschfeuer bei Coonabarabran
45 Am Great Barrier Reef
46 Mangrovendickicht am Cape York

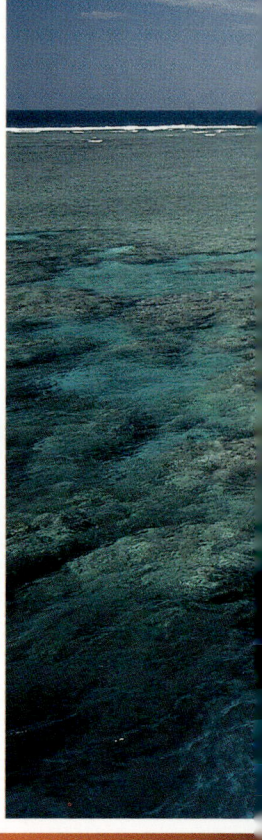

43

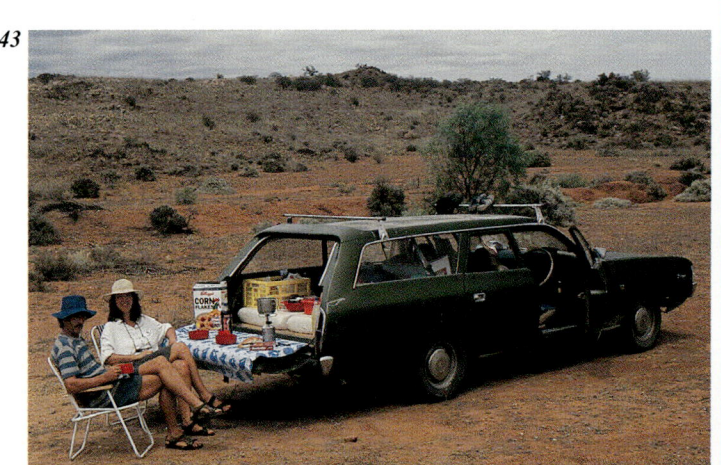

44

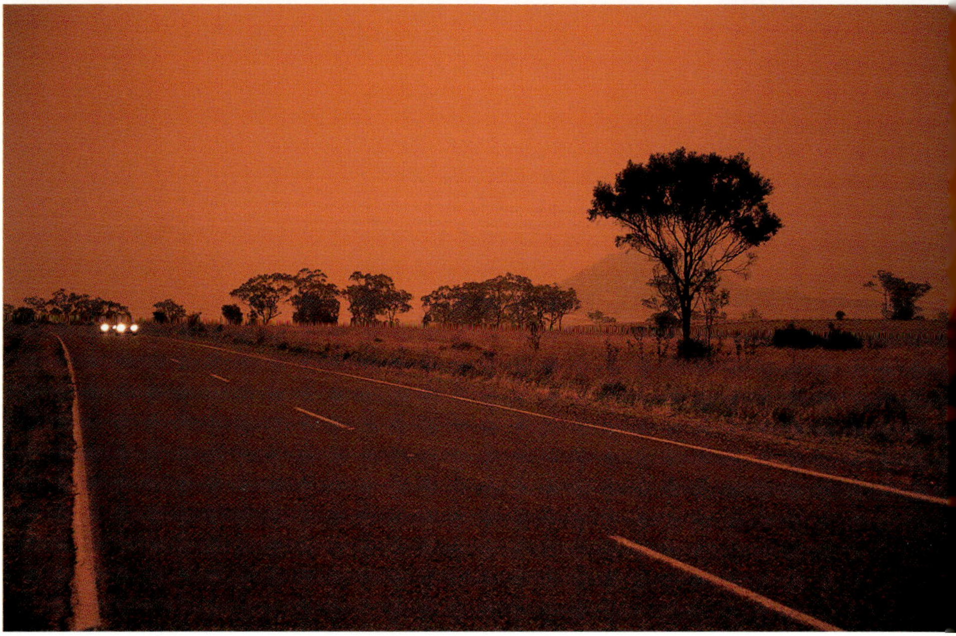

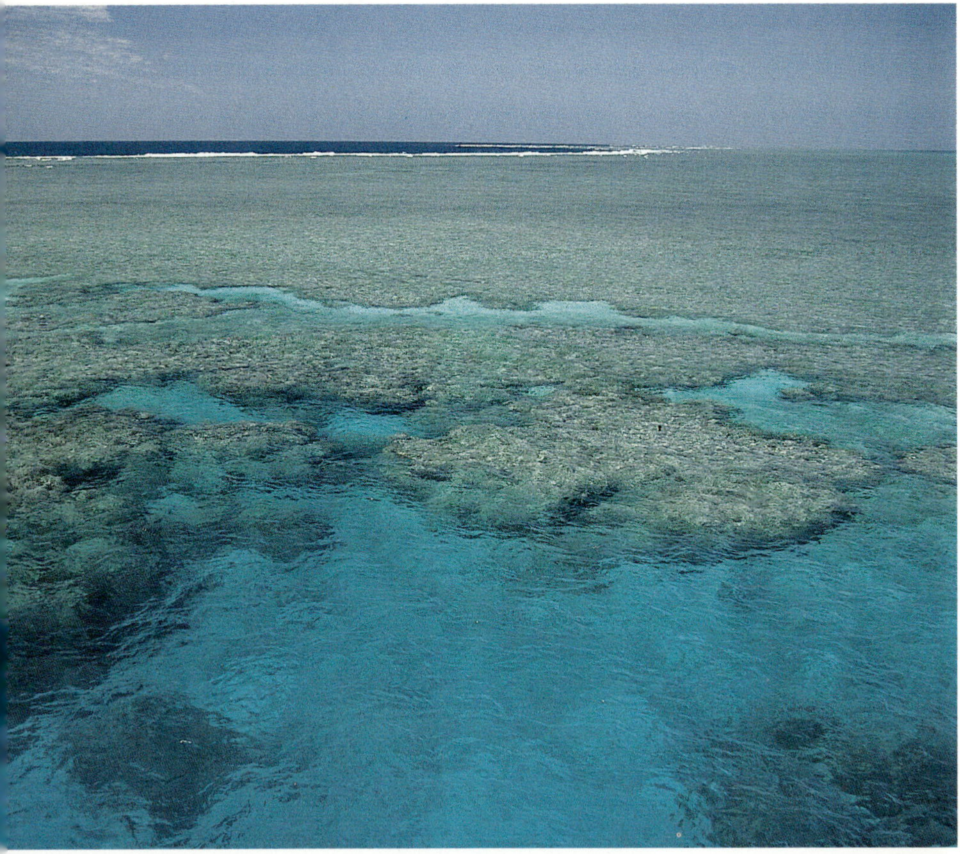

45

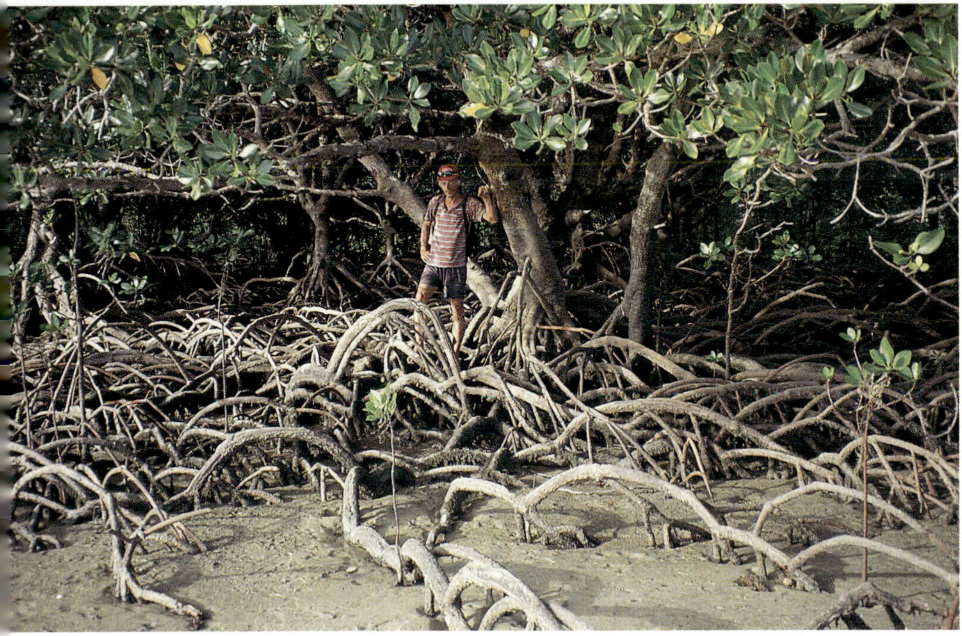

46

47

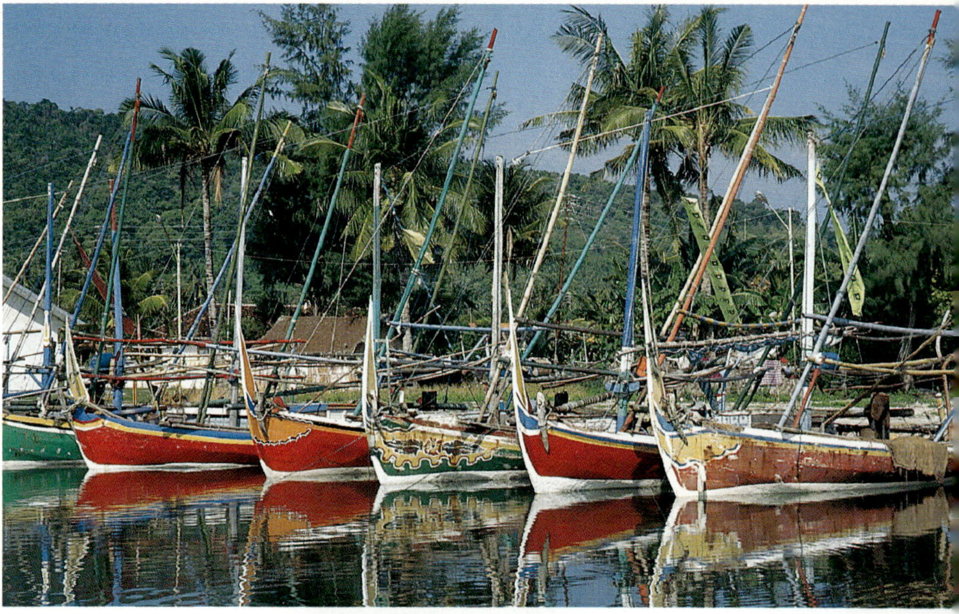

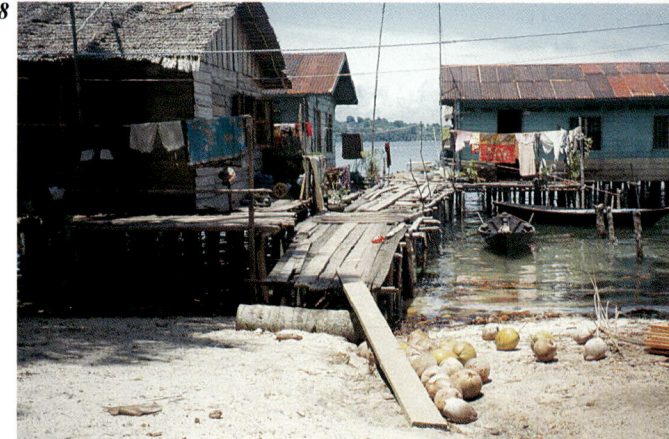

47 *Indonesien: Fischerboote in Karimunjawa*

48 *Indonesien: Pfahlbau-Dorf in Lingga*

49 *Traditionelles Haus in Sumatra*

48

49

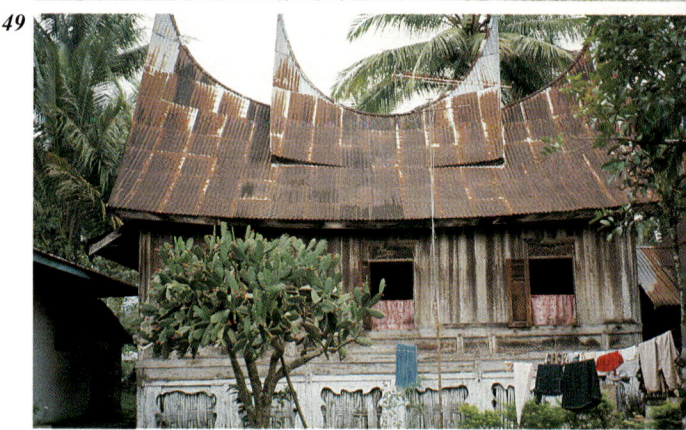

50

51

52

50 Indischer Tempel
   in Penang,
   Malaysia

51 Rüdiger
   und Mowgli

52 Auf dem Weg zum
   Tempel, Bali

53

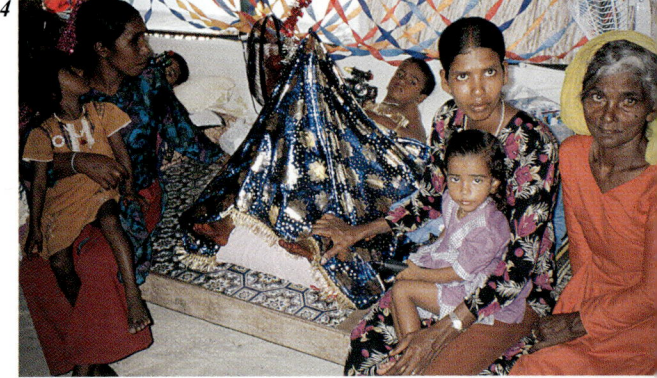

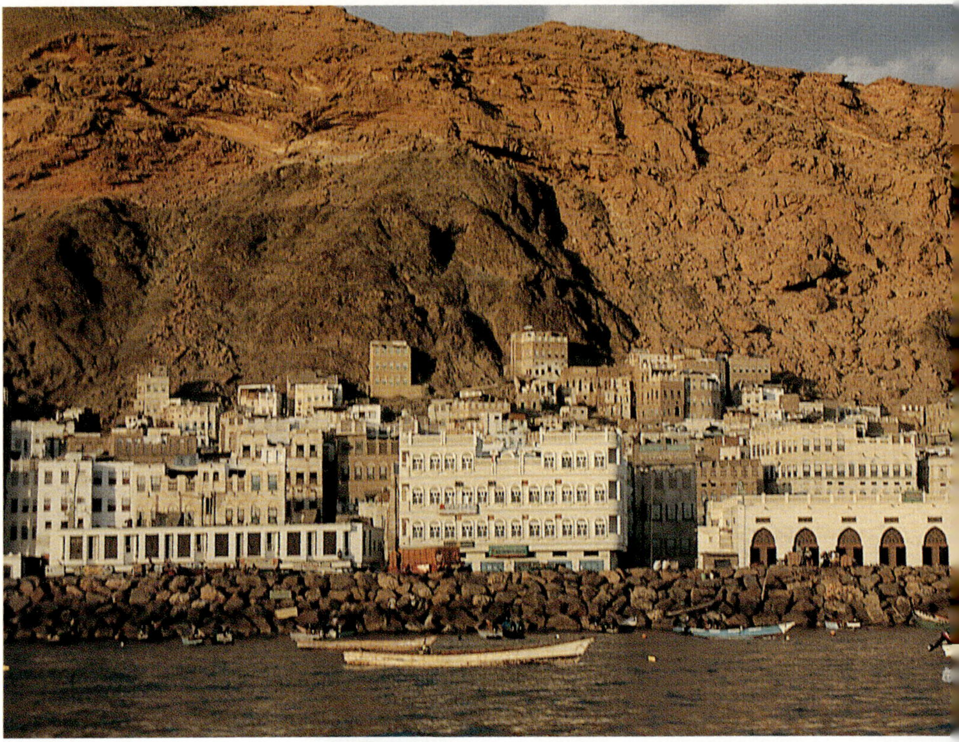

54

55

53 Die Hafenstadt Mukallah, Jemen

54 Beschnittener Junge mit Familie, Malediven

55 In Oman haben Kamele Vorfahrt.

56 Sudan: Einklarieren an Bord

57 KAYA vor der Ruinenstadt Suakin, Sudan

58 Straßenszene in Mukallah, Jemen

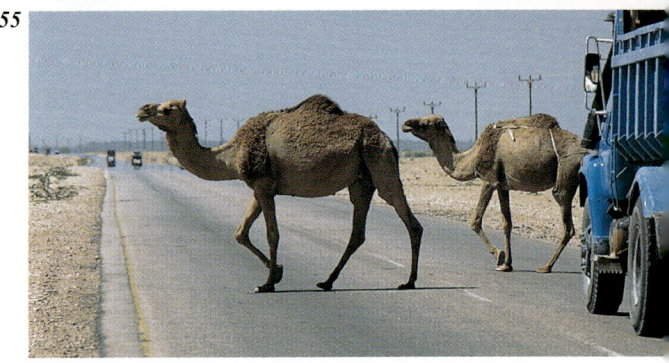

59 Markt in Suakin, Sudan

60 Im Kanal von Korinth

59

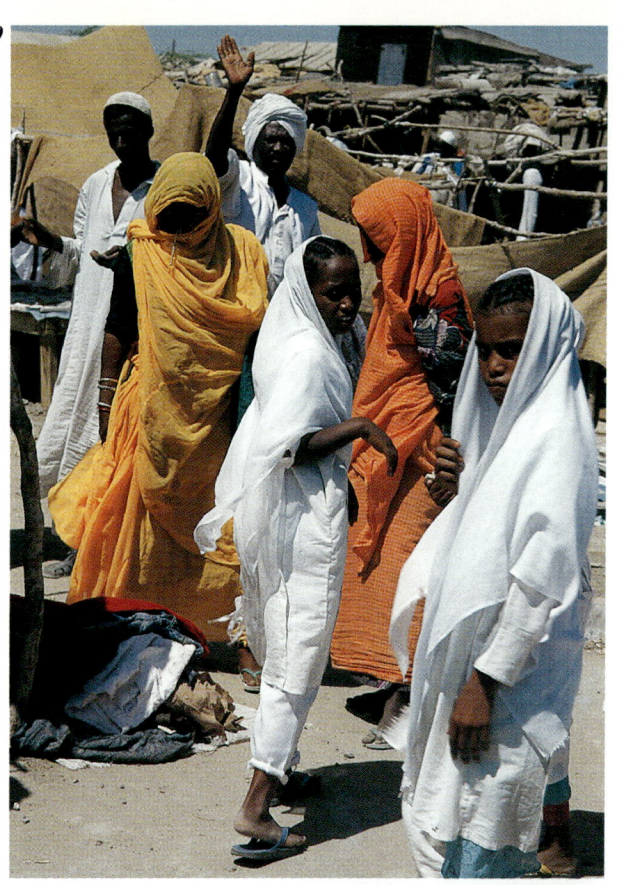

60

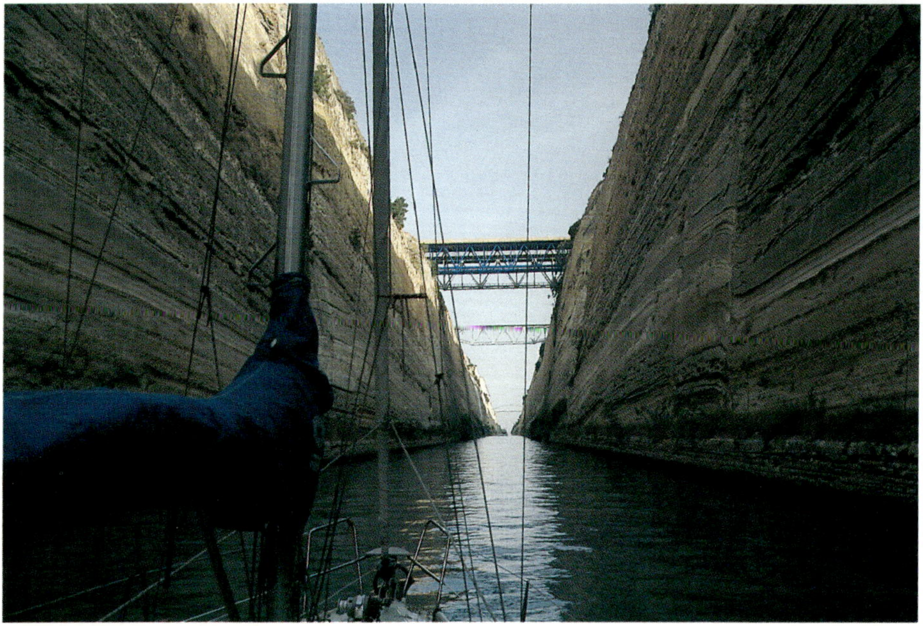

gleißende Blitze und krachender Donner. Die gesamte Elektronik wird abgeklemmt, um ihr bei Blitzeinschlag eine Überlebenschance zu geben. Wie gut, dass wir in einem Metallboot sitzen. Null Sicht, aber wir haben freien Seeraum und der Spuk dauert zum Glück nur eine Stunde.

Am Morgen segeln wir bei Strahlewetter zwischen vielen kleinen Inseln, bewachsen mit ungewöhnlich hohen, dichten Palmenwäldern. Die kleinen Dörfer sind nicht auf den Inseln, sondern auf Pfählen ins Wasser gebaut. Unser Anker fällt ganz in der Nähe eines solchen Dorfes. Aber wir müssen erst mal schlafen, bevor wir auf Entdeckungstour gehen können.

WASABI ist schon vorausgeeilt nach Singapur, und so freuen wir uns ganz besonders, als am nächsten Tag die deutsche Yacht BIRKA an unserem einsamen Ankerplatz auftaucht. Mit Hartmut und Monika aus Hamburg hatten wir in Bali schon viele nette Stunden verbracht. Hartmut ist Schiffbau-Ingenieur und hat seine wunderschöne Holzyacht selbst entworfen und gebaut.

Gemeinsam fahren wir hinüber zum Dorf, wo uns die Schüler der Dorfschule in makellosen rot-weißen Schuluniformen am Strand begrüßen. Nach der Besichtigung des Schulhauses, wo die kleinen Holzpulte ganz ordentlich in Reih und Glied stehen, treten alle an zum Gruppenfoto. Auf einen Wink des Lehrers klettert ein Schüler in Nullkommanichts auf eine haushohe Palme, und schon donnern die herrlichsten Trinknüsse für die Besucher zu Boden. Der Unterricht wird auf morgen vertagt, wir sind im Haus des Lehrers eingeladen. Könnten wir solche Bräuche nicht auch zu Hause einführen? Tja, aber wo kriegen wir nur die Palme her…

Der Lehrer spricht ein Englisch, das wir kaum verstehen, aber wir erfahren doch einiges über Land und Leute. Er führt uns durchs ganze Dorf. Fast alle Häuser stehen auf Pfählen im Wasser, viele ganz malerisch-baufällig. Überall flattert Wäsche, bunte Blumentöpfe schmücken selbst die einfachste Hütte. Zwischen den Pfählen schaukeln Holzkähne, Enten baden. Frauen und Kinder schauen aus den Fenstern, erwidern freundlich unseren Gruß: »Selamat pagi!« Das Haus des Lehrers ist eines von den schickeren, auch ganz aus Holz gebaut, aber mit einem richtigen Erker. Einziges Mobiliar und Stolz des Besitzers ist die nagelneue Sitzgarnitur im Vorraum. Dort nehmen wir mit ihm Platz, seine Frau serviert Tee. Im Nebenraum versammelt sich unterdessen die ganze Großfamilie, auf dem kahlen Fußboden hockend. Und vor den Fenstern und der offenen Haustür drängeln sich die Nachbarn – alle, alle wollen sie zusehen, wie die Fremden Tee trinken...

Wir trödeln noch einige Tage durch diese idyllische Landschaft, die geprägt ist vom üppigen Grün der Inseln und den im Wasser stehenden Pfahlbauten. Am 22. Oktober überqueren wir den Äquator. Ein bisschen traurig tröten wir in unser Nebelhorn, kurz darauf gibt auch BIRKA Signal. Wir sind wieder zurück auf der Nordhalbkugel – Anlass für ein gemeinsames Festessen und ein paar ins Weinglas sinnierte Betrachtungen über das Seglerleben und das vor uns liegende Leben zu Hause...

Nun nimmt der Schiffsverkehr merklich zu, schließlich taucht im Dunst überm Horizont die Skyline von Singapur auf. Wir laufen die Nongsa Point Marina auf der Insel Batam an, direkt gegenüber von Singapur. Hier gibt es ein herzliches Wiedersehen mit Jürgen und Karin von der KRIOS. Die beiden Weltumsegler hatten wir 1988 zufällig per Funk kennen gelernt, als sie auf dem Weg von Kap Hoorn nach Gibraltar waren. Später hatten wir sie auf den Balearen besucht, beim »Hochseetörn« von Menorca nach Mallorca mit unserer Lis-Jolle. Die Kajüte der KRIOS, vollgestopft mit Souvenirs aus aller Welt, die wir damals ehrfürchtig bestaunt hatten, ist unverändert. Nur unsere Jolle ist ein bisschen größer geworden...

Während KAYA und BIRKA sicher in Batam liegen, besteigen wir zusammen mit Hartmut und Monika die Fähre nach Singapur. Die beiden haben Freunde dort, bei denen wir alle zusammen unterkommen. Und so erleben wir, wie man als gut verdienender Ausländer in Singapur wohnt: im Hochhaus, wie fast alle, aber auf gehobenem Niveau mit Swimmingpool, Lift und Aircondition.

Die einfachen Leute leben in Wohnblocks, die längst nicht so schick sind – »Legebatterien« nennt Rüdiger sie, als wir mit Bus und S-Bahn an endlosen Reihen ewig gleicher Fassaden entlangfahren. Gleich gegenüber von unserer Nobel-Residenz ist so eine Legebatterie. Andrea und Rio, unsere Gastgeber, wissen sie sehr zu schätzen: Im Erdgeschoss gibt es eine Ansammlung von chinesischen Kramläden, in denen man von der Briefmarke bis zum Fernseher alles findet. Und noch wichtiger: kleine, verführerisch duftende Garküchen, eine neben der anderen, wo man sich für wenig Geld einen ganzen Teller voll Köstlichkeiten häufen kann. Andrea versichert, dass es in Singapur nicht lohnt, selbst zu kochen. Gaby denkt augenblicklich ans Auswandern...

Per Bus und MRT, der schnellen, preiswerten U-Bahn, erkunden wir den blitzsauberen Stadtstaat. Von der Idylle alter Krimis ist nichts mehr zu spüren, spiegelnde Wolkenkratzer und Einkaufspaläste beherrschen das Stadtbild. Wir lassen uns im Strom der kaufwütigen Touristen durch die Konsumtempel treiben. Die Auswahl ist schier überwältigend. Gaby träumt von einer Digital-Videokamera, Rüdiger bekommt in der Funan Computer Mall ganz große Augen. Ist ja alles so schön bunt hier...

Highlight am Schluss ist der weltberühmte Singapore Zoo. Statt Käfigen gibt es fast nur Freigehege mit Wassergräben, alles ist üppig grün, man fühlt sich fast wie im Urwald. Am Nachmittag erleben wir eine Show mit den Orang Utans. Natürlich ist diese antrainiert, trotzdem sind wir überzeugt, dass die Orangs verstehen, was sie machen. Ihre Mimik verrät, dass sie so etwas wie Witz haben müssen: »Ich war's nicht«, heuchelt der Orang mit verschränkten Armen, den Kopf schüttelnd, nachdem er dem Wärter von hinten eine gebatscht hat. Die Show erfüllt ihren Zweck: Sie weckt beim Publikum das Interesse für diese uns Menschen so ähnlichen Tiere, die inzwischen vom Aussterben bedroht sind.

Fünftausend Orang Utans soll es noch im Dschungel Nord-Sumatras geben. Dort liegt auch ein »Rehabilitation Center«, wo illegal gefangene Tiere auf ein Leben in Freiheit vorbereitet werden. Spontan beschließen wir: Auf nach Sumatra!

Von Batam nach Sumatra – das ist eine Strecke, die fast nur die Einheimischen fahren. Der Weg führt quer über die Malakka-Straße und dann durch ein weitverzweigtes Labyrinth von Flüssen und Mangrovensümpfen. Wir schultern die großen Rucksäcke und ziehen los.

Das »Speedboat« liegt am Steg bereit. Es macht seinem Namen Ehre: Am Heck hängen nebeneinander drei (!) 200PS-V6-Außenborder. Das klapprige Holzboot kommt sofort ins Gleiten, mit einer riesigen Heck-Gischtwelle rast, nein: fliegt das Teil die engen Flusswindungen entlang. Mangroven über Mangroven, ab und zu ein paar Holzhäuser auf Pfählen, Kanus mit Segeln, Fischer, die ihre Netze einholen, alles zieht an uns vorbei wie ein Film. Die Motoren röhren so laut, dass wir uns die Ohren zuhalten müssen.

Irgendwann schaut ein wackeliger Anlegesteg zwischen den Mangroven hervor. Alle steigen aus, das Gepäck wird auf einen Handkarren geladen. Wir stapfen einen schlammigen Weg entlang. Tatsächlich, da stehen zwei kleine Busse wie aus der »Javaanse-Jongens«-Reklame, das Gepäck wird aufs Dach gehievt und mit einer Plane verzurrt. Wir finden mit Glück noch ein Plätzchen auf der Heckbank, dicht eingeklemmt und von Zigarettenqualm eingenebelt. Der Auspuff röhrt, Schlaglöcher katapultieren uns an die Decke, die Landung auf der Bank ist nicht ungefährlich fürs Kreuz. Die Piste ist vom Regen total aufgeweicht, der Bus schlingert manchmal in wildem Slalom durch den Schlamm. Die Landschaft ändert sich, statt Mangroven säumen nun endlose Palmenhaine die Straße, Palmöl-Plantagen, wie wir später erfahren.

Wir erreichen die Industriestadt Pekanbaru. Die gefällt uns auf Anhieb so wenig, dass wir hier nicht übernachten wollen. Zum Glück geht am Nachmittag noch ein Bus nach Bukittinggi, wir ergattern die letzten freien Plätze, natürlich wieder ganz hinten. Schleudersitz und Zigarettenqualm, wie gehabt, wenigstens ist die Straße jetzt asphaltiert. Langsam schraubt sich der Bus höher in die Berge hinauf, schwarze Dieselwolken ausstoßend.

Am Straßenrand tauchen Häuser auf, die uns auf Anhieb faszinieren: Der gebogene Dachfirst endet in zwei Spitzen, die wie Hörner hoch aufragen. Aber dann wird es dunkel, die Fahrt dauert endlos. Es ist nach 22 Uhr, als wir endlich in Bukittinggi ankommen. Das vom Reiseführer empfohlene Hotel »Benteng« ist leider voll, nur die Luxus-Suite ist noch frei. Wir feilschen zäh mit dem Manager und einigen uns schließlich auf 15 DM, wenn wir mindestens zwei Nächte bleiben. Die Suite ist wirklich Luxus, mit großer

Terrasse über den Dächern der Stadt und einem richtigen europäischen Bad mit Wanne und Brause. Wir waschen den Reisedreck aus allen Poren und kriechen ins blütenweiß bezogene Bett. Zum Einschlafen gibt's noch eine Stunde MTV in der Farbglotze. Um 4.30 Uhr werden wir aus dem Schlaf gerissen: Direkt unter unserem Hotel steht eine große Moschee, der Mullah ruft zum Morgengebet. Fast eine Stunde lang trötet er über den Lautsprecher, offenbar ein Sängerwettstreit mit seinem Kollegen am anderen Ende der Stadt. Rüdiger hegt Mordgedanken...

Hier in Bukittinggi treffen wir auf den Strom der Traveller, der sich von Java aus auf dem »Trans-Sumatra-Highway« nach Norden wälzt. Die touristische Infrastruktur hat durchaus ihre Vorteile: Überall gibt es nette Cafés, wo man herrlich »westlich« frühstücken kann. Indonesisches Essen schmeckt ja vorzüglich, aber Reis mit Fisch am frühen Morgen muss nicht sein...

Obwohl geführte Touren eigentlich nicht unsere Sache sind, an der »Minangkabau Culture Tour« ins Umland von Bukittinggi nehmen wir teil. Und das bereuen wir nicht, es wird ein sehr interessanter Ausflug in eine ganz fremde Welt. Über winzige, kurvenreiche Straßen fahren wir durch Reisterrassen, die noch schöner sind als die auf Bali. Am Wegesrand wachsen Zimt und Nelken, Kakao und Kaffee. In einem kleinen Dorf sehen wir, wie die frisch gerösteten Kaffeebohnen in einer Wassermühle gemahlen werden. Im Kleinbus sitzen außer uns noch fünf andere Kulturbeflissene, unser Führer Epi spricht sehr gut Englisch. So erfahren wir endlich mehr über die schönen Häuser, die auch hier in den Dörfern überall zu sehen sind. Die »Hörner« auf dem Dach sind den Wasserbüffeln nachempfunden, Epi erzählt uns die dazugehörige Legende.

In einer Holzschnitzer-Werkstatt bestaunen wir die Geschicklichkeit der Männer, die blitzschnell zwischen rund dreißig Stechbeiteln wechseln und komplizierte Blumenornamente aus dem Zedernholz zaubern. Und dann erst die Weberei! Ein junges Mädchen sitzt an einem Webstuhl und fädelt mit unendlicher Geduld ein kompliziertes Muster. Heraus kommt eine Art Goldbrokat, ein Zentimeter pro Tag!

Für die bevorstehende Dreizehn-Stunden-Etappe nach Prapat besteigen wir einen bequemen Touristen-Minibus, vom Javaanse-Feeling haben wir erst einmal genug... Der »Trans-Sumatra-Highway« entpuppt sich als schmale, oft einspurige Straße, die sich in Serpentinen durch hohe Berge windet.

Die vier mitreisenden Travel-Girlies vertiefen sich in ihre seichten Romane, während draußen die herrlichste Landschaft vorbeizieht. Als unser Bus für das Äquator-Foto anhält, trauen wir unseren Ohren kaum: Drei von den Mädchen lassen sich von der vierten erklären, was der Äquator ist...

Unterwegs absolvieren wir einen Crash-Kurs in Sachen »indonesische Toilette«: eine im Boden eingelassene Wanne, mit Fußtritten links und rechts. Das kennen wir schon aus Frankreich. Neu ist, dass es hier nie Papier gibt, aber immer ein volles Wasserbecken, in dem ein kleines Schöpfgefäß schwimmt. Wie man damit umzugehen hat, bleibt allerdings ein Rätsel, auf unsere Fragen werden wir jedes Mal mit einem verlegenen »I tell you later« vertröstet, und auch der allwissende Reiseführer schweigt sich aus. Die ländliche Version: statt Wanne nur ein Loch im Boden, ein Wassereimer ersetzt das Becken – geht auch. Die Tankstellenversion: ein kahler Raum mit Betonfußboden...

Wir lernen auch, wie man nach dieser Örtlichkeit fragt, übersetzt heißt das: »Wo kann ich kleines/großes Wasser wegwerfen?« Die Unterscheidung ist wichtig, denn für »großes Wasser« muss man mehr zahlen!

Am Kratersee Danau Toba bleiben wir nur eine Nacht, ebenso im angenehm kühlen Bergstädtchen Berastagi. Und dann sind wir am Ziel der Reise: Bukit Lawang, etwa fünfzig Kilometer westlich der Stadt Medan. Der kleine Ort besteht aus nichts als einer Unzahl von Guesthouses und kleinen Restaurants, die sich am Ufer eines reißenden Flusses dicht aneinander reihen. Wir schleppen unsere Rucksäcke über Stock und Stein bis ganz zum Ende und nehmen Quartier im »Jungle Inn«.

Ein Traum von einem Zimmer: die Wände aus Bambus geflochten, das riesige Bett mit einem Moskitonetz in Form eines Baldachins, die Möbel fantasievoll aus Treibholz geschnitzt. Vor

230

dem Fenster eine schattige Terrasse mit Hängematte, drei Meter darunter rauscht der Fluss. Am gegenüberliegenden Ufer ragt wie eine grüne Wand undurchdringlicher Dschungel auf. Und das Bad erst: ein runder, mit Natursteinen und schwarz-weißen Kacheln ausgelegter Innenhof, in dem üppiges Grün wuchert. Die Dusche besteht aus einem schrägen, gießenden Tonkrug, dessen Wasser von den Blättern einer auf einem Baumstumpf wachsenden Pflanze verteilt wird. Das Ganze ist ein Kunstwerk, wie von Hundertwasser entworfen. Gabys Augen leuchten. Das sieht leider auch der indonesische Pierre Brice, der uns die Suite zeigt. »Why is it so expensive?«, lautet eine von Gabys berühmten Fragen. »You know why!«, kommt es ganz cool zurück. Mal wieder ist Feilschen angesagt, für 11 DM ziehen wir ein.

Auch das Frühstück im »Jungle Inn« ist ein Traum: dampfender Milchkaffee, Toast mit Rührei, tropischer Fruchtsalat mit frischem Yoghurt. Leider kann Rüdiger seinen Kaffee nicht so ganz genießen: Eine Affenhorde turnt im Gebälk über uns, einer »wirft großes Wasser weg«, platsch, der Kaffee hat Urwaldwürze…

Jetzt wollen wir aber endlich die Orang Utans sehen! Mit einem Kanu lassen wir uns über den reißenden Fluss zum »Rehabilitation Center« übersetzen. In der Station arbeiten neben den indonesischen Rangern auch jugendliche Freiwillige aus aller Welt, machen Käfige sauber, füttern und päppeln Orang-Babys. Wir erfahren, dass ein Junges die ersten fünf Lebensjahre bei seiner Mutter bleibt und von ihr alles lernt, was ein Orang Utan wissen muss. Wenn Wilderer so ein süßes Baby fangen wollen, um es auf dem Schwarzmarkt teuer zu verkaufen, müssen sie die Mutter töten. So ein Waisenkind ist nicht auf ein Leben im Urwald vorbereitet, es würde dort verhungern. In der Station werden die zahmen Orangs so lange gefüttert, bis sie gelernt haben, im Urwald selbst Nahrung zu finden. Auch nach ihrer Freilassung können sie jederzeit zur Fütterung zurückkommen, aber das Ziel ist, dass sie eines Tages ohne menschliche Hilfe zurechtkommen.

Es ist klar, dass dieses Projekt letztlich nur läuft, weil es Touristen anzieht, aber vermutlich wird sich nur auf diese Weise die wenige noch auf der Welt verbleibende Natur erhalten lassen. Und die

Begeisterung der Helfer steckt an. Unvergesslich das Mienenspiel von Orang-Männchen Johnny, als er sich zur Haustür pirscht, während sein Betreuer ihm den Rücken zukehrt. Mit Ganovenblick dreht er den Schlüssel rum und schon ist er drin, total beleidigter Blick, als er gleich wieder rausgeschmissen wird. Wie soll der strenge Erzieher da ernst bleiben?

Wir marschieren mit einigen anderen Touristen zu einer Plattform im Urwald, um die Fütterung der freigelassenen Orang Utans zu beobachten. Unterwegs gesellt sich der halb zahme Mowgli zu unserer Gruppe. Er ist wohl zu faul zum Laufen und schmust gerne – und schon sitzt er huckepack auf Rüdigers Rücken, schlingt die Arme um ihn wie ein kleines Kind. Und dann, Schreck lass nach, wirft er Wasser weg, zum Glück nur kleines. Rüdiger trägt es mit Fassung…

Dann wird es spannend. Der Ranger gibt einige seltsame Laute von sich, in den Wipfeln der Urwaldriesen entsteht Bewegung, und da sind sie: Zwei Mütter mit ihren Babys hangeln sich mit unglaublicher Geschicklichkeit von Ast zu Ast, schwingen an einer Liane zum nächsten Baum, erwischen gekonnt wieder Halt. Weitere Tiere gesellen sich dazu. Die Ranger verteilen Bananen, bevorzugt an die stillenden Mütter. Die pellen die Banane genauso, wie wir das tun. Und sie trinken Milch aus einem Becher, den der Ranger für sie füllt. Mowgli führt sich auf wie ein ungezogenes Kind. Er wirft sich zeternd auf den Boden, weil er nach dem dritten Nachschlag nichts mehr bekommt. Er soll endlich lernen, auch selbst Nahrung zu suchen.

Mit Sinar, einem der Ranger, machen wir am nächsten Tag eine Wanderung durch den Dschungel. Wir begegnen zwei Orang-Müttern mit ihren Kindern. Eine von ihnen ist wild, sie war nie in Gefangenschaft. Sinar freut sich: Die andere, die ihn ganz zutraulich begrüßt, lernt von ihrer Freundin mehr über das Leben in der Wildnis, als ihr die Menschen beibringen können. Fasziniert beobachten wir, wie die beiden Kinder klettern üben. Wenn es zu gefährlich wird, werden sie mit einem behutsamen Griff von den Müttern eingesammelt und klammern sich wieder an deren Bauch fest. Auf dem Rückweg zur Station begegnet uns Johnny, der Ganove. Er greift sich entschlossen Gabys Hand und läuft ein ganzes Stück neben ihr her. Händchenhalten mit einem hübschen Orang Utan… Gaby ist hin und weg!

Bukit Lawang – wieder einmal könnten wir wochenlang bleiben. Aber nach fünf Tagen ist unsere Zeit schon abgelaufen, wir müssen weiter nach Medan, von wo aus wir einen Flug zurück nach Batam gebucht haben. Das klappt reibungslos, aber am nächsten Tag hören wir in den Nachrichten, dass Hunderte protestierender Studenten den Flughafen besetzt und vorläufig lahmgelegt haben. Das war knapp…

Die letzten Tage in Batam sind wie immer vor einem längeren Törn mit Logistik ausgefüllt. Auch BIRKA rüstet zum Aufbruch, wir wollen aus Sicherheitsgründen gemeinsam durch die Malakka-straße gehen. Am 16. November winkt uns KRIOS zum Abschied nach, bald sind wir mitten zwischen den vielen riesigen Pötten in der Singapore Strait. 320 Seemeilen sind es bis Pinang, Malaysia. Von dem erhofften Nordost-Monsun keine Spur, wir haben abwech-selnd Flaute oder den Wind genau auf die Nase. Das bedeutet viele Motorstunden, denn wir wollen uns in dieser berüchtigten Gegend nicht länger als unbedingt nötig aufhalten.

Außer ungünstigen Windverhältnissen machen uns Gegenstrom, schwere Gewitter und die chaotischen Fischer besonders bei Nacht das Leben schwer. So sind wir froh, als wir nach einer Woche in den Hafen von Georgetown auf der Insel Pinang einlaufen. Neben Kuala Lumpur eine der größten Städte Malaysias, wirkt sie mit ihrem total verdreckten Hafenwasser auf den ersten Blick nicht sehr einladend. Höchstens drei Tage wollen wir bleiben, zum Einklarieren und um Frischproviant zu fassen.

Aber Vorurteile sind gut für angenehme Überraschungen: Wir verlieben uns in Georgetown! Ein Paradies für Gaumen und Geldbörse, überall gibt es kleine Garküchen und Restaurants, die für Pfennige die leckersten asiatischen Speisen zubereiten. Renner sind mittags Banana-Pancakes und abends Mie Goreng, scharf gewürzt bis an die Schmerzgrenze, oder zur Erholung Sweet and Sour Pork.

Aber auch das Auge wird verwöhnt: Die chinesischen Stadtviertel rund um den Hafen sind ein einziges Gewusel aus Kramläden, alten Häusern, kleinen Werkstätten. Hier ist die Fahrrad-Rikscha noch echtes Verkehrsmittel, von uns nach anfänglichem Zögern begeistert benutzt.

Der Weg vom Ankerplatz in die Stadt ist allerdings beschwerlich: Wir fahren mit dem Dingi durch eine unbeschreibliche Dreckbrühe und landen am wackeligen Steg einer chinesischen Pfahlbausiedlung. Bei den ersten Landgängen zweifeln wir noch, ob wir unser Dingi jemals wiedersehen. Aber bald werden wir am Steg freundlich begrüßt und fühlen uns von da an ganz sicher.

Einmal landen wir mit etlichen Plastiktüten voll Müll und fragen, wo wir den wohl entsorgen können. »Ahhh, let go«, meinen lachend die Chinesen und zeigen auf die Brühe unter dem Steg. Alles, aber wirklich alles fliegt hier achtlos über die Kante, bis auf die Alu-Getränkedosen, die fein säuberlich gesammelt werden. Die bringen nämlich bares Geld.

Der absolute Kontrast zu dem Gewimmel von Chinatown ist der alles überragende Komtar-Tower. Hier gibt es zu Tiefstpreisen alles, was das westliche Konsumherz höher schlagen lässt. Wir vervollständigen noch einmal unsere Garderobe und decken uns mit der neuesten Computerliteratur ein. Aber Gaby will zu Hause nicht nur computern, sondern auch asiatisch kochen, ab sofort versperrt ein original chinesischer Wok die Achterkajüte.

Vor uns liegen jetzt die Inselparadiese von Langkawi und Süd-Thailand. Wir freuen uns auf ruhige Ankerplätze und endlich wieder klares Wasser. Ein paar Wochen haben wir noch Zeit zum Schnorcheln, Tauchen, Schlemmen und Trödeln. Die Wirbelsturmsaison im Indischen Ozean dauert bis Ende Dezember, sodass die gesamte Seglerflotte Weihnachten und Silvester noch in Thailand feiert.

Am 1. Dezember 1998 ziehen wir den Anker aus der dreckigen Hafenbrühe von Pinang. Wir winken den anderen Yachten zum Abschied zu und blicken über den im Kielwasser treibenden Mull zurück auf eine der faszinierendsten Städte unserer Reise. Wir nehmen Kurs auf das grüne Inselgewirr von Langkawi. Man kann nicht alle Ankerplätze beschreiben, aber dieser ist einfach zu schön, um ihn unerwähnt zu lassen: Aus der aufgewühlten See kommend, fahren wir in ein kleines Becken mit absolut ruhigem Wasser. Es ist rundherum umgeben von hohen, mit dichtem Urwald bewachsenen Felsen. Am Ufer balgen sich kleine Affen. Wie in einem Kirchenschiff hört man jeden Laut. Wir genießen das vielstimmige Urwaldkonzert, während die untergehende Sonne die steilen Bergspitzen vergoldet.

Nach einigen Tagen laufen wir in die Rebak-Marina ein. Die vielgerühmte Marina, Dauerliegeplatz vieler Fahrtenyachten, ist eingebettet in eine Luxus-Hotelanlage. Geschützte Liegeplätze an bequemen Stegen, eine große, schattige Freiluftbar, Restaurant, herrlich saubere Duschräume, Waschmaschinen, Swimmingpool. Von der Faszination Malaysias ist hier nichts zu spüren, aber auch wir genießen ein paar Tage die Annehmlichkeiten der modernen Zivilisation. Wie so oft ist es der Gegensatz, der die Empfindung steigert. An der Bar trifft sich abends die Seglerszene. Wichtigstes Accessoire ist das in Singapur erworbene Notebook, das man neben dem eiskalt beschlagenen Bierglas auf dem Tresen stehen hat, um in alle Welt E-Mails zu verschicken. Bei über dreißig Grad fächeln die Ventilatoren unter der Decke, eine Live-Band mit bildhübscher Sängerin rundet die Stimmung ab.

Gleich hinter Langkawi beginnt Thailand. Vor diesem Revier mit zahllosen kleinen, zum Teil unbewohnten Inseln warnt das Seehandbuch eindringlich – Piraten! Aber die ortskundigen Segler in der Marina fühlen sich sicher: »Für Yachten kein Problem, die überfallen nur einheimische Boote.« Gerade vor ein paar Tagen wurde hier in Langkawi ein Fischer tot aufgefunden, vermutlich ein Opfer der Thai-Piraten.

Mit gemischten Gefühlen segeln wir los. Aber die kleine Insel Ko Lipe sieht eigentlich nicht wie ein Piratennest aus. Vor einem kleinen Dorf mit strohgedeckten Hütten schaukeln buntbemalte offene Holzboote. Endlos langer Sandstrand, glasklares Wasser. Wir legen uns neben anderen Yachten vor Anker und pullen mit dem Dingi an Land. Das, was aus der Ferne wie ein kleines Fischerdorf aussah, entpuppt sich als Backpacker-Resort. Die einfachen Hütten bieten keinen Komfort, verdienen aber mindestens sechs Sterne für Lage und Ausblick. In der Strandbar gibt es sogar kaltes Bier. Die Namen der Speisen sind uns fremd, wir bestellen »Tom Yam« und »Tom Kha« und lassen uns überraschen. So etwas Köstliches haben wir noch nie gegessen, augenblicklich sind wir der Thai-Küche verfallen. Martin, ein junger Banker aus Frankfurt, bereist Thailand abseits der Touristenpfade. Er erzählt uns, dass Ko Lipe unter Travellern als absoluter Geheimtip gehandelt wird. Wer hierher will, muss nicht nur den Weg über zwei andere Inseln auskundschaften, sondern auch ein paar Brocken Thai beherrschen – die Einheimischen, die mit ihren offenen Booten den Transport übernehmen, sprechen kein Wort Englisch.

Es ist schon dunkel, als wir satt und zufrieden am Strand entlang zu unserem Dingi schlendern. Komisch, war das so weit? Wir beschleunigen unseren Schritt, leicht beunruhigt. Kein Dingi weit und breit. Schließlich kehren wir um und suchen systematisch den Strand ab, in der Hoffnung, dass es irgendein Witzbold nur versteckt hat. Aber keine Spur. Was tun? In der Kneipe schildern wir mit Händen und Füßen unser Problem. Die Wirtin scheint zu verstehen, mit einer Taschenlampe begleitet sie uns zum Strand. Unterwegs instruiert sie rufend andere Einheimische. Im Nu sieht man überall Lichter, ein Boot fährt in der Bucht hin und her. Wir stehen ziemlich frustriert am Ufer und überlegen gerade, wie wir schwimmend am besten an Bord gelangen. Da kommt eine Frau atemlos angerannt. »Boat, boat!« Tatsächlich, da liegt unser Dingi, von einer aufgeregten Menschenmenge umringt. Innen ist es nass und mit Sand verdreckt, ein Paddel fehlt, aber es ist wieder da! Die Zeichensprache reicht nicht, um herauszubekommen, was nun eigentlich passiert war, also lächeln wir in die Runde und bedanken uns überglücklich.

Mitte Dezember erreichen wir die Bucht von Ao Chalong bei Phuket. Ein riesiges Ankerfeld, viele bekannte Yachten. Hier laufen die Kurse wieder zusammen vor dem Start über den Indik. Viele bleiben wochenlang hängen, denn Ao Chalong ist ein Paradies für Yachties: ein sicherer, rundum geschützter Ankerplatz, gleich hinter dem Dingi-Steg reiht sich an der Wasserfront eine Kneipe an die andere. Die thailändische Küche ist so hervorragend, die Preise sind so verlockend, dass auch wir kaum noch an Bord essen. Tom Yam, Tom Kha, Chicken Curry, Fried Noodles – Letzteres hört sich profan an, aber »noodles« in Thailand sind etwas anderes als einfach Nudeln. Und wenn nichts mehr geht, dann rutscht immer noch einer der herrlichen Fruchtsalate.

Nur das Frühstück ordern wir »American style«, Toast mit Eiern und Speck, dazu läuft unterm luftigen Strohdach das Frühstücksfernsehen: CNN World News. Noch mehr als das Kidnapping im Jemen beunruhigen uns die Bilder aus dem Irak: Die USA bombardieren Bagdad! Was tun, wenn das Rote Meer, wenn der Suez-Kanal blockiert wird? Wir haben doch einen nicht ganz unwichtigen Termin, am 1. August 1999 müssen wir unseren Dienst antreten…

Aber erst einmal besuchen wir Bangkok, um auch die Hauptstadt kennen zu lernen. Totales Verkehrschaos, so ein Gewimmel, so viel Dreck und Abgase haben wir noch nicht erlebt. Die Polizisten, die mit ihren Atemschutzmasken eher wie Bankräuber aussehen, versuchen vergeblich, den flächendeckenden Stau zu dirigieren. Die einzigen Fahrzeuge, mit denen man noch vom Fleck kommt, sind die offenen dreirädrigen Tuk-Tuks. Mit knatternden, stinkenden Zweitaktmotoren jagen sie in wildem Slalom durch die engsten Lücken.

Eine wahre Erholung ist dagegen die Fahrt auf dem Fluss, obwohl auch hier ein unübersehbares Durcheinander von rasenden Booten herrscht. Aber nachdem wir das System begriffen haben, kommen wir mit Hilfe von Stadtplan und Fährschiffen überall hin. Absolut gekonnt sind die Anleger an den Haltestellen. Dabei wird gar nicht angelegt, stattdessen wird bei starkem Strom, Wind und Welle das Heck an den Steg manövriert. Der ganz vorn am Bug sitzende Schiffsführer kann weder Heck noch Steg sehen, er reagiert blind auf eine Art Pfeifsprache, mit der der Mann am Heck ihn dirigiert. Und auch die Angsthasen unter den Fahrgästen werden mit schrillen Pfiffen zum Sprung zwischen dem schwankenden Steg und dem auf und nieder tanzenden Heck genötigt. Unglaublich, wie das funktioniert, ohne dass etwas passiert!

Mitten in der Altstadt, nahe am Fluss, entdecken wir eine moderne, saubere Herberge, eine Oase in dieser hektischen Stadt. Nur wenige Schritte sind es zum touristischen Pflichtprogramm: Nationalmuseum und Grand Palace. Riesige goldene Buddhas und mythische Figuren, goldene Türme und Säulen, mit bunt leuchtenden Mosaiksteinen reich verziert – ein richtiger Märchenpalast, sehr beeindruckend trotz der unvermeidlichen Horden fotografierender Touristen.

Beschaulicher geht es in den einfachen Tempeln zu, die über die Stadt verstreut sind. Auch hier endlose Reihen goldener Buddhas, vor denen sich Mönche in orangefarbenen Gewändern zum Gebet einfinden.

Die Khao San Road ist Treffpunkt der internationalen Traveller-Szene. Von thailändischer Kultur ist hier nichts zu merken: Bierkneipen mit Video-Großbildschirm, Internet-Cafés, Souvenirshops und Jeansläden. Letztere haben es auch uns angetan, wir decken uns ein mit Jeans der verschiedensten Nobelmarken von Versace bis Calvin Klein – für jeweils 15 DM, nicht vom Original zu unterscheiden.

Zurück in Phuket, mieten wir für ein paar Tage ein Moped, das Hauptverkehrsmittel auf der Insel. Einhundert Kubikzentimeter und vier Gänge, Rüdiger hat fast Motorradgefühle. Die reißerische Aufmachung der »Deutschen Inselzeitung« ließ uns schon nichts Gutes ahnen. Aber Patong, das Touristenzentrum Phukets, übertrifft alle unsere Erwartungen. Rotgesichtige Fettbäuche, im Unterhemd schwitzend, an den allgegenwärtigen Zapfstellen Bier saufend, oft mit einem zierlichen Thaigirl an der Seite. Grell lackierte Motorräder und aufgemotzte Jeeps beherrschen das Straßenbild. Deutsche Küche, Biergarten, Eisbein, Sauerkraut, Filterkaffee überall. Der perfekte Thailand-Urlaub…

Am Strand liegt man dicht an dicht, liest, schwitzt, lässt sich das Haar in kleine Zöpfchen flechten oder die schlaffen Muskeln von einer Thai-Masseuse durchwalken. Eisverkäufer steigen über rotverbrannte Beine, eine Szenerie wie im Langnese-Spot. Zwischen den ankernden Yachten jagen Wassermotorräder mit ohrenbetäubendem Lärm hin und her. Uns schaudert bei dem Gedanken, hier vor Anker zu liegen. Immer wieder hatten uns Segler vorgeschwärmt: Silvester in Patong, eine Riesenfete, ALLE sind da... Sofort sind wir uns einig: WIR NICHT!

Auch die anderen »Traumstrände« an der Westküste von Phuket sind eine Enttäuschung: Liegestühle und Sonnenschirme, so weit das Auge reicht. So fällt uns die Entscheidung leicht, wohin wir unseren Bug richten: nach Nordosten, in das abgelegene Inselgewirr der Phangnga-Bucht. Die steilen, grün bewachsenen Felseninseln haben keine Strände, das Wasser ist undurchsichtig grün – und still. Keine Schaumkämme, kein Schwell, Kaffeesegeln. Einsame Ankerplätze – fast perfekt, wenn nicht die Longtails mit ihrem allgegenwärtigen, unerträglich lauten Geknatter wären, das sich tausendfach zwischen den Felswänden der Inseln bricht.

Diese typischen langen, schmalen Holzboote mit hochgezogenem Bug werden heute nicht mehr beschaulich von einem Segel, sondern von einem Motor angetrieben. Nur in Thailand gibt es diese Konstruktion, bei der zwecks Steuerung der gesamte Motor mitsamt seiner lang nach hinten ausladenden starren Welle gedreht wird, eine Pinne bzw. ein Ruder gibt es nicht. Und weil der Freiluftmotor seinen Auspuff nicht im Wasser hat, macht er solch einen Höllenlärm.

Ziel der Longtails ist »James Bond Island«, so genannt, weil es als Kulisse eines James-Bond-Films diente. Früh am Morgen haben wir das Inselchen für uns. Wir klettern in den Höhlen und Grotten herum und bestaunen bizarre Felsformationen. Wirklich ein sehr fotogener Ort!

Heiligabend ankern wir am Festland in der Bucht von Krabi, in einer spektakulären Kulisse. Lange, weiße Strände, gesäumt von dichten Palmenwäldern, dahinter ragen steile Felswände auf – Kreidefelsen wie auf Rügen. Ein Paradies für Kletterer und Individualtouristen, denen der Rummel von Phuket ein Gräuel ist. Die Thais haben sich darauf eingestellt: Keine Plastikliegen und Sonnenschirme verschandeln den Strand, Bungalows und Restaurants sind dezent unter Palmen versteckt, keine Eisverkäufer, keine Thaigirls. Einige Longtails mit ihren bunten Tüchern am Bug wiegen sich im pastellblauen Wasser vor dem Strand.

Der ideale Platz, um geruhsam die Weihnachtstage zu verbringen. Aber daraus wird leider nichts. Nicht in einer der zahllosen kleinen Spelunken, nein, ausgerechnet hier im gepflegten Touristendorf wird Rüdiger von Montezumas Rache erwischt. Und zwar so schlimm, dass wir schon am ersten Feiertag zurück nach Ao Chalong segeln, um in die Nähe des Phuket International Hospital zu kommen. Zum Glück ist eine Visite bei Dr. Brinkmann dann doch nicht nötig...

Silvester verbringen wir in netter Gesellschaft. Reinhard und Alexandra aus Wien laufen mit ihrem Trimaran GITANA ein. Wir hatten uns in Vanuatu kennen gelernt und seither immer wieder Postkarten um den halben Globus geschickt. Wieder sind wir beeindruckt, wie schnell und mühelos der ultraleichte Trimaran durchs Wasser gleitet, fast ohne Wind. Aber solche Segelfreuden haben ihren Preis: An Bord der GITANA gibt es keine Bücher und keine Einkochgläser, die Einrichtung der kleinen Kajüte ist spartanisch. Dafür rechnen sie mit Etmalen, die doppelt so hoch sind wie unsere... Die Freude über das unverhoffte Wiedersehen ist groß, die nächsten Tage sind wir fast unzertrennlich.

Aus dem geplanten Neujahrsstart wird nichts: Die Thais haben nicht einen, sondern gleich vier Feiertage hintereinander. Alle Behörden sind dicht, und ohne Ausklarierung können wir das Land nicht verlassen. Erst am 5. Januar 1999 haben wir alle Stempel und setzen Segel, Kurs West.

Schönes Segeln bei leichten Winden, KAYA gleitet unter Schmetterling wie auf Schienen, Strom schiebt mit. 32 Grad im Schatten, dunkelblaues Wasser. Gaby kocht ein thailändisches »Green Curry«, damit der Abschied von Südostasien nicht gar so schwer fällt.

Drei Tage später passieren wir die indischen Nikobaren. Ab jetzt ist es vorbei mit den Trödelwachen, der dichte Verkehr in der Schifffahrtsstraße Sri Lanka - Singapur erfordert höchste Aufmerksamkeit.

Am zehnten Tag kommt Sri Lanka in Sicht. Bei Totenflaute motoren wir die Südküste entlang. Ein Teil der Flotte liegt schon in Galle. Über Funk hören wir, dass das Einklarieren nur Ärger bringt und viel Geld kostet. Und die Bedingungen im dreckigen, überfüllten Hafen klingen auch nicht verlockend. Ohne uns, wir starten durch zu den Malediven.

Und dann bekommen wir Wind! Sieben Beaufort aus Nordost, der Kurs von 280 Grad zum Nordatoll der Malediven muss unbedingt gehalten werden. So rollen die hohen Seen genau von der Seite an und gehen mit Fontänen über das Schiff. Früher hätten wir uns nie getraut, bei so rauen Bedingungen so einen Kurs zu fahren. Aber jetzt muss es sein! Die Besegelung ist ideal: drittes Reff im Groß und nur ein Fetzen Fock. Immer wieder wird KAYAs Heck von einer gewaltigen Welle rauschend nach Lee gedrückt. Trotzdem stehen die Segel ruhig. Mit dem angeluvten Bug klettert KAYA die Welle hoch und blitzschnell steuert Suleika wieder auf den alten Kurs – faszinierend.

Trotzdem sind wir total nervös. An Schlaf ist nicht zu denken. Es ist stickig heiß im Schiff, alles muss dicht sein wegen des überkommenden Wassers. Der Schweiß fließt in Strömen. Draußen heult der Wind, wir rasen mit sechs Knoten und mehr in die schwarze Nacht. Und überall sind Schiffe. Sie kommen von vorn und von hinten, die Lichter sind bei dem hohen Seegang nur schwer auszumachen. Zum Glück sehen wir die großen Pötte mit dem Radar schon in acht Seemeilen Entfernung und können ihren Kurs verfolgen. Wir rufen sie auf Kanal 16 an: »Eastbound vessel, this is westbound sailing yacht KAYA, my position is…« Viele antworten sehr freundlich, einige ändern extra für uns ihren Kurs.

Hinter uns, im Osten, zucken grelle Blitze aus einer Wolkenbank, Bruchteile von Sekunden sieht man die weißen Schaumkämme leuchten. Bei Sonnenaufgang können wir die Berg- und Talfahrt bewundern. Im Wellental sieht man nichts, auf dem Berg hat man einen weiten Rundblick. Das Meer sieht feindlich aus…

Um neun Uhr morgens steht im Logbuch: »Wieder voller Zoff, Seen hoch.« Das Mittagsetmal ist Rekord: 155 Seemeilen in 24 Stunden. Am Nachmittag raumt der Wind, flaut ab. Am Abend trödeln wir ruhig dahin, nur der Schwell erinnert an den hinter uns liegenden Segeltag…

Nach zwei Wochen auf See kommt das Ivahandiffulu-Atoll in Sicht, die nördlichste Inselgruppe der Malediven. Der Anker fällt vor der kleinen Insel Ulegamu, wo schon einige Yachten liegen. Noch vor kurzem hätten wir hier nicht einlaufen können. Yachten waren in den Malediven unerwünscht, und so machte man es ihnen so schwer wie möglich: Ein- und Ausklarieren nur in der Hauptstadt Male, bei Ankertiefen um vierzig Meter ein fast unlösbares Problem, Zwischenstops auf dem Weg dorthin wurden streng bestraft. Aber jetzt haben sich die Vorschriften gelockert. Das Ankern vor Ulegamu ist erlaubt, tagsüber kann man sich auf der Insel frei bewegen. Eine einmalige Gelegenheit, ein Stück Malediven-Alltag kennen zu lernen, weit entfernt von den Touristeninseln rund um Male.

Noch einmal, wohl zum letzten Mal, erleben wir Südseekulisse pur. Gleißend helle Strände, Palmen, saftig grüne Laubbäume, absolut klares, türkisgrünes Wasser, in dem sich zahllose bunte Fische tummeln. Als wir im Dingi übersetzen, stürmt eine ganze Meute Kinder auf den Steg. Noch sind Yachties etwas Besonderes. Wir werden sehr freundlich begrüßt, einige Kinder und Erwachsene können Englisch und führen uns durch das Dorf. Es hat einen völlig anderen Charakter als alles, was wir bisher kennen gelernt haben. Die Häuser sind aus Korallensteinen gebaut, ganz akkurat und blitzsauber. Wunderschöne Bäume mit großen grünen Blättern spenden Schatten vor der sengenden Sonne.

Ahmed, der Postbeamte, erzählt ganz stolz von seinem Bruder. Der hat in einem Hotel bei Male gearbeitet und dort seine deutsche Frau kennen gelernt, jetzt lebt er mit ihr in Köln. Immer wieder werden wir darauf angesprochen, wenn wir erzählen, dass wir aus Deutschland kommen. Und immer wieder versichern wir, dass wir ihn nicht kennen…

Der Richter, der wichtigste Mann im Dorf, lässt uns einen »welcome drink« servieren: eine herrlich kühle Trinknuss. Von ihm erfahren wir Näheres über das Fest, das am Abend beginnen soll. Wir sind pünktlich zum Ende des Ramadan, des moslemischen Fastenmonats, angekommen. Die anschließende Fete dauert fünf Tage, die Yachties sind herzlich eingeladen teilzunehmen.

Auftakt ist ein großes Sportfest. Das ganze Dorf ist versammelt, alle in ihrer besten Kleidung. Die Kinder umringen uns neugierig.

Sie sind fein herausgeputzt, die kleinen Mädchen tragen Kleider wie Prinzessinnen, dazu Glitzerschmuck im langen schwarzen Haar. Viele kleine Jungen haben schwarz gemalte Augenbrauen, Zeichen dafür, dass sie Kandidaten für die morgen stattfindende Beschneidung sind. Beim endlosen Fußballturnier stehen die Yachties in Grüppchen plaudernd herum. Aber dann müssen auch wir ran: Tauziehen in wechselnden Mannschaften. Die fast aussichtslose Runde »Yachties gegen Fußballmannschaft« geht an uns, denn die Frauen der Gegner helfen uns heimlich. Viel Gelächter, Kontakte werden geknüpft.

Am nächsten Tag ist viel los im Dorf. Unter einem schattigen Dach auf dem Dorfplatz sind etwa zwanzig kleine Betten aufgebaut, darüber bunte Girlanden und allerlei feierliche Dekoration. Einige Jungen liegen bereits dort nach der Beschneidungsprozedur, umringt von der stolzen Verwandtschaft. Die Mutter hält die Hand oder fächelt Luft, der kleine Kerl umklammert triumphierend sein neues Spielzeug, das er als Lohn für die schmerzhafte Operation erhalten hat. Renner sind batteriebetriebene Plastik-Maschinenpistolen, die viel Krach machen und blitzen...

Abends wird auf dem Dorfplatz eine Matte ausgebreitet, darauf nimmt die »Band« Platz: zwei bongoartige Trommeln, begleitet von Händeklatschen und Gesang – ein absolut mitreißender Rhythmus. Einer nach dem anderen tanzen die jungen Männer. Offenbar produzieren sie sich vor den jungen Mädchen, die am Rand stehen und sie aufmerksam beobachten.

Zwischen den Feierlichkeiten bleibt viel Zeit zum Baden und Schnorcheln rund um KAYA – geruhsame Tage. Apropos Ruhen: Die Bewohner von Ulegamu haben diese hohe Kunst bis zur Meisterschaft verfeinert. In allen Vorgärten befinden sich kniehohe Plattformen, schattig überdacht, auf denen man liegend ruht und entspannt die Zeit vorüberstreichen lässt. Oder man hockt auf einer Art Stuhlgestell, die Beine hochgezogen, den Kopf nach hinten gelehnt, so, dass man gerade noch sehen kann, was auf der Dorfstraße passiert. Unser Lieblingsplatz ist ein Gruppen-Ruheplatz am Strand, unter großen Bäumen gelegen, wo um eine große zentrale Liegefläche Reihen von Stuhlgestellen gruppiert sind. Hier ruht man gemeinsam, mit herrlichstem Meerblick, auch wir werden freundlich herbeigewinkt.

Zum Abschluss gibt es ein großes Festessen im Haus des Richters. Wie jeden Abend werden wir schon am Steg erwartet und mit Taschenlampen durchs stockdunkle Dorf geleitet. Ein großes Büfett ist aufgebaut, Reis und verschiedene Variationen von Fisch-Curries, indisch-scharf gewürzt, sehr lecker.

Für uns ist es höchste Zeit, Abschied zu nehmen. Ende Januar, nach nur einer Woche, die uns viel länger vorkommt, machen wir Kaya seeklar. Im Cockpit türmen sich Abschiedsgeschenke: grüne Kokosnüsse und Früchte. Die aus dem Dingi zischende Luft signalisiert, dass auch diese schöne Zeit nun zu Ende ist.

Das Rote Meer

Kamele auf dem Highway: Oman – Minarette und schwarze Schleier: Jemen – Nervenprobe: Bab el Mandeb und Hanish Islands – Wüstenstadt Suakin – 1000 hart erkämpfte Meilen: Sudan bis Suez – Der Suezkanal

1260 Seemeilen in elf Tagen bis Oman. Herrliches Segeln, aber auch Logbucheinträge wie »lausige Nacht«. Kalt wird es, jedenfalls für uns, die wir an konstant 35 Grad Tropenhitze gewöhnt sind. Bei Nachttemperaturen um 26 Grad trägt die Wache Faserpelz und dicke Socken...

Am letzten Morgen auf See steigt eine rote Sonne aus der Wolkenbank am Horizont und vertreibt langsam den Dunst. Eine Bergkulisse zeichnet sich ab, wird immer deutlicher. Berge wie in Marokko, kahl und braun, davor ein Streifen üppiges Grün. Als wir näher kommen, erkennen wir Palmenwälder und weiße bis sandfarbene, würfelförmige Häuser.

Wir laufen in den Hafen von Salalah im Sultanat Oman ein, ein Land, über das wir nicht viel in Erfahrung bringen konnten. Wie die anderen reichen Ölstaaten legt auch Oman keinen Wert auf den Tourismus. Ein Visum ist schwer zu bekommen, aber als Segler brauchen wir keins: Wir werden offiziell wie Seeleute behandelt. Im Austausch für unsere Pässe erhalten wir einen »Seaman's Shorepass«, mit dem wir uns beim Landgang frei bewegen können. Nachts müssen wir allerdings zurück an Bord, pünktlich ab 22 Uhr.

Der Weg vom Hafen in die Stadt ist weit, einen Bus gibt es nicht, denn jeder Omani hat ein Auto. Aber das ist kein Problem, kaum erreichen wir die Straße, hält auch schon eine klimatisierte Nobelkarosse und nimmt uns mit. Kilometerlang nur heiße, braune

Wüstenlandschaft unter knallblauem Himmel. Und überall Kamele! Sie schreiten würdevoll am Straßenrand entlang und queren, wenn es ihnen gerade passt, gemessenen Schrittes mit unendlich hochmütigem Gesichtsausdruck direkt vor den Autos die Fahrbahn. Die Viecher haben absolutes Wegerecht, und das wissen sie auch ganz genau.

Wir mieten ein Auto, denn wir haben viel zu erledigen: Gasflaschen füllen, Proviant kaufen und jede Menge Diesel bunkern. Und natürlich erkunden wir in unserem schneeweißen 16-Ventiler die Umgebung – Autofahren wie im Prospekt. Die Serpentinen winden sich in spektakulärer Berglandschaft. Immer wieder zücken wir die Kamera: Kamel mit Landschaft, Landschaft mit Kamel...

Auf dem Rückweg, die Sonne steht schon tief, halten wir an einem Aussichtsplateau. Von hier oben hat man einen herrlichen Blick auf die Küstenebene um Salalah. Einige Männer in langen weißen Gewändern sitzen im Kreis zusammen, neben ihnen flackert ein Feuer, es duftet verlockend nach Gegrilltem. Kaum haben sie uns entdeckt, winken alle: »Come, come!«. Wir können gar nicht anders, als uns zu ihnen auf die Matte zu setzen, unsere Teller werden mit den besten Fleischstücken beladen. Rüdiger kostet Ziegenfleisch, keine Ausrede ist möglich. Dazu manschen wir Reis mit den Fingern, gegessen wird aus der hohlen Hand. Zum Nachtisch gibt es Datteln, frisch vom Baum und zuckersüß. Die Runde interessiert sich für unsere Reise. Es sind gebildete Männer, hohe Beamte, deren Boss gerade aus der Hauptstadt eingeflogen ist und als Ehrengast in der Mitte thront. Er war kürzlich auf Geschäftsreise in Germany. Wo denn da? »Frankfurt, Wiesbaden, Darmstadt«, wie nett!

Während die Stadt tagsüber fast ausgestorben ist, erwacht sie abends zu unglaublichem Leben. Zusätzlich zur fast taghellen Straßenbeleuchtung ist jeder der zahllosen Läden mit einer Lichterkette gleißend illuminiert. Zwischen den Lebensmittelgeschäften, die alle »Foodstuff & Luxuries« heißen, den Cafés und Restaurants flanieren allerdings nur Männer. Zu ihren bodenlangen weißen Gewändern tragen sie Turbane oder kleine bestickte Kappen. Viele umarmen sich bei der Begrüßung, Küsschen auf die Backe, Händchenhalten unter Freunden. Zwischen Mann und Frau wäre das strengstens verboten. Aber Frauen sieht man sowieso kaum in dieser Männerwelt. Wie Schatten, bis auf einen minimalen Sehschlitz von Kopf bis Fuß schwarz verhüllt, huschen sie hinter ihren Ehemännern in einen der Modeläden oder »Gold Shops«. Vermutlich sind sie unter den schwarzen Kutten todschick gekleidet und reich geschmückt.

Wir fühlen uns wohl in Oman. Ein Land, in dem alles im Überfluss vorhanden scheint, ein Land, das den Besucher gastfreundlich empfängt. Es gibt keine Kriminalität, keine aufdringlichen Händler, keinen Stress. Sogar der Straßenverkehr ist völlig entspannt. Jeder überlässt dem anderen die Vorfahrt, der Verkehr hält sofort an, wenn sich ein Fußgänger der Straße nähert.

Nach einer Woche ist KAYA wieder startklar, randvoll beladen mit Frischproviant, Wasser und Diesel. Nachdenklich betrachten wir die beiden großen Holzkähne aus Somalia, die gerade im Hafen in der Nähe von KAYA entladen werden. Sie sind übervoll mit Ziegen, zwischen den dicht gedrängten, verängstigten Tieren liegen Kadaver am Boden – Tierquälerei. Aber die somalische Besatzung hat es nicht viel besser als die Ziegen, haust unter primitivsten Bedingungen im Zwischendeck.

Hier in Oman nehmen wir Abschied von den Annehmlichkeiten der Zivilisation. Vor uns liegt nun ein langer, schwieriger Törn. Starkwind und ungenau vermessene Riffe werden uns zusetzen. Technische Hilfe wird bei jeder Art von Panne nur schwer oder überhaupt nicht zu erhalten sein. Und krank sollte man in den vor uns liegenden Ländern auch nicht werden.

Mitte Februar nähern wir uns der Hafenstadt Al Mukalla an der Südküste des Jemen. Als wir um das letzte Kap biegen, liegt Mukalla vor uns wie eine Stadt aus Tausendundeiner Nacht. Auf einer Halbinsel stehen schmale mehrstöckige Häuser, dicht aneinander gedrängt, bis ganz ans Ufer. Geschwungene Fensterbögen, weiß gekalkt, blau gestrichene Fensterläden. Aus dem Häusermeer ragen die Minarette von etlichen Moscheen. Zwischen kleinen bunten Fischerbooten fällt unser Anker vor dieser traumhaften Kulisse, wir sind die einzige Yacht. Bei einem Gläschen Wein genießen wir den

247

Blick auf die von der Abendsonne golden beleuchtete Stadt vor rotbraunen, schroffen Bergen.

Aber wir haben den Feierabend zu früh eingeläutet. Ein offenes Motorboot hält auf uns zu, voll besetzt mit Männern. Wollen die etwa zu uns? Ja, sie wollen – mit lautem Crash rammen sie unseren Bug. Wir sind so überrascht, dass wir einen Moment zu spät reagieren. Noch bevor wir nach vorn stürzen können, trampeln schon sieben Männer vom Vorschiff übers Deck ins Cockpit und grinsen uns freundlich mit vielen Zahnlücken an: Health Officer, Immigration, Customs, jeweils begleitet von einem neugierigen Schwager... Sie reden alle durcheinander, verlangen Pässe, Impfpässe, Crewlisten. Synchron füllen wir stapelweise Papiere aus. Schließlich ziehen sie wieder ab, eine Spur von Kamelmist auf dem Vordeck hinterlassend, wir erholen uns bei einem weiteren Gläschen.

Die Minarette leuchten jetzt neongrün illuminiert. Und dann setzt der Kanon der Moscheen ein. Einer der Muezzin fängt plötzlich an, brüllend laut verstärkt, die anderen lassen nicht auf sich warten, und schon schallt es vielstimmig fremdartig über die Bucht: »AAAAAllaaahhhiiiilllaaaaa...« Die Spätausgabe kann uns heute nicht wecken, aber morgens um fünf Uhr stehen wir senkrecht in der Koje. Wie halten die das nur aus?

Am Morgen laufen die somalischen Ziegen-Kähne ein. Einer ankert direkt vor unserem Bug, der andere dicht neben uns. Uns beunruhigt nicht nur der rostige Haken, den sie mit nur einer dünnen Ankerleine auswerfen. Auch die Blicke der Mannschaft sind uns unangenehm. Ausgezehrte Gestalten, die wirklich nichts haben außer den zerlumpten Kleidern am Leib, und die nun reglos auf dem Decksaufbau sitzen und in unser luxuriöses Cockpit starren. Also verholen wir uns ins flachere Wasser. Durchatmen – von nun an sind wir in einer anderen Welt, und an die müssen wir uns erst gewöhnen!

Zum Frühstück pullen wir an Land, in der Stadt tobt das Leben. Ein unentwirrbares Gewimmel von Menschen, hupenden Autos, Eselkarren, Kleinhändlern. Dicht gedrängt die kleinen, vollgestopften Kramläden mit Säcken voller Gewürze, Reis, Kichererbsen vor der Tür. Unzählige Straßenstände mit Obst, Schmuck, Süßkram,

Brot, Suppe, Badelatschen. Die Männer meist in wallenden Gewändern und stolzem Turban, oft einen verzierten Krummdolch im Gürtel. Im Gegensatz zu Oman sieht man viele Frauen auf der Straße, allein oder zu mehreren, anscheinend können sie sich frei bewegen. Aber die schwarze Vermummung ist total: Nicht einmal ein Sehschlitz bleibt frei, und sogar die Hände stecken in schwarzen Handschuhen.

Wir streifen durch das Treppengewirr zwischen den naturbraunen oder weiß getünchten, mehrstöckigen Häusern. Ziegen verteilen ihre Köddel in den engen Gassen, prächtige Hühner stolzieren umher. Die Kinder kommen angerannt, lustig und frech, aber nicht unangenehm. Die kleinen Mädchen sind fast ausnahmslos bildhübsch. Noch dürfen sie ungezwungen fröhlich leben, aber in ein paar Jahren werden auch sie nur noch als schwarze, formlose Schatten auf die Straße gehen, ihre Gesichter für immer aus der Öffentlichkeit verbannt. Wir ahnen, wie viel Schönheit sich unter den schwarzen Hüllen verbirgt.

Über Mittag ist die Stadt plötzlich wie ausgestorben. Alle Läden sind zu, Stille, Hitze. Die Araber beten in den Moscheen, wir machen ein Mittagsschläfchen an Bord, bevor wir uns abends wieder ins Getümmel stürzen. Das ist dann noch bunter und lebhafter. Fantastisch!

Nach drei erlebnisreichen Tagen lichten wir den Anker. Nun wird es endgültig ernst: Vor uns liegt das Bab El Mandeb, die berüchtigte Meerenge am Eingang des Roten Meeres. Wir müssen mit stürmischem Wind und hohem Seegang rechnen, die Berichte der Schiffe vor uns klangen nicht sehr erbaulich.

In einer geschützten Ankerbucht am Ras al Arah warten wir auf günstige Bedingungen und starten am übernächsten Tag. Um vier Uhr morgens soll der Wecker piepen, wir sind schon um drei Uhr hellwach: Lampenfieber. Aber wir haben Glück, von maximal 25 Knoten Wind werden wir durch die Passage geschoben. Rüdigers übermütiger Vorschlag, doch auszubaumen und Schmetterling zu fahren, wird von Gaby mit »Bist du verrückt?« abgeschmettert. Tatsächlich, ab Mittag haben wir dann bis zu 35 Knoten. Eine der steilen, oft brechenden Seen drückt KAYA auf die Seite, die Patenthalse geht zum Glück glimpflich aus.

Am Nachmittag haben wir erst mal genug, eine Nachtfahrt bei solchem Seegang muss nicht sein. So steuern wir den Hafen Al Mukha an, Wind mit Stärke acht und steile Grundseen jetzt genau von der Seite. Grünes Wasser kommt über, Rüdiger kämpft patschnass am Ruder, ein heißer Kakao mit Rum ist überfällig, nachdem der Anker im Hafenbecken gefallen ist. Über Funk rufen wir die Hafenbehörden, fragen höflich, ob wir über Nacht bleiben können. »Welcome in Al Mukha«, kommt es freundlich zurück. Uff... – gerade über den Jemen hatten wir doch so böse Geschichten gehört.

Wir beschließen, als Nächstes die Hanish Islands anzulaufen. Um diese Inseln gab es in den letzten Jahren immer wieder militärische Auseinandersetzungen zwischen Jemen und Eritrea. Es war nicht ratsam, dort zu ankern, denn zuweilen wurden auch ahnungslose Yachties in den Konflikt hineingezogen, verhaftet und als vermeintliche Spione verhört. Aber nun gehören die Inseln eindeutig zum Jemen, und Eritrea braucht sein Militär im Krieg gegen Äthiopien.

Gut ausgeschlafen ist man mutig, und so starten wir frühmorgens trotz Starkwind. Nur vierzig Seemeilen, aber die haben es in sich. Hohe, steile Seen bauen sich vor den Inseln auf, eine steigt ins Cockpit ein, Wasser schwappt durch den Niedergang in den Salon. Ziemlich geschafft erreichen wir am Nachmittag Great Hanish Island. Trotz des starken Windes kreuzen vor uns zwei kleine Dhaus mit bunten Gaffelsegeln. Mit Maschinenhilfe laufen wir in eine große Bucht ein. Eine Mondlandschaft, faszinierend schön, aber wenig anheimelnd. Die Bucht ist eingerahmt von kahlen Bergkegeln, über die starke Fallböen pfeifen. Gerade haben wir den Anker gesetzt, als zwei größere Dhaus einlaufen, vollbesetzt mit Männern, und dicht neben uns ankern. Es dauert nicht lange, bis eine von beiden driftet – das kann ja heiter werden.

Motorengeräusch. Eine dritte Dhau läuft ein und nimmt Kurs auf KAYA. Noch bevor wir richtig begriffen haben, dass sie nicht nur neugierig gucken, sondern in voller Fahrt bei uns längsseits gehen wollen, ist es auch schon zu spät: Der Bug des großen Holzbootes kracht gegen unseren. Rüdiger brüllt »Go! Go! Go!«, während wir verzweifelt versuchen, das Boot abzudrücken. Fender würden nichts nützen, weit herausstehende Teile, darunter ein rostiges Eisenrohr, bedrohen unseren Rumpf, ein dicker Holzbalken droht unser Oberwant mitzunehmen. Endlich sind wir frei. Keiner der verständnislos glotzenden Männer hat eine Hand gerührt, ihnen ist gar nicht bewusst, dass sie beinahe unser Boot demoliert hätten. Offenbar haben sie keinen Anker, denn sie versuchen ihr Glück noch bei den anderen Dhaus, bevor sie ihren Kahn schließlich auf den Strand ziehen. So ganz wohl ist uns nicht in unserer Haut. Die Situation könnte sich jederzeit wiederholen, außerdem wissen wir nicht, ob unser Verhalten als feindliche Geste aufgefasst wurde. Wir gehen früh in die Koje, verrammeln alle Luken und legen den Scheinwerfer bereit.

Nachts um zwei Uhr wacht Rüdiger auf, hechtet nach draußen, irgendetwas stimmt nicht. Rabenschwarze Nacht, Windinferno. KAYA neigt sich über, liegt quer zur Ankerkette. Auch Gaby stürzt an Deck, brüllt gegen den heulenden Wind an: »Echo zeigt vierzig Meter, wir driften!« Maschine an, Vollgas, aber gegen die Fallböen in Sturmstärke ist nicht anzukommen, schon gar nicht mit senkrecht hängendem Ankergeschirr. Wir treiben langsam aus der Bucht, zum Glück wissen wir, dass hinter uns freier Seeraum ist. Im Flutlicht der Salinglampe kämpft Rüdiger mit der Ankerkette, die aus der Winsch gesprungen ist und sich verklemmt hat. Während die Gedanken fieberhaft nach einer Lösung suchen, erwachsen den bloßen Händen überdurchschnittliche Kräfte, die Kette kommt frei! Der Zug auf der Kette ist so groß, dass auch mit der Winsch nur zentimeterweise Fortschritte erzielt werden. Keuchen, Fluchen, noch zwanzig Meter Kette, der verdammte Anker MUSS hoch. Endlich erscheint er. Aber er ist nicht allein: Ein rostiger alter Riffanker hat sich in unseren guten Bügelanker gekrallt und verhindert, dass dieser sich eingraben konnte. Begleitet von Verwünschungen fliegt der Schrott gleich wieder über Bord.

Wir setzen einen kleinen Fetzen Fock und laufen erst mal ab – zum Glück genau in die Richtung, in die wir am Morgen gestartet wären. Flutlicht aus und tief Luft holen: Die Lage ist ungemütlich, aber stabil, und wir sind ohne Schaden davongekommen!

Sobald wir aus dem Schutz der Inseln kommen, wird die See wieder eklig. Rüdiger sitzt am Ruder, dick vermummt in Faserpelz und Ölzeug. Zum ersten Mal ist unsere Windfahne überfordert, die steilen, kurzen Seen folgen so dicht aufeinander, dass wir immer wieder von Hand eingreifen müssen, um nicht quer zu ihnen zu kommen. Morgens legt der Wind nochmal zu, steile brechende Seen, zum Abgewöhnen!

Aber dann, ganz plötzlich, werden die Wellen länger und glatter, jedoch ohne ihre Höhe zu verlieren, die Windfahne kommt wieder allein zurecht, wir atmen auf. Und am nächsten Tag können wir schon wieder schmunzeln. Während wir bei moderatem Wind vollen Schmetterling fahren, hören wir zu, wie auf dem Netz verschärft gefunkt wird. Die Ami-Flotte plant die Passage durch das Bab El Mandeb. Einer erkundigt sich mit bebender Stimme bei CANNIBAL, die bereits einige hundert Meilen weiter nördlich ist: »…did you say, you had not less than 35 knots, I say again, not less than three five?« CANNIBAL will ihn wohl ärgern: »It will blow like hell, you can bet on it!« Man spürt förmlich den Schweißausbruch…

Nach drei Tagen geht dieser anstrengende Törn zu Ende, als wir in Khor Nawarat einlaufen, einer Bucht ganz im Süden des Sudan. Wir sind froh, dass schon eine Yacht hinter der kleinen Sandinsel ankert, besonders, als am nächsten Morgen ein Boot mit vier Männern auf den Ankerplatz zuhält. Als sie näher kommen, sehen wir, dass das offene Aluminiumboot ein aufgepflanztes Maschinengewehr trägt. Uns beschleicht ein beklommenes Gefühl, als sie bei uns festmachen. Aber die tiefschwarzen Sudanesen sind sehr freundlich und höflich, kontrollieren unsere Papiere und schenken uns sogar frischen Fisch. Wir erfahren, dass hier im Grenzgebiet zu Eritrea vor kurzem noch gekämpft wurde, die Gegend ist nicht sicher.

So starten wir schon ganz früh am nächsten Tag Richtung Norden. Der Wind ist noch schwach, bläst uns aber bereits auf die Nase, das wird er ab jetzt mit wenigen Ausnahmen bis Suez tun. Wir laufen mit vollen Segeln hoch am Wind, als mit schäumender Bugwelle ein Speedboot auf uns zurast, ein Schwarzer im Rambo-Outfit richtet ein Maschinengewehr mit dickem Patronengurt auf uns. Hoffentlich sind die von der richtigen Seite! Und was tun, wenn sie uns entern wollen? Der Schreck lässt nach, als sie uns nur per Zuruf nach dem Woher und Wohin befragen und dann mit Höchstgeschwindigkeit abdrehen. Über Funk erfahren wir Stunden später, dass genau dieses Boot die andere Yacht am Ankerplatz bei dem Versuch, längsseits zu gehen, heftig gerammt und beschädigt hat. Glück gehabt, KAYA!

Auf dem Weg nach Suakin nutzen wir den Schutz des Shubuk Channel, einer schmalen, gewundenen Passage mitten durch ein ausgedehntes Rifflabyrinth. Der Wind pfeift, aber zwischen den Riffen baut sich kein Seegang auf, so kommen wir mit Segeln und Motor gut voran. Auf die Genauigkeit der Seekarten ist ab sofort kein Verlass mehr, bei einer bis zwei Seemeilen Abweichung von den GPS-Standorten hilft nur noch »Eyeball«-Navigation. Gute Sicht bei hoch stehender Sonne ist Voraussetzung, aber auch Maststufen: Rüdigers Stammplatz ist jetzt oben in der Saling.

Anfang März erreichen wir die »Geisterstadt« Suakin. Berichte anderer Segler, angefangen bei Rollo Gebhard, hatten unser Interesse geweckt, hier einzulaufen. Früher einmal war Suakin ein blühender Hafen, ein Umschlagplatz für den Sklavenhandel und Station für Pilger auf dem Weg nach Mekka. Als die Engländer 1922 Port Sudan gründeten, verfiel die Stadt zu Ruinen. Wir ankern vor der malerischen Kulisse. In der gleißenden Sonne strahlen die hellen Mauern vor stahlblauem Himmel, im Hintergrund die braune, gebirgige Landschaft der Nubischen Wüste.

Heute ist der »neue« Teil von Suakin wieder bewohnt, eine Ansammlung von ärmlichen Hütten, die so gut wie nichts mit einer der uns bekannten arabischen Städte gemeinsam hat. Der Eselkarren ist Hauptverkehrsmittel, auf dem »Parkplatz« vor der Bank ruhen Kamele. Die Läden sind kleine Bretterbuden, in denen außer Bohnen, Reis und Mehl nicht viel zu haben ist, alles lose aus großen Säcken verkauft. Wir haben tatsächlich den ersten Ort auf dieser Welt gefunden, wo es keine Coca Cola zu kaufen gibt! Aber darben müssen wir nicht: Auf dem Markt quellen die Stände über, wir versorgen uns mit frischem Gemüse, Obst und herrlichem Fladenbrot, das frisch gebacken einen bestimmten hohlen Klang haben muss, wenn man es auf die Hand schlägt.

Früh am Morgen, wenn es noch nicht so heiß ist, bietet der Markt ein einzigartiges Schauspiel. Er ist Treffpunkt, Nachrichtenbörse, Handelsplatz nicht nur für die Bewohner Suakins, sondern auch für die Beduinen, die auf ihren Kamelen aus der Wüste kommen. Stolz schreiten die Wüstensöhne über den Markt, ihr Schwert am Gürtel, ihr Kamel hinter sich herziehend. Ungezählte Kleinhändler breiten ihre Waren am Boden aus. Bunte Stoffe, Plastikgeschirr, gebrauchte Kleidung, Glasperlenschmuck. Die Frauen sind auch hier von Kopf bis Fuß in Tücher verhüllt. Aber nicht in tristem Schwarz, sondern in leuchtenden Farben: feuerrot, orange, zitronengelb, lila. Meist sind es Gruppen von Frauen, die gemeinsam über den Markt schlendern, prüfend die Waren befingern, sich lachend beraten. Dabei können wir ihre Gesichter sehen, die Sitten scheinen viel weniger streng als in Oman oder Jemen. Wir sind für die Menschen ebenso eine Attraktion wie sie für uns. Wer Englisch kann, spricht uns an, fragt, woher wir kommen. Und wenn Gaby stehen bleibt, um bunte Stoffe oder Perlenketten zu betrachten, bildet sich sofort eine kleine Menschenmenge um sie, die das Geschehen mit größtem Interesse verfolgt.

Mit dem Klapperbus machen wir einen Tagesausflug nach Port Sudan. Wieder einmal ist es ein ausrangierter amerikanischer Schulbus, der fast auseinander fällt. Ein Sandsturm reduziert die Sicht auf einige hundert Meter. Das hält den Fahrer nicht von rasanten Überholmanövern ab, mit etwa dreißig Grad Spiel im Lenkrad ein echter Nervenkitzel. Rüdiger hat wie immer einen der vorderen Plätze erobert, in Unkenntnis der Landessitte: Damit Männlein und Weiblein sich nicht zu nahe kommen, sind die vorderen Plätze für die Frauen reserviert. Aber den Fremden sieht man einiges nach (Wir werden uns in der heimischen Straßenbahn daran erinnern…), und so wird Rüdiger aus großen dunklen Augen neugierig gemustert. Und wir können unauffällig die hochmodischen Accessoires der Damen bewundern: große, abstehende Ringe durch die Nasenflügel, Piercing ist hier ein alter Hut.

Port Sudan entspricht überhaupt nicht dem, was man sich unter der zweitgrößten Stadt des Landes vorstellt. Sandige Straßen, in denen die Eselkarren dominieren, einfache Kramläden, keine Supermärkte, die wenigen Autos haben Schrottwert. Aber immerhin, wir finden einen Laden, in dem wir eine nagelneue Autobatterie erstehen. Sie wird vor unseren Augen mit Schwefelsäure gefüllt, ohne jede Schutzvorkehrung aus einem großen offenen Fass geschöpft. Richtig haarsträubend wird es dann, als wir unsere Gasflasche füllen lassen. Der Mann kennt den Trick: Um die Flasche voll zu bekommen, muss zwischendurch das Gas abgeblasen werden. Dass dies in einem geschlossenen, fensterlosen Raum stattfindet, macht offenbar nur uns nervös. Und unsere Gasflasche ist anschließend so übervoll, dass wir das Gefühl haben, mit einer Bombe unter dem Arm den Heimweg anzutreten...

Die Route führt während der nächsten Wochen entlang der Westküste des Roten Meeres. Das hört sich harmlos an, ist aber eine ganz schön harte Nuss. Der Wind bläst fast immer heftig und genau von vorn. Die Riffe sind nur bei richtiger Beleuchtung sichtbar. Das bedeutet, dass man die Riffankerplätze, die sogenannten Marsas, nachmittags gegen die im Westen tief stehende Sonne nicht mehr anlaufen kann. Das Wasser spiegelt dann so stark, dass man die dicht unter der Wasseroberfläche liegenden Riffe nicht mehr sieht. Also muss man spätestens gegen 15 Uhr den Ankerplatz erreicht haben oder gleich über Nacht draußen bleiben. Um eine Marsa zu verlassen, muss man morgens nach Osten, also wieder gegen die Sonne, fahren. Das ist erst bei hoch stehender Sonne gegen zehn Uhr möglich. Oder man mogelt sich kurz vor Sonnenaufgang hinaus, wenn die Riffe gerade nur zu ahnen sind, die Wasseroberfläche aber noch nicht spiegelt. Über diese Tücken und noch viele andere hatten wir natürlich schon gelesen, aber wirklich verständlich wird das erst in der realen Situation. Mal wieder ist »learning by doing« angesagt.

Mitte März haben wir uns in kleinen Etappen bis zur Grenze Sudan-Ägypten gehangelt. Zwei Delfine begleiten uns durch die Einfahrt in die Marsa Umbeila. Ein wunderschöner Ankerplatz im absoluten Nichts, ringsherum nur Wüste. Am Ufer einmalige Korallenwände, bunt und vielfältig, davor tummeln sich alle Fische aus unserem Bestimmungsbuch. Eine der seltenen Gelegenheiten, die wunderbare Unterwasserwelt des Roten Meeres zu bestaunen.

Wir hatten uns so aufs Tauchen und Schnorcheln gefreut. Aber die Erfahrung zeigt: Bei Starkwind wäre es leichtsinnig, mit unserem kleinen Dingi zu den Tauchplätzen zu fahren. Und bei ruhigem Wetter haben wir keine Zeit, dann müssen wir Strecke machen... Wieder setzt starker Nordwest ein, tagelang sechs bis sieben Beaufort, keine Chance für uns. Wir haben das Gefühl: »Hier kommen wir nie mehr weg...«

Nur nachts lässt der Wind nach, deshalb starten wir nach einigen Tagen abends. Raus ist bei untergehender Sonne kein Problem, aber zurück gegen die Sonne ist dann nicht mehr möglich, so können wir nur hoffen, dass der Wind auch diese Nacht einschläft. Vor uns liegt die Foul Bay, eine Strecke von über hundert Meilen ohne schützende Marsa, die Ufer mit Riffen gespickt. Am südlichen Ende der Foul Bay liegt Abu Fendera, ein Riff, das einen Ankerplatz mit Schutz gegen Nordwind haben soll. Vorsichtshalber erkunden wir dieses traumhaft schöne Riff, suchen uns einen Ankerplatz und vermessen die Anfahrt genau mit dem GPS. Am selben Nachmittag starten wir schon wieder, bei Windstärke vier aus Nordwest. Aber in dieser Nacht schläft der Wind nicht ein, sondern nimmt immer mehr zu. Wir müssen stark reffen und machen trotz Maschinenhilfe kaum noch Fahrt über Grund. Es wird eine unserer schlimmsten Nächte. Gegen Morgen geben wir erschöpft auf und laufen ab, zurück nach Abu Fendera. Ohne die von uns ermittelten GPS-Positionen wäre es viel zu gefährlich, bei so hohem Seegang von Luv kommend ein Riff anzulaufen. Die Brecher der Riffkante sind auch aus nächster Nähe nicht von den hohen Wellen zu unterscheiden. Aber mit Hilfe unserer Wegpunkte umrunden wir das Riff in sicherem Abstand, bis wir in Lee endlich ruhiges Wasser haben. Völlig frustriert ankern wir wieder an unserem alten Platz. Wir liegen trotz Starkwind gut geschützt in ruhigem Wasser, aber einige hundert Meter entfernt donnern die schäumenden Brecher drohend auf die Riffkante.

Das deutsche Amateurfunknetz versorgt uns mit den neuesten Wetterberichten aus dem Internet und sagt für übermorgen den seltenen Südwind voraus. Große Freude einerseits, aber auch Sorge: Wir kämen an unserem nach Süden offenen Platz in echte Schwierigkeiten, wenn der Wind schon während der Nacht auf Süd drehen würde. Aber wir haben Glück, zunächst nimmt der Nordwind immer mehr ab, wir können starten. Einen Tag später bekommen wir tatsächlich den versprochenen Südwind. Wir atmen erst einmal auf, als wir das Kap Ras Banas querab haben: Die Foul Bay haben wir geschafft! Weiter geht es mit ausgebaumten Segeln, bei Südwind wäre es ein Frevel, sich am Anker auszuruhen. Zwei Tage segeln wir nonstop durch bis zur ägyptischen Marsa Toronbi. Eine halbe Stunde später beginnt es wieder heftig aus Nordwest zu kacheln...

Zwei Tage hängen wir nun fest, aber wir sind nicht allein. Zusammen mit den Crews von zwei anderen Yachten besuchen wir den ägyptischen Militärposten am Ufer. Das sollte man eigentlich nicht machen, denn Militärs sind immer mit Vorsicht zu genießen. Aber es wird eine lustige Fete in absolut freundlicher Atmosphäre. Die jungen Soldaten begrüßen uns mit großem Hallo, für sie sind wir eine willkommene Abwechslung. Wir werden mit süßem Tee bewirtet, die Verständigung klappt mit wenigen Brocken Englisch, Zeichensprache und viel Gelächter. Aus einem sandverkrusteten Kassettenrekorder dudelt ägyptische Musik, wir werden alle zum Tanz geholt. Gabys Tanzpartner ist besonders nett, eine schwarzhaarige Kopie von Michael Schumacher. Als Attraktion zum Schluss dürfen die Damen noch eine Runde auf einem Kamel reiten.

Faulenzen gibt es nur bei Starkwind, die nächste Windlücke muss sofort genutzt werden. Wir versuchen, den Hafen von Safaga mit einem Nachtschlag zu erreichen. Aber wieder einmal nimmt der Wind in der Nacht nicht ab, sondern zu. Gut sechs Beaufort genau auf die Nase, in den kurzen steilen Wellen kommen wir nicht mehr voran. Wir laufen nach Süden ab und verschnaufen erst mal in El Quseir, einem kleinen, malerischen Hafen. Aber weil wir in Ägypten noch nicht einklariert haben, müssen wir an Bord bleiben. Vierzig Seemeilen sind es bis Safaga. Erneuter Start bereits am selben Abend, der Wind hat deutlich nachgelassen. Und wieder nimmt er in der zweiten Nachthälfte immer mehr zu, Ablaufen wie gehabt. Frust total! Anderen Yachten geht es nicht besser, wir werden als bereits »Ortskundige« über Funk um Rat gefragt, ob und wie man bei Zoff El Quseir ansteuert.

In der folgenden Nacht stellen wir den Wecker auf zwei Uhr morgens – Totenflaute. Kurz danach tuckern wir raus in die Nacht, die kleiner werdenden grün erleuchteten Minarette der Moscheen von El Quseir sind ein bereits vertrauter Anblick... Bei Sonnenaufgang passieren wir zum dritten Mal die auf halber Strecke liegenden Quei-Riffe. Werden wir es diesmal schaffen? Es sieht so aus: pastellblaues, ruhiges Meer vor braunen Wüstenbergen in allen Schattierungen.

Auf dem Netz werden gerade die Wetterdaten ausgetauscht. Überall Flaute, alle gehen Anker auf. Auch eine Yacht bei Safaga meldet Flaute. Minuten später gibt sie ganz aufgeregt eine Warnung durch: jetzt plötzlich 35 Knoten – acht Beaufort! In der Ferne, vor den Bergen von Safaga, sehen wir einen schmalen dunkelblauen Streifen auf dem Meer. Ist das die Bö? In dem Moment ist sie auch schon da, 25 Knoten Nordwest aus dem Nichts, weiße Schaumkämme. Blitzreffen. Die Berge sind plötzlich verschwunden, null Sicht, feiner Sand ist in der Luft, knirscht zwischen den Zähnen, färbt alles rötlich-braun ein.

Noch zehn Seemeilen bis Safaga, diesmal geben wir nicht auf. Der Wind hat sich auf Stärke sechs bis sieben eingependelt, wir steuern von Hand, weichen den kurzen, steilen Seen aus, um uns nicht total festzustampfen. Mit zwei bis drei Knoten Fahrt über Grund, vermummt in Schlechtwetterkleidung, ständig geduscht von überkommendem Wasser kämpfen wir uns Meile um Meile dem sicheren Ankerplatz entgegen. Eine riesige amerikanische Segelyacht prescht mit voller Maschinenkraft an uns vorbei, so dicht, dass sie uns zu einem Ausweichmanöver zwingt. Die Crew in Badehosen winkt uns leutselig zu. Immer freundlich, die Amis...

In Safaga klarieren wir ein. Über die korrupten ägyptischen Behörden hatten wir schon viel gehört. Der Geheimtip für Safaga ist, keinesfalls, wie sonst üblich, den Hafenmeister zu kontaktieren, der hält die Hand ganz weit auf. Rüdiger spurtet also frisch rasiert und adrett gekleidet direkt zum Immigration Office. Es gibt auch nette Ägypter: Der Beamte schließt extra sein Büro und chauffiert Rüdiger durch die ganze Stadt, um die für unser Visum nötigen Gebührenmarken bei einer Bank zu besorgen.

Die Zivilisation hat uns wieder, das muss gefeiert werden. Zusammen mit unseren Freunden von der MOONWALKER stürmen wir das Büfett im »Paradise Hotel«. »Eat all you can«: Fleisch, Huhn, Fisch, Gemüseauflauf, Salate, Kuchen… Angesichts solcher lang entbehrten Köstlichkeiten ist es uns egal, was die deutschen Taucher von uns denken, die ganz gesittet an den Nebentischen speisen. Wir häufen unsere Teller mehrmals voll und rollen schließlich fast zu den Dingis zurück…

Um Hurghada machen wir einen großen Bogen, hier wird man von den Behörden um dreistellige Dollarbeträge erpresst. Zwanzig Seemeilen weiter nördlich soll es eine Marina geben. Die entpuppt sich dann aber als wackeliger Steg voller Tauchboote, KAYAs Sicherheit zuliebe ziehen wir es vor zu ankern. Der Zufall hat uns in eine künstliche Luxus-Oase geführt, die wir von Land aus wohl nie betreten hätten: El Gouna, ein Paradies aus der Retorte. Um künstliche Lagunen erstrecken sich bunte Wohnanlagen, Villen und Hotels, entworfen von renommierten internationalen Architekten. Der Wüstensand ist mit speziellen Pflanzen begrünt, Palmen liefern Schatten, die Rasenflächen eines Golfplatzes werden durch unzählige Schläuche berieselt. Ein Golfplatz mitten in der Wüste! Die verschiedensten Fünf-Sterne-Hotels von Sheraton bis Mövenpick beherbergen ausländische Touristen. Die Villen sind von reichen Ägyptern bewohnt, am Straßenrand parken Nobelkarossen. So viele Autos mit Stern haben wir noch nie nebeneinander gesehen. Der jugendliche Nachwuchs flaniert. Nackte Oberkörper, coole Sonnenbrillen, knappe Bikinis: Der Islam ist in El Gouna außer Kraft gesetzt. Wir erfahren, dass die Reichen aus Kairo, die Umweltverschmutzung, Krach und Enge nicht mehr ertragen wollen, hier ihre Familien einquartieren, in Kairo ihre Geschäfte machen und am Wochenende auf dem kleinen Flugplatz einschweben. Endzeit…

Als Kontrastprogramm verlassen wir mit einem Bus für die Angestellten das streng bewachte Gelände und besuchen Hurghada. Staub, Hitze, Müll, Lärm. Billigster Touristennepp. Die Speisekarten der Lokale sind zweisprachig: Deutsch und Russisch.

El Gouna bietet uns die angenehme Möglichkeit, den Stress des Roten Meeres etwas abzuschütteln, das Boot neu zu konfigurieren und uns auf den schwierigen letzten Teil vorzubereiten: den Golf von Suez. Zusätzlich zu Riffen und Gegenwind werden uns Ölfelder und starker Schiffsverkehr das Leben schwer machen.

Mit etwas Glück erreichen wir den Hafen El Tur auf der Ostseite, am Eingang des Golfs. Rüdiger hat bei arktischen Nachttemperaturen von 18 Grad eine Bronchitis gefangen und hustet fürchterlich. Wenigstens liegen wir gut geschützt, während es fünf Tage lang bläst, als wollte es nie mehr aufhören.

Dann meldet das deutsche Amateurfunknetz flaue Winde für den kommenden Tag. Als der Wind gegen Abend plötzlich einschläft, gehen wir spontan bei untergehender Sonne ankerauf. Jetzt muss es klappen, denn zurück können wir im Dunkeln nicht. Und es fängt gut an: Sämtliche Positionslichter funktionieren nicht, KAYA stürzt sich bestens getarnt ins Getümmel…

Wir gehen beide äußerst angespannt Wache. Während Gaby unten das Radar beobachtet, versucht Rüdiger oben im Lichtergewirr der vielen Bohrinseln Hindernisse auszumachen. Rötliche Flammen flackern am Horizont. Von unten tönt es: »Eine Seemeile Steuerbord ein ganz dickes Echo, hält genau auf uns zu!« Angestrengte Suche mit dem Fernglas: »O.k., sehe grün und weiß über weiß, geht hinter uns durch.« Wir sind mitten im engen Fahrwasser der Gubal Strait, überall dicke Pötte, Strom und Wind verursachen eine sehr unangenehme kurze und steile Welle.

Am Morgen, als die Sonne endlich aufgeht, haben wir die schwierigsten fünfzig Meilen nach Norden gut gemacht, an Backbord lockt ein Ankerplatz. Aber noch ist der Wind moderat, wir gehen weiter und erreichen mittags Marsa Thilmet, geschützt wie ein Ententeich. Die letzte Marsa vor Suez! Während wir total happy alle Viere von uns strecken, nimmt der Wind schon wieder zu, und in der Nacht kachelt es aus Nordwest wie gehabt.

Einige Tage später, Mitte April, laufen wir bei Totenflaute in die Bucht von Suez ein. Was für ein Gefühl: vor uns, unübersehbar, das Ende des Roten Meeres! Viele große Frachter liegen, auf die Passage wartend, hier auf Reede, der Kanal spuckt gerade den »Southbound Convoy« aus. Der »Suez Yacht Club« hört sich nobler an, als er ist. Immerhin, wir können seit langer Zeit mal wieder heiß duschen, was für ein unendlicher Genuss! Und eine klapprige Waschmaschine gibt es auch.

Den Papierkrieg für die Kanal-Passage überlässt man am besten einem Agenten. In Suez hat der »Prince of the Red Sea« das Monopol; er organisiert unseren Transit, wir fahren mit dem Kleinbus nach Kairo – 120 Kilometer baumlose Wüste. In den Vororten der Sieben-Millionen-Stadt totales Verkehrschaos, irreal wie ein Videospiel. Gaby macht die Augen zu, Motto: »Ich bin gar nicht da«, Rüdiger bedauert, dass er nicht auf seiner BMW mitmischen kann…

Zwei Stunden im Ägyptischen Museum sind natürlich viel zu kurz. Also versuchen wir gar nicht erst, alles zu sehen, und trödeln lieber mit Muße durch eine Abteilung: die Schätze des Tut-ench-Amun. Keine Abbildung kann auch nur annähernd den Zauber dieser Objekte einfangen!

Wiedersehen mit den Pyramiden. Sie stehen noch, aber der Moloch Kairo hat sie fast eingeholt. Das Häusermeer reicht bis dicht an das abgesperrte Gelände, in dem Kameltreiber und fliegende Händler sich wie ein Fliegenschwarm auf die Touristen stürzen. Wir drehen eine Pflichtrunde, auch zur Sphinx, die noch ein paar Brocken von ihrer Nase eingebüßt hat, das Vergleichsfoto zu Hause wird's zeigen.

Am nächsten Morgen warten wir nervös auf »unseren« Lotsen. Böse Geschichten kursieren über die Ägypter, die unverschämt Bakschisch verlangen, Bordfrauen betatschen und »den Hebel auf den Tisch legen«, bis der Motor überhitzt. Aber wir wissen gleich bei der Begrüßung: Mohamed ist o.k. – sympathisch, umsichtig, bescheiden. Sobald der letzte Frachter des »Northbound Convoy« den Yachtklub passiert hat, fahren wir in den Kanal ein. Gaby reicht von unten Kaffee und Schnittchen, während die Männer im Cockpit die Weltpolitik diskutieren und sich offensichtlich prächtig verstehen. Der Autopilot steuert, im Kanal ebenso streng verboten wie das Segel, das bei jedem passenden Lüftchen gesetzt wird. So laufen wir mit über sieben Knoten nach Norden, der Strom schiebt kräftig mit. Aus der Perspektive der kleinen KAYA wirken die Aufbauten der Containerschiffe turmhoch. Gleißende Hitze, zu beiden Seiten nichts als Wüste. Mittags irrt ein ratloser Mohamed übers Deck, nachdem er um Wasser gebeten und sich die Füße gewaschen hat. Rüdiger schaltet richtig und räumt die Solarmatten beiseite: Nun ist der Weg nach Mekka frei, auf KAYAs Vorschiff wird gebetet.

Schon am Nachmittag erreichen wir Ismailia. Freundlicher Empfang im Yachtklub, heiße Dusche, kaltes (alkoholfreies) Bier. Frisch gestärkt machen wir einen Abendspaziergang und geraten mitten in eine ägyptische Hochzeitsfeier. Unter freiem Himmel ist eine Bühne aufgebaut, eine Band spielt. Der Sänger sorgt für Stimmung, animiert die Gäste zum Tanzen. Schließlich tobt die Menge, eine Mischung aus Bauchtanz, Sirtaki und Polonaise Blankenese. Nur das Brautpaar thront abseits auf einer Nebenbühne, von einem Scheinwerfer angestrahlt, und darf sich nicht rühren.

Früh am nächsten Morgen sitzen wir gerade beim Frühstück, als schon der zweite Lotse auf der Pier steht, zwei Stunden vor der angekündigten Zeit. Wieder ein Mohamed, und wieder ein sehr netter. Heute bleibt der Autopilot unter Deck, Mohamed steht selbst am Ruder. Manchmal steuert er für unseren Geschmack etwas zu dicht an den Tonnen vorbei, aber wir wollen die gute Stimmung nicht durch Besserwisserei verderben. So bleibt Rüdiger nur unauffällig auf Standby, um notfalls eingreifen zu können.

Alles geht gut, und wir laufen trotz starken Windes und Gegenstrom noch vor Dunkelheit in Port Said ein. Der Anleger vor dem sogenannten Yachtklub ist dann allerdings haarsträubend, der Liegeplatz sogar gefährlich. Im starken Schwell der draußen vorbeifahrenden Fähren und Lotsenboote knallen die Boote gegeneinander. Wir trauen uns nicht von Bord, sind durchgehend in Alarmbereitschaft. Schade, denn Port Said wäre sicher einen Besuch wert.

Samstag, der 17. April: Für uns ein großer Tag – wir sind wieder im Mittelmeer! Der Empfang könnte nicht schöner sein: strahlender Sonnenschein, blauer Himmel, leichter Wind... Wie hatten wir diesen Moment in den letzten Wochen herbeigesehnt! Wir begießen ihn feierlich mit einem Schluck Rum: für uns, für Rasmus und natürlich auch für KAYA. Unsere Gefühle schwanken zwischen Freude, Stolz, Erleichterung und Wehmut.

Zurück im Mittelmeer

Atempause im Gelobten Land: Israel –
Ägäis, Ionisches Meer, Straße von Messina –
Der Kreis schließt sich: Balearen –
Zurück in den Alltag

Gut einhundert Seemeilen sind es bis Ashkelon, Israel. Schwacher Wind, dann Flaute, der Diesel lärmt. Die Wache muss gut aufpassen, wir sind umringt von ägyptischen Fischtrawlern. Um Mitternacht entdeckt Rüdiger auf dem Radar ein schnell näher kommendes starkes Echo. Aber kein Licht ist zu sehen. Ist das schon die israelische Marine? Auf Kanal 16 hört man sie ständig rufen: »This is Israeli Navy. Any ship approaching, please call now.« Rüdiger ruft sie an und gibt unsere Position durch. Das Echo entpuppt sich dann doch als Trawler. Wieder einmal sind wir froh über unser Radar, denn eine Dunstschicht verringert die Sichtweite auf zwei Seemeilen.

Am nächsten Morgen um sechs Uhr quäkt es aus dem UKW: »KAYA, KAYA, this is Israeli Navy.« Rüdiger gibt noch einmal alle Daten durch, woher, wohin, wie lange, sogar die Namen unserer Eltern. Kurz danach wird KAYA bei Totenflaute von einer heftigen Welle durchgeschaukelt. Wir stürzen beide an Deck und sehen in die Mündungen von zwei auf uns gerichteten Maschinengewehren. Das israelische Schnellboot begrüßt uns in voller Gefechtsbereitschaft. Noch einmal »woher, wohin«, dann dürfen wir Kurs auf das gelobte Land nehmen.

Wenig später laufen wir in die Ashkelon Marina ein. Der Stress der letzten Wochen fällt von uns ab: KAYA ist in Sicherheit! Das Rote Meer und der Suezkanal mit all seinen Unwägbarkeiten hatte wie ein unüberwindliches Nadelöhr vor uns gelegen. Bei strahlender

Morgensonne warten wir an der Pier auf den Immigration Officer, der Funkverkehr der Morgenrunde hört sich an wie ein schlechter Traum: MOONWALKER liegt seit Tagen bei sieben Windstärken aus Nordwest in den Riffen von Gubal vor Anker, NAMASTE muss mit Maschinenschaden nach El Gouna zurücklaufen, eine Yacht wurde in Port Said von einem Lotsenboot gerammt. Nur Lynn von der SOUTHERN CROSS jubelt in den höchsten Tönen: »We are in heaven! We are OUT!!«

Wir bekommen unsere Stempel in die Pässe, KAYA wird nach Waffen, Drogen und Terroristen durchsucht, dann sind wir frei und können unseren Liegeplatz anlaufen. Eine luxuriöse Marina, die Waschräume sind komfortabler als unser Badezimmer zu Hause, für unglaubliche 5 DM Liegegebühr. Ist das herrlich, nach wochenlangem Bordleben mit knappem Wasser, Salz, Schweiß und muffiger Wäsche wieder unter einer heißen Dusche zu stehen!

Am 20. April ist Unabhängigkeitstag. Zur Feier des Tages findet in der City ein großes Fest statt. Auf einer Open-Air-Bühne wird vielfältige Folklore geboten: Sirtaki für die griechischen Israelis, Kasatschok für die russischen, der Schmelztiegel Israel kennt viele Nationen. Die Stimmung auf dem großen Platz ist beeindruckend. An diesem Abend spürt man das »Wir-Gefühl« der Israelis.

Im Alltag ist das nicht immer so. In Gesprächen mit einheimischen Seglern in der Marina bekommen wir einen Einblick in die vielfältigen Probleme, die weit über den Konflikt zwischen Juden und Arabern hinausgehen. Zu groß sind die Unterschiede zwischen den modernen Israelis, die ein Land nach westlichem Muster aufgebaut haben und es mit modernsten Waffen entschlossen verteidigen, und den orthodoxen Juden, die ihr Leben ganz dem Studium der Thora widmen und aus religiösen Gründen weder Militärdienst leisten noch Steuern zahlen.

Wir machen einen Tagesausflug nach Jerusalem. Dicht besiedelte, steinige Landschaft, viel landwirtschaftliches Grün. Vom Busbahnhof laufen wir in Richtung Altstadt. Verkehrslärm, Abgase. Und überall Soldaten und Soldatinnen, um die Zwanzig, in olivgrüner Uniform und schwer bewaffnet. Eine schwarzhaarige Schönheit schlendert vorbei, umgehängtes M16-Schnellfeuergewehr, am Gürtel Magazine mit scharfer Munition, dazu Lippenstift und Parfüm-wolke…

Wir verlaufen uns im Gewirr der Altstadt, aber plötzlich sehen wir am Ende einer Gasse über den Dächern die goldene Kuppel des Felsendoms leuchten. Wir passieren eine Sperre unter lautem Piepsen des elektronischen Detektors und hätten eine komplette Terrorausrüstung zur Klagemauer schmuggeln können. Eine Menschenmenge feiert hier die Bar-Mizwah, das jüdische Gegenstück zur Konfirmation. Die kleinen Jungen, nur um die geht es, werden auf den Schultern herumgetragen. Alles wiegt sich im Rhythmus von Gesängen, streng nach Männlein und Weiblein getrennt. An der Klagemauer wird gebetet. Orthodoxe Juden ganz in Schwarz, mit Hut, Löckchen und dem typischen langen Mantel, dazwischen Soldaten mit umgehängter Knarre, sie stehen mit dem Gesicht zur Mauer und nicken roboterhaft zu den Versen ihres Gebetes. Hinter der Mauer, auf der anderen Seite der Sperre, liegt der Felsendom. Nicht-Moslems wird es schwer gemacht, in das Heiligtum der Araber vorzudringen, wir brauchen drei Anläufe, bis wir zur richtigen Zeit an der richtigen Tür sind. In der Zwischenzeit bummeln wir durch die engen Gassen des Araberviertels, Souks wie in Marokko.

Der Besuch der Holocaust-Gedenkstätte Yad Vashem ist ergreifend – und auch, dass wir als Nachfahren der Täter so freundlich behandelt werden.

Mit einem Mietwagen erkunden wir die steinige Negev-Wüste und besichtigen den Kibbuz, in dem Ben Gurion gelebt hat. Im Toten Meer probieren wir aus, ob man wirklich im Sitzen Zeitung lesen kann – und siehe da, es geht! Zum Glück an einem Samstag, so merken wir kaum, dass am Sabbat in Israel alles, wirklich alles Leben erstirbt.

In unserem Reiseführer steht ein Satz, der uns neugierig macht: »In Haifa wird gearbeitet, in Jerusalem wird gebetet, und in Tel Aviv wird gefeiert.« Auf nach Tel Aviv! Tatsächlich, als wir am nächsten Abend die großartige Strandpromenade entlangschlendern, erleben wir eine riesige Bongo-Fete am Strand. Aus allen Richtungen strömt Jung und Alt herbei, wer Lust hat, bereichert den Sound mit irgendeinem mitgebrachten Instrument, jongliert oder tanzt ausgelassen, während die Sonne im Meer versinkt.

Zurück an Bord wird aufgeräumt und ausgemistet. Was haben wir alles um die Welt geschleppt! Im Niemandsland zwischen Australien und dem Mittelmeer war jede Schraube, jedes Ersatzteil wichtig. Jetzt muss einiges dran glauben, was wir auf dieser Reise nicht mehr brauchen werden. Nicht nur vor KAYAs Bug türmt sich auf dem Steg das Gerümpel. Und überall wird fleißig gewerkelt. Wer aus dem Roten Meer kommt, leckt die Wunden, wer dorthin will, nutzt die letzte Gelegenheit.

Beim Freitagabend-BBQ in der Marina trifft sich alles. Zeit für neue Kontakte, aber auch für Abschiede. Von hier an werden sich die Wege der Yachten, die im Roten Meer eine enge Gemeinschaft bildeten, in alle Richtungen zerstreuen. Während die Amerikaner sich noch fern der Heimat auf einen gemütlichen Sommer im Mittelmeer einrichten, sind die europäischen Segler nun schon heftig auf dem Heimweg.

Allen voran KAYA: Am 1. August müssen wir zurück in Deutschland sein, um offiziell wieder unseren Dienst anzutreten. Nichts wie los, ab jetzt heißt es Strecke machen!

Mitte Mai motoren wir in der Morgendämmerung aus der Marina. Kurs West, so weit wie möglich. Bei leichtem Wind aus Nordwest können wir motorsegelnd Zypern anliegen. Nicht sehr sportlich, was wir da machen, aber irgendwie ist die Luft raus, wir haben keine Lust auf tagelanges Kreuzen. Die Zeit ist knapp, und wir wollen noch ein paar Urlaubstage in Griechenland verbringen.

So lassen wir Zypern an Steuerbord liegen und laufen nach drei Tagen die kleine griechische Insel Kastellorizon direkt vor der türkischen Küste an. Ja Wahnsinn! Eine fast rundherum geschützte Bucht, am Hafenbecken drängeln sich die kleinen Häuschen aneinander, bunte Fischerboote schaukeln vor grün überwucherten Tavernen, irgendwoher kommen Klänge von Alexis Sorbas…

Der Wind kommt genau aus Rhodos, Rasmus will, dass wir uns das türkische Segelrevier um Marmaris ansehen. Nach einem Zwischenstop in Fethiye und einigen hübschen Buchten laufen wir

266

in Marmaris in die Marina ein. Keine Spur von dem versprochenen Boot, das uns einweisen soll. Jemand winkt uns in eine total enge Sackgasse. Keine Chance, hier zu drehen, links und rechts V-förmig Muringleinen, in der Mitte eine schmale Fahrrinne. Hektisches Winken: nach links. Rüdiger schwenkt in die leere Box ein. Die nicht, die nächste! Zu spät, schon hängen wir in einer Muring. Der Typ auf dem Steg telefoniert seelenruhig mit seinem Handy, anstatt Gabys Leine zu nehmen. Im Office die nächste Überraschung: Die Marina verlangt Preise, wie wir sie bisher nur von den Balearen kennen. Woher stammt eigentlich das Märchen vom preiswerten Seglerparadies Türkei?

Das Hafenbecken mit seinen vielen Restaurants lädt zum Flanieren ein. Leider ist das nicht ungestört möglich. Vor jedem der fast leeren Restaurants stehen aufdringliche Schlepper und versuchen, die Passanten ins Lokal zu locken. Die Bombendrohungen der PKK haben offenbar Wirkung gezeigt, nur ganz wenige Touristen bevölkern die für Massen ausgelegte Hafenmeile.

An Luxus gewöhnt man sich schnell, wir bleiben eine weitere teure Nacht in der Marina. Landstrom für die Elektronikwerkstatt, Rüdiger repariert das Radar. Telefonanschluss für den Computer, E-Mails flitzen über die Leitung.

Die griechische Insel Simi ist dann wieder der totale Kontrast. Himmlische Ruhe im geschützten Naturhafen von Panormitis. Vor dem glutroten Abendhimmel wirkt die Windmühle an der Einfahrt wie ein Scherenschnitt. Die Turmuhr des hell erleuchteten Klosters schlägt die Stunde.

Auf dem Törn nach Naxos überrascht uns gegen Abend starker Nordwest, Tendenz zunehmend. Das muss der Meltemi sein, der berühmte Starkwind der Ägäis – keine Chance, dagegen anzugehen. Wir drehen ab zur nächsten Insel Astipalaia. Nachtansteuerungen in unbekanntem Revier sollte man eigentlich unterlassen. Aber hier gibt es keine Riffe, und das Radar zeigt uns eindeutig den Abstand zur steilen Felsküste. Mit gespannten Nerven umrunden wir das Südostkap. Das auf der Karte eingezeichnete Feuer gibt es nicht. Oder ist es nicht das richtige Kap? Doch, voraus blinken die Feuer der schmalen Inselpassage, die Lichter des Ortes kommen näher.

Fallböen pfeifen von den Bergen, die schemenhaft im Mondlicht zu erkennen sind. Endlich können wir das Feuer der Hafeneinfahrt ausmachen, der Anker fällt hinter einigen ankernden Yachten.

Als wir aufwachen, sehen wir ein Klischee von einem griechischen Inseldorf: Weiße Häuschen mit blauen Fensterläden rahmen die Bucht und klettern weit den Berg hinauf. Oben thront ein Kastell aus alter Zeit, daneben eine Reihe Windmühlen.

Die Sonne lacht, das Kastell ruft. Wir machen Höhe über viele kleine, verwinkelte Treppchen. Weiße Häuschen, Muster auf den Treppen, blaue Fensterläden, rote Blumen, streunende Katzen, alte Männer auf wackligen Stühlen. Und immer wieder gibt eine Treppengasse den Blick frei auf die dunkelgrüne Bucht, in der KAYA zu schweben scheint. Je höher wir steigen, umso öfter treffen wir auf unbewohnte, verfallende Häuser. Vom Kastell stehen nur noch die Mauern, die unvermeidlich weiß getünchten Kuppelkirchen blicken auf das unendlich weite, blaue Meer.

Wir genießen die Tage in Astipalaia. Der Meltemi bläst noch tagelang heftig, guten Gewissens können wir bei Vollmond in einer Taverne an der Uferpromenade sitzen und uns bei einem Glas Wein versprechen: Morgen laufen wir nicht aus!

Auf den Meltemi folgt eine ruhige Phase, die wir nicht verschenken wollen. Wir starten durch nach Ägina. Der Inselhafen liegt nicht weit von Piräus und ist fast immer hoffnungslos überfüllt. Mit viel Glück finden wir noch einen freien Platz am Kai und freuen uns schon auf eine gemütliche Taverne. Aber was ist das? Eine riesige Charteryacht, zehnköpfige Crew an Bord, versucht sich mit Vollgas rückwärts in den höchstens 1,5 Meter breiten Spalt neben uns zu quetschen. Nur Rüdigers stimmgewaltiger Einsatz rettet KAYA vor einer Beule. Weitere Yachten ziehen bereits Kreise, bis zum Abend wird eine zweite und vielleicht sogar dritte Reihe vor den Yachten am Kai ankern, Leinen- und Ankersalat inklusive. Das ist nichts für uns, also verzichten wir auf den Bummel und verholen uns in eine Bucht ein paar Meilen weiter.

Wir passieren den eindrucksvollen Kanal von Korinth, durcheilen den dazugehörigen windigen Golf und erreichen nach einigen netten Ankerplätzen das Segelrevier um Levkas in den Ionischen Inseln.

Ein paar Tage trödeln wir zwischen Levkas, Meganisi und der Onassis-Insel Skorpios. Nach und nach gewöhnen wir uns resignierend an die Enge der Häfen und Buchten und an die haarsträubenden Ankermanöver der Charterboote. Am schlimmsten sind die Flottillen. In einem kleinen Hafen beobachten wir, wie zehn identische Schiffe versuchen, römisch-katholisch an die Pier zu gehen. Ein braungebrannter Animateur winkt sie wie ein Fluglotse in die Lücken am Kai. Vollgas vor, Vollgas zurück, Seitwärtstreiben, Geschrei. »Don't touch the big expensive one«, brüllt der Animateur. Soll heißen: Je kleiner das gerammte Boot, umso geringer der Ärger mit der Versicherung…

Mitte Juni überqueren wir das Ionische Meer, lassen den berüchtigten Golf von Taranto und den Golf von Squillace an Steuerbord liegen und bolzen die letzten Meilen gegen sieben Windstärken aus Nordwest an, bis wir endlich in Rocella Ionica einlaufen.

Hier lacht das Herz des armen Fahrtenseglers: Eine riesige Marina mit komfortablen Stegen, so gut wie leer – und gratis! Offensichtlich eine Bauruine der Mafia, überall schwer bewaffnete Carabinieri, die sich aber nicht um die Segler kümmern.

Der kleine Ort Rocella wirkt über Mittag wie ausgestorben, aber als wir am nächsten Morgen noch einmal den langen Fußmarsch in den Ort machen, sind wir angenehm überrascht: südländisches quirliges Leben in den Straßencafés und unter schattigen Bäumen, Italien pur.

Wieder sind wir einige Tage eingeweht und fühlen uns bald heimisch in diesem netten Ort. Keine Spur vom kriminellen Klischee Süditaliens, nur freundlich Leute. Und wir sind die einzigen Fremden.

Die Passage durch die Straße von Messina wird spannend. Aus den verschiedensten Berichten wissen wir vom Düseneffekt in der Straße und von heftigen Strömungen. Der erste Anlauf misslingt dann auch, trotz ruhiger Wetterlage pfeift es uns schon am Eingang der Straße mit sieben Windstärken entgegen. Ziemlich gerupft und frustriert flüchten wir in den Hafen Saline Joniche. Zweiter Versuch mitten in der Nacht. Und diesmal ist der Wind mäßig, langsam aber stetig arbeiten wir uns gegen den Strom voran, am Nachmittag sind wir durch und nehmen Kurs auf Sardinien.

Am nächsten Tag dann Starkwindwarnung für unser Seegebiet. Nicht schon wieder! Wir drehen ab nach San Vito lo Capo an der Nordwest-Spitze von Sizilien. Ein Badeort für die Italiener, ganz Palermo verbringt hier das Wochenende. Abends flaniert man auf der Piazza und speist in den zahlreichen Trattorias. »Peppi's« Pizza ist die beste unseres Lebens, danach lockt die Eisdiele mit köstlichem Tiramisu-Eis. Wir bleiben einen weiteren Tag…

Es ist bereits Ende Juni, als wir mit leichtem Ostwind Kurs auf Sardinien nehmen. Wir kommen gut voran, Strom schiebt mit, und so landen wir schon am nächsten Vormittag in einer Ankerbucht an der Südost-Spitze der Insel. Wir hätten besser planen und gleich an die Westseite gehen sollen, denn die Umrundung des Kap Carbonara und die Überquerung des Golfs von Cagliari bedeuten nicht gerade gemütliches Segeln. Nach einem Zwischenstop am Kap Pula starten wir durch zum letzten großen Schlag unserer Weltreise.

Kurs Menorca! Unsere Gefühle sind sehr zwiespältig. Einerseits freuen wir uns auf den großen Moment, wenn wir unseren Kurs in der Hafeneinfahrt von Mahón kreuzen werden. Andererseits beginnt schon jetzt der lange Abschied vom selbstbestimmten, freien Seglerleben.

Unsere Wetterfrösche von Intermar haben Südwind versprochen, und seit dem Roten Meer waren die Prognosen sehr zuverlässig. Noch ist die See ölig, der Yanmar nagelt. In der Nacht plötzlich grelle Blitze aus einer dunklen Wolke, die Donner im Sekundenabstand. Die Malakkastraße lässt grüßen.

Um vier Uhr morgens kommt dann tatsächlich der Südost. Im Mondschein baumen wir aus, mit voller Passatbesegelung rauschen wir Richtung Menorca, Suleika darf noch einmal steuern. Wir lauschen dem Singen des Baumes und denken wehmütig an die Atlantiküberquerung, als wir das Geräusch zum ersten Mal hörten.

In der letzten Nacht schläft der Wind ein, Wolken ziehen auf, und dann hüllt uns dichter Nebel ein. Gegen Morgen haben wir die ersten Echos von Menorca auf dem Radar, aber die weiße Suppe ist undurchdringlich. Nur noch eineinhalb Seemeilen bis zur Hafeneinfahrt, und nichts ist zu sehen – schöne Begrüßung!

Wir sind fast in der Einfahrt, als der Vorhang ganz plötzlich aufreißt. Der feierliche Moment ist gekommen: Wir haben unsere Weltumsegelung vollendet. Die Welt ist tatsächlich rund! Wir umarmen uns, der Sektkorken knallt. KAYA ist über die Toppen geflaggt mit über dreißig bunten, teilweise etwas angenagten Gastland-Flaggen. Good on ya, KAYA!

Einfahrt Mahón: Da ist die Treppe, die hoch führt in die Stadt zum Bäcker. Und da ist die Isla Clementina, wo wir 1994 mit KAYA lagen und dem großen Abenteuer entgegenfieberten. Wir machen an unserem alten Platz fest. Die holländische BLUE PETER liegt immer noch da, Bordhund Bluie begrüßt uns schwanzwedelnd. Der Wirt in unserer andalusischen Stammkneipe kennt uns noch und zapft gleich ein Begrüßungsbier. Wo sind nur die Jahre geblieben?

Am Freitag, dem 16. Juli 1999, sind wir am Ziel: Wir laufen in Santa Eulalia auf Ibiza ein. Gabys Mutter winkt uns schon vom Kai entgegen. Eine Blumenkette für KAYA, Sekt für uns. Ob der Marina-Chef, der den Weltumseglern jetzt großzügig einen Gratis-Platz zur Verfügung stellt, sich noch erinnert, dass er vor fünf Jahren deren Heckleine gekappt hat? Damals hatten wir sehr zu seinem Missfallen draußen vor der teuren Marina geankert.

Und nun liegen wir als Ehrengäste längsseits am Kai, die Reling mit Blumen geschmückt, die bunten Gastlandflaggen wehen malerisch im Wind. Interviews und Fotos für die Wochenendausgabe des »Diario de Ibiza« und das deutsche Inselmagazin »Ibiza heute«.

Und dann geht alles sehr schnell. Der Travellift holt KAYA aufs Trockene, zwischen den riesigen Nachbaryachten wirkt sie noch kleiner als sonst. Ausräumen und Einpacken, Taxi zum Flughafen. Kurz und schmerzlos? Natürlich nicht...

Aber wir dürfen jetzt nicht traurig sein. Auch wenn unsere Bordkasse endgültig ihr Leben ausgehaucht hat, wir kommen unendlich reich zurück: mit einem Schatz an Erlebnissen, Eindrücken, Bildern, Begegnungen...

In Gedanken versunken betrachten wir aus 10 000 Metern Höhe die sonnige Landschaft, die unter uns hindurchgleitet. Da unten der große Fluss, ob das die Rhône ist, die uns vor sechs Jahren bei

Eiseskälte unserem Abenteuer entgegenspülte? Wie hatten wir damals gehofft, dass unsere Reise glücklich verlaufen würde. Unsere Erwartungen wurden nicht nur erfüllt, sondern weit übertroffen. Eine unglaublich schöne Zeit liegt hinter uns.

Was wird uns nun zu Hause erwarten? Auf jeden Fall kein großer Empfang. Seeheim ist nicht Cuxhaven, wir gehören keinem Segelklub an, der die heimkehrenden Weltumsegler mit großem Bahnhof begrüßen könnte.

Die meisten unserer Freunde und Bekannten sind noch im Urlaub, die anderen an ihrem Arbeitsplatz. Unsere Ankunft an diesem Donnerstag im Juli 1999 haben wir gar nicht bekannt gegeben, wir schleichen uns leise an, um dann einfach zu sagen: »Hallo, da sind wir wieder.«

Beide sind wir hoch motiviert, unser neues altes Leben so schnell wie möglich in den Griff zu bekommen. Jetzt ist es Zeit, etwas Neues anzupacken, nicht nur recht und schlecht, sondern möglichst gut, das sind wir uns schuldig.

Ein Blick in die Zeitung, kaltes Huhn und Himbeerpudding, schon geht der Flieger in den Sinkflug über. Da, das ist eindeutig der Rhein, das ist Mannheim, da ist der Altrhein mit dem Bootshaus Kern, wo KAYA auf den Startschuss wartete. Ein Film läuft rückwärts. Der Frankfurter Flughafen empfängt uns mit einem letzten Flair der weiten Welt. Mit dem Bus nach Darmstadt, umsteigen in die Straßenbahn nach Seeheim, die Provinz hat uns wieder.

Rüdigers Mutter erwartet uns in ihrem Häuschen. Die kleine Wohnung im Obergeschoss ist termingerecht frei geworden, auf dem Dachboden lagert unsere Habe in Kisten. Und weiter läuft der Film rückwärts: auspacken, einrichten, einräumen. Telefon anmelden, Strom anmelden, Auto anmelden, anmelden, anmelden, anmelden…

Bürokratie gibt es überall auf der Welt, aber der deutsche Amtsschimmel hat seine besonderen Reize. Rüdiger wird mit einem hochoffiziellen Schreiben aufgefordert, sich beim Amtsarzt vorzustellen, denn wer länger als über die Sommerferien außer Landes war, stellt eine große Gefahr für die Kinder dar. Allerdings auch wieder nicht jeder, Gaby jedenfalls bleibt unbehelligt. Rüdiger erscheint pünktlich um 9.15 Uhr beim Gesundheitsamt. »Haben Sie das Schreiben vom Schulamt mit? Nein? Dann können wir Sie leider nicht untersuchen…«

Nächste Station: Standesamt. »Die Heiratsurkunde aus Fidschi können wir nur anerkennen, wenn sie von einem staatlich vereidigten Übersetzer übersetzt ist«, klärt uns die junge Standesbeamtin in Seeheim auf. Die Worte »father's name, mother's name, date of birth« sind ja auch wirklich schwer zu übersetzen… Das bedeutet Termine, Papierkrieg, Gebühren. »Könnten wir nicht einfach hier noch einmal heiraten?«, schlagen wir vor. »Damit machen Sie sich strafbar, das ist Bigamie«, werden wir streng belehrt. Rüdiger ist ratlos: »Ja, sind wir jetzt verheiratet oder nicht?«…

So betrachten wir in den ersten Wochen alles staunend, mal mit Entzücken, mal mit Skepsis und fühlen uns manchmal wie Touristen im eigenen Land.

Alles ist so ungewohnt ordentlich und geregelt. Vorbei sind die Zeiten, als wir weder Uhrzeit noch Datum kannten. Dass der nächste Tag ein Donnerstag ist, merkt man am Vorabend daran, dass wie von Geisterhand pünktlich um 18 Uhr die Mülltonnen vor den Häusern stehen. Den Samstag erkennt man daran, dass überall die Gehsteige mit Besen und Handfeger bearbeitet werden, so gründlich, dass kein Fussel eine Chance hat.

Natürlich hat es Vorteile, wenn alles zuverlässig funktioniert, Termine und Öffnungszeiten eingehalten werden, die Straßenbahn auf die Minute pünktlich kommt. Aber warum wirken die Menschen dabei so gehetzt und gereizt? Schmerzlich vermissen wir die Heiterkeit und Gelassenheit, mit der man anderswo das Alltagschaos meistert, das Lächeln, mit dem man sich begegnet.

Unsere Wohnung ist klein gemessen an der, die wir vor der Reise lange Jahre bewohnt hatten, aber jetzt staunen wir über den vielen Platz, den wir im Vergleich zu Kayas engem Salon hier haben. Und Rüdiger wundert sich, als er ganz in Gedanken mit dem rechten Fuß zu pumpen beginnt und der Wasserhahn nicht wie gewohnt reagiert…

Wie bequem ist das Leben an Land: Aus den Hähnen fließt unbegrenzt heißes Wasser. Das Wäschewaschen, unterwegs oft ein kräftezehrendes Tagesprogramm, reduziert sich auf einen Knopfdruck. Abends ist die Wohnung hell erleuchtet, im Kühlschrank lagern Köstlichkeiten wie frische Milch, Butter und Joghurt.

Insgesamt dauert es nicht allzu lange, bis wir uns auf die neue Situation eingestellt haben. Und es macht Spaß, so schnell wie möglich das nachzuholen, was wir während unserer Abwesenheit verpasst haben: Rüdiger interessiert sich sehr für das inzwischen zur Normalität gewordene Satelliten-Fernsehen. Nicht wegen Verona Feldbusch oder den Spice Girls, sondern weil er die neue Technik endlich selbst ausprobieren will. Ein Sat-Receiver samt Schüssel wird im Baumarkt erstanden, der Fernseher vom Dachboden geholt und los kann es gehen, das Zappen über 500 Kanäle. Aber was ist das? Schon am Mittag Talkshows, in denen man sich anpöbelt. Blödel-Nonsense, der sich meist zwischen Bauchnabel und Oberschenkel abspielt. Werbung für Telefonsex im Abendprogramm. Mord und Totschlag auf allen Kanälen. In welchen Film sind wir hier eigentlich geraten? Nach drei Tagen ist die Neugier gestillt, die Technik abgehakt, der ganze Kram wandert wieder auf den Dachboden.

Wirklich begeistert sind wir dagegen vom Internet. Jeden Abend sehen wir in unsere E-Mailbox. »www.hotmail.com« heißt die Zauberformel, die alle Segler verbindet. Björn und Birgit berichten aus Australien, dass sie bereit sind für den Start Richtung Papua-Neuguinea, Sampo war gerade beim Custom Dance in Vanuatu, Susan aus den USA entdeckt den exotischen Kontinent Europa.

So vergehen die ersten Tage im Fluge, es ist herrliches Sommerwetter, und der Ernst der Lage wird uns nur langsam bewusst.

Aber dann sind die Schulferien zu Ende, am letzten Abend haben wir beide Lampenfieber wie vor einer Prüfung. Rüdiger kehrt an seine alte Schule zurück und wird nach sechs Jahren seine Kollegen wiedersehen, mit denen er zwanzig Jahre zusammengearbeitet hat. Wie werden sie ihn aufnehmen, wie werden die Schüler in einer völlig veränderten Welt sein?

In der Physiksammlung ist nach sechs Jahren alles beim Alten. Auf dem Schreibtisch harrt unter einer dicken Staubschicht geduldig Rüdigers Bücherstapel, der für die Nachfolger bestimmt war, gänzlich unberührt vom Lauf der Jahre…

Herzliche Begrüßung durch die Kollegen. »Na, seid ihr wieder da?« – »Wie lange warst du denn weg? Waren doch mindestens drei Jahre!« – »Wie war's denn so? Musst du mir unbedingt mal in Ruhe erzählen, ich muss jetzt aber ganz schnell zum Sekretariat…«

Von nun an gehen die Uhren wieder anders. Der bis auf die Minute durchgeplante Alltag lässt keine Zeit für spontane Begegnungen. Und das subjektive Zeitempfinden lässt die sechs Jahre, die uns wie ein Leben vorkamen, für die Kollegen auf drei Jahre schrumpfen. Einstein lässt grüßen…

Gaby tritt eine neue Stelle an, an einem traditionsreichen Gymnasium mit gutem Ruf und hohem Anspruch. Die Klassen sind voll belegt bis über die Schmerzgrenze, 31 Sextaner blicken erwartungsvoll auf ihre neue Klassenlehrerin, die sich in der neuen Schule ebenso fremd fühlt wie sie.

Um sechs Uhr aus dem Bett, von acht bis dreizehn Uhr im 45-Minuten-Takt auf ein paar hundert Kinder einreden, gute und schlechte Noten verteilen, Streit schlichten, aber auch trösten nach der verhauenen Mathearbeit… – nach ein paar Wochen ist das alles schon wieder Routine.

Auch das Wiedersehen mit unseren Freunden verläuft erstaunlich normal. Einige haben inzwischen Karriere gemacht. Schicke Kleidung, teure Brillen, Wohneigentum, auf den ersten Blick trennen uns Welten. Aber schon beim ersten Glas Wein ist die alte Vertrautheit wieder da. Gabys Freundin Andrea berichtet vom Gomera-Urlaub. »Da saßen so ein paar Aussteiger am Nebentisch, die wussten ja nicht mal, was der Nasdaq ist…« Wir schauen uns an. »Der was, bitte?« Erst da wird Andrea bewusst, dass auch wir nicht so ganz in ihrer Welt leben…

Auffallend ist, wie wenige, meist nur oberflächliche Fragen zu unserer Reise gestellt werden. Und dann ist man sofort wieder bei einem aktuellen Thema des Alltags oder bei der nächsten eigenen Ferienreise. Der wahrscheinlichste Grund ist wohl der: Wer das Seglerleben nicht kennt, kann eben keine anderen Fragen stellen als »Hattet ihr auch mal Sturm?« oder »Ankert ihr eigentlich nachts auf dem Meer?«

Vielleicht liegt es auch an uns. Vielleicht müssten wir mehr von uns aus erzählen. Aber wir wollen weder angeben noch Neid erregen, auch wenn die Werbung uns täglich versichert, dass der Neid des Nachbarn zum Lebensglück gehört...

So sind wir also wieder Rädchen im Getriebe und funktionieren äußerlich reibungslos. Und trotzdem: Die Reise hat uns nachhaltig verändert. Die Eindrücke und Erfahrungen setzen ein Fragezeichen hinter vieles, was früher selbstverständlich war. Andere, die mit uns unterwegs waren, bestätigen das. Jedem von ihnen gelingt es erstaunlich gut, wieder einzusteigen, aber das Gefühl der Fremdheit im eigenen Land ist der Preis, den wir alle zahlen müssen.

Ungeduldig sehnen wir die Ferien herbei: Wiedersehen mit KAYA auf Ibiza! Doch kein Segelurlaub wartet auf uns, sondern harte Arbeit, denn die Jahre haben innen und außen deutliche Spuren hinterlassen. Aber das stört uns nicht, es macht Spaß, KAYA mit Schleifklotz und Pinsel nach und nach wieder in ein gepflegtes Schiff zu verwandeln.

Abends nach getaner Arbeit sitzen wir zufrieden im Cockpit, lauschen dem Klappern der Fallen und dem singenden Ton der Masten. Draußen hinter der Hafenmole lockt das weite blaue Meer, und wir fangen an zu träumen: Vom Alltag in die Südsee...

Anhang

Vorbereitung und Organisation –
Boot und Ausrüstung – Tipps für unterwegs

Vorbereitung und Organisation

Zeitplanung

Wer in drei Jahren um die Welt segelt, sieht viel Wasser und Himmel, aber wenig von Land und Leuten. Man muss es nur einmal am Beispiel Karibik durchrechnen: Atlantiküberquerung im November/Dezember, zu Weihnachten Landfall in der Karibik. Bis die Müdigkeit aus den Knochen und das Schiff wieder aufgeklart ist, vergehen zwei Wochen. Anfang März sollte man spätestens in Panama sein, reine Segelzeit bis dahin weitere zwei Wochen. Da bleibt fast keine Zeit für geruhsames Inselhüpfen, Ankern und Irgendwo-Hängenbleiben. Irgendeine Panne hat jeder, und so verbringt man die paar verbleibenden Wochen in Martinique oder Trinidad mit Warten auf das Ersatzteil-Paket.

Im Pazifik sieht es nicht anders aus: Im März ab Panama, im November schon in Australien – das ist ein kaum zu bewältigendes Programm, wenn die Pazifik-Inseln mehr sein sollen als bloße Versorgungsstops. Wir haben jeweils eine Saison drangehängt und hätten es uns noch geruhsamer gewünscht. Wie sagte doch ein deutscher Segler unterwegs: »Beim ersten Mal bin ich in neun Jahren um die Welt gehetzt, jetzt lasse ich mir mehr Zeit…«

Fazit: Wenn es irgendwie geht, mehr Zeit einplanen! Vier Jahre sind gut, fünf oder sechs sind besser.

Bordkasse

»Wie viel Geld braucht man nun wirklich?« Die treffendste Antwort auf diese Frage lautet: »So viel, wie man hat.« Schiffsgröße, Alter der Yacht und der Ausrüstung, Lebensstil, Ess- und Trink-

277

gewohnheiten, Hobbys – all das spielt eine Rolle, wenn der monatliche Etat bestimmt werden soll. Und nicht zuletzt auch das Segelrevier: Die Karibik wird von Süden nach Norden immer teurer, Französisch-Polynesien hat Schwindel erregende Preise, während man in Südost-Asien fast umsonst lebt, fünf Monate Neuseeland kosten mehr als zehn Monate Australien.

Wir hatten ein neues Schiff, alle anfallenden Reparaturen konnte Rüdiger selbst ausführen. Wegen unseres Antifouling-Problems mussten wir alle acht bis zwölf Monate aus dem Wasser, und wir ließen bei unseren Landreisen KAYA lieber teuer an Land stehend als gratis am Anker zurück. Wir tranken unser Bier lieber in der Kneipe als an Bord, kauften zwei alte Autos und reisten viel herum. Insgesamt brauchten wir zu zweit annähernd 20 000 DM pro Jahr, dazu kamen 5000 DM jährliche Fixkosten für Versicherungen etc.

Schiffspapiere

Unser Original-Schiffszertifikat wollten wir ungern aus der Hand geben. Also ließen wir farbige Fotokopien anfertigen, die in Folie eingeschweißt so überzeugend aussahen, dass sie problemlos überall akzeptiert wurden. In Europa wird außerdem ein Mehrwertsteuernachweis verlangt. Besonders Franzosen und Portugiesen hoffen, so noch kräftig abzukassieren. Unbedingt die Original-Rechnung an Bord haben! Ganz selten wurden auch die Impfpässe (Nachweis über Gelbfieberimpfung) verlangt. Für andere Dokumente wie Sprechfunkzeugnisse oder Bootsführerscheine hat sich nie jemand interessiert.

Seekarten

Auf der »hanseboot« fiel Gaby fast in Ohnmacht: Am Messestand mit Büchern und Seekarten erklärte ihr ein freundlicher Herr, dass er schon viele Weltumsegler ausgerüstet habe – für rund 15 000 DM, etwa das Zehnfache des Etats, den wir vorgesehen hatten! Was tun? Ratlos blätterten wir in Seekarten Katalogen und kauften schließlich nur die allernötigsten Karten, die uns über den Atlantik und Pazifik bis zur Nordspitze Neuseelands bringen würden. Später sahen wir, wie alle anderen es machten: Mit dicken Kartenbündeln unterm Arm standen die Yachties Schlange in den Copyshops dieser Welt... Günstige A0-Kopierer findet man fast überall, wo sich die Seglerflotte versammelt. Nur in Gibraltar gibt es Probleme mit dem Copyright, ab den Kanaren interessiert sich niemand mehr für solche formalen Spitzfindigkeiten... Für US-amerikanische Seekarten gibt es kein Copyright, man kann deren Kopien ganz offiziell über zwei amerikanische Firmen beziehen.

Handbücher
Für die gesamte Palette der offiziellen Handbücher, Verzeichnisse und Tabellenwerke ist auf einer kleinen Yacht kein Platz.
Inzwischen gibt es aber für die meisten Reviere ausgezeichnete Segelführer, die alle nötigen Informationen enthalten. Da diese Bücher ständig neu aufgelegt und aktualisiert werden, kauft man sie am besten erst unterwegs.
Für die weniger befahrenen Gebiete hatten wir einige Bände des englischen Seehandbuchs »British Admiralty Pilot« an Bord. Hier gilt: Der Preis steigt mit jeder Meile Abstand vom Mutterland drastisch an. In Australien kosten die Bücher fast doppelt so viel wie in London. Also am besten schon zu Hause kaufen!

Organisationen
TRANS-OCEAN (kurz: TO), Verein für Hochseesegeln e.V., mit Sitz in Cuxhaven: Den TO-Stander sieht man im Mast fast jeder deutschen Fahrtenyacht. Mit gutem Grund: Für den Mitgliedsbeitrag erhält man die vierteljährlich erscheinende Vereinszeitschrift mit interessanten Fahrtberichten aus aller Welt, Standortmeldungen der segelnden Mitglieder etc. Die TO-Stützpunktleiter stehen weltweit mit Rat und Tat zur Seite und bewahren Post auf. Darüber hinaus löst man mit dem Eintritt auch sämtliche Versicherungsprobleme: Die Gruppenverträge für Krankenversicherung und Bootsversicherung sind unschlagbar günstig.
INTERMAR, Amateur-Seefunk e.V., betreibt das deutsche Segler-Amateurfunknetz auf 14313 KHz und 14307 KHz. INTERMAR sendet sehr gute Wetterberichte weltweit. Das Netz kann auch ohne Amateurfunk-Lizenz abgehört werden, zu Wort melden sollten sich aber nur lizenzierte Funkamateure.

Seven Seas Cruising Association (kurz: SSCA) heißt die amerikanische Fahrtenseglervereinigung, in allem ein paar Nummern größer als TO. Und weil die Amerikaner nicht nur den größten Teil der Fahrtenseglerflotte stellen, sondern auch besonders mitteilsam sind, lohnt sich der Beitritt: Im monatlich erscheinenden SSCA-Bulletin sind sehr detaillierte Tipps und Informationen zu finden, z. B. welcher Supermarkt in X der billigste ist, wo man in Y sein Dingi lassen kann und welche Werft man in Z meiden sollte.

Mit der Zeit wird man feststellen: Ein Ami kommt selten allein. Meist sind es ganze Konvois, die gemeinsam segeln und ankern, die später Nachfolgenden bleiben meist im gleichen Fahrwasser. Wer Ruhe und Einsamkeit sucht, sollte ebenfalls aufmerksam die SSCA-Bulletins studieren – alle Ankerplätze, die dort empfohlen werden, kann er vom Törnplan streichen…

Boot und Ausrüstung

Boot

Wir entschieden uns für ein Aluminiumboot, denn nur Metall ist kollisionsstabil und relativ sicher bei Gewitter. Für die bei einem Stahlschiff anfallenden Arbeiten (Motto: »Wir pinseln uns um die Welt.«) sind wir schlicht zu faul.

Aluminium ist wartungsfrei, schön, birgt allerdings die immer wieder zitierte Elektrolyse- und Korrosionsgefahr. Dieses Problem lässt sich meistern, wenn man konsequent jede galvanische Verbindung zwischen Alu und Niro vermeidet. Das hört sich komplizierter an, als es ist. KAYA sieht nach sieben Jahren zwar nicht mehr wie neu, aber doch kerngesund aus.

Der große Nachteil eines Aluminiumbootes darf nicht verschwiegen werden: Kupferhaltiges Antifouling ist absolut tabu! Das Argument »Kein Problem, wenn man genug Lagen Epoxy-Sperrschicht aufbringt« zieht nicht: Kratzer bis auf das Metall sind nicht zu vermeiden, der offene Schwertkasten der Ovni lässt sich gar nicht schützen. Selbst das zinnhaltige »Tintox«, Exportware aus den USA, half nicht gegen üppigen Grasbewuchs. Vor jeder längeren Überfahrt mussten wir tauchen und KAYAs Bauch schrubben.

Rigg

Sämtliche Wanten und Stagen auf KAYA werden von Norseman-Terminals gehalten. Entgegen den Unkenrufen eines deutschen Seglers »Die fliegen doch alle weg!« (Nein, es war nicht Wilfried Erdmann…) haben sich diese sechs Jahre lang bestens bewährt. Anders als Walzterminals kann man sie aufschrauben und somit kontrollieren.

Das Rigg wurde mit Sechs-Millimeter-Drähten geliefert, wir haben Vorstag und Unterwanten auf sieben Millimeter verstärkt. Das Vorstag, das auf Vorwindkursen besonders stark arbeitet, wurde oben und unten mit je einem zusätzlichen Toggle (Gelenkstück) nachgerüstet. Die Investition hat sich gelohnt: Auf der ganzen Reise hatten wir keinen einzigen Schaden am Rigg.

Segel

Auch KAYAs Original-Segelgarderobe erschien uns für die Weltumsegelung zu filigran. Unsere stabilen, dreifach genähten Segel von »LEE Sails« brauchten keine einzige (!) Reparatur, wenn man davon absieht, dass wir in Neuseeland den UV-Schutz der Rollfock erneuerten.

Die Stellen, an denen das Groß vor dem Wind an den Unterwanten anliegt, klebten wir vorsorglich mit Segeltape ab. Das lattenlose Schweden-Groß kostete uns auf den Amwindkursen sicher Geschwindigkeit und Höhe, aber ein lattenloses Großsegel lässt sich vor dem Wind setzen, reffen und bergen und geht eben nicht so leicht kaputt.

Maststufen

Unentbehrlich für die sichere Riffnavigation! Schwierige Riffpassagen in der Südsee und im Roten Meer machten wir nur bei hoch stehender Sonne und mit Ausguck in der Saling. KAYAs breite Aluminiumstufen lassen sich auch barfuß besteigen, in den Tropen ein echter Vorteil.

Dingi

Das richtige Dingi ist ein Kapitel für sich. Unser Schlauchboot Marke »Narwhal« löste sich in seine Bestandteile auf, sobald es die tropische Sonne nur von weitem sah. Anderen Seglern ging es nicht besser. Das Problem ist gar nicht das Material, sondern der verwendete Kleber – auch die teuersten »Zodiacs« versagten völlig.

In Venezuela kauften wir wie jeder, der dort vorbeikommt, das Nonplusultra: ein »AB« (fast baugleich mit dem »Caribe«). Sehr stabil aus Hypalon und nach vier Jahren Tropensonne noch ohne erkennbare Schäden. Einziges Problem beim Kauf ist die Unzuverlässigkeit der Venezolaner in Bezug auf Lieferzeiten und Absprachen.

Anker und Kette

Die wichtigste Ausrüstung an Bord! Deutsche Yachten sieht man fast nur noch mit Bügelanker. Unser 16 Kilo schwerer Bügelanker hat immer und überall sofort gehalten und ist nie (!) gedriftet, bis auf eine Nacht im Roten Meer, als er einen alten Riffanker gefangen hatte. Unser 16-Kilo-CQR war zunächst Hauptanker, er bewährte sich in Sand, aber nicht auf hartem Korallenboden.

Europäische Ankerketten mögen im Mittelmeer ein paar Jahre halten, dem Korallengrund der Tropen sind sie jedenfalls nicht gewachsen. Unsere in Deutschland gekaufte Acht-Millimeter-Kette löste sich schon in der Karibik in Rostkrümel auf. In Panama kauften wir dann die ausgezeichnete amerikanische Kette Marke ACCO. Kette und Anker sollte man regelmäßig verzinken lassen – ein beliebter Job für die Zyklon-Saison in Neuseeland oder Australien.

Wind-Selbststeueranlage

Auch wenn manche Segler auf ihren Autopiloten schwören – wir würden nie ohne Windfahne auf große Fahrt gehen. Unsere Anlage, Marke »Windpilot«, ist im Gegensatz zum elektrischen Autopiloten ein einfaches, überschaubares und sehr wirkungsvolles System. Mit Wind und Welle wird sie viel besser fertig, und das, ohne an den Energievorräten zu zehren. Ganz und gar wartungsfrei, wie uns auf der Messe blumig versprochen wurde, ist die Anlage zwar nicht, aber sehr robust und äußerst zuverlässig: 30 000 Seemeilen steuerte sie ohne Probleme, nur in Ausnahmefällen mussten wir selbst Ruder gehen.

Autopilot

Unser Autopilot kam nur selten zum Einsatz: mit flappenden Segeln in der Flaute dümpelnd oder bei Fahrt unter Maschine. Aber da brauchten wir ihn auch wirklich. Es gibt nichts Schlimmeres, als in solchen Situationen stundenlang Ruder zu gehen.

Unser Urteil über den »Autohelm 3000« wollen wir nicht verschweigen: elektrisch unzuverlässig, mechanisch zu fragil für den rauen Bordalltag. Rüdiger hat unterwegs verschiedene Modelle dieser schön gestylten Marke repariert.

Werkzeug

Mit zwei linken Händen sollte man keine Weltumseglung antreten. Aber handwerkliches Geschick und Improvisationstalent nützen wenig, wenn das richtige Werkzeug fehlt. Neben dem normalen Werkzeugkoffer wurden die elektrische Bohrmaschine und die Flex öfter benötigt. Aber auch die Handbohrmaschine kam zum Einsatz, als an einem einsamen Riffankerplatz unter Wasser ein Loch ins Ruder gebohrt werden musste – der Ruderniederholer war gerissen. Ein nicht metrischer (Zoll-) Schlüsselsatz kann sehr hilfreich sein. Der Drehmomentschlüssel ist wichtig für Arbeiten am Zylinderkopf. Werkzeug wurde mit WD 40 rostfrei gehalten, elektronische Messgeräte überstanden die hohe Luftfeuchtigkeit der Tropen in einem luftdichten »Pelican Case« aus dem Tauchladen.

Watermaker

Ein Gerät für große Boote, dachten wir zuerst. Aber der Skipper einer Acht-Meter-Yacht überzeugte uns: Gerade die kleinen Boote brauchen einen Watermaker. Nicht zum Duschen oder Wäschewaschen, sondern für die tägliche Trinkwasserversorgung.

Unser kleiner »Power Survivor 35« reichte vollkommen aus: Pro Stunde lieferte er vier bis fünf Liter bestes Trinkwasser, der 130-Liter-Wassertank blieb als Notvorrat unangetastet. Die Rechnung »Fünf Liter Wasser kosten einen Liter Diesel« ist Unsinn: Der

Watermaker läuft immer nur dann, wenn Gratisstrom da ist, also tagsüber, wenn Windgenerator und Solarmatten mehr als genug Energie liefern.

Energieversorgung
Wir hatten ein ganz einfaches Prinzip: Verbraucht wird nur so viel, wie reinkommt. So schont man die Batterien durch weniger Ladezyklen, kein Maschinenlärm stört die romantische Stille des Ankerplatzes. Zwei flexible Solarmatten zusammen mit einem Aerogen3-Windgenerator waren knapp, aber bei sparsamem Stromverbrauch meist ausreichend. Nachts auf See hatte das Radar (acht Watt im Standby-Betrieb) Vorrang vor dem Topplicht. Die nächste Reise würden wir sicher mit stärkeren Solarpaneelen antreten.
Der Windgenerator bringt beim Segeln auf Vorwindkurs kaum etwas, aber am Ankerplatz liefert er Strom rund um die Uhr. Wichtiger als die Leistung ist das Laufgeräusch. Viele Yachties müssen ihre Nervensäge nachts stilllegen, um in Ruhe schlafen zu können – der Vorteil eines leistungsstarken Generators ist damit dahin.

Kühlschrank
Man muss nicht lange auf den Funknetzen und bei den Sundowner-Runden zuhören, um zu merken, dass Kühlschränke und die damit verbundenen Reparaturen, Stromverbrauch und Batterieprobleme das alles beherrschende Thema sind. Den ganzen Ärger wegen ein paar kühler Bierchen? Fruchtpunsch mit Rum muss nicht kalt sein, und das Bier schmeckt in einer Kneipe »mitten im Volk« sowieso besser als immer nur an Bord.
Da kaum ein Einheimischer in der Karibik oder im Pazifik einen Kühlschrank besitzt, kann man leicht ohne auskommen. Frische Milchprodukte gibt es ohnehin nicht zu kaufen, dafür hat aber jeder Dorfladen Milchpulver und Dosenbutter im Sortiment. Frisches Fleisch, Geflügel und Fisch haben wir im Dampfdrucktopf in Gläser eingekocht, und dann waren sie unbegrenzt haltbar.

Gasanlage
Auch wir hatten zuerst Sicherheitsbedenken, die wir aber durch fol-

gende Anordnung gelöst zu haben glauben: Die außen im Cockpit untergebrachten Gasflaschen werden durch einen direkt auf der Flasche sitzenden Magnetschalter geöffnet und geschlossen. Um nun sicher zu sein, dass dieser Schalter nicht klemmt, und auch, damit alles in der Leitung verbleibende Gas verbrennt, wird die Herdflamme grundsätzlich nicht mit dem Knopf am Herd, sondern mit einem innen neben der Pantry angebrachten Fernschalter gelöscht. Wenn die Flamme ausgeht, ist die Flasche geschlossen und die Leitung ist leer.

Wir hatten viermal drei Kilogramm »Campingaz« an Bord, davon wurden zwei Flaschen fast nie benutzt. Die blauen Original-Flaschen wurden überall auf der Welt mit dem ortsüblichen Gas gefüllt. Sehr hilfreich ist ein Adapter, der als Ausgang die US-Norm liefert. Schwierigkeiten gab es nur in Neuseeland und Australien. Dort ist eine Entlüftungsschraube, die sogenannte »bleeding screw«, Vorschrift, wenn man die nicht vorweisen kann, geht erst mal gar nichts. Aber mit freundlichem Auftreten und etwas Verhandlungsgeschick lassen die Kiwis und Aussies keinen Segler hängen.

GPS und Sextant

Wenn man unter »guter Seemannschaft« versteht, alle Mittel zu nutzen, die der Schiffssicherheit dienen, wird man auf jeden Fall mit dem GPS navigieren. Trotzdem: Zusätzlich auch die Astronavigation zu beherrschen macht Spaß und ist ein gutes Back-up, wenn die Elektronik streikt. Wir wären wohl auch ohne GPS um die Welt gekommen, hätten aber mehr graue Haare mitgebracht und etliche abgelegene Orte nicht angelaufen.

Die vermeintliche Genauigkeit der GPS-Wegepunkte ist gefährlich: Was nützt eine Anzeige mit drei Nachkommastellen, wenn die Ungenauigkeit der Seekarten im Pazifik bis zu drei Seemeilen beträgt...

Sehr hilfreich war es im Roten Meer, bei der Einfahrt in eine Marsa die eigene Kurslinie mitzuplotten. Dazu benutzten wir im Cockpit einen kleinen Hand-GPS mit Grafik-Display. Im Morgengrauen, wenn die Riffe noch kaum zu sehen waren, konnten wir uns entlang dieser Linie vorsichtig hinaustasten.

Radar

Wie froh waren wir bei 35 Knoten Wind und hohem Seegang mitten in der dicht befahrenen Schifffahrtslinie vor Sri Lanka, dass unser Radar zuverlässig die großen Pötte anzeigte! Aber auch in anderen Situationen hat sich unser »Furuno«-LCD-Radar bewährt: Oft ist es wegen der vorgelagerten Riffe nötig, einen bestimmten Abstand zum Land einzuhalten. Auf GPS ist wegen der ungenauen Seekarten kein Verlass, mit Radar ist das dagegen auch nachts kein Problem. Bei Dunkelheit mit Radarhilfe in eine Bucht einzulaufen ist verlockend, aber eigentlich riskant. Im Notfall (Wind hat gedreht) mit Radar auch nachts auslaufen zu können, ist beruhigend.

Funk

SSB-Amateurfunk-Geräte sind den offiziellen Seefunkgeräten weit überlegen: gleiche Empfangsqualität, aber wesentlich mehr Bedienkomfort bei kleineren äußeren Abmessungen. Allerdings erfordern sie mehr Know-how, um Bedienungsfehler auszuschließen.
Über die Wahl der richtigen Antenne sowie über die Installation der gesamten Anlage wird viel geschrieben, wenn auch nicht immer aus der Feder von Fachleuten. Aus der Sicht des gelernten Dipl.-Ing. und langjährigen Funkamateurs empfiehlt Rüdiger die Anleitung im Handbuch des amerikanischen SGC-Smartuners, die sehr gut die Installation einer SSB-Anlage beschreibt, gültig für jedes Fabrikat. Keine Bange, der Tuner schluckt NICHT die Hälfte der Sendeenergie, wie manchmal behauptet wird.
Die Peitschenantenne am Heck ist der richtig angeschlossenen Achterstag-Antenne nur geringfügig überlegen, was sich im Betrieb kaum auswirkt. Wir wollten aus praktischen und ästhetischen Gründen nicht so ein Monstrum am Heck befestigen und hatten mit unserem isolierten Achterstag rund um die Welt sicheren Funkverkehr mit zu Hause. Fachwissen vermittelt das »Antennenbuch« von Karl Rothammel sowie die Amateurfunk-Lizenzprüfung.
Mit einer SSB-Anlage, einem Notebook und einem Pactor-Controller können weltweiter Fernschreibverkehr durchgeführt sowie E-Mails verschickt und empfangen werden. Die Pactor-süchtigen Segler sieht man allerdings nur noch selten an Deck…

Tipps für unterwegs

Post

Es gibt verschiedene Möglichkeiten, sich unterwegs Post schicken
zu lassen:
1. Poste Restante zum jeweiligen Hauptpostamt (G.P.O.= General
Post Office) – Sehr sicher, da die Abholung nur mit Ausweis möglich ist. Aber: Die Post geht nach zwei bis vier Wochen an den Ab-
sender zurück, eine Frist, die für Segler nicht leicht einzuhalten ist.
Auch die Abholung ist manchmal problematisch, wenn der Schal-
terbeamte keine Lust hat, unter verschiedenen Namen nachzuse-
hen: Man ist zum x-ten mal am Schalter, weiß genau, dass die Post
da sein muss, und es heißt lapidar: »Heute nix da...« Deshalb unbedingt eine einheitliche Adresse verwenden, ohne Anrede »Herrn«
oder »Frau« – sonst landet der Brief vielleicht unter »H« oder »F«.
2. Yachtclub oder Marina – Briefe werden meist in einem offenen,
jedermann zugänglichen Kasten aufbewahrt. Man ist unabhängig
von Fristen, kann selbst nachsehen und ggf. suchen, hat dafür aber
wenig Sicherheit.
3. TO-Stützpunkte (s. Trans-Ocean) – Meistens die beste Lösung:
Die Post wird unbegrenzt aufbewahrt, man kann telefonisch nach-
fragen und die Übergabe oder sogar Nachsendung verabreden.

Bordapotheke

Bei der Zusammenstellung ließen wir uns von Hausarzt und Apo-
theker beraten. Aber: Medikamente sind hierzulande völlig über-
teuert, deshalb sollte man sie erst unterwegs kaufen. Schon in Spanien bekommt man die gängigen deutschen Präparate ohne Rezept
für den halben Preis.
Gebraucht haben wir hauptsächlich Antibiotika für Infekte aller
Art, von denen man besonders in den Tropen nicht verschont bleibt.
Antibiotische Salbe war sehr oft in Gebrauch, da sich in den Tropen
jede kleine Hautverletzung entzündet und durch den ständigen
Salzwasserkontakt schlecht heilt. Oft konnten wir auch Einheimische damit verarzten, deshalb einen größeren Vorrat bereithalten.
In den Malariagebieten (Mittelamerika, Vanuatu, Indonesien) nah-

men wir zur Prophylaxe wöchentlich Chloroquin (Markenname z.B. Resochin, Nivaquine). Von Mefloquin (Markenname Lariam) als Prophylaxe wird abgeraten, unter anderem wegen der starken Nebenwirkungen, es sollte für die Notfall-Therapie aber an Bord sein. Das wichtigste Handbuch, obwohl nicht für Segler geschrieben, ist »Where there is no doctor. A village health care handbook« von David Werner. Die englische Originalausgabe ist wesentlich umfassender als die deutsche Übersetzung (»Wo es keinen Arzt gibt«, Reise Know-How Verlag).

Sprachen
Ohne gute Englischkenntnisse geht gar nichts – Formalitäten, Wetterberichte, Funknetze, die gesamten Segelführer für den Pazifik, Australien, den Indik und das Rote Meer – alles ist in englischer Sprache. In den San-Blas-Inseln braucht man ein paar Brocken Spanisch, um mit den Kuna-Indianern zu kommunizieren.
Für Vanuatu ist das Kauderwelsch-Büchlein »Pidgin-English« nützlich (Reise Know-How Verlag). Eine große Hilfe bei Verhandlungen mit Segelmachern oder Ausrüstern, aber auch beim Klönen mit anderen Seglern ist das »Internationale Yachtwörterbuch« (Delius Klasing Verlag).

Die Liste der Tipps ließe sich ohne Ende fortsetzen, würde problemlos ein weiteres Buch füllen und wäre doch immer unvollständig. Was den Reiz des Fahrtensegelns unter anderem ausmacht, ist die ständige Herausforderung durch Probleme, die auch bei noch so penibler Planung in immer neuen Situationen auftreten. Gefragt ist vor allem die Fähigkeit, auf Unvorhergesehenes clever zu reagieren: Auszukundschaften, wo man was bekommt, sich durch den Dschungel der Vorschriften zu kämpfen, ein Gerät oder ein Ausrüstungsteil doch noch zum Laufen zu bringen, wenn eigentlich nichts mehr geht...
All das macht, wenn es gelingt, einfach Spaß und schafft ein hohes Maß an Zufriedenheit.

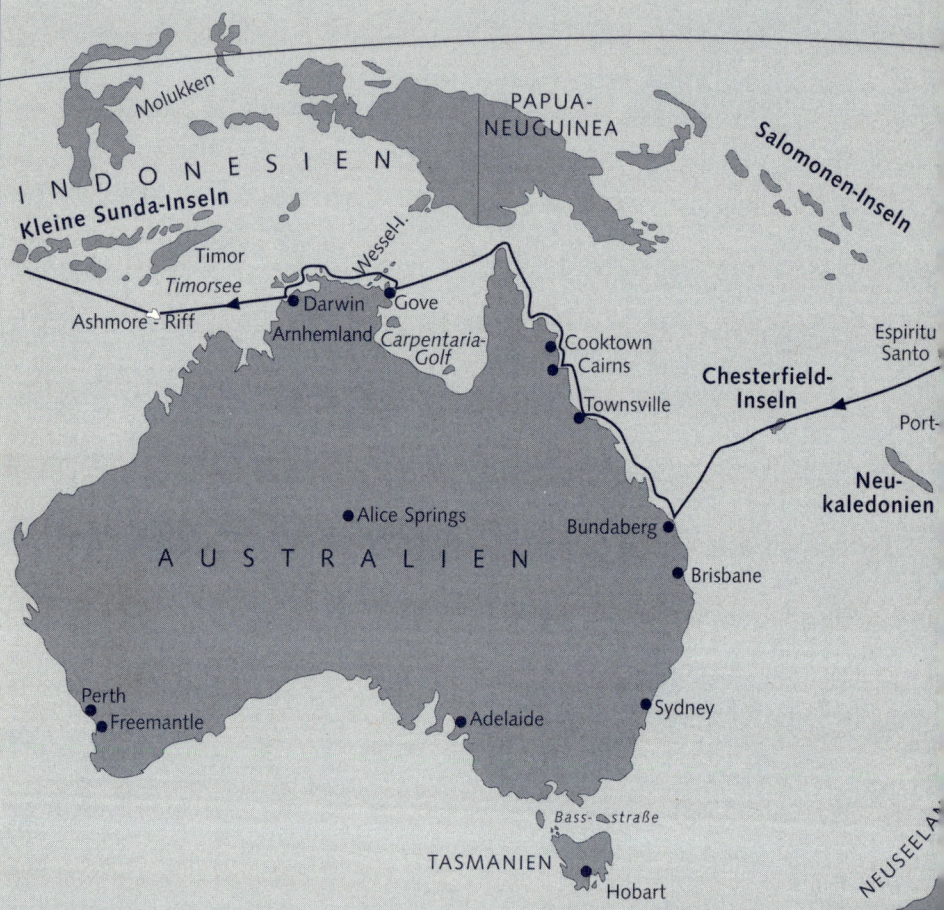

PHILIPPINEN

P A Z I

Molukken

PAPUA-
NEUGUINEA

Salomonen-Inseln

I N D O N E S I E N

Kleine Sunda-Inseln

Timor

Timorsee

Wessel-I.

Ashmore - Riff

Darwin

Gove

Arnhemland

*Carpentaria-
Golf*

Cooktown

Cairns

Espiritu
Santo

Townsville

Chesterfield-
Inseln

Port-

Neu-
kaledonien

Alice Springs

Bundaberg

A U S T R A L I E N

Brisbane

Perth

Freemantle

Adelaide

Sydney

Bass- straße

NEUSEELAN

TASMANIEN

Hobart